KB039005

정치자금법강의

이용복

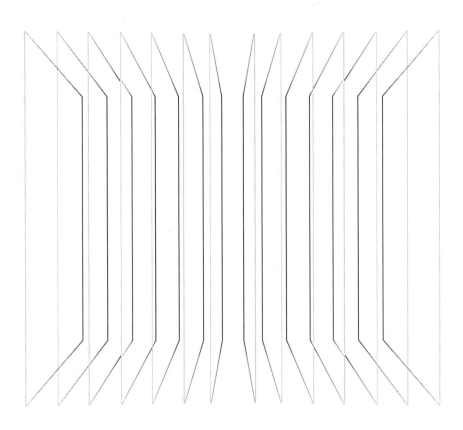

POLITICAL FUND LAW

박영사

서 문

　정치에서 가장 중요한 것은 돈이다. 권력의 획득·유지를 둘러싼 투쟁과 권력을 행사하는 활동인 정치에서 돈은 그 연료다. 반면에 정치에서의 돈은 2002년 불법 대선비자금사건인 이른바 "차떼기 사건"에서 보듯이 정경유착과 부정부패의 원천이기도 하다.

　이러한 역사적 경험으로 정치자금법은 정치자금이 가져올 수 있는 부정적 측면을 우려하여 정치자금 모금과 지출의 주체와 방식 등에 대한 세세한 규정을 통해 철저한 제약을 가하는 규제중심의 태도를 취하고 있다.

　특정 정당이나 정치인에 대한 정치자금의 기부는 그들의 정치활동에 대한 지지·지원인 동시에 정책적 영향력 행사의 의도 또는 가능성을 내포하고 있다는 점에서 정치자금을 매개체로 하는 정치적 의사표현의 한 형식이다. 그러므로 정치자금에 대한 과도한 규제는 다른 기본권 보다 우월적 지위를 가지는 정치적 표현의 자유를 억압한다.

　나쁜 언론의 치유는 그것의 규제가 아니고 더 많은 언론이라는 경구에서 보듯이 정치자금의 규제는 정치적 표현의 자유를 최대한 보장하는 방향으로 이루어져야 한다. 정치자금의 부정적 측면은 그것의 투명성을 확보함으로써 억제될 수 있기 때문이다.

　이 책은 정치자금법에서 정하고 있는 정치자금제도 전반을 다루었다. 지금까지 축적된 대법원 및 헌법재판소 판례에서 나타난 각종 이론과 사례를 바탕으로 각 조문별로 체계적으로 정리하였다. 필요한 경우에는 현행 제도의 문제점과 개선방안 등도 함께 기술하였다.

2021. 11.

이용복

목   차

제1장 총   설

제2장 정치자금의 기본원칙

제 3 장 당   비

제 4 장 후원회

제 5 장 기탁금

제 6 장 국고보조금

제 7 장   기부의 제한

제 8 장   정치자금의 회계 및 보고·공개

제 9 장 정치자금범죄에 대한 특별형사소송절차

제10장 공무담임제한 등 기타

제11장 벌   칙

제12장 「불법정치자금 등의 몰수에 관한 특례법」

일러두기

1. 「정치자금법」은 '법'으로, 「정치자금사무관리규칙」은 '규칙'으로 약칭한다. 다만, 법 또는 규칙의 명칭을 전부 기재하지 아니하면 쉽게 의미가 이해되기 어렵다고 보이는 경우에는 법 또는 규칙의 명칭을 전부 기재한다.

2. 법과 시행령을 기재할 때에는「　」안에 기재한다. 다만, 정치자금법과 정치자금사무관리규칙은「　」표시를 하지 아니한다. 또한 (　) 안에 법령을 인용할 때에도「　」표시를 하지 아니한다.
   예)「공직선거법」제8조 제2항 제1호 → (공직선거법§29②1.)

3. (　) 안에 법령의 조문을 인용할 때에의 법조문의 표시는 '조'는 해당 조의 숫자 앞에 '§'를 표시하고, '항'은 'ㅇ'안에 해당 항의 숫자를 기재하고, '호'는 아라비아숫자로 표시하고 점을 찍고, '목'은 '가, 나, 다 …'순으로 표시하고 점을 찍는다.
   예) 정치자금법 제26조 제2항 제2호 가목 → (법§26②2.가.)

   　　정치자금법 제3조 제3호 → (법§3 3.)

4. 각주의 참고문헌 중 책 또는 교과서는『　』, 논문 또는 기사는「　」로 그 제목을 인용한다. 참고문헌목록은 별도로 작성하지 않는다.

5. 각주의 중앙선거관리위원회의 질의회답 등은 '중앙선관위 질의회답' 등으로 약칭한다.

제 1 장 총   설

1. 정치자금법 개관

가. 목적

정치자금은 민주정치발전의 물질적 기초를 이루는 측면을 가지고 있으나 이에
대한 적절한 통제가 이루어지지 않을 경우에는 정경유착, 선거부정 등을 낳을 수
있는 양면성을 가지고 있다.[1] 정치자금법은 이러한 정치자금의 적정한 제공을 보
장하고 그 수입과 지출내역을 공개하여 투명성을 확보하며 정치자금과 관련한 부
정을 방지함으로써 민주정치의 건전한 발전에 기여함을 목적으로 하고 있다(법§1).

나. 입법연혁

정치자금에 관한 최초의 법률은 해방 이후 미군정이 1946. 2. 23. 법령 제55
호[2]를 통해 공포한 「정당에 관한 규칙」이었다. 「정당에 관한 규칙」은 제1공화국,
제2공화국을 거쳐 그대로 효력을 발휘하다가 1961. 5. 16. 군부 쿠데타 이후
1962. 12. 31. 법률 제1246호로 「정당법」이 제정되면서 정치자금에 관한 조항으
로 제33조(재산상황 등의 보고 등), 제34조(기부금품모금금지법의 적용배제), 제35조(기
부수령의 금지)가 삽입되어 정치자금에 대한 공식적인 조달제도가 마련되었다.

1965. 2. 9. 법률 제1685호로 제정된 「정치자금에 관한 법률」은 정당에 대한 후

---

1) 우리가 정치자금에 관하여, 특히 정치자금의 통제 내지 규제에 관하여 관심을 가지는 이유는
   첫째, 그것이 정치자금의 사용에 의하여 창출되는 정권의 도덕성, 도덕적 권위의 문제와 밀접
   하게 관련되기 때문이며 궁극적으로는 정권의 정당성의 문제와 관련을 가지게 되는 까닭이고,
   둘째, 정치자금이 정치에 참여하는 사람(유권자) 및 집단 사이의 평등의 문제, 기회균등의 문
   제와 관련되기 때문이라고 한다(최대권, 「정치개혁을 위한 몇 가지 생각(Ⅱ) -정부형태·정당
   ·정치자금·선거제도 등을 중심으로-」, 서울대학교 법학 제33권 제2호(1992), 93쪽).
2) 미군정 법령 제55호는 정치활동에 종사하는 3인 이상의 단체를 군정청에 등록하고 사무관계와
   회계업무를 보고하도록 하는 것을 골자로 하였다(심지연, 「정치자금제도의 개선방안」, 한국정
   당학회보, 241-242쪽).

원제도를 도입하여 누구든지 기명 또는 익명으로 중앙선거관리위원회를 통하여 특
정 정당에 정치자금을 기부할 수 있고, 2 이상의 정당을 지정하여 기부할 경우에
는 배분비율을 정할 수 있도록 하였다(지정기탁금제도). 기부의 주체와 기부금액의
한도에 제한을 두지 않아 개인은 물론 단체도 자유롭게 정당에 정치자금을 기부할
수 있었으나, 정치인 개인에 대한 후원제도를 규정하지 않아 정치자금의 조달은
정당 중심으로 이루어졌다. 1969. 1. 23. 법률 제2090호로「정치자금에 관한 법률」
이 1차 개정되어 기탁자가 비율을 정하지 아니하고 기탁한 정치자금은 원내 제1당
에 60%를, 나머지는 원내 제2당 이하의 의석수비율에 따라 배분하도록 하였고,
1973. 6. 14. 법률 제2619호로 개정된「정치자금에 관한 법률」은 1972. 12. 27.
유신헌법의 제정으로 대통령이 추천하여 통일주체국민회의가 선출하는 국회의원
정수 3분의 1에 해당하는 국회의원들의 집단인 유정회를 배려하기 위해 중앙선거
관리위원회에 기탁된 정치자금은 그 100분의 70을 기탁 당시 국회의석을 가진 정
당에 소속 국회의원수의 비율에 따라 배분지급하고 나머지 100분의 30은 소속국
회의원수의 비율에 따라 교섭단체에 배분·지급하도록 하였다.

    1980. 12. 31. 법률 제3302호로 전부 개정된「정치자금에 관한 법률」은 정당
후원회제도를 도입하여 국민들이 중앙선거관리위원회에 기탁하지 않고 후원회를
통하여 직접 정당에 후원금을 기부할 수 있도록 하고, 국고보조금제도를 신설하였
다. 당시 정당 후원회는 원내 교섭단체를 구성할 수 있는 정당의 중앙당에 한하여
1개의 후원회를 지정할 수 있도록 하고, 시·도지부나 지구당은 후원회를 둘 수
없었다. 1989. 12. 30. 법률 제4186호로 개정된「정치자금에 관한 법률」은 국회의
원 후원회제도를 신설하여 개인 후원회제도를 처음으로 도입하고, 중앙당 외에 시
·도지부 및 지구당도 독자적으로 후원회를 둘 수 있도록 하였으며, 국고보조금을
매년 정액화(유권자 총수에 400원을 곱한 금액)하여 예산에 의무적으로 계상하게 하
였다. 1991. 12. 31. 법률 제4463호로 개정된「정치자금에 관한 법률」은 지구당
후원회의 회원수를 100명에서 200명으로 늘리고, 국고보조금은 유권자 1인당 400
원에서 600원으로 증액하고 국고보조금의 40%를 정당별로 균등하게 배분·지급
하고 나머지는 의석수와 득표비율에 따라 배분·지급하도록 하였고, 1992. 11. 11.
법률 제4497호로 개정된「정치자금에 관한 법률」은 후원회의 회원이 아닌 자는
후원회의 금품모금 시 1회 100만원 이내의 금품을 익명으로 기부할 수 있도록 하

고, 선거가 있는 연도에의 선거보조금을 선거권자 1인당 300원씩에서 600원씩으로 100% 상향하였다. 1994. 3. 16. 법률 제4740호로 개정된 「정치자금에 관한 법률」은 원내 교섭단체의 구성여부에 관계없이 모든 정당의 지구당에 후원회의 결성을 허용하고 후원회의 회원수를 확대하여 정치자금의 조달을 정당 후원회 중심으로 변경하였고, 국고보조금을 선거권자 1인당 600원에서 800원으로, 선거가 있는 연도의 선거보조금을 선거권자 1인당 600원에서 800원으로 올렸다. 1995. 12. 30. 법률 제5128호로 개정된 「정치자금에 관한 법률」은 2,000명으로 한정되어 있는 중앙당후원회의 인원제한을 폐지하고, 중앙당후원회의 기부한도를 50억원에서 100억원으로, 선거가 있는 해는 두 배로 상향조정하고, 우편에 의한 후원금 모금을 할 수 있도록 하였다. 1997. 1. 13. 법률 제5261호로 개정된 「정치자금에 관한 법률」은 모든 후원회의 회원수제한을 폐지하고 후원회의 모금방법을 확대하여 바자회, 서화전 등을 추가하였고, 정당에 정치자금을 기부하고자 하는 자는 직접 선거관리위원회에 기탁하도록 하고, 원내 교섭단체를 구성한 정당에 대한 국고보조금의 기본배분비율을 100분의 40에서 100분의 50으로 상향하였다. 1997. 11. 14. 법률 제5413호로 개정된 「정치자금에 관한 법률」은 여야간 정치자금분배의 형평성 문제를 해소하기 위하여 지정기탁금제도를 폐지하고 그 대신 후원회의 연간기부한도를 두 배로 상향조정(중앙당의 경우 100억원에서 200억원으로, 시·도당의 경우 10억원에서 20억원으로)하고, 국고조보금의 20% 이상을 정책개발비로 사용하도록 의무화하고, 친족간을 제외하고는 이 법에 의하지 아니한 방법으로 정치자금을 주거나 받지 못하게 하였다. 2000. 2. 16. 법률 제6270호로 개정된 「정치자금에 관한 법률」은 정치자금모금방법에 바자회·서화전 외에 출판기념회와 음악회를 추가하고, 노동조합의 정치자금 기부를 금지한 위 법률 제12조(기부의 제한)에 대하여 헌법재판소의 위헌결정[3]에 따라 사업장별 단위노동조합을 제외한 상급단위 노동조합의 정치자금기부를 허용하였다. 2002. 3. 7. 법률 제6662호로 개정된 「정치자

---

3) 1999. 11. 25. 선고 95헌마154 전원재판부 결정(민주주의에서 사회단체가 국민의 정치의사형성과정에 있어서 가지는 의미와 기능의 관점에서 본다면, 노동단체는 다른 사회단체와 본질적으로 같은 것으로 같게 취급되어야 하는데, 이 사건 법률 조항이 다른 이익단체, 특히 사용자의 이익을 대변하는 기업이나 사용자단체의 정치헌금을 허용하면서 유독 노동단체에게만 정치자금의 기부를 금지한 것은 노동단체로 하여금 정당에 영향력을 행사할 수 있는 정치활동의 영역을 다른 사회단체와 달리 차별대우하고 있다고 볼 수밖에 없다.)

금에 관한 법률」은 지역구시·도의회의원선거의 후보자 중 100분의 30 이상을 여성후보자로 추천한 정당에 대하여 여성추천보조금을 추가로 지급하고, 국고보조금의 관리 및 사용을 투명하게 하기 위하여 대통령령으로 정하고 있는 보조금의 감액 등에 관한 사항을 법률에 직접 규정하였다.

2004. 3. 12. 법률 제7191호로 개정된 「정치자금에 관한 법률」은 2002년 불법대선자금 사건(이른바 '차떼기 사건')의 여파로 정경유착을 유발하는 불법 정치자금의 수수를 막기 위해 대통령선거경선예비후보자와 당대표경선후보자, 국회의원선거의 예비후보자도 후원회를 통하여 정치자금을 모금할 수 있도록 하되, 2006. 3. 13.부터는 정당후원회를 폐지하고, 법인·단체의 정치자금 기부 및 기탁과 법인·단체와 관련된 자금의 정치자금 기부 및 기탁도 일절 금지하였다. 정치자금의 투명성확보를 위해 1회 100만원 이상의 기부와 1회 50만원 이상 지출은 수표·예금계좌입금·신용카드 등 실명이 확인되는 방법으로 하도록 하되, 현금지출은 연간 지출총액의 20%를 초과할 수 없도록 하고, 정치자금의 모금을 현행의 모금방법 외에 신용카드, 예금계좌 입금, 인터넷전자결제시스템 등에 의한 방법을 추가하되, 집회에 의한 방법으로는 모금할 수 없도록 하였다. 10만원 이하의 소액기부와 10만원을 초과하여 기부하는 경우라도 만원 단위 이하의 금액인 경우에는 무정액 영수증을 발행할 수 있도록 하고, 정당, 후원회, 후원회를 둔 국회의원, 공직선거후보자 등이 정치자금을 수입·지출하는 경우에는 회계책임자만이 이를 할 수 있도록 하고 정치자금의 수입·지출은 신고된 예금계좌를 통하여 하되, 지출을 위한 예금계좌는 1개만을 사용하도록 하였다. 정당 내부의 회계처리를 정부회계처리에 준하여 구입품의·지출결의제도 등을 도입하고 정당의 중앙당의 예산결산위원회는 분기마다 정치자금의 수입·지출금액 및 내역 등을 확인·검사하여 그 결과를 당원에게 공개하도록 하였다. 정치자금 고액기부자의 인적사항 공개를 위하여 국회의원후보자 등 후원회의 경우는 연간 120만원, 정당의 중앙당·대통령선거경선예비후보자의 후원회의 경우는 연간 500만원을 초과하여 기부한 고액 기부자의 인적사항을 공개하도록 하였다. 정치자금법 위반행위자를 벌하는 외에 정당·후원회·법인 또는 단체에 대하여도 해당 벌금형을 부과하도록 양벌규정을 두고, 정치자금범죄 신고자를 보고하기 위하여 인적사항을 공개할 수 없도록 하였다.

「정치자금에 관한 법률」은 2005. 8. 4. 법률 제7682호로 정치자금법으로 명칭 변경되어 전부 개정되었다. 정치자금으로 지출할 수 없는 사적용도를 명확히 하여 가계의 지원·보조, 개인적인 채무의 변제·대여, 향우회·동창회·계모임 등 개인 간의 사적모임의 회비 그 밖의 지원경비, 개인 간의 여가 또는 취미활동에 소요되는 비용으로 정치자금을 사용할 수 없도록 하고, 불법후원금을 반환하도록 하고, 여성후보자를 100분의 30 이상 추천한 정당이 없는 경우에도 100분의 5 이상 추천한 정당에 대하여 여성후보자 추천비율에 따라 차등하여 여성추천보조금을 지급하고, 기탁금과 선거비용을 반환·보전받은 경우 자신의 재산으로 지출한 비용을 공제한 나머지 금액은 정당추천후보자는 소속 정당에, 무소속후보자는 공익법인·사회복지시설에 인계하도록 하였다. 2006. 4. 28. 법률 제7938호로 개정된 정치자금법은 여성추천보조금의 지급범위를 확대하여 지역구국회의원선거와 지역구시·도의회의원선거뿐만 아니라 지역구자치구·시·군의회의원선거의 경우에도 여성후보자를 추천하는 정당에 여성추천보조금을 지급하고, 여성추천보조금이 여성후보자의 선거경비로 사용되지 아니하고 그 외의 용도로 쓰일 경우 보조금의 2배에 상당하는 금액을 회수하거나 감액하여 지급하도록 하고, 용도 외에 여성추천보조금을 사용한 자를 2년 이하의 징역 또는 400만원 이하의 벌금에 처하도록 하여 여성추천보조금이 용도에 맞게 적절히 사용될 수 있도록 하였다. 2008. 2. 29. 법률 제8880호로 개정된 정치자금법은 대통령선거 후보자 및 예비후보자의 후원회설치를 허용하고 선거비용제한액의 100분의 5에 해당하는 금액을 모금·기부할 수 있도록 하고, 국고보조금 예산계상 시 그 계상단가는 전년도 보조금 계상단가에 통계청장이 매년 고시하는 전전년도와 대비한 전년도 전국소비자물가변동율을 적용하여 산정한 금액을 증감한 금액으로 하도록 하였다. 2010. 1. 25. 법률 제9975호로 개정된 정치자금법은 후원회지정권자를 기초지방자치단체장까지 확대하고 장애인 추천보조금제도를 신설하였다. 2010. 7. 23. 법률 제10395호 개정된 정치자금법은 국회의원예비후보자가 당내경선에 참여하지 않고 정식 후보자등록을 하지 않음으로써 후원회를 둘 수 있는 자격을 상실한 경우 잔여재산이 아니라 후원금 전액을 국고에 귀속하도록 하고 있는 규정은 헌법에 위반된다는 헌법재판소의 결정취지[4]에 따라 관련규정을 정비하고, 후원금의 모금에 있어 후원회지정권자가 직접 후원

---

4) 2009. 12. 29. 선고 2008헌마141·417·441(병합) 전원재판부 결정

금을 기부받은 경우 30일 이내에 후원금과 기부자의 인적사항을 회계책임자에게 전달하면 후원회가 기부받은 것으로 의제하도록 하였다. 2012. 2. 29. 법률 제 11376호로 개정된 정치자금법은 당비 및 후원금의 영수증은 납부 또는 기부받은 날부터 30일까지 당원 또는 후원인에게 교부하도록 하여 그 교부기한을 단축하고, 선거가 있는 연도에 연간 모금·기부한도액의 2배를 모금·기부할 수 있는 후원회 는 같은 연도에 2 이상의 전국단위 공직선거가 실시되는 경우에도 평년의 2배만을 모금·기부할 수 있도록 하였다. 선거비용의 수입과 지출내역 확인을 위한 자료제 출 요구에 대해 허위자료를 제출하는 경우에는 2년 이하의 징역 또는 400만원 이 하의 벌금에 처하도록 하였다. 2016. 1. 15. 법률 제13758호로 개정된 정치자금법 은 중앙당 대표자뿐만 아니라, 각 정당의 조직형태와 관계없이 당헌으로 정하는 중앙당의 최고집행기관에 대한 당내경선후보자도 후원회를 통하여 선거경비를 조 달할 수 있도록 하고, 후원회가 부득이하게 연간모금한도액을 초과하여 모금한 경 우에도 연간 모금한도액의 20%를 넘을 수 없도록 초과모급한도액을 명확히 하고 이를 다음 연도의 연간 모금한도액에 포함되도록 하였다. 보조금 배분기준을 조정 하여 정당별 국회의원의석수 비율, 국회의원선거 득표수 비율과 함께 여성·장애 인 추천비율도 반영하도록 하였다. 2016. 3. 3. 법률 제14074호로 개정된 정치자 금법은 정치자금의 종류를 각 목별로 구분하여 정의하였다. 2017. 6. 30. 법률 제 14838호로 개정된 정치자금법은 정당후원회의 금지에 대한 헌법불합치결정[5]에 따라 정당후원회를 허용하되, 2004년 정당후원회를 폐지한 정치개혁의 취지를 고 려하여 정당의 중앙당에만 후원회를 설치하도록 하고, 후원인이 중앙당 후원회에 연간 기부할 수 있는 한도액을 500만원(중앙당창당준비위원회 후원회가 중앙당 후원회 로 존속하는 경우에는 합하여 500만원)으로 하여 정당후원회 폐지 전 1,000만원보다 낮추고, 중앙당 후원회가 연간 모금할 수 있는 한도액은 중앙당창당준비위원회가 모금한 후원금을 합하여 50억원으로 규정하여 정당후원회 폐지 전과 동일하게 하 였다. 2020. 3. 11. 법률 제17071호로 개정된 정치자금법은 2020. 3. 11. 법률 제 17070호로 개정된 「공직선거법」으로 인하여 국회의원지역선거의 선거구역이 변 경되어 그 부칙에 지역구국회의원예비후보자후원회에 관한 경과조치를 두었다.

---

5) 2015. 12. 23. 선고 2013헌바168 결정

2021. 1. 5. 법률 제17885호로 개정된 정치자금법은 광역자치단체장 선거 예비후보자에 대한 후원회 개설 금지에 대한 헌법불합치 결정[6]을 기화로 후원회지정권자에 지역구지방의회의원선거의 후보자 및 예비후보자와 지방자치단체의 장선거의 예비후보자를 추가하고, 지방의회의원후보자등후원회와 지방자치단체장후보자등후원회의 연간 정치자금 모금한도를 선거비용제한액의 100분의 50에 해당하는 금액으로 하게 하였다.

현행 정치자금법(법률 제17885호)은 그 목적을 달성하기 위하여 제2조(기본원칙) 제1항에서 누구든지 이 법에 의하지 아니한 정치자금을 기부하거나 받을 수 없다고 규정하여 정치자금 조달에 있어서 법이 정하는 엄격한 절차와 방법에 따를 것을 요구하는 한편, 제2장에 당비, 제3장에 후원회를 통한 정치자금의 조달방법을, 제4장에서는 기탁금제도를, 제5장에서는 정당에 대한 국고보조금제도를 각 규정하고 있다.[7]

2. 정치적 표현의 자유와 정치자금

오늘날 정치적 기본권은 선거권, 공무담임권, 국민투표권 등 이른바 '참정권'뿐만 아니라, 국민이 정치적 의사를 자유롭게 표현하고, 국가의 정치적 의사형성에 참여하는 정치적 활동을 총칭하는 것으로 인식되고 있고, 그중 정치적 자유권이라 함은 국가권력의 간섭이나 통제를 받지 아니하고 자유롭게 정치적 의사를 형성·발표할 수 있는 자유이다. 정치적 자유권은 정치적 의사를 자유롭게 표현하고, 자발적으로 정당에 가입하고 활동하며, 자유롭게 선거운동을 할 수 있는 것을 주된 내용으로 한다.[8] 한편, 표현의 자유의 보호대상인 의사표현 또는 전파의 매개체는 어떠한 형태이건 가능하므로 담화·연설·토론·연극·방송·음악·영화·가요 등

---

6) 2019. 12. 27. 선고 2018헌마301·430(병합) 결정
7) 미국, 영국, 프랑스, 독일, 스웨덴, 노르웨이, 호주, 일본 등 각국의 정치자금제도에 관하여는 중앙선거관리위원회 선거연수원에서 2016. 12. 발간한 『각국의 정당·정치자금제도 비교연구』에 상세히 서술되어 있다. 정치자금제도는 그 나라의 역사, 정치문화 등을 반영한 그 나라에 고유한 제도라고 할 것이므로, 이 책에서는 우리나라의 정치자금법에 규정된 정치자금제도에 대해서만 주로 다루고, 필요한 경우에만 외국의 사례를 참조하였다.
8) 2004. 3. 25. 선고 2001헌마710 전원재판부 결정

과 문서·소설·시가·도화·사진·조각·서화 등 모든 형상의 의사표현 또는 의사전파의 매개체를 포함하는 바,[9] 특정한 정당이나 정치인에 대한 정치자금의 기부는 그들의 정치활동에 대한 지지·지원인 동시에 정책적 영향력 행사의 의도 또는 가능성을 내포하고 있다는 점에서[10] 정치자금을 매개체로 하는 정치적 의사표현의 한 형식이다.[11]

그러므로 정치자금의 기부를 제한하는 것은 다른 기본권보다 특히 우월적 지위[12]를 지니고 있는 정치적 표현의 자유를 제한하는 것이므로 그 제한이 헌법에 부합하는지 여부는 다른 자유권의 경우보다 엄격하게 설정하여야 한다. 국가가 표현행위를 규제하는 경우[13], 표현내용에 대한 규제는 원칙적으로 중대한 공익상의 실현을 위하여 불가피한 경우에 한하여 엄격한 요건 하에서 허용되는 반면, 표현내용과 무관하게 표현의 방법을 규제하는 것은 합리적인 공익상의 이유로 폭넓은 제한이 가능하고,[14] 제한을 하는 경우에도 「헌법」 제37조 제2항에 따라 법률로

---

9) 2001. 8. 30. 선고 2000헌가9 전원재판부 결정
10) 2010. 12. 28. 선고 2008헌바89 결정
11) 헌법재판소는, 「공직선거법」 제113조(후보자 등의 기부행위제한)의 기부행위와 관련하여, '타인이나 단체에 대한 기부행위는 공동체의 결속을 도모하고 사회생활에서 개인의 타인과의 연대를 확대하는 기능을 하므로 자본주의와 시장경제의 흠결을 보완하는 의미에서 국가·사회적으로 장려되어야 할 행위이다. 또한 기부행위자 본인은 자신의 재산을 사회적 약자나 소외 계층을 위하여 출연함으로써 자기가 속한 사회에 공헌하였다는 행복감과 만족감을 실현할 수 있으므로, 이는 헌법상 인격의 자유로운 발현을 위하여 필요한 행동을 할 수 있어야 한다는 의미의 행복추구권과 그로부터 파생되는 일반적 행동자유권의 행사로서 당연히 보호되어야 한다. 따라서 기부행위라는 명목으로 매표행위를 하는 것을 방지함으로써 선거의 공정성을 확보하기 위한 이 사건 금지조항은 공정선거라는 목적을 위하여 기부행위자의 헌법상 기본권인 일반적 행동자유권, 행복추구권을 제한한다.'고 판시하여(2014. 2. 27. 선고 2013헌바106 결정), 통상적인 기부행위를 행복추구권과 그로부터 파생되는 일반적 행동자유권의 행사로 보기도 한다.
12) 1991. 9. 16. 선고 89헌마165 전원재판부 결정(언론의 자유는 바로 민주국가의 존립과 발전을 위한 기초가 되기 때문에 특히 우월적 지위를 지니고 있는 것이 현대 헌법의 한 특징이다)
13) 표현의 자유에 대한 제한은 표현된 내용과는 관계없이 표현을 제한하는 '내용중립적 제한', 표현의 내용에 근거하여 제한하는 '표현내용에 근거한 제한'과 '표현 내용에 근거한 제한'의 하위 범주에 속하는 표현된 특정한 생각이나 의견에 근거하여 제한하는 '관점에 근거한 제한'이 있는바, 특정 관점에 근거한 제한은 공적인 토론을 심각하게 왜곡하는 효과를 가져 오기 때문에 표현의 자유를 본질적으로 침해한다(조재현, 「정치자금의 기부행위 제한과 정치적 표현의 자유」, 헌법판례연구 제16권(2015. 6.), 198-201쪽).
14) 2002. 12. 18. 선고 2000헌마764 전원재판부 결정(교통수단을 이용하여 타인의 광고를 할 수 없도록 하고 있는 「옥외광고물 등 관리법(현 「옥외광고물 등의 관리와 옥외광고산업 진흥에 관한 법률」) 시행령 규정이 자신에 관한 광고와 타인에 관한 광고를 구분하여 규제의 기준으

제한할 수 있되, 그 경우에도 표현의 자유의 본질적 내용을 침해할 수 없는 바, 정치자금의 기부는 정치적 표현의 한 형태로서 민주사회를 구성하고 움직이게 하는 요소이므로 그 제한 입법에 있어서는 엄격한 비례의 원칙에 따른 엄격한 심사기준이 적용되어야 한다.[15)16)]

　정치자금에 대한 과도한 규제는 정치적 표현의 자유를 억압한다. 반면에, 정치자금의 기부와 지출은 그 규모의 차이에 따라 정치적 영향력의 불균형을 가져와 유권자나 후보자 등의 정치적 평등을 저해하기도 한다.[17)] 정치적 표현의 자유에 집중하는 입장에서는 정치자금 기부의 주체와 규모, 지출과 관련하여 특별한 규제가 존재하지 않는다. 때로는 기부금의 한도에 대한 제약이 존재하지만 이는 특별한 조건 하에 제한적인 경우에만 그러할 뿐 기본적으로 정치자금의 기부와 모금에 있어서 제약이 없다. 단적으로 이러한 입장에서는 정치자금의 모금과 지출을 정당과 후보자의 재량에 맡기는 경향이 크다. 그러나 정치자금이 가져올 수 있는 정치

로 삼는 것은 광고의 매체로 이용될 수 있는 차량을 제한함으로서 자동차를 이용한 광고행위의 양을 도로교통의 안전과 도시미관을 해치지 않는 적정한 수준으로 제한하려고 한 것이므로, 표현의 자유를 침해한다고 볼 수 없다.)

15) 2007. 8. 30. 선고 2004헌마49 전원재판부 결정(선거기간 중 서신에 의한 선거운동방법을 제한한 구「공직선거 및 선거부정방지법(1997. 11. 14. 법률 제5412호로 개정된 것)」제109조 제1항은 선거운동 또는 의사표현의 내용 자체가 아니라 선거운동 내지 의사표현에 있어서의 특정한 수단과 방법에 한정되어 있다. 즉 모든 선거운동방법의 전반에 대한 전면적인 제한이 아니라 특히 폐해의 우려가 크다고 인정되는 서신에 의한 선거운동방법을 제한하고 그 이외의 방법은 자유롭게 선택할 수 있는 여지를 남겨두고 있으므로, 선거의 공정성과 기회균등을 위한 필요·최소한의 범위 내에서 선거운동의 자유를 제한하였다고 할 것이므로 침해의 최소성을 갖추었다.)

16) '정치자금의 기부는 자신의 정치적 신념을 실현하는 수단이다. 대개의 경우 정치자금의 기부는 특정 정당에게 행해지고, 기부자의 특정한 정치적 신념에 기초하는 경우가 많다. 그렇기 때문에 정치자금의 기부행위를 규제하는 것은 개인이나 단체의 정치적 신념이나 확신을 규제하는 것으로 볼 수 있다. 경우에 따라서 특정 정치인이나 특정 정당에 대한 정치자금의 기부를 제한하는 것은 정치적 표현의 자유의 내용에 대한 제한 중에서도 특정한 관점에 근거하여 정치적 표현을 제한하는 것이 될 수도 있다.'는 견해도 있다(조재현, 「정치자금의 기부행위 제한과 정치적 표현의 자유」, 헌법판례연구 제16권(2015. 6.), 204쪽).

17) 정치자금과 민주주의가 추구하는 가치 중 형평성과 경쟁성을 기준으로 정치자금의 접근 방법을 나누면 국가적 접근, 시장적 접근, 규제적 접근으로 구분할 수 있고, 국가적 접근은 경쟁성보다는 형평성을 강조하는 한편, 시장적 접근은 형평성보다는 경쟁성을 강조하고, 규제적 접근은 경쟁성과 형평성을 절충한 시각이라는 견해가 있다(조소영 외 3, 「민주적 절차와 정당성 확보를 위한 정치관계법 개선 방안 연구」, 사단법인 한국비교공법학회 2014 중앙선거관리위원회 연구용역과제, 93쪽).

적 불평등의 가능성과 이를 둘러싸고 발생할 수 있는 불법자금과 부정부패를 우려하는 입장[18])에서는 정치자금의 모금과 지출에 있어서 철저한 제약을 가하려는 경향을 가져, 정치자금 모금의 주체와 방식 등에 대해 세세한 규정을 통해 제약하며 특정 이익집단이나 단체의 기부를 금지하는 모습을 보인다. 이러한 입장에서는 부정부패와 정경유착과 같은 정치자금의 부정적인 측면을 줄이는 효과가 있지만 선거와 정치과정에서 정당 및 후보자의 역할과 유권자들이 그들의 정책 등에 관여할 여지를 줄이게 되는 부작용을 불러와 결과적으로 정치적 표현의 자유를 위축시킨다. 따라서 정치적 표현의 자유와 정치적 평등의 적절한 조화가 필요하다.[19]) 정치적 표현의 자유를 최대한 보장하되, 그 시대에 있어서의 국민의 정치·사회발전단계, 민주시민의식의 성숙도, 종래에 있어왔던 선거풍토 기타 제반 상황을 종합하여 자유·공정의 두 이념이 슬기롭게 조화되도록 하여야 한다.[20])

　정치자금법은 정치적 표현의 자유를 폭넓게 보장하기보다는 법인 또는 단체의 정치자금 기부[21])를 금지하는 것을 비롯하여 정치자금의 모금과 지출에 대하여 세세하게 규정함으로써 정치자금의 부정적 측면인 부정부패와 정경유착을 방지하고자 하는 규제중심의 태도를 취하고 있다.[22])

---

18) 정치자금은 재력을 통한 '정치적 영향력의 행사'라는 속성을 가지고 있고, 정치자금에 의한 정치적 영향력의 행사는 경제권력과 정치권력이 유착될 수 있는 계기가 된다(음선필, 「정당 정치자금의 투명성 강화 방안」, 홍익법학 제13권 제4호(2012), 150쪽).

19) 정치적 표현의 자유와 정치적 평등을 조화하는 현실적인 방안은 정치자금의 수입과 지출을 정당과 후보자의 자율에 맡기되 일정 부분 국고에 대한 보조를 더하고 구체적인 수입과 지출에 관한 내역을 시의적절하고 투명하게 유권자들에게 알리는 것이다(가상준 외 3, 「정치자금 실시간 공개제도의 실효성 확보 방안에 대한 연구」, 단국대학교 산학협력단, 2018년도 중앙선거관리위원회 연구용역보고서, 11－12쪽).

20) 1994. 7. 29. 선고 93헌가4, 6(병합) 전원재판부 결정

21) 법인·단체의 정치자금기부의 금지에 대하여는 제7장 1.기부의 제한에서 상술한다.

22) 김정도는, 정치자금의 기부규제와 관련하여, '첫째, 규제는 현상을 유지하도록 한다. 기부한도와 지출의 제한은 비현직 후보의 도전을 가로막고, 현직자에게 유리한 선거자금 환경을 더욱 심화시킨다. 둘째, 정치자금의 제한과 규제는 부유한 후보에게 유리한 환경을 조성한다. 돈의 영향력을 제한하기 위해 취해진 정치자금 규제조치들은 부유한 후보자들이 개인 자산을 사용할 수 있게 함으로써 정치적 형평성의 측면에서 문제를 일으킨다. 셋째, 정치자금 규제는 후보자에 대한 인지를 감소시켜 유권자들의 정치에 대한 관심을 멀어지게 한다. 선거과정에서 고비용 선거지출의 문제를 해결하기 위해 메스미디어를 활용하는 방법은 오히려 시민들과 면대면 접촉을 줄이고 시민들의 정치참여에 부정적으로 작용할 수 있다.'고 한다(김정도, 「정치자금 소액기부의 제도효과와 저해 요인들」, 세계지역연구논총 제29집 제1호, 139쪽).

3. 정당활동의 자유와 정치자금

「헌법」은 제8조[23])에서 정당제 민주주의를 채택하여 정당설립의 자유와 국가의 보호를 규정함으로써 정당활동의 자유를 포함한 정당의 자유를 광범위하게 보장하고 있고, 「정당법」 제37조(활동의 자유)[24])에서도 정당활동의 자유를 보장하고 있다. 정당은 정치적 결사로서 국민의 정치적 의사를 적극적으로 형성하고 각계각층의 이익을 대변하며 정부를 비판하고 정책적 대안을 제시할 뿐만 아니라, 국민 일반이 정치나 국가작용에 영향력을 행사하는 매개체의 역할을 수행하는 등 현대의 대의제 민주주의에 없어서는 안 될 중요한 공적기능을 수행하고 있다.[25])

정당제 민주주의 하에서는 중요한 정치적 결정이 정당에 의하여 준비되고 내려지는 경우가 많다. 정당은 정치권력에 영향을 행사하려는 사람들의 다양한 주장과 견해들을 취합·선별하여 내부적으로 조정을 한 다음, 국민이 선택할 수 있는 정책으로 형성한다. 정당은 정부와 국회와 주요 핵심 공직의 선출이나 임명에 결정적인 역할을 하고, 의회와 정부 등 정치적 지도기관의 정책 결정에 영향력을 행사함으로써 국가의사형성에 결정적 영향을 미친다. 정당은 개인과 국가를 잇는 중간 매체로서, 정당의 중개인적 역할로 말미암아 국민의 정치적 의사가 선거를 통하지 아니하고도 국가기관의 의사결정에 영향력을 미칠 수 있다. 물론, 다른 사회단체도 국회, 정부에 대하여 직접 로비활동을 하는 등 영향력을 행사할 수 있지만, 오

---

23) 「헌법」 제8조 ①정당의 설립은 자유이며, 복수정당제는 보장된다.
　　②정당은 그 목적·조직과 활동이 민주적이어야 하며, 국민의 정치적 의사형성에 참여하는데 필요한 조직을 가져야 한다.
　　③정당은 법률이 정하는 바에 의하여 국가의 보호를 받으며, 국가는 법률이 정하는 바에 의하여 정당운영에 필요한 자금을 보조할 수 있다.
　　④정당의 목적이나 활동이 민주적 기본질서에 위배될 때에는 정부는 헌법재판소에 그 해산을 제소할 수 있고, 정당은 헌법재판소의 심판에 의하여 해산된다.
24) 「정당법」 제37조(활동의 자유) ①정당은 헌법과 법률에 의하여 활동의 자유를 가진다.
　　②정당이 특정 정당이나 공직선거의 후보자(후보자가 되고자 하는 자를 포함한다)를 지지·추천하거나 반대함이 없이 자당의 정책이나 정치적 현안에 대한 입장을 인쇄물·시설물·광고 등을 이용하여 홍보하는 행위와 당원을 모집하기 위한 활동(호별방문을 제외한다)은 통상적인 정당활동으로 보장되어야 한다.
　　③정당은 국회의원지역구 및 자치구·시·군·읍·면·동별로 당원협의회를 둘 수 있다. 다만, 누구든지 시·도당 하부조직의 운영을 위하여 당원협의회 등의 사무소를 둘 수 없다.
25) 2009. 10. 29. 선고 2008헌바146·158·163(병합) 전원재판부 결정

늘날의 정당국가에서는 정당을 통하여 비로소 국가기관의 결정에 효율적으로 영향을 미칠 수 있다.[26] 이러한 정당의 역할과 기능에 비추어 정당에 대한 정치자금의 기부는 개체로서의 국민이 자신의 정치적 견해를 표명하는 매우 효과적인 수단일뿐만 아니라 정당에 영향력을 행사하는 중요한 방법이다. 더욱이 특정한 정당이나 정치인에 대한 정치자금의 기부는 그 정당·정치인의 정치활동에 대한 지지인 동시에 정책적 영향력 행사의 의도 또는 가능성의 표현이다.[27]

　정당이 국민 속에 뿌리를 내리고, 국민과 밀접한 접촉을 통하여 국민의 의사와 이익을 대변하고, 이를 국가와 연결하는 중개자로서의 역할을 수행하기 위해서 정당은 정치적으로뿐만 아니라 재정적으로도 국민의 동의와 지지에 의존하여야 하며, 정당 스스로 국민들로부터 그 재정을 충당하기 위해 노력해야 한다. 이러한 의미에서 정당이 당원 내지 후원자들로부터 정당의 목적에 따른 활동에 필요한 정치자금을 모금하는 것은 정당의 조직과 기능을 원활하게 수행하는 필수적인 요소이자 정당활동의 자유를 보장하기 위한 필수불가결한 전제로서 정당활동의 자유에 당연히 포함된다고 할 수 있다.[28][29]

4. 선거공영제와 정치자금

가. 선거공영제의 의의

　선거는 국가의 존속과 국민 전체의 이익을 위하여 국가의 공적 업무를 수행할

---

26) 1999. 11. 25. 선고 95헌마154 전원재판부 결정

27) 2017. 8. 31. 선고 2016헌바45 결정

28) 2015. 12. 23. 선고 2013헌바168 결정

29) 김범식은 '미국과 독일의 경우 정당의 활동자금과 공직후보자의 선거운동자금을 구분하지 아니하며, 정당의 정치활동자금이 곧바로 후보자의 선거운동자금이고, 영국의 경우에도 2002년도 "정당·선거 및 국민투표법(Political Parties, Election and Referendum Act)"에 의하여 정치자금제도를 대폭 수정한 결과 이를 통합해가고 있다.'고 하면서 '선거운동의 행태가 지역구 단위의 후보자 본위에서 전국적인 정당 본위로 변화되고, 정당의 간부와 공직선거의 후보자를 법적인 인격의 구분은 별론으로 하고 이를 실질적으로 동일체로 취급해야 하고, 후보자가 지출한 비용이 경우에 따라서는 정당비용인지 후보자선거운동비용인지 구분하기 곤란하여 공직선거법을 적용할 것인지 정치자금법을 적용할 것인지 등 법적용에 불합리한 점이 있으므로, 정당만의 고유한 영역과 그에 소요되는 자금은 별도로 인정하더라도 대부분의 자금을 통합하여 취급하는 것이 타당하다.'고 주장한다(김범식, 「정치자금관련 범죄에 관한 비교법적 연구」, 한국형사정책연구원 연구총서 04-27, 237-238쪽).

국민의 대표자를 선출하는 행위이므로 이에 소요되는 비용은 원칙적으로 국가가 부담하는 것이 바람직하다. 특히 선거에 소요되는 비용을 후보자 개인에게 모두 부담시키는 것은 경제적으로 넉넉하지 못한 자의 입후보를 어렵게 하거나 불가능하게 하여, 국민의 공무담임권을 부당하게 제한함은 물론 유능한 인재가 국가를 위하여 봉사할 수 없게 되는 결과를 초래할 수도 있다. 선거공영제는 이러한 목적을 위하여 선거의 관리·운영에 필요한 비용을 후보자 개인에게 부담시키지 않고 국민 모두의 부담으로 하고자 하는 원칙이다.30)31) 이와 같이 선거공영제는 선거의 평등과 후보자의 기회균등을 그 이념적 근거로 하고,32) 특히 오늘날 정치적 무관심의 증가와 국민 참여 부족에 따른 정당재정의 어려움으로 인한 대의민주주의에의 위협을 저하시키기 위해서도 국가가 정당에 재정지원을 하는 선거공영제는 그 정당성이 인정되고, 기본적으로 선거운동의 기회를 보장하면서도 그 제도적 효과로서 선거운동의 자유 보장, 타락 예방, 정책선거 전념 효과가 있다.33)

그러나 선거공영제를 운영함에 있어서 소요되는 비용은 국민의 부담, 즉 세금으로 충당되므로 이를 합리적으로 운영하여야 한다. 선거에는 막대한 비용이 소요되므로 이를 부담할 국가의 재정상황을 고려하여야 함은 물론 현재의 정치상황과 선거문화를 고려하여 국가가 부담하는 비용이 무분별하게 사용되지 않도록 적절한 조치를 취하여야 한다. 「헌법」 제116조 제2항이 "법률이 정하는 경우"에 선거비용을 후보자 등에게 부담시킬 수 있다고 하는 것도 이러한 이유에서이다. 선거비용을 국가가 모두 부담한다면 누구나 아무런 부담 없이 선거에 입후보할 수 있으므로, 진지한 공직 취임의 의사가 없거나 선거를 개인적인 목적에 악용하려는 사람들이 자유롭게 입후보할 수 있게 되어 후보자가 난립하게 되고 그로 인하여 국가가 부담하여야 하는 비용이 걷잡을 수 없이 커질 수 있다. 또한 후보자들의 난립

30) 2010. 5. 27. 선고 2008헌마491 결정, 2011. 4. 28. 선고 2010헌바232 결정
31) 정치가 공공선을 실현하는 과정이라면 정치인 개인이 그 비용을 다수 부담하게 하여서는 아니 되며, 경제적 여유를 가진 정치인들에만 의존하여 공공선을 추구할 수도 없다(성중탁, 「헌법상 정치적 표현의 자유와 정치자금 규제의 관계에 관한 소고 −최근 미국 연방대법원 관련 판결을 중심으로−」, 법학연구 제18집 제2호, 79쪽).
32) 조소영, 「선거에 있어서의 평등구현에 관한 고찰 −현행법상의 선거공영제 검토를 중심으로−」, 한국헌법판례연구학회, 헌법판례연구 5(2003. 11. 25.)
33) 박상철 외 3, 「선거비용 및 선거공영제 개선방안 연구」, 사단법인 한국정치법학연구소 2017년도 선거연수원 연구용역보고서, 37쪽

으로 인한 정치적 주장의 범람으로 중요한 정치적·사회적 쟁점에 관한 국민적 논의와 평가가 어렵게 될 우려도 있다. 따라서 국가가 선거공영제를 형성함에 있어서 국가 예산의 효율적 집행을 도모하고 선거공영으로 인한 위와 같은 부작용을 방지하기 위한 장치를 마련하는 것은 정당하다.[34] 나아가 선거공영제가 과다하게 도입되는 경우 획일적이고 창조성이 없는 선거운동으로 인하여 자유경쟁이라는 본래의 모습이 사라지고 국가의 실패(goverment failure)가 나타날 수 있는 점에 유의해야 한다.[35] 지나친 국가의 선거개입은 무임승차의 증가, 후보자 난립 등과 함께 책임정치를 약화시킬 수 있기 때문이다.

나. 선거비용보전의 제한과 선거공영제

「공직선거법」상 선거비용이라 함은 당해 선거에서 선거운동을 위하여 소요되는 금전·물품 및 채무 그 밖에 모든 재산상의 가치가 있는 것으로서 당해 후보자(후보자가 되려는 사람을 포함하며, 대통령선거에 있어서 정당추천후보자와 비례대표국회의원선거 및 비례대표지방의회의원선거에 있어서는 그 추천정당을 포함한다)가 부담하는 비용을 말하고, 이에는 ① 후보자가 「공직선거법」에 위반되는 선거운동을 위하여 지출한 비용과 기부행위제한규정을 위반하여 지출한 비용, ② 정당, 정당선거사무소의 소장, 후보자의 배우자 및 직계존비속, 선거사무장·선거연락소장·회계책임자가 해당 후보자의 선거운동(위법선거운동을 포함한다)을 위하여 지출한 비용과 기부행위제한규정을 위반하여 지출한 비용, ③ 선거사무장·선거연락소장·회계책임자로 선임된 사람이 선임·신고되기 전까지 해당 후보자의 선거운동을 위하여 지출한 비용과 기부행위제한규정을 위반하여 지출한 비용, ④ ②호와 ③호에 규정되지 아니한 사람이라도 누구든지 후보자나 ②호와 ③호에 규정된 자와 통모하여 해당 후보자의 선거운동을 위하여 지출한 비용과 기부행위제한규정을 위반하여 지출한 비용을 포함한다(공직선거법§119①). 또한, 「공직선거법」은 금권선거 및 후보자간 경제력 차이에 따른 불공평을 방지함과 아울러 막대한 선거비용을 마련할 수 없는 유능하고 참신한 후보자의 입후보를 보장하기 위한 목적에서 선거비용을 제한하고 있고(공직선거법§121),[36] 후보자 및 정당이 선거운동을 위하여 지출한 선거비용을

---

34) 2010. 5. 27. 선고 2008헌마491 결정
35) 김현태, 『한국의 선거운동제도와 정치발전』, 오름, 55쪽

후보자가 당선되거나 사망한 경우 또는 후보자의 득표수가 유효투표총수의 100분의 15 이상인 경우는 후보자가 지출한 선거비용의 전액을 보전하여 주고, 유효투표총수의 100분의 10 이상 100분의 15 미만인 경우는 후보자가 지출한 선거비용의 100분의 50을 보전하여 주는 등 일정한 요건을 갖춘 경우에 한하여 선거비용을 보전하여주고 있고, 선거비용의 보전에 있어서도 예비후보자의 선거비용 등 일정 범위의 선거비용에 대하여는 보전해 주지 않는 등 그 범위를 제한하고 있어 선거비용보전을 엄격히 제한하고 있다(공직선거법§122의2).[37)

「공직선거법」이 위와 같이 제한된 선거비용의 범위 내에서 선거비용보전의 요건을 엄격히 하여 그 보전대상을 엄격히 제한하는 것은 기성 정치인에게 유리하게 되는 반면에 정치 신인에게는 불리하게 됨으로써 선거공영제의 본래 목적인 선거의 기회균등정신에 부합되지 않는 결과를 초래한다.[38)39)

---

36) 대구고등법원 1997. 8. 12. 선고 97초12 결정

37) 헌법재판소는, 「공직선거법」 제122조의2(선거비용의 보전 등)와 관련하여, '국가예산의 효율적 집행을 도모하고 후보자 난립 등으로 인한 부작용을 방지하기 위하여 일정 득표율을 기준으로 인정 선거비용만을 보전하여 주도록 하는 것은 그 목적이 정당하고 수단 역시 적정하다고 할 것이다. 또한 득표율을 기준으로 보전 여부를 결정하는 것이 가장 합리적이고, 득표율이 10% 미만인 자는 당선가능성이 거의 없는 자이며, 지난 18대 지역구국회의원 선거에서 절반에 이르는 후보자가 선거비용을 보전받았을 뿐 아니라 국가가 후보자들이 개인적으로 부담하는 선거비용 외에도 상당한 부분의 선거비용을 부담하고 있는 점 등을 고려하면 이 사건 법률조항은 입법재량권의 한계를 일탈하여 자의적으로 청구인의 평등권을 침해한다고 할 수 없다.'고 판시하였다(2010. 5. 27. 선고 2008헌마491 결정; 다수의견에 대하여, 조대현 등 재판관 2명은 '이 사건 법률조항이 보전의 대상으로 규정한 선거비용은 선거에서 필수적인 비용이므로 선거경비의 공공부담 원칙에 비추어 국가가 부담함이 마땅함에도 불구하고, 10% 득표율이라는 과도한 기준을 설정함으로써 소수정당의 후보자나 무소속 후보자로 나서는 것을 주저하게 하여 민주정치의 발달에 부정적 영향을 미치고 선거경비 공공부담 원칙에 역행한다. 또한 10% 득표율에 미치지 못하는 후보자를 두고 정치적 소견을 표시할 가치가 없다고 보기 어렵고 제재 받을 대상으로 보기도 어렵다. 또한, 후보자추천제도, 기탁금제도와 같이 후보자 난립을 방지하기 위한 유효적절한 장치가 있음에도 이러한 목적을 위하여 중첩적 장치를 둘 필요가 있다고 보기 어렵다. 나아가 재력이 풍부한 자나 입후보 자체로 선거를 이용하고자 하는 자들에게는 입후보 난립 방지의 효과를 갖지 못하고, 재력이 부족한 사람에게만 효과를 갖는바, 이는 선거공영제의 정신에 위배되며, 이 사건 법률조항은 거대정당과 소수정당 등의 불평등 구조를 심화시키고 있어 선거공영제 본래의 정신인 선거의 기회균등 보장 정신에 위배된다.'고 반대의견을 피력하였다.).

38) 조소영, 「선거에 있어서의 평등구현에 관한 고찰 −현행법상 선거공영제 검토를 중심으로−」, 한국헌법판례연구학회, 헌법판례연구 5(2003. 11. 25.)

39) 박상철 외 3명은 선거운동과 관련하여 현행 선거공영제의 문제점을 아래와 같이 제기한다. 즉, '① 국가의 선거운동에의 개입은 선거운동의 자유를 확대시켜주는 효과가 있어야 하는데, 우리

다. 국고보조금과 선거공영제

국고보조금이라 함은 정당의 보호·육성을 위하여 국가가 정당에 지급하는 금전이나 유가증권을 말한다(법§3 6.). 국가는 정당에 대한 보조금으로 최근 실시한 임기만료에 의한 국회의원선거의 선거권자 총수에 보조금 계상단가를 곱한 금액을 매년 예산에 계상하여 정당에 지급하고 있는데(법§25①), 대통령선거, 임기만료에 의한 국회의원선거 또는 「공직선거법」 제203조(동시선거의 범위와 선거일) 제1항[40]

의 경우 선거공영제가 선거운동 법정주의와 결부되어 그 효과가 적다. 선거운동에서 후보자 등 선거참여자는 자유로이 가장 효과적이고 효율적인 선거운동방법을 선택할 수 있어야 한다. 그런데 국가가 무기의 선택권을 주지 않고, 오히려 국가가 허용한 무기만을 들도록 한다면 그 경쟁은 출발부터 형평성이 없게 되고 진정한 공정경쟁은 이루어지지 않게 된다. 결론적으로 후보자 등이 부담하여 할 수 없는 선거운동을 국가의 돈으로 할 수 있게 하면 선거운동의 자유는 신장되는데, 우리의 경우 선거운동방법이 제한적이어서 국가가 돈을 부담해주더라도 선거운동의 자유가 그 만큼 확대되는 효과는 없다. ② 선거비용 제한제도는 선거운동의 공정을 담보하기 위한 제도이고 특히 출발선의 평등 즉 조건의 평등을 가져오기 위한 것이다. 그러나 실제에서는 선거비용 제한액은 최고 한도를 정해 놓은 것이므로 그 안에서도 돈 있는 후보자 등과 돈 없는 후보자 등으로 나누어지고 이들 간에는 형평성이 문제된다. 따라서 선거공영제는 이러한 측면에서 국가가 적극 나서 후보자간 기회균등을 보장하는 역할을 하여야 하나, 국가가 전면적으로 기회균등을 보장할 필요가 있는 영역의 선거운동방법에 대하여 그 경비를 부담해주어야 하는데 이와 달리 모든 영역의 선거운동방법에 대하여 국가가 비용을 부담하는 것은 문제가 있다. ③ 현행 선거공영제는 대부분의 선거운동방법에 대하여 적용하고 있는데, 이는 선거공영제의 본래의 취지와는 부합하지 않는다. 선거공보, 신문광고, 방송광고, 방송연설 등 실제적으로 정책선거에 친하고 국민의 정치적 의사형성에 많은 기여를 하는 선거운동 등 기본적으로 국가의 개입이 필요한 선거운동수단에 국가가 그 비용을 부담하여야 한다. ④ 현행 선거비용 보전제도는 선거 종료 후에 이루어지기 때문에 실질적으로 돈 없는 후보자에게 국가의 부담으로 선거운동이 가능하도록 기회를 주는 것과는 거리가 멀다. 현행의 사후 보전제도는 그 비용을 사전에 주지 않고 사후에 하되 일정한 요건을 갖춘 경우에만 적용하기 때문에 한계가 있을 수밖에 없다. ⑤ 현행 선거비용 보전제도는 형식상으로는 총액보전제와 같이 보이지만 실제에 있어서는 비목별 항목별 보전제에 가깝게 운용되고 있다. 후보자가 사후에 선거비용을 보전받으려고 하면, 선거운동조항별로 지출한 비용 중에서 선거비용으로 보는 비용과 비용으로 보지 않는 비용을 구분하고 선거비용 중에서도 보전대상과 미보전대상으로 다시 구분하여 살펴보고, 영수증 등을 갖추어 선거관리위원회에 신청하고 이를 접수한 선거관리위원회는 신청된 영수증 등을 일일이 체크한 후 법에서 정하고 있는 기준을 갖춘 선거비용에 한하여 보전해주고 있어, 그 과정이 매우 복잡하다는 문제가 있다.'고 한다(박상철 외 3, 「선거비용 및 선거공영제 개선방안 연구」, 사단법인 한국정치법학연구소 2017년도 선거연수원 연구용역보고서, 45-50쪽).

40) 「공직선거법」 제203조(동시선거의 범위와 선거일) ①임기만료일이 같은 지방의회의원 및 지방자치단체의 장의 선거는 그 임기만료에 의한 선거의 선거일에 동시실시한다.

의 규정에 의한 동시지방선거가 있는 연도에는 각 선거(동시지방선거는 하나의 선거로 본다)마다 보조금 계상단가를 추가한 금액을 예산에 계상하여 정당에 지급함으로써 선거가 있는 해에는 선거보조금을 추가하여 지급하고 있다(법§25②). 선거가 있는 해에 정당에 지급되는 보조금은 정치적인 기회균등을 실현해야 하는 평등선거원리의 시각에서는 선거공영제의 이념에 반한다고 평가될 수 있으나,[41] 이는 정당이 정치적 결사로서 국민의 정치적 의사를 적극적으로 형성하고 각계각층의 이익을 대변하며, 정부를 비판하고 정책적 대안을 제시할 뿐만 아니라, 국민 일반이 정치나 국가작용에 영향력을 행사하는 매개체의 역할을 수행하는 등 현대의 대의제민주주의에 없어서는 안 될 중요한 공적기능을 수행하고 있고, 그러한 정당제민주주의를 시행하는 과정에서 발생하는 불가피한 사정이라 할 것이어서 헌법에 위반된다고는 보기 어렵다.[42][43]

5. 정치자금의 의의

가. 의의

정치자금이란 당비, 후원금, 기탁금, 보조금, 정당의 당헌·당규 등에서 정한 부대수입 그 밖에 정치활동을 위하여 정당(중앙당창당준비위원회를 포함한다), 「공직선거법」에 따른 후보자가 되려는 사람, 후보자 또는 당선된 사람, 후원회·정당의 간부 또는 유급사무직원, 그 밖에 정치활동을 하는 사람에게 제공되는 금전이나 유

---

41) 조소영, 「선거에 있어서의 평등구현에 관한 고찰 -현행법상 선거공영제 검토를 중심으로-」, 한국헌법판례연구학회, 헌법판례연구 5(2003. 11. 25.)

42) 국가의 정당에의 선거비용보조를 정당화할 수 있는 실질적 가치는 국가에 의한 선거선전활동에 대한 지원은 정당의 재정적 빈곤 때문이 아니라 선거가 모든 후보자에게 평등한 선거운동권을 보장하고 있다는 사실에 기초하고 있고, 정당이 선거선전활동에 대한 보조를 받더라도 그것은 정당의 자격에서 받는 것이 아니라 무소속후보자와 마찬가지로 평등한 선거참가를 위한 보조금으로서 받는다는 견해가 있다(김민배, 「정치자금의 투명성 확보와 시민참여 -정당국고보조제도를 중심으로-」, 의정연구 제6권 제1호, 52쪽).

43) 미국에 있어 선거보조금제도를 찬성하는 사람들은 선거공영제의 장점으로 첫째, 후보자들이 이익집단들의 로비, 부패로부터 자유롭고, 둘째, 선거보조금제도를 도입하면 후보자들의 돈이 아니라 자질이 당락을 좌우하게 되고, 셋째, 선거보조금제도는 후보자들간의 경쟁을 더욱 촉진하고, 넷째, 국가로부터 선거자금을 받기를 원하는 후보자들은 선거비용제한을 준수해야 하므로 선거비용제한은 선거비용을 줄일 수 있다고 한다(김정곤, 「미국의 선거보조금 지급제도에 관한 분석」, 한국정당학회보 제8권 제1호(2009), 40-42쪽).

가증권 또는 그 밖의 물건과 정치활동을 하는 사람(정당 및 중앙당창당준비위원회를 포함한다)의 정치활동에 소요되는 비용을 말한다(법§3 1.). 즉 정치활동을 위하여 정치활동을 하는 자에게 제공되는 금품과 정치활동을 하는 자의 정치활동에 소요되는 비용이 정치자금이다.[44) 정치자금은 정치활동을 위하여 정치활동을 하는 자에게 제공되는 금전 등 일체를 의미하므로, 정치활동을 위한 경비로 지출될 것임이 객관적으로 명확히 예상되어야 한다.[45] 여기에서 '정치활동'은 권력의 획득·유지를 둘러싼 투쟁과 권력을 행사하는 활동을 말한다.[46]

나. 그 밖에 정치활동을 하는 자

정치자금법상 '정치활동'의 의미는 그 입법취지에 의하여 한정된다. 즉, 정치자금법은 우리 헌법의 '대의민주주의 실현을 위한 정치활동'을 하는 자에게 정치자금의 적정한 공급을 보장하고 수입과 지출의 투명성을 확보하여 정치자금과 관련한 부정을 방지하기 위한 목적으로 제정된 것이다. 그러므로 정치자금법은 일반적·사전적 의미의 정치활동을 하는 자 모두를 그 규율대상으로 하는 것이 아니라, 정당 또는 대의제 민주주의 실현을 위한 공직선거와 관련하여 활동하는 자를 규율대상으로 하고, 그 가운데서도 그 활동을 위하여 적정한 자금을 공급할 공익상의 필요가 있는 자로 제한된다. '그 밖에 정치활동을 하는 자'란 정당, 공직선거, 후원회

---

44) 정당의 일상적 운영비용과 선거비용을 정확히 구분하기는 쉽지 않기 때문에 선거자금을 포함한 모든 정치활동에 필요한 자금을 정치자금이라고 넓은 의미로 이해하는 것이 좋다고 하면서, 정치자금은 정치활동, 특히 정당의 기본적 활동과 기능인 정치적 이익의 취합, 여론의 조직과 표출, 국민에 대한 정치교육, 정부의 조직과 지도자의 선택 등을 수행하기 위해 소요되는 비용이라는 견해가 있다(조소영 외 3, 「민주적 절차와 정당성 확보를 위한 정치관계법 개선 방안 연구」, 사단법인 한국비교공법학회 2014 중앙선거관리위원회 연구용역과제, 92쪽).

45) 정치자금을 "정치활동을 위하여 정치활동을 하는 자에게 제공되는 금품과 그 자의 정치활동에 소요되는 비용"으로 한정하고 있어, 후원금을 생활보조비·병원비·차량구입비 등을 위하여 제공한 경우는 정치활동과 관련된 것이 아니므로 정치자금의 규제대상이 아닌 것으로 되므로, 정치인들에게 대해서 차비를 대신 지불하거나 물건 값을 할인해 줘도 그 차액만큼을 모두 정치자금으로 보고 공개하도록 하고 있는 선진국의 관행과 비교한다면 너무 지나치게 정치자금 규제의 대상을 좁게 가져가는 것이라 할 수 있어, 정치인에게 제공되는 모든 돈은 정치자금으로 간주하고 기부와 관련된 규제의 적용대상이 되도록 하여야 한다는 견해가 있다(김범식, 「정치자금관련 범죄에 관한 비교법적 연구」, 한국형사정책연구원 연구총서 04-27, 17쪽, 237쪽).

46) 2017. 11. 14. 선고 2017도3449 판결, 2017. 10. 31. 선고 2016도19447 판결, 2009. 2. 26. 선고 2008도10422 판결

와 직접 관련된 활동을 직업적으로 하는 사람이나 정당, 공직선거, 후원회를 위하여 설립된 단체로 볼 수 있는 정도에 이른 경우를 뜻한다.[47] '그 밖에 정치활동을 하는 자'에 해당하는지를 판단함에 있어서는, 정당(중앙당창당준비위원회를 포함한다),「공직선거법」에 따른 후보자가 되려는 사람, 후보자 또는 당선된 사람, 후원회·정당의 간부 또는 유급사무직원 등 그 구체적 예시들에 준하여 정당, 선거, 후원회 중 어느 하나와 직접적으로 관련되는 경우에는 이에 해당한다. 즉, '정치활동을 하는 자' 중에서도 주요 직책을 수행하는 간부나 최소한 직업적으로 활동하는 유급사무직원과 같은 정도의 위치에 있는 사람으로 한정된다. 따라서 단순한 정당의 당원 또는 후원회의 회원으로서 활동하거나, 선거 등에서 자원봉사나 무급사무직원으로 활동하는 자 등은 이에 해당한다고 볼 수 없다.[48]

교육감, 교육감선거 후보자 또는 후보자가 되려고 하는 사람이 '그 밖에 정치활동을 하는 자'에 해당하는지 여부에 대하여, 법원은 '교육의 정치적 중립성에 관한 「헌법」 제31조 제4항, 교육감, 교육감선거 후보자 또는 후보자가 되려고 하는 사람의 정당가입금지 또는 정치적 행위 금지에 관한 「교육기본법」 제6조(교육의 중립성) 제1항,「지방교육자치에 관한 법률」 제24조(교육감후보자의 자격) 제1항, 제24조의3(교육감의 퇴직) 제3호, 제46조(정당의 선거관여행위 금지 등),「지방공무원법」 제3조(적용범위) 제1항, 교육감선거를 공직선거의 범위에 포함하지 아니한 「공직선거법」 제2조(적용범위) 등의 규정을 종합하면, 교육감, 교육감선거 후보자 또는 후보자가 되려고 하는 사람은 정치자금법 제3조(정의) 제1호가 정한 공직선거에 의하여 당선된 자, 공직선거의 후보자 또는 후보자가 되고자 하는 자 또는 그 밖의 정치활동을 하는 자에 해당한다고 볼 수 없다. 다만 「지방교육자치에 관한 법률」 제50조(「정치자금법」의 준용)는 "교육감선거에 관하여는 정치자금법의 시·도지사선거에 적용되는 규정을 준용한다."라고 규정하고 있으나, 이는 종래 간선제로 실시

---

47) 2017. 11. 14. 선고 2017도3449 판결
48) 2014. 7. 24. 선고 2013헌바169 결정('그 밖에 정치활동을 하는 자'란 '정당, 공직선거, 후원회와 직접 관련된 활동을 직업적으로 하는 사람이나 정당, 공직선거, 후원회를 위하여 설립된 단체'로 볼 수 있을 정도에 이른 경우를 뜻하고, 이 사건 정의조항이 예시하고 있는 '정당 등'은 '그 밖에 정치활동을 하는 자'를 해석하는 유용한 판단지침이 되므로, 구체적 사건에서 법관에 의하여 자의적으로 확대해석될 우려가 있다고 할 수 없어, 죄형법정주의 명확성원칙에 위배되지 아니한다.)

되던 교육감선거가 2007년 직선제로 전환되면서 실질적으로 시·도지사선거와 유사하게 됨에 따라 교육감선거의 후보자 등에게 후원회를 통하여 선거비용 등의 정치자금을 조달할 수 있도록 하고 이를 투명하게 관리하도록 하며 선거종료 후 남은 후원금이나 선거비용의 처분 또한 정치자금법에 규정된 절차에 의하도록 하기 위하여 그 범위에서 한정하여 정치자금법 중 시·도지사선거에 적용되는 규정을 준용하는 것일 뿐, 교육감선거의 성격이나 교육감, 교육감선거 후보자 또는 후보자가 되려고 하는 사람의 지위에 관하여서까지 정치자금법을 준용하는 것은 아니다.」고 판시하였다.[49]

오랜 기간의 정치활동을 마무리하고 공식적으로 정계은퇴를 선언한 자는 '그 밖에 정치활동을 하는 자'로 볼 수 없다.[50]

다. 선거비용과 정치자금

선거비용이라 함은 당해 선거에서 선거운동을 위하여 소요되는 금전·물품 및 채무 그 밖에 모든 재산상의 가치가 있는 것으로서 당해 후보자(후보자가 되려는 사람을 포함하며, 대통령선거에 있어서 정당추천후보자와 비례대표국회의원선거 및 비례대표지방의회의원선거에 있어서는 그 추천정당을 포함한다)가 부담하는 비용을 말한다(공직선거법§119①).[51] 「공직선거법」은 선거비용에 대하여 위와 같이 포괄적으로 규정한 다음, 선거비용에 대한 제한을 보다 엄격하기 하기 위하여, 다음 각 호의 어느 하나에 해당되는 비용도 선거비용으로 간주하고 있다(공직선거법§119①).

1. 후보자가 공직선거법에 위반되는 선거운동을 위하여 지출한 비용과 기부행위제한규정을 위반하여 지출한 비용
2. 정당, 정당선거사무소의 소장, 후보자의 배우자 및 직계존비속, 선거사무장

---

49) 2016. 1. 14. 선고 2014도3112 판결
50) 2010. 10. 14. 선고 2010도1380 판결(피고인이 정치자금법에 정하지 아니한 방법으로 현금 2억원의 정치자금을 기부받았다는 내용으로 기소된 사안에서, 그 당시의 피고인을 같은 법 제3조(정의) 제1호의 '정치활동을 하는 자'로 인정할 수 없고, 위 돈을 같은 법에 규정된 '정치자금'으로 볼 수 없어 그 수수행위를 처벌할 수 없다고 한 사례)
51) 일반적으로 후보자들이 지출하는 선거비용의 내역으로는 크게 ⅰ) 선거사무소장 및 선거참모를 포함한 선거운동원들의 인건비, ⅱ) 선거사무소 및 선거연락소의 설치 및 운영비, ⅲ) 홍보인쇄물의 제작 및 배포비용, ⅳ) 선거유세비용, ⅴ) 후보자의 유권자 접촉 경비 등으로 나누어 볼 수 있다(서정갑·정영국, 「선거자금과 선거과정」, 동서연구 제7권(1994), 245쪽).

· 선거연락소장 · 회계책임자가 해당 후보자의 선거운동(위법선거운동을 포함
한다)을 위하여 지출한 비용과 기부행위제한규정을 위반하여 지출한 비용

3. 선거사무장 · 선거연락소장 · 회계책임자로 선임된 사람이 선임 · 신고되기 전
까지 해당 후보자의 선거운동을 위하여 지출한 비용과 기부행위제한규정을
위반하여 지출한 비용

4. 제2호 및 제3호에 규정되지 아니한 사람이라도 누구든지 후보자, 제2호 또
는 제3호에 규정된 자와 통모하여 해당 후보자의 선거운동을 위하여 지출
한 비용과 기부행위제한규정을 위반하여 지출한 비용

위와 같이 「공직선거법」 제119조(선거비용 등의 정의) 제1항의 선거비용에 포함
되지 아니하는 비용은 모두 선거비용 외 정치자금으로서 「공직선거법」은 다음 각
호의 어느 하나에 해당하는 비용은 선거비용으로 보지 아니한다(공직선거법§120).

1. 선거권자의 추천을 받는데 소요된 비용 등 선거운동을 위한 준비행위에 소
요되는 비용

2. 정당의 후보자선출대회비용 기타 선거와 관련한 정당활동에 소요되는 정당
비용

3. 선거에 관하여 국가 · 지방자치단체 또는 선거관리위원회에 납부하거나 지급
하는 기탁금과 모든 납부금 및 수수료

4. 선거사무소와 선거연락소의 전화료 · 전기료 및 수도료 기타의 유지비로서
선거기간 전부터 정당 또는 후보자가 지출하여 온 경비

5. 선거사무소와 선거연락소의 설치 및 유지비용

6. 정당, 후보자, 선거사무장, 선거연락소장, 선거사무원, 회계책임자, 연설원
및 대담 · 토론자가 승용하는 자동차(「공직선거법」 제91조(확성장치와 자동차 등
의 사용제한) 제4항의 규정에 의한 자동차와 선박을 포함한다)의 운영비용

7. 제3자가 정당 · 후보자 · 선거사무장 · 선거연락소장 또는 회계책임자와 통모
함이 없이 특정 후보자의 선거운동을 위하여 지출한 전신료 등의 비용

8. 「공직선거법」 제112조(기부행위의 정의 등) 제2항에 따라 기부행위로 보지
아니하는 행위에 소요되는 비용. 다만, 같은 항 제1호 마목(정당의 사무소를
방문하는 사람에게 제공하는 경우는 제외한다) 및 제2호 사목(후보자 · 예비후보자
가 아닌 국회의원이 제공하는 경우는 제외한다)의 행위에 소요되는 비용은 선거

비용으로 본다.

9. 선거일 후에 지출원인이 발생한 잔무정리비용

10. 후보자(후보자가 되려는 사람을 포함한다)가 선거에 관한 여론조사의 실시를 위하여 지출한 비용. 다만, 「공직선거법」 제60조의2(예비후보자등록) 제1항에 따른 예비후보자등록신청개시일부터 선거일까지의 기간 동안 4회를 초과하여 실시하는 선거에 관한 여론조사비용은 선거비용으로 본다.

「공직선거법」상 선거비용제한액은 전국소비자물가변동률(「통계법」 제3조(정의)의 규정에 의하여 통계청장이 매년 고시하는 전국소비자물가변동률을 말한다)을 감안하여 정한 비율을 적용하여 관할선거구선거관리위원회가 해당 선거 때마다 확정하여 공고한다(공직선거법§121).[52]

이와 같이 선거비용의 제한액은 법정선거기간 중에 선거운동을 위하여 지출할 수 있는 비용을 의미한다. 그러나 현직 의원의 경우에는 선거가 시작되기 오래 전부터 정치활동이라는 명목으로 사실상의 선거운동을 하게 되고 이에 지출되는 정치활동자금은 법정선거비용의 제한을 훨씬 뛰어넘어 아무런 제한 없이 사용할 수 있다. 즉, 기성정치인은 선거운동을 위하여 지출하는 정치활동자금을 선거비용과 정치자금을 구분하여 선거비용에 대하여는 법정제한액의 범위 내에서 사용한 것처럼 선거관리위원회에 신고함으로써 선거비용사용의 법정제한에 위배되는 것을 합법적으로 회피하고 사실상 선거비용을 무제한적으로 사용할 수 있게 된다. 이는 기성정치인과 정치신인을 차별하여 후보자간의 선거운동에 있어서의 기회균등원칙을 심각하게 침해한다.

선거인의 관점에서 보면 선거비용이건 정치자금이건 사실상 선거운동을 위하여 지출한 비용이면 이들 모두는 선거비용으로 보아야 마땅하다.[53] 법정선거비용만이 선거비용이 아닌 것이다. 물론 선거비용의 범위를 확대하여 그 모두를 보전하는 것만이 선거공영제에 부합하는 것이라고 할 수는 없기 때문에 선거비용과 정치

---

52) 선거비용제한액의 산정에 대하여는 졸저, 『선거법 강의』, 박영사, 589-590쪽 참조

53) 선거운동을 정의함에 있어 선거운동에 해당하는지 여부는 행위를 하는 주체 내부의 의사가 아니라 외부에 표시된 행위를 대상으로 선거 관련 국가기관이나 법률전문가의 관점에서 사후적ㆍ회고적인 방법이 아니라 일반인, 특히 선거인의 관점에서 판단하여야 한다고 한 대법원 2016. 8. 26. 선고 2015도11812 전원합의체 판결의 취지를 선거비용에 적용하여 보면, 선거비용도 선거인의 관점에서 판단함이 상당하다.

자금을 구별할 필요가 있는 것은 사실이다. 그러나 사실상 선거비용이면서도 회계
상으로만 정치자금으로 가장하여 후보자간의 선거비용수입과 지출의 형평성을 저
해하는 결과를 초래하는 문제는 시정하여야 한다. 이를 위해서는 선거비용지출의
양성화와 정치자금의 수입과 지출의 투명성을 확보하는 것이 필요하다. 정치자금
법은 정치자금의 수입과 지출의 투명성 및 공개성을 확보하기 위하여 정치자금의
법정원칙(법§2①), 공개원칙(법§2②), 사적경비 지출금지원칙(법§2③), 실명원칙(법§2
④,⑤)을 정하고 있다.

〈변호사비용과 정치자금〉

정치활동을 하는 자가 형사소추를 당하여 형사피고인이 된 경우, 그 형사소추는
검사에 의해 이루어진 것이어서 당해 형사재판에서 범죄혐의를 벗거나 유리한 양
형을 받기 위해 소극적으로 하는 피고인의 방어 및 변호활동을 일반적으로 정치활
동이라고 할 수는 없으므로, 정치활동을 하는 자가 형사재판에서 소요될 변호사
선임비용을 제공받았다고 하더라도 원칙적으로 이를 정치자금 수수라고 볼 수는
없다. 다만, 형사재판에서 소요될 변호사 선임비용 명목으로 자금이 수수된 경우
라도, 당해 형사재판이 그의 정치활동과 관련된 범죄로 인한 것으로서 자금 수수
가 그의 정치활동의 유지를 위한 목적에서 이루어진 것이라면 그러한 자금도 정치
자금이 될 수 있다. 이때 수수한 변호사 선임비용이 정치자금에 해당하는지 여부
는 당해 형사소추와 피고인의 정치활동과의 관련성, 재판결과가 정치활동의 유지
에 미치는 영향, 피고인과 자금제공자의 관계 및 수수된 자금의 규모 등 당해 형
사재판을 둘러싸고 자금 수수와 관련하여 나타난 여러 사정을 종합적으로 고려하
여 판단하여야 한다.[54]

---

54) 2014. 3. 13. 선고 2011도8330 판결

제 2 장 정치자금의 기본원칙

정치자금은 통상적으로 대의민주주의에 있어 필수 불가결한 비용이라는 이유에서 정당화된다. 그러나 정치자금은 대의민주주의, 국가의 정책결정·방향 등에 중대한 영향을 미치므로 이에 대한 통제가 필요하다. 정치자금법은 정치자금의 적정한 제공을 보장하고 그 수입과 지출내역을 공개하여 투명성을 확보하며 정치자금과 관련한 부정을 방지함으로써 민주정치의 건전할 발전에 기여함으로 목적으로 하는 법의 목적규정(법§1)과 함께 법의 해석·운용의 기준 또는 그 지침으로서 정치자금의 기본원칙을 정하고 있다(법§2). 정치자금의 법정원칙(법§2①), 공개원칙(법§2②), 사적경비 지출금지원칙(법§2③), 실명원칙(법§2④,⑤) 등이 그것이다.[1]

1. 법정원칙

정치활동이라 함은 권력의 획득과 유지를 둘러싼 투쟁 및 권력을 행사하는 활동이다. 근대국가를 거쳐서 현대국가에 이르러 정치활동이 고도로 조직화되어 감에 따라 불가피하게 정치활동에 필요한 비용도 크게 증가하였다. 「헌법」제8조 제3항[2]에서 국가는 법률이 정하는 바에 의하여 정당운영에 필요한 자금을 보조할 수 있다고 규정하고 있으나, 재정적 제약 아래에서 충분한 자금을 보조하기는 어렵다. 선거에 있어서는 「헌법」제116조[3] 제1항에서 선거운동 법정주의와 기회균등원칙

---

1) 김영래는 '정치자금제도화가 자율성(Autonomy), 공개성(Openness), 공정성(Fairness), 균등화(Equalization), 최소화(Minimization)의 5원칙을 통해 이루어져야 한다.'고 한다(김영래, 「한국의 정치자금제도화에 관한 연구」, 한국정치학회보 제26권 제1호(1992), 136－137쪽).
2) 「헌법」제8조 ③정당은 법률이 정하는 바에 의하여 국가의 보호를 받으며, 국가는 법률이 정하는 바에 의하여 정당운영에 필요한 자금을 보조할 수 있다.
3) 「헌법」제116조 ①선거운동은 각급 선거관리위원회의 관리 하에 법률이 정하는 범위 안에서 하되, 균등한 기회가 보장되어야 한다.
   ②선거에 관한 경비는 법률이 정하는 경우를 제외하고는 정당 또는 후보자에게 부담시킬 수 없다.

을 천명하고, 같은 조 제2항에서 법률이 정하는 경우를 제외하고는 선거에 관한 경비는 정당 또는 후보자에게 부담시킬 수 없다고 규정하고 있기는 하나, 그 밖에 정치인 개인의 정치활동에 필요한 비용을 보조하는 규정은 없다. 그렇다면 정당 또는 정치인은 정치자금 조달도 중요한 정치활동의 하나가 될 수밖에 없다. 그런데 정치자금의 조달을 정당 또는 정치인에게 맡겨두고 아무런 규제를 하지 않는다면 정치권력과 금력의 결착이 만연해지고, 필연적으로 기부자의 정치적 영향력이 증대될 것이다. 금력을 가진 소수 기득권자에게 유리한 정치적 결정이 이루어진다면 민주주의의 기초라 할 수 있는 1인 1표의 기회균등의 원리가 심각하게 훼손될 수 있다. 그러므로 구체적인 내용은 별론으로 하더라도, 정치자금에 대한 규제는 대의제 민주주의의 필연적 귀결이다.4)5) 이에 따라 법은 제2조(기본원칙) 제1항에서 "누구든지 이 법에 의하지 아니하고는 정치자금을 기부하거나 받을 수 없다."고 규정하여, 정치자금의 법정주의를 표방하고 있다. 이는 정치자금법에 의하지 아니한 정치자금의 수수를 포괄적으로 금지함으로써 정치자금과 관련한 부정을 방지하기 위한 것이다.

이 원칙에 따라 정치자금은 법에 규정된 ① 정당의 당헌·당규 등에 의하여 정당의 당원이 부담하는 금전이나 유가증권 기타 물건에 해당하는 당비, ② 후원회지정권자에 대한 정치자금의 기부를 목적으로 설립·운영되는 후원회에 기부하는 금전이나 유가증권 기타 물건에 해당하는 후원금, ③ 정치자금을 정당에 기부하고자 하는 개인이 선거관리위원회에 기탁하는 금전이나 유기증권 기타 물건에 해당

---

4) 2004. 6. 24. 선고 2004헌바16 전원재판부 결정
5) 정종섭은 '정치자금을 지배하는 헌법원리는 국가의 공공성원리와 중립성원리이다. 정치자금활동을 방치하지 않고 제도화하는 목적은 선거를 포함한 광범한 정치활동영역에 금력이 침투하여 정치의 본래 기능을 왜곡시키고 국가 기능의 공공성을 파괴하려는 시도를 차단하는 것에 있다. 따라서 「국가의 공공성의 확보」와 「자본으로부터의 국가의 중립성 확보」는 정치자금을 규율하는 지도원리로 작용한다. 국가의 기능과 본질로부터 공공성의 확보와 자본으로부터의 중립성의 확보라는 요청이 도출되고 이런 요청을 현실에 실현시키기 위해 그에 적합한 원칙을 낳는다. 이는 정치자금의 흐름을 투명하게 하는 것이고, 정치자금활동의 투명성 확보는 정치자금의 양성화를 의미한다. 양성화는 법의 영역에서 제도화를 의미하고, 법규범 체계 내에 실정화하는 것을 의미한다. 정치자금활동의 제도화는 실정법이라는 법형식을 통하여 제도화한다고 충분한 것은 아니며, 여기에는 그 내용이 정치자금활동을 지배하는 지도원리에 합치되는 것이어야 한다. 따라서 정치자금활동에 대한 실정법의 타당성을 판단하는 기준은 언제나 이런 지도원리이다. 정치자금의 수입·지출 공개의 원칙, 정치자금의 용도제한의 원칙 등은 이런 지도원리를 실현하는 실천원칙이다.'라고 한다(정종섭, 『헌법학원론(제11판)』, 박영사, 947쪽).

하는 기탁금, ④ 정당의 보호·육성을 위하여 국가가 정당에 지급하는 금전이나 유가증권에 해당하는 보조금 등에 한하여 기부하거나 수령할 수 있다.

이 법에 정하지 아니한 방법으로 정치자금을 기부하거나 기부받은 자에 대하여는 5년 이하의 징역 또는 1천만원 이하의 벌금에 처한다(법§45①).[6)]

2. 공개원칙

정치자금의 투명성 확보는 궁극적으로 정치인의 음성적 정치자금 수수 동기를 막자는데 그 취지가 있다. 정치자금의 모금과 지출에 대한 공개는 정치인이 문제가 될 만한 자금원으로부터 돈을 수수하고자 하는 동기를 약화시키고 정치자금기부자에 대한 감시를 가능하게 함으로써[7)] 정치인 및 유권자의 정치적 의사표현 및 의사결정에 있어 공정성을 확보하게 한다. 정당의 정치적 의사결정은 정당에게 정치자금을 제공하는 개인이나 단체에 의하여 현저하게 영향을 받을 수 있으므로, 사인이 정당에 정치자금을 기부하는 것 그 자체를 막을 필요는 없으나, 누가 정당에 대하여 영향력을 행사하려고 하는 지, 즉 정치적 이익과 경제적 이익의 연계는 원칙적으로 공개되어야 한다. 유권자는 정당의 정책을 결정하는 세력에 관하여 알아야 하며, 정치자금의 제공을 통하여 정당에 영향력을 행사하려는 사회적 세력의 실체가 정당의 방향이나 정책과 일치하는가를 스스로 판단할 수 있는 기회를 가져야 한다. 이러한 이유에서 정치자금법은 제1조(목적)에서 "이 법은 정치자금의 적정한 제공을 보장하고 그 수입과 지출내역을 공개하여 투명성을 확보하며 정치자금과 관련한 부정을 방지함으로써 민주정치의 건전한 발전에 기여함을 목적"으로 하고 있음을 밝히고, 제2조(기본원칙) 제2항에서 "정치자금은 국민의 의혹을 사는 일이 없도록 공명정대하게 운용되어야 하고, 그 회계는 공개되어야 한다."고 규정하여, 정치자금의 공개원칙을 천명하고 있다.[8)9)]

---

6) 이 법에 정하지 아니한 방법으로 정치자금을 기부하거나 기부받은 자에 대한 처벌에 관하여는 제11장 벌칙 1. 정치자금부정수수죄에서 상술한다.

7) 이관희, 「개정 정치자금법의 특징적 내용과 평가」, 헌법학연구 제10권 제2호(2004. 6.), 80쪽

8) 1999. 11. 25. 선고 95헌마154 결정, 2004. 6. 24. 선고 2004헌바16 전원재판부 결정

9) 정당재정의 투명성에 대한 헌법적 근거로서 헌법 제8조 제3항(정당에 대한 국고보조), 제1조 제2항(국민주권원리), 제21조(언론·출판·집회·결사의 자유)를 열거하면서, 독일의 기본법 제

법은 회계장부에 모든 정치자금의 수입과 지출을 기재하도록 의무화하고(법§37), 선거관리위원회에 정치자금의 수입과 지출에 관한 회계보고를 하도록 하고 있는(법§40) 등 정치자금의 공개원칙을 구체적으로 구현하고 있다. 그러나 정치자금의 수입과 지출에 관한 회계보고를 선거일 후 30일까지 하도록 하고(법§40), 정치자금의 수입과 지출의 정보 공개를 회계보고를 받은 선거관리위원회의 공고일로부터 3개월간[10]으로 제한하고 있고 이 기간 이외에는 공개를 금지하고 있으며(법§42②), 정치자금의 수입과 지출내역에 관한 사본교부를 관할 선거관리위원회에 서면으로 신청하도록 하면서 그 비용을 신청자가 부담하도록 하고 있고(법§42③), 공개된 정치자금 기부내역을 인터넷에 게시하지 못하도록 하고 있다(법§42⑤). 이는 정치자금 정보 공개가 선거후 30일이 지나서야 공개됨으로써 정보의 즉시성을 결여하여 유권자들의 후보자 선택에 영향을 미치지 못하고, 정치자금 정보에의 접근성을 떨어뜨리고, 정보의 실질적인 활용과 전달을 막아 결과적으로 정치자금의 공개원칙

21조 제1항(정당은 그 자금의 출처와 사용에 관하여 그리고 그 재산에 관하여 공개적으로 보고하여야 한다)과 같이 정당재정의 투명성 명령조항을 헌법 제8조 제3항에 추가하는 것이 필요하다는 견해가 있다(박규환, 「정치자금의 헌법적 통제에 관한 연구 -출판기념회 사례를 중심으로-」, 한국부패학회보 제20권 제2호, 73-78쪽).

10) 헌법재판소는, 회계보고서의 열람기간을 3개월로 제한하고 있는 정치자금법 제42조(회계보고서 등의 열람 및 사본교부) 제2항 본문 중 '3월간' 부분과 관련하여, '정치자금의 수입과 지출명세서 등에 대한 사본교부신청이 허용된다고 하더라도, 검증자료에 해당하는 영수증, 예금통장을 직접 열람함으로써 정치자금 수입·지출의 문제점을 발견할 수 있다는 점에서 이에 대한 접근이 보장되어야 한다. 영수증, 예금통장은 현행 법령 하에서 사본교부가 되지 않아 열람을 통해 확인할 수밖에 없음에도 열람 중 필사가 허용되지 않고 열람기간마저 3월간으로 짧아 그 내용을 파악하고 분석하기 쉽지 않다. 또한 열람기간이 공직선거법상의 단기 공소시효조차 완성되지 아니한, 공고일로부터 3개월 후에 만료된다는 점에서도 지나치게 짧게 설정되어 있다. 한편 선거관리위원회는 데이터 생성·저장 기술의 발전을 이용해 자료 보관, 열람 등의 업무 부담을 상당 부분 줄여왔고, 앞으로도 그 부담이 과도해지지 않도록 할 수 있을 것으로 보인다. 이를 종합하면 정치자금을 둘러싼 분쟁 등의 장기화 방지 및 행정부담의 경감을 위해 열람기간의 제한 자체는 둘 수 있다고 하더라도, 현행 기간이 지나치게 짧다는 점은 명확하다. 짧은 열람기간으로 인해 청구인이 회계보고된 자료를 충분히 살펴 분석하거나, 문제를 발견할 실질적 기회를 갖지 못하게 되는 바, 달성되는 공익과 비교할 때 이러한 사익의 제한은 정치자금의 투명한 공개가 민주주의 발전에 가지는 의미에 비추어 중대하다. 그렇다면 이 사건 열람기간제한 조항은 과잉금지원칙에 위배되어 청구인의 알권리를 침해하므로 헌법에 위반된다고 하면서, "3월간" 부분이 헌법에 위반되지 아니한다고 판시하였던 2010. 12. 28. 선고 2009헌마466 결정을 이 결정 취지와 저촉되는 범위 안에서 변경한다.'고 판시하였다(2021. 5. 27. 선고 2018헌마1168 결정). : 위 헌법재판소의 결정은 법 개정시한을 정하지 않은 단순 위헌 결정이다. 따라서 위 헌법재판소의 결정으로 "3월간" 부분은 그 효력을 상실하였다.

을 흐리게 하고 있다.

헌법재판소는, 정치자금의 공개원칙과 관련하여, 「현행 정치자금법상 1회 10만원 이하, 연간 120만원 이하의 후원금은 익명으로 기부할 수 있고, 정당의 회계책임자는 정기적으로 선거관리위원회에 정당의 정치자금 수입과 관련하여 1회 30만원 초과 또는 연간 300만원(대통령후보자등후원회·대통령선거경선후보자후원회의 경우에는 500만원)을 초과하여 수입을 제공한 자의 경우에는 성명·생년월일·주소·직업·전화번호와 수입일자 및 그 금액을, 그 이하 금액의 수입을 제공한 자의 경우에는 일자별로 그 건수와 총금액만을 회계보고하도록 규정하고 있어서, 기부내역 중 일부만이 선거관리위원회에 보고되고 있을 뿐이고 상세한 기부내역이 일반 국민에게 상시적으로 공개되고 있지 아니하다. 따라서 외국의 경우와 같이 익명 기부를 금지하고, 모든 기부내역에 대하여 기부자의 직업을 포함한 상세한 신원과 자금출처를 완전하게 상시적으로 공개하여 투명성을 높이는 방안 등을 세심하게 마련할 필요가 있다.」고 제안하고 있다.[11][12][13]

---

11) 2015. 12. 23. 선고 2013헌바168 결정(재판관 조용호는, 후원금 제도에 대한 개선방안으로 익명 기부금지와 모든 기부내역의 상시 공개를 주장하는 다수의견에 반대하여, '익명 기부금지와 모든 기부내역(기부자의 상세한 신원과 자금출처 등)에 대한 상시 공개는 우리의 정치풍토와 정치문화 또는 일반 국민의 현실인식을 도외시한 제도로서 오히려 일반 국민의 정당에 대한 후원에 장애물로 작용할 뿐이다.'라고 주장한다.)

12) 공개의 적시성을 확보하고 공개범위의 확대 및 공개기간의 연장과 정보 이용의 편의성을 제고하기 위해서는 전자파일링 단계에서부터 기부자, 지역, 후보자 등 항목 구분을 통해 자료를 총괄적으로 데이터베이스화하여 이용자가 원하는 내용을 편리하게 추출해 볼 수 있도록 정치자금 공개제도가 마련되어야 한다는 견해가 있다(박상목·주상현, 「정치자금제도의 운영실태와 발전 방안」, 한국자치행정학보 제27권 제3호(2013 가을), 463쪽).

13) '정치자금의 투명성이 확보되고 민주정치의 건전한 발전에 이용되기 위해서는 접근의 용이성과 정보의 시기성이 선행되어야 한다. 접근의 용이성이란 유권자가 "누가 누구에게 얼마만큼의 정치자금을 기부했는지"를 쉽게 찾을 수 있는지 여부를 의미한다. 중앙선거관리위원회가 제시한 바와 같이 수입·지출내역을 인터넷에 단지 게지하는 것으로 정치자금 정보가 유권자에게 공개되었다고 하는 것은 유권자로 하여금 모래사장에 있는 바늘을 찾으라는 것과 같다. 따라서 정치자금의 데이터베이스화 작업이 이루어져야 하며 이와 같은 데이터베이스가 인터넷에 게시되어야 한다. 둘째, 정보공개의 시기성이란 "언제 정치자금이 일반에게 공개"되는가의 문제이다. 정치자금의 투명성이 선거결과에 실효성을 갖기 위해서는 유권자, 상대편 후보자 그리고 언론이 정치자금 정보를 활용할 수 있어야 한다. 따라서 정치자금에 대한 정보가 선거일 이전에 보고되어야만 실효성이 확보될 수 있다. 이의 현실화를 위하여 문서에 의한 정치자금 보고 방식을 전자파일에 의한 보고로 전향할 필요가 있다. 법 제42조(회계보고서 등의 열람 및 사본교부) 제5항(정치자금 내역의 인터넷 게시 금지조항)을 삭제하고 정치자금보고의 전자화가 선행되어야 한다.'는 견해가 있다(엄기홍, 「정치적 평등과 한국의 정치자금법 : 미국의 연구결과

중앙선거관리위원회는 2016. 8. 정치자금의 회계투명성을 강화하기 위하여 ① 정당, 후원회, 후원회를 둔 국회의원 및 후보자(예비후보자를 포함)의 회계책임자는 정치자금의 수입·지출이 있는 경우 각각 48시간 이내에 선거관리위원회 인터넷 홈페이지를 통하여 공개하도록 하고, ② 회계책임자는 회계보고자료를 중앙선거관 리위원회가 정하는 전자적 파일 형태로 회계보고 시 함께 제출하도록 하고, 중앙 선거관리위원회는 이를 정보시스템에 탑재하여 누구든지 상시 조회할 수 있도록 하여 정치자금 수입·지출을 실시간으로 공개하는 내용의 정치자금법 개정의견을 국회에 제출한 바 있고,[14][15][16] 후보자가 중앙선거관리위원회에서 제공한 "정치 자금 회계관리프로그램"에 정치자금 수입·지출내역을 입력·전송하면 실시간으 로 공개되며, 누구든지 이를 열람할 수 있는 "정치자금 공개시스템(http://ecost.nec. go.kr)"을 2014년도 제6회 지방선거에 처음 도입하여 시행하였다.[17]

를 통해 본 한국 정치자금법의 실효성 평가」, 의정연구 제11권 제2호, 104 – 105쪽).

14) 중앙선거관리위원회, 「정치관계법 개정의견(공직선거법·정당법·정치자금법)」 2016. 8.

15) 웹사이트 또는 전용 소프트웨어를 사용하여 온라인으로 보고서를 제출하는 과정인 온라인 리 포팅(online reporting)을 통한 정치자금 정보의 실시간 공개제도로서의 전자신고제도는 ① 유권자들이 전자신고제도를 통한 방대한 정보를 적절히 활용할 수 있는가에 대한 의구심이 있 어 제도가 초래하는 비용에 비해 높은 효용을 기대하기 어렵고, ② 제공되는 정보의 방대함으 로 인해 유권자들이 직접 이를 해석하기 보다는 다양한 유관 단체들에 의해 가공된 정보가 주 로 활용될 가능성이 높아 정보의 왜곡과 과장의 위험에서 자유롭지 않고, ③ 개인 의사결정의 하나이고 독립적인 결정이기도 한 정치자금의 기부에 대하여 다른 이들이 손쉽게 알 수 있게 된다면 불필요한 오해와 논란을 초래하기 쉽기 때문에 전자신고를 통한 인터넷 공간의 정보공 개가 궁극적으로 정치참여를 약화시킬 우려가 있으므로, 그것이 가지는 투명한 정치자금의 모 금과 지출이라는 긍정적인 이점에도 불구하고 실제 실행에 있어서는 정보의 내용을 어디까지 그리고 어떠한 방식으로 제공할 것인지에 대해서는 신중할 필요가 있다는 견해가 있다(가상준 외 3, 「정치자금 실시간 공개제도의 실효성 확보 방안에 대한 연구」, 단국대학교 산학협력단 2019년도 중앙선거관리위원회 연구용역보고서, 46 – 47쪽).

16) 중앙선거관리위원회의 정치자금법 개정의견 외에 ① 정치인들의 실질적인 정치자금 모금통로 역할을 하여온 출판기념회를 통한 모금과 지출내역의 선거관리위원회에의 보고와 도서판매의 정가판매방식을 의무화하고, ② 당비 및 특별당비 등의 명칭에도 불구하고 당원 1인이 일정 금액 이상 고액을 납부하는 경우 이를 공개하고, ③ 정치자금 정보의 실시간 공개, 인터넷을 통한 상시 공개를 통하여 국민의 이의신청을 받는 등의 방법으로 국민의 참여규제를 통하여 정치자금 공개를 확대하여야 한다는 견해가 있다(손재권 외 3, 「환경변화에 대응하는 미래지 향적 선거관리방안연구」, 사단법인 선우회 부설 선거정책연구원 2018년 선거연수원 선거연구 논문(2018. 8. 31.), 138 – 139쪽).

17) 중앙선거관리위원회가 2014년도 제6회 지방선거에 처음 도입하여 시행한 "정치자금 공개시스 템(http://ecost.nec.go.kr)"에는 당시 시·도지사 및 교육감 선거 후보자 128명 중 70명 (54.7%)이 참여하였다(2018. 5. 27. 중앙선거관리위원회 보도자료 「정치자금 수입·지출내역

3. 사적경비 지출금지원칙

가. 의의

사적경비 지출금지원칙이란 사적경제의 주체로서 경제활동, 정치활동이 아닌 활동과 의례적인 행위에 소요되는 경비 등으로 지출할 수 없다는 것을 말하며, 부정한 용도란 사적경비로 지출하지 아니하더라도 정당 등이 본래의 목적을 벗어나서 국가나 사회의 이익에 반하거나 자유민주적 기본질서에 반하는 용도 등으로 사용할 수 없다는 것이다. 법은 제2조(기본원칙) 제3항 전문에서 "정치자금은 정치활동을 위하여 소요되는 경비로만 지출하여야 하며, 사적경비로 지출하거나 부정한 용도로 지출하여서는 아니 된다."고 규정하여 정치자금의 사적경비 지출금지원칙을 밝히고 있다.

나. 사적경비 및 부정한 용도

"사적경비"라 함은 ① 가계의 지원·보조, ② 개인적인 채무의 변제 또는 대여, ③ 향우회·동창회·종친회, 산악회 등 동호인회, 계모임 등 개인간의 사적모임의 회비 그 밖의 지원경비, ④ 개인적인 여가 또는 취미활동에 소요되는 비용으로 사용되는 경비를 말하고(법§2③),[18] "부정한 용도"란 이러한 사적경비 이외의 경우로

공개시스템에 실시간 공개 ＝5월 31일부터 선거일까지, 정치자금 공개시스템에서 공개＝」). 그러나 2018년도 제7회 지방선거에서는 6.6%에 그쳤다(가상준 외 3, 「정치자금 실시간 공개 제도의 실효성 확보 방안에 대한 연구」, 단국대학교 산학협력단 2018년도 중앙선거관리위원회 연구용역보고서, 16쪽). 이는 중앙선거관리위원회에서 "정치자금 공개시스템"에 정치자금 수입·지출내역을 공개하는 경우 위법 혐의나 이의제기 등 특별한 사정이 없는 한 선거비용 현지 조사대상에서 제외하는 등 인센티브를 제공한다고 하였음에도, "정치자금 공개시스템"의 이용이 후보자의 의무가 아니라 임의적인 것에 기인한 바가 큰 것으로 보인다.

18) 중앙선거관리위원회는 2016. 8. 정치자금 및 사적 경비의 기준을 명확히 하여 정치활동을 하는 사람이 정치자금을 사용하는 데 혼란을 방지하고, 위법행위에 대해서는 강력한 처벌로 정치자금에 대한 국민의 신뢰를 회복하고자 하는 목적에서, 정치자금이 정치활동을 명목으로 사적경비 또는 부정한 용도로 지출되지 않도록 그 지출기준을 법과 규칙에 보다 명확하게 규정하고, 정치자금의 사적·부정사용 발견 시 7일 이내에 해당 금액을 자신의 정치자금계좌로 반환하도록 하고, 기한까지 반환하지 아니하는 경우 선거관리위원회가 이를 징수하여 국고에 귀속시키고, 정치자금을 사적·부정한 용도로 지출하는 경우 현행 2년 이하의 징역 또는 400만원 이하의 벌금으로 규정되어 있는 법정형량을 2년 이하의 징역 또는 600만원 이하의 벌금으로 상향하는 내용의 정치자금법 개정의견을 국회에 제출한 바 있다(중앙선거관리위원회, 「정치관계법 개정의견(공직선거법·정당법·정치자금법)」, 2016. 8.).

서 정치자금의 지출목적이 위법한 것뿐만 아니라 사회상규나 신의성실의·원칙에 위배되는 부당한 경우를 의미한다.[19]

구체적 사안에서 정치자금이 정치활동을 위하여 소요되는 경비 외의 용도로 지출되었는지 여부는 지출의 목적, 상대방, 지급액수 및 전후 경위 등을 종합적으로 고려하여 정치활동의 목적을 위하여 그 지출이 필요한 것으로 평가할 수 있는지에 따라 판단되어야 한다.[20]

(1) 정치자금 지출이 허용되는 경우

후원회를 둔 국회의원은 선거에서 낙선하였다 하더라도 장차 임기만료 등 후원회의 해산사유가 발생하기 전에는 후원회로부터 기부받은 정치자금을 정치활동을 위하여 지출할 수 있다. 이때 지출이 허용되는 정치활동의 목적은 국회의원 재직기간 동안의 직무수행과 관련된 것으로 제한되지 않으며 국회의원 임기만료 후의 정치활동을 위한 것도 포함된다.[21] 갑 정당과 을 정당 합당의 경우에 을 정당의 불법증여를 원인으로 하여 부과처분된 증여세(가산금 및 중가산금 포함)를 합당으로 존속하는 갑 정당의 당비로 납부하는 경우,[22] 지역을 대표하는 국회의원의 지위에서 또는 정치활동의 일환으로 단체의 회원이 되는 경우에 당해 단체의 정관·규약 또는 운영관례상의 의무에 기하여 종전의 범위 안에서 납부하는 회비를 정치자금으로 지출하는 경우,[23] 국회의원이 의정활동을 원활하게 수행하기 위하여 필요한 교육과정에 참여하여 당해 구성원으로서 그 의무에 따른 자치회비를 정치자금으로

---

19) 2008. 6. 12. 선고 2006도4982 판결, 2021. 6. 10. 선고 2020도14321 판결(국회의원인 피고인이 선거 불출마로 인하여 정치자금법 제21조(후원회가 해산한 경우의 잔여재산 처분 등) 제2항, 제1항에 따라 정당 등에 인계하여야 하는 정치자금 5,000만원을 피고인의 소속 정당 국회의원들 중 일부로 구성된 단체에 기부한 행위는 정치자금을 부정한 용도로 지출한 경우에 해당한다고 한 사례)

20) 2008. 6. 12. 선고 2006도4982 판결(국회의원이 국회사무처 공무원들에게 지급한 돈은 이들의 국회의원 정치활동 보좌에 대한 보답과 퇴직에 대한 위로를 위한 것으로서 통상적인 범위 내의 수준으로 사적경비나 부정한 용도가 아닌 정치활동을 위하여 소요되는 경비로 지출된 경우에 해당한다고 한 사례)

21) 2008. 6. 12. 선고 2006도4982 판결

22) 2012. 2. 7. 중앙선관위 질의회답

23) 2019. 9. 13. 중앙선관위 질의회답, 2011. 5. 23. 중앙선관위 질의회답, 2010. 12. 8. 중앙선관위 질의회답, 2010. 6. 23. 중앙선관위 질의회답, 2009. 6. 18. 중앙선관위 질의회답, 2007. 7. 31. 중앙선관위 질의회답, 2007. 6. 8. 중앙선관위 질의회답

지출하는 경우,[24] 정당이 정당활동 권한에 대한 침해 등에 대하여 소송을 제기하면서 변호사 선임 등의 비용을 정치자금으로 지출하는 경우,[25] 국회의원이 자신의 직무 또는 업무수행을 위하여 사무소를 두는 경우 당해 시설관리규정 등에 따라 통상의 임차료를 지급하고 사용하는 경우,[26] 의정활동 과정에서 발생한 질병이나 부상 등을 치료하기 위한 의료비(진료비, 수술비, 약값 등)를 정치자금으로 지출하는 경우,[27] 정당이 소속 국회의원의 입법발의를 지원하기 위한 법률 자문에 소요되는 경비를 정치자금으로 지출하는 경우,[28] 새해를 맞이하여 평소 지면이나 친교가 있는 제한된 범위의 지인들에게 선거운동이나 선거에 영향을 미치는 내용 없이 의례적인 연하장을 발송하는데 소요되는 경비를 정치자금으로 지출하는 경우,[29] 국회의원이 보좌관 등 소속 직원에게 설·추석 등 명절에 그 국회의원의 의정활동을 상시 보조하는데 대한 격려의 일환으로 통상적인 범위 안에서 선물을 제공하는 데에 정치자금을 지출하는 경우,[30] 지역현안에 대한 간담회 개최에 소요되는 식대 등의 비용을 정치자금으로 지출하는 경우,[31] 의정활동의 일환으로 국제회의에 참석하거나 관계자를 면담하는데 소요되는 경비를 정치자금으로 지출하는 경우,[32] 국회의원이 생활근거지외 지역의 지역구 국회의원으로 당선되어 의정활동을 원활하게 수행하기 위하여 아파트 임차에 소요되는 비용을 사용하는 경우,[33] 국회의원이 자신이 소유한 건물을 의정활동을 위한 사무소로 사용하기 위하여 그 사무소의 통상적인 임대료에 상당하는 비용을 후원회로부터 기부받은 정치자금에서 지출하는 경우,[34] 국회의원이 타인의 조사에 조의를 표하기 위하여 일정기간 게시하고

---

24) 2011. 4. 22. 중앙선관위 질의회답
25) 2010. 4. 15. 중앙선관위 질의회답, 2011. 4. 22. 중앙선관위 질의회답, 2010. 2. 10. 중앙선관위 질의회답, 2006. 5. 3. 중앙선관위 질의회답
26) 2011. 4. 11. 중앙선관위 질의회답
27) 2011. 1. 7. 중앙선관위 질의회답, 2010. 3. 24. 중앙선관위 질의회답
28) 2010. 7. 20. 중앙선관위 질의회답(다만, 정당이 변호사로부터 법률자문이라는 노무를 제공받는데 대한 대가로 매월 일정 금액을 지급하기로 약정하는 경우에는 「정당법」 제30조(정당의 유급사무직원수 제한)에 따른 유급사무직원 수를 초과하여서는 아니 된다.)
29) 2009. 12. 31. 중앙선관위 질의회답
30) 2007. 4. 19. 중앙선관위 질의회답
31) 2009. 3. 3. 중앙선관위 질의회답
32) 2009. 1. 15. 중앙선관위 질의회답
33) 2008. 7. 24. 중앙선관위 질의회답
34) 2007. 11. 21. 중앙선관위 질의회답

회수하는 방법으로 사용하기 위한 근조기를 제작하는 비용을 정치자금으로 지출하는 경우,35) 국회의원이 포럼의 대표로서 매달 정기적으로 개최되는 포럼의 토론회에 소요되는 비용, 포럼의 월회비, 정책토론회 개최비용의 전부 또는 일부를 정치활동을 위하여 지출하는 경우,36) 국회의원이 「공직자윤리법」상 주식백지신탁제도에 따라 주식을 신탁하는 과정에서 발생하는 신탁수수료를 정치자금으로 지출하는 경우,37) 국회의원이 투표지 보전신청, 국회의원 당선무효소송 및 선거무효소송을 제기하는 경우 인지대, 증거보전과 재검표에 필요한 제반비용 등 법원납부 금액 및 변호사비용 등 소송에 수반되는 제반비용을 정치자금으로 지출하는 경우38)는 정치자금을 정치활동을 위하여 소요되는 경비로 지출한 것으로 인정된다.

(2) 정치자금 지출이 허용되지 않는 경우

국회의원의 후원금을 부의금으로 지급한 경우,39) 국회의원 회계책임자가 선거구민 또는 선거구민과 연고가 있는 사람들에게 식사를 제공하면서 그 식사대금을 국회의원의 정치자금 연결계좌와 연계된 신용카드로 결제한 경우40)는 정치자금을 사적경비로 지출한 때에 해당한다. 의정활동 또는 입법활동에 활용하기 위하여 저서를 번역하는 경우 그 경비를 정치자금으로 지출할 수 있으나, 그 번역자료를 직무상 필요에 따라 활용하는 외에 무상배부 또는 판매하기 위한 출판경비를 정치자금으로 지출할 수 없다.41) 국회에서 보수를 지급받는 별정직 공무원인 보좌관·비서관·비서에게 정치자금으로 별도의 보수를 지급하는 경우,42) 후원회를 둘 수 있는 신분이 아닌 때에 지출의 원인이 발생하여 후원금을 지출하는 경우,43) 비례대표국회의원이 법령의 규정에 근거함이 없이 정치자금으로 대학교에 기부금을 제공

---

35) 2008. 3. 4. 중앙선관위 질의회답(다만, 선거일전 180일부터 선거일까지 평소 지면이나 친교가 없는 선거구민의 조사에 해당 근조기를 게시하는 경우에는 「공직선거법」 제90조(시설물설치 등의 금지)에 위반된다.)

36) 2006. 11. 10. 중앙선관위 질의회답

37) 2006. 9. 29. 중앙선관위 질의회답

38) 2016. 4. 22. 중앙선관위 질의회답

39) 인천지방법원 2005. 1. 14. 선고 2004고합535 판결

40) 2006. 10. 13. 선고 2006도5768 판결(서울서부지방법원 2006. 5. 18. 선고 2006고합53 판결)

41) 2005. 10. 6. 중앙선관위 질의회답

42) 2010. 9. 15. 중앙선관위 질의회답, 2006. 9. 29. 중앙선관위 질의회답

43) 2010. 2. 2. 중앙선관위 질의회답

하는 경우,[44] 공직선거법위반 및 정당법위반으로 벌금형을 선고받은 경우 그 벌금을 납부하는 경우[45]는 정치자금을 정치활동을 위하여 소요되는 경비로 지출한 것으로 볼 수 없다.

다. 벌칙

법 제2조(기본원칙) 제3항의 규정을 위반하여 정치자금을 정치활동을 위하여 소요되는 경비 외의 용도로 지출한 자는 2년 이하의 징역 또는 400만원 이하의 벌금에 처한다(법§47①1.).

4. 실명원칙

가. 정치자금의 실명확인 지출

(1) 의의

정치자금의 실명확인 지출원칙이란 정치자금은 실명이 확인되는 방법으로 기부 또는 지출하여야 한다는 것을 말한다. 이는 정치자금의 수입과 지출 내역의 투명성을 확보하여 정치자금과 관련한 부정을 방지하기 위한 것이다. 법은 소액 현금에 대한 지출은 허용하나, 연간 현금지출한도를 제한하고 있다.

(2) 내용

법에 의하여 1회 120만원을 초과하여 정치자금을 기부하는 자와 다음 각 호에 해당하는 금액을 초과하여 정치자금을 지출하는 자는 수표나 신용카드·예금계좌입금 그 밖에 실명이 확인되는 방법으로 기부 또는 지출하여야 한다. 다만, 현금으로 연간 지출할 수 있는 정치자금은 연간 지출총액의 100분의 20(선거비용은 선거비용제한액의 100분의 10)을 초과할 수 없다(법§2④).

1. 선거비용 외의 정치자금 : 50만원. 다만, 공직선거의 후보자·예비후보자의 정치자금은 20만원
2. 선거비용 : 20만원

---

44) 2007. 4. 24. 중앙선관위 질의회답
45) 2005. 2. 22. 중앙선관위 질의회답, 2013. 9. 25. 중앙선관위 질의회답

'그 밖에 실명이 확인되는 방법'이라 함은 수표나 신용카드·예금계좌입금의 경우와 같이 정치자금의 흐름을 객관적으로 확인할 수 있어 그 지출방법 자체만으로 지출행위자가 누구인지 명확하게 특정될 수 있는 방법을 말하고, 정치자금의 수령인인 후원회의 사무직원에게 통상의 인건비로 현금을 지급하는 것은 이에 해당하지 않고,[46] 상대방에게 현금을 직접 지급하는 방법으로 선거비용을 지출하는 경우에는 비록 그 후 상대방으로부터 세금계산서 내지 현금영수증을 교부받았더라도 마찬가지이다.[47]

(3) 벌칙

법 제2조(기본원칙) 제4항의 규정을 위반하여 실명이 확인되지 아니한 방법으로 정치자금을 기부·지출한 자 또는 현금으로 지출할 수 있는 연간 한도액을 초과하여 지출한 자는 200만원 이하의 벌금형에 처한다(법§48 2.).

다만, 선거비용과 관련하여 법 제2조(기본원칙) 제4항의 규정을 위반한 자는 2년 이하의 징역 또는 400만원 이하의 벌금에 처한다(법§49②1.).

나. 정치자금 기부의 실명제

(1) 의의 및 내용

정치자금의 기부는 실명으로 하여야 한다. 이는 외국인이나 법인·단체 등 기부제한자의 편법적인 정치자금의 기부를 차단하고 소액 다수에 의한 투명한 정치자금의 기부를 보장하기 위한 원칙이다.

법은 제2조(기본원칙) 제5항에서 "누구든지 타인의 명의나 가명으로 정치자금을 기부할 수 없다."고 규정하여 정치자금 기부의 실명제원칙을 천명하고 있다. '타인의 명의'는 명의자가 실재하는 경우이고, '가명'은 명의자가 실재하지 않는 경우이다.

(2) 벌칙

법 제2조(기본원칙) 제5항의 규정을 위반하여 타인의 명의나 가명으로 정치자금을 기부한 자는 200만원 이하의 벌금형에 처한다(법§48 3.).

---

46) 2005. 3. 17. 중앙선관위 질의회답
47) 대구지방법원 2011. 1. 21. 선고 2010고합498 판결

〈당비 대납〉

1) 정치자금법위반죄가 성립하지 않는 경우

어느 정당의 소속 당원이 정당에 납부하여야 할 당비를 그 소속 당원 대신 납부하는 행위가 그 소속 당원에 대한 기부행위로서 「공직선거법」 제257조(기부행위의 금지제한 등 위반죄) 제1항 제1호 위반죄에 해당하는 경우, 그 당비는 이를 기부받은 당원이 그 정당에 납부한 것으로 보아야 하므로, 이러한 당비의 대납 행위를 그 소속 당원의 명의를 빌리거나 가장하여 스스로 정당에 정치자금을 기부하는 행위로서 정치자금법 제48조(감독의무해태죄 등) 제3호 위반죄에도 동시에 해당하여 위 공직선거법위반죄와 상상적 경합관계가 된다고 볼 수는 없다.[48]

2) 정치자금법위반죄가 성립하는 경우

당원의 급감으로 인한 위기감 때문에 당비대납을 통해 당원수를 유지하려고 당원들의 동의 없이 그들 명의로 당비를 대납한 경우,[49] 당내 입지를 강화하기 위하여 자신을 추천인으로 하여 입당시키면서 입당원서를 위조하고 당비를 대납한 경우[50]는 그 당비 대납 행위가 「공직선거법」상 당원에 대한 기부행위에 해당하지 아니하여 그 당원이 정당에 당비를 납부한 것으로 볼 수 없고, 이러한 당비 대납 행위는 그 소속 당원의 명의를 빌리거나 가장하여 스스로 정당에 정치자금을 기부하는 행위이므로 정치자금법 제48조(감독의무해태죄 등) 제3호 위반에 해당한다.

---

48) 2007. 2. 22. 선고 2006도7058 판결
49) 울산지방법원 2017. 7. 13. 선고 2017노567 판결(울산지방법원 2017. 4. 20. 선고 2016고정 1336 판결)
50) 광주지방법원 목포지원 2006. 7. 20. 선고 2006고합38 판결

제 3 장 당   비

1. 의의

가. 의의

당비라 함은 명목여하를 불구하고 정당의 당헌·당규 등에 의하여 정당의 당원이 부담하는 금전이나 유가증권 그 밖의 물건을 말한다(법§3 3.).

정당이란 그 정치적 이념과 목적에 찬동하는 자발적 조직체로서 고도의 자율성을 가지므로 그 활동에 수반되는 비용은 당원 스스로가 부담하는 당비로 충당하는 것은 타당하며, 이러한 측면에서 당비는 단순한 정치자금이라는 차원보다는 당원들의 정치참여의식의 제고에 있어 중요한 기능을 수행한다. 현대정치에 있어 정당의 중요성이 강조되고 그 소요경비가 늘어남에 따라 그 경비를 정당 스스로 부담하기에는 벅차기 때문에 후원회제도나 국고보조금제도가 발달하게 되었고, 법에서도 이러한 정당지원제도를 두고 있지만 그것은 보충적인 것일 뿐이므로 정당은 그 활동경비를 스스로 충당할 수 있도록 하여야 한다. 이러한 면에서 당비납부제도는 매우 중요한 의미가 있다.

일반적으로 당비에는 당원이 정기적으로 매월 납입하는 당비인 '일반당비', 당직자 및 당 소속 공직자가 그 직책에 따라 매월 납부하는 '직책당비', 당원이 당의 발전을 위하거나 당내행사 또는 공직선거 및 기타 필요한 경우에 특별히 납부하는 '특별당비'가 있다.[1] 정당 내 경선 등에 사용되는 기탁금은 정당의 당헌·당규에 의하여 정당의 당원이 부담하는 법 제3조(정의) 제3호의 당비에 해당한다.[2]

---

[1] 더불어민주당(themijoo.kr) <당규 제2호> '당원 및 당비' 규정 및 국민의힘당(www.people-powerparty.kr) <당규 2> '당비' 규정은 일반당비, 직책당비, 특별당비를 구분하여 규정하고 있고, 정의당(www.justice21.org) <당규 제2호> '당비' 규정은 일반당비와 특별당비로 구분하여 규정하고 있다.

[2] 서울북부지방법원 2004. 8. 18. 선고 2004나2104 판결

나. 정당활동의 자유와 당비

정당이란 정치적 이념과 목적에 찬성하여 가입한 사람들의 자발적 조직체이므로 그들이 활동하는데 소요되는 비용은 당원 스스로가 부담해야 하는 것은 당연하다. 정당의 운영비 중에서 당비가 차지하는 비율은 정당활동의 자율성의 측도가 될 수 있으므로 당원들의 당비납부는 정당활동의 자유와 관련하여 매우 중요한 의미를 가진다. 당비납부는 당원들의 정당에 대한 소속감을 표시하는 기본적인 수단으로 자신들의 정당이 특수한 이익에 의해 지배당하지 않고 독립성과 자율성을 확보할 수 있는 계기가 되기 때문이다.

정치자금법은 정당의 당비 수납에 있어 당비납부한도액의 상한과 하한의 제한을 두고 있지 있고 정당의 자율에 맡기고 있고(법§4①),[3] 「정당법」은 정당이 당원의 정예화와 정당의 재정자립을 도모하기 위하여 당비납부제도 설정·운영하도록 하고 있다(정당법§32①). 이에 따라 정당은 당비의 구체적인 금액, 납부방법, 납부절차 등과 당비납부의무를 이행하지 아니하는 당원에 대한 권리행사의 제한, 제명 및 당원자격의 정지 등 당비납부제도에 대하여는 당헌으로 자율적으로 결정할 수 있고(정당법§32③), 법에 위반되지 아니하는 한 당원으로부터 제한 없이 당비를 받을 수 있다.[4]

다. 당비와 기부행위

「공직선거법」은 정당의 당헌·당규 기타 정당의 내부규약에 의하여 정당의 당원

---

3) 공직후보자추천을 포함한 당의 중요 결정 등이 당비를 납부하는 당원의 다수결에 의하여 이루어져야 하는 점 등에 비추어 정치자금법 제4조(당비)는 당원의 당비납부의무를 규정한 조항으로 개정되어야 한다는 견해가 있다(최대근, 「정치개혁을 위한 몇 가지 생각(Ⅱ) -정부형태·정당·정치자금·선거제도 등을 중심으로-」, 서울대학교 법학 제33권 제2호(1992), 97쪽).

4) 현행 당비납부제도는 당비납부의 상한에 제한이 없음으로 인하여 특정당원이 거액의 당비를 납부하고 당내 영향력을 독점하거나 당직이나 국회직 등을 차지할 가능성이 있고, 특히 공직선거에서 비례대표 후보가 되기 위해서 당비 명목으로 거액의 공천헌금을 납부하여 정치거래를 할 우려도 있으므로, 이를 방지하기 위해서는 고액 당비 납부자 공개를 매월 또는 분기별로 인터넷 등을 통해 국민에게 공개하는 방안이 필요하고, 공개제도가 정착되면 공천헌금 및 특별당비 등의 시비를 줄이고 정당의 민주적 운영을 도모하여 당비를 받는 정당도 정정당당한 방법으로 수입·처리함으로써 투명한 당비운영이 구축되어 갈 수 있다는 견해가 있다(박상목·주상현, 「정치자금제도의 운영실태와 발전방안」, 한국자치행정학보 제27권 제3호(2013 가을), 459쪽).

이 당비를 납부하는 행위는 통상적인 정당활동과 관련한 행위로서 기부행위로 보지 아니한다(공직선거법§112②1.나.). 따라서 당비 납부행위가 기부행위로 보지 않는 행위에 해당하기 위해서는 정당의 당헌·당규 기타 정당의 내부규약에 따른 경우라야 한다. 정당의 당비규정에 특별당비는 중앙당에 납부하여야 하며, 당비의 입금은 자동계좌이체, 휴대전화·유선전화결제와 그 외에 당 중앙위원회가 정한 결제방식 중의 하나로만 하도록 규정되어 있음에도, 위와 같은 규정에 의하지 아니하고 도당 조직국장에게 현금을 전달하는 방법을 취하면서 이를 중앙당이 아닌 도당의 특별당비로 납부한 경우, 이러한 특별당비 납부행위는 정당의 당헌·당규 기타 정당의 내부규약에 의하여 정당의 당원이 당비를 납부하는 행위에 해당하지 않는다.[5]

2. 당비의 납부

가. 당원

(1) 당원의 자격

국회의원 선거권이 있는 자는 공무원 그 밖에 그 신분을 이유로 정당가입이나 정치활동을 금지하는 다른 법령의 규정에 불구하고 누구든지 정당의 발기인 및 당원이 될 수 있다. 다만, 다음 각 호의 어느 하나에 해당하는 자는 그러하지 아니하다(정당법§22①).

　1. 「국가공무원법」 제2조(공무원의 구분)[6] 또는 「지방공무원법」 제2조(공무원의

---

5) 2007. 4. 26. 선고 2007도218 판결
6) 「국가공무원법」 제2조(공무원의 구분) ① 국가공무원(이하 "공무원"이라 한다)은 경력직공무원과 특수경력직공무원으로 구분한다.
　② "경력직공무원"이란 실적과 자격에 따라 임용되고 그 신분이 보장되며 평생 동안(근무기간을 정하여 임용하는 공무원의 경우에는 그 기간 동안을 말한다) 공무원으로 근무할 것이 예정되는 공무원을 말하며, 그 종류는 다음 각 호와 같다.
　1. 일반직공무원 : 기술·연구 또는 행정일반에 대한 업무를 담당하는 공무원
　2. 특정직공무원 : 법관, 검사, 외무공무원, 경찰공무원, 소방공무원, 교육공무원, 군인, 군무원, 헌법재판소 헌법연구관, 국가정보원의 직원, 경호공무원과 특수 분야의 업무를 담당하는 공무원으로서 다른 법률에서 특정직 공무원으로 지정하는 공무원
　③ "특수경력직공무원"이란 경력직공무원 외의 공무원을 말하며, 그 종류는 다음 각 호와 같다.
　1. 정무직공무원

구분)[7])에 규정된 공무원.[8])[9]) 다만, 대통령, 국무총리, 국무위원, 국회의원,

가. 선거로 취임하거나 임명할 때 국회의 동의가 필요한 공무원

나. 고도의 정책결정 업무를 담당하거나 이러한 업무를 보조하는 공무원으로서 법률이나 대통령령(대통령비서실 및 국가안보실의 조직에 관한 대통령령만 해당한다)에서 정무직으로 지정하는 공무원

2. 별정직공무원 : 비서관·비서 등 보좌업무 등을 수행하거나 특정한 업무 수행을 위하여 법령에서 별정직으로 지정하는 공무원

④ 제3항에 따른 별정직공무원의 채용조건·임용절차·근무상한연령, 그 밖에 필요한 사항은 국회규칙, 대법원규칙, 헌법재판소규칙, 중앙선거관리위원회규칙 또는 대통령령(이하 "대통령령등"이라 한다)으로 정한다.

7) 「지방공무원법」 제2조(공무원의 구분) ① 지방자치단체의 공무원(지방자치단체가 경비를 부담하는 공무원을 말하며, 이하 "공무원"이라 한다)은 경력직공무원과 특수경력직공무원으로 구분한다.

② "경력직공무원"이란 실적과 자격에 따라 임용되고 그 신분이 보장되며 평생 동안(근무기간을 정하여 임용하는 공무원의 경우에는 그 기간 동안을 말한다) 공무원으로 근무할 것이 예정되는 공무원을 말하며, 그 종류는 다음 각 호와 같다.

1. 일반직공무원 : 기술·연구 또는 행정일반에 대한 업무를 담당하는 공무원

2. 특정직공무원 : 공립대학 및 전문대학에 근무하는 교육공무원, 교육감 소속의 교육전문기관 및 자치경찰공무원과 그 밖에 특수 분야의 업무를 담당하는 공무원으로서 다른 법률에서 특정직 공무원으로 지정하는 공무원

③ "특수경력직공무원"이란 경력직공무원 외의 공무원을 말하며, 그 종류는 다음 각 호와 같다.

1. 정무직공무원

가. 선거로 취임하거나 임명할 때 지방의회의 동의가 필요한 공무원

나. 고도의 정책결정 업무를 담당하거나 이러한 업무를 보조하는 공무원으로서 법령 또는 조례에서 정무직으로 지정하는 공무원

2. 별정직공무원 : 비서관·비서 등 보좌업무 등을 수행하거나 특정한 업무 수행을 위하여 법령에서 별정직으로 지정하는 공무원

④ 제3항에 따른 별정직공무원의 임용조건, 임용절차, 근무상한연령, 그 밖에 필요한 사항은 대통령령 또는 조례로 정한다.

8) 헌법재판소는, 공무원의 정당가입을 금지한 「정당법」 제22조(발기인 및 당원의 자격) 제1항 단서 제1호와 관련하여, '정당가입 금지조항은 공무원의 정치적 중립성을 보장하고 초·중등학교 교육의 중립성을 확보한다는 점에서 입법목적의 정당성이 인정되고, 정당에의 가입을 금지하는 것은 입법목적 달성을 위한 적합한 수단이다. 공무원은 정당의 당원이 될 수 없을 뿐, 정당에 대한 지지를 선거와 무관하게 개인적인 자리에서 밝히거나 투표권을 행사하는 등의 활동은 허용되므로 침해의 최소성 원칙에 반하지 않는다. 정치적 중립성, 초·중등학교 학생들에 대한 교육기본권 보장이라는 공익은 공무원이 제한받는 불이익에 비하여 크므로 법익균형성도 인정된다. 또한 초·중등학교 교원에 대하여는 정당가입을 금지하면서 대학교원에게는 허용하는 것은, 기초적인 지식전달, 연구기능 등 직무의 본질이 서로 다른 점을 고려한 합리적 차별이므로 평등원칙에 반하지 아니한다.'고 판시하였다(2014. 3. 27. 선고 2011헌바42 결정).

9) 헌법재판소는, 선거관리위원회 공무원에 대해 특정 정당이나 후보자를 지지·반대하는 단체에의 가입·활동 등을 금지하는 「선거관리위원회 공무원규칙」 제233조(정치적 행위) 제3항 등과

지방의회의원, 선거에 의하여 취임하는 지방자치단체의 장, 국회 부의장의 수석비서관·비서관·비서·행정보조요원, 국회 상임위원회·예산결산특별위원회·윤리특별위원회 위원장의 행정보조요원, 국회의원의 보좌관·비서관·비서, 국회 교섭단체대표의원의 행정비서관, 국회 교섭단체의 정책연구위원·행정보조요원과 「고등교육법」 제14조(교직원의 구분) 제1항·제2항[10]에 따른 교원은 제외한다.

2. 「고등교육법」 제14조(교직원의 구분) 제1항·제2항에 따른 교원[11]을 제외한

관련하여, '선거관리위원회는 민주주의의 근간이 되는 선거와 투표, 정당 사무에 대한 관리업무를 행하는 기관이라는 점에서 선거관리위원회 공무원은 다른 어떤 공무원보다도 정치적으로 중립적인 입장에 서서 공정하고 객관적으로 직무를 수행할 의무를 지닌다. 이 사건 규정들은 선거관리위원회 공무원에 대하여 특정 정당이나 후보자를 지지·반대하는 단체에의 가입·활동 등을 금지함으로써 선거관리위원회 공무원의 정치적 표현의 자유 등을 제한하고 있으나, 선거관리위원회 공무원에게 요청되는 엄격한 정치적 중립성에 비추어 볼 때 선거관리위원회 공무원이 특정한 정치적 성향을 표방하는 단체에 가입·활동한다는 사실 자체만으로 그 정치적 중립성과 직무의 공정성, 객관성이 의심될 수 있으므로 이 사건 규정들은 선거관리위원회 공무원의 정치적 표현의 자유 등을 침해한다고 할 수 없다.'고 판시하였다(2012. 3. 29. 선고 2010헌마97 결정).

10) 「고등교육법」 제14조(교직원의 구분) ① 학교(각종학교는 제외한다. 이하 이조에서 같다)에는 학교의 장으로서 총장 또는 학장을 둔다.
② 학교에 두는 교원은 제1항에 따른 총장이나 학장 외에 교수·부교수·조교수 및 강사로 구분한다.

11) 헌법재판소는, 초·중등학교의 교육공무원이 정당의 발기인 및 당원이 될 수 없다고 규정한 「정당법」 제22조(발기인 및 당원의 자격) 제1항 단서 제1호와 관련하여, '정당가입 금지조항은 국가공무원이 정당에 가입하는 것을 금지함으로써 공무원이 국민 전체에 대한 봉사자로서 그 임무를 충실히 수행할 수 있도록 정치적 중립을 보장하고, 초·중등학교 교원이 당파적 이해관계의 영향을 받지 않도록 교육의 중립성을 확보하기 위한 것이므로, 목적의 정당성 및 수단의 적합성이 인정된다. 공무원의 정치적 행위가 직무 내의 것인지 직무 외의 것인지 구분하기 어려운 경우가 많고, 공무원의 행위는 근무시간 내외를 불문하고 국민에게 중대한 영향을 미치므로, 직무 내의 정당 활동에 대한 규제만으로는 입법목적을 달성하기 어렵다. 또한 정당에 대한 지지를 선거와 무관하게 개인적인 자리에서 밝히거나 선거에서 투표를 하는 등 일정한 범위 내의 정당 관련 활동은 공무원에게도 허용되므로 이 사건 정당가입 금지조항은 침해의 최소성 원칙에 반하지 않는다. 정치적 중립성, 초·중등학교 학생들에 대한 교육기본권 보장이라는 공익은 공무원들이 제한받는 사익에 비해 중대하므로 법익의 균형성 또한 인정된다. 따라서 이 사건 정당가입 금지조항은 과잉금지원칙에 위배되지 않는다. 이 사건 정당가입 금지조항이 초·중등학교 교원에 대해서는 정당가입의 자유를 금지하면서 대학의 교원에게 이를 허용한다 하더라도, 이는 기초적인 지식전달, 연구기능 등 양자 간 직무의 본질과 내용, 근무태양이 다른 점을 고려한 합리적인 차별이므로 평등원칙에 위배되지 않는다.'고 판시하였다(2020. 4. 23. 선고 2018헌마551 결정, 2000. 3. 25. 선고 2001헌마710 결정).

사립학교의 교원

3. 법령의 규정에 의하여 공무원의 신분을 가진 자

대한민국 국민이 아닌 자도 당원이 될 수 없다(정당법§22②).

(2) 입당

당원이 되고자 하는 자는 다음 각 호의 어느 하나에 해당하는 방법으로 시·도
당[12] 또는 그 창당준비위원회에 입당신청을 하여야 한다(정당법§23①).

1. 자신이 서명 또는 날인한 입당원서를 제출하는 방법
2. 「전자서명법」 제2조(정의) 제2호[13]에 따른 전자서명(서명자의 실지명의를 확인할
   수 있는 것을 말한다. 이하 같다)이 있는 전자문서로 입당원서를 제출하는 방법
3. 정당의 당헌·당규로 정하는 바에 따라 정보통신망을 이용하는 방법. 이 경
   우 「정보통신망 이용촉진 및 정보보호 등에 관한 법률」 등 관계 법령에 따
   라 본인확인을 거쳐야 한다.

시·도당 또는 그 창당준비위원회가 입당원서를 접수한 때에는 당원자격 심사기
관의 심의를 거쳐 입당허가 여부를 결정하여 당원명부에 등재하고, 시·도당 또는
그 창당준비위원회의 대표자는 당원이 된 자의 요청이 있는 경우 당원증을 발급하

---

12) 헌법재판소는, 정당의 시·도당 하부조직의 운영을 위하여 당원협의회 등의 사무소를 두는 것
   을 금지한 「정당법」 제37조(활동의 자유) 제3항 단서와 관련하여, '심판대상조항은 임의기구인
   당원협의회를 둘 수 있도록 하되, 과거 지구당 제도의 폐해가 되풀이되는 것을 방지하고 고비
   용 저효율의 정당구조를 개선하기 위해 사무소를 설치할 수 없도록 하는 것이므로 그 입법목
   적은 정당하고, 수단의 적절성도 인정된다. 현재도 당원협의회 사무소 설치를 허용할 만큼 국
   민의 의식수준이나 정치환경이 변화하였다고 보기 어렵고, 현행 당원협의회는 정당의 임의기
   구로서 중앙선거관리위원회의 감독대상이 아니므로 사무소 설치를 허용한다면 과거 지구당 제
   도 때보다 더 큰 폐해가 발생할 우려가 있다. 따라서 입법목적 달성을 위하여 사무소 설치를
   전면적으로 금지하는 것 외에 다른 효과적인 대체수단을 발견하기 어렵다. 정당은 선거에 있어
   서 정당선거사무소를 설치·운영할 수 있고, 선거 이외에도 당원협의회 또는 지역위원회와 같
   은 당원들의 자발적인 지역조직을 이용하여 국민의 정치적 의사형성에 참여할 수 있다. 또한
   오늘날 인터넷을 기반으로 한 정보통신기술의 발달로 사무소를 설치하지 않더라도 당원들을
   중심으로 다양한 의견을 가진 유권자들과 소통하면서 당원협의회를 운영하는데 큰 어려움이
   없을 것이므로, 심판대상조항이 당원협의회 사무소 설치를 금지하였다는 것만으로는 침해 최
   소성원칙에 위배된다고 보기 어렵다.'고 판시하였다(2016. 3. 31. 선고 2013헌가22 결정).
13) 「전자서명법」 제2조(정의)
   2. "전자서명"이라 함은 서명자를 확인하고 서명자가 해당 전자문서에 서명을 하였음을 나타
     내는데 이용하기 위하여 해당 전자문서에 첨부되거나 논리적으로 결합된 전자적 형태의 정
     보를 말한다.

여야 한다. 이 경우 입당의 효력은 입당신청인이 당원명부에 등재된 때에 발생한다(정당법§23②). 입당신청인은 시·도당 또는 그 창당준비위원회가 입당원서의 접수를 거부하거나 또는 정당한 사유 없이 입당심의를 지연하거나 입당을 허가하지 아니하는 경우에는 중앙당 또는 그 창당준비위원회에 입당원서를 제출할 수 있으며, 중앙당 또는 그 창당준비위원회는 입당허가 여부를 심사하여 입당을 허가함이 상당하다고 인정하는 때에는 해당 시·도당 또는 그 창당준비위원회에 입당신청인을 당원명부에 등재하도록 명하여야 한다. 이 경우 입당의 효력은 입당원서가 중앙당 또는 그 창당준비위원회에 접수한 때에 발생한다(정당법§23③).

당원명부에 등재되지 아니한 자는 당원으로 인정하지 아니한다(정당법§23④). 시·도당에는 당원명부를 비치하여야 하고(정당법§24①), 중앙당은 시·도당의 당원명부에 근거하여 당원명부를 전산조직에 의하여 통합관리할 수 있다. 이 경우 시·도당의 당원명부와 중앙당이 전산조직에 의하여 관리하는 당원명부가 일치하지 아니한 때에는 당원명부의 효력은 시·도당의 당원명부가 우선한다(정당법§24②).

당원명부는 법원이 재판상 요구하는 경우와 관계 선거관리위원회가 당원에 관한 사항을 확인하는 경우를 제외하고는 이의 열람을 강요당하지 않고(정당법§24③), 범죄수사를 위한 당원명부의 조사에는 법관이 발부하는 영장이 있어야 한다. 이 경우 조사에 관여한 관계 공무원은 당원명부에 관하여 지득한 사실을 누설하지 못한다(정당법§24④).

(3) 탈당

당원이 탈당하고자 할 때에는 다음 각 호의 어느 하나에 해당하는 방법으로 소속 시·도당에 탈당신고를 하여야 하며, 소속 시·도당에 탈당신고를 할 수 없을 때에는 그 중앙당에 탈당신고를 할 수 있다(정당법§25①).

1. 자신이 서명 또는 날인한 탈당신고서를 제출하는 방법
2. 「전자서명법」 제2조(정의) 제2호에 따른 전자서명이 있는 전자문서로 탈당신고서를 제출하는 방법
3. 정당의 당헌·당규로 정하는 바에 따라 정보통신망을 이용하는 방법. 이 경우 「정보통신망 이용촉진 및 정보보호 등에 관한 법률」 등 관계 법령에 따라 본인확인을 거쳐야 한다.

탈당의 효력은 탈당신고서가 소속 시·도당 또는 중앙당에 접수된 때에 발생한다(정당법§25②). 탈당신고서를 접수한 당해 시·도당은 접수한 날부터 2일 이내에 당원명부의 기재를 말소하고, 탈당증명서를 교부하여야 하고(정당법§25③), 중앙당이 탈당신고서를 접수한 때에는 즉시 탈당증명서를 교부하고, 해당 시·도당에 통보하여 당원명부의 기재를 말소하게 하여야 한다(정당법§25④).

시·도당에는 탈당원명부를 비치하여야 한다. 이 경우 탈당원명부는 당원명부에 탈당일자를 기재하는 것으로 갈음할 수 있다(정당법§26).

나. 당비의 납부

정당은 소속 당원으로부터 당비를 받을 수 있다(법§4①). 정당은 당원의 정예화와 정당의 재정자립을 도모하기 위하여 당비납부제도를 설정·운영하여야 한다(정당법§31①). 이에 따라 당비의 구체적인 금액, 납부방법, 절차 등 당비납부제도에 대하여는 정당이 자율적으로 결정할 수 있다. 정당은 그 당헌·당규에 당비납부제도를 상세하게 규정하고 있다.[14] 다만, 정당의 당원은 같은 정당의 타인의 당비를 부담할 수 없으며, 타인의 당비를 부담한 자와 타인으로 하여금 자신의 당비를 부담하게 한 자는 당비를 낸 것이 확인된 날부터 1년간 당원자격이 정지된다(정당법§31②). 당비는 정당의 당원이 부담하는 것이므로 창당준비위원회는 당비를 받을 수 없다.[15]

정당이 당헌·당규에 따라 비례대표 공천 후보자들에게 일정 금액을 정하여 특별당비를 부과하는 경우, 공직선거에 있어서 특정인을 후보자로 추천하는 일과 관련하여 특별당비를 납부하거나 받는 것이 아니라면 무방하고,[16] 특별당비의 납입 한도액에 관하여는 명문의 규정이 없으나 1회 120만원 이상의 당비를 납부하는 자는 실명이 확인되는 방법으로 하여야 한다.[17] 정당가입이 금지되지 않는 자로서 당원명부에 등재된 경우 그 당원이 소속된 회사가 소속 직원의 요청에 따라 단순

---

14) 더불어민주당(themijoo.kr)은 <당규 제2호> '당원 및 당비규정' 제10장에 당비납부제도에 관한 상세한 규정을 두고 있고, 국민의힘당(www.peoplepowerparty.kr)은 <당규 2> '당비 규정'에 당비납부제도에 관하여 자세히 규정하고 있다.

15) 2004. 5. 1. 중앙선관위 질의회답, 1987. 4. 28. 중앙선관위 질의회답

16) 2012. 2. 21. 중앙선관위 질의회답, 2006. 5. 4. 중앙선관위 질의회답

17) 2004. 3. 22. 중앙선관위 질의회답

히 급여에서 당비를 공제하여 그 직원이 정하는 정당에 당비를 납부(그 소속 직원의 명의로 납부하여야 하며, 1회 120만원을 초과하는 당비에 대하여는 예금계좌 입금 등 실명이 확인되는 방법으로 기부하여야 함)하는 것은 허용된다.[18] 정당의 지방선거 필승 결의대회 개최에 소요되는 경비로 충당할 수 있도록 소속 국회의원(당협위원장)이 정치자금으로 특별당비를 납부할 수 있고, 참석당원이 각출하여 그 경비를 부담하는 경우에는 당비로 납부하여야 한다.[19] 당원이 자신의 KT포인트로 당비를 납부하는 것도 무방하다.[20] 지구당이 중앙당으로부터의 자금지원이 빈약하고 당원으로부터 당비를 정기적으로 접수하기도 어려워 그 운영이 전적으로 위원장 개인의 능력과 부담에 의존하고 있는 상태에서 지구당 상임고문이 정기적으로 당비를 납부한 적은 없었으나 이미 수차례에 걸쳐 지구당 운영비조로 돈을 납부한 적이 있었고 또한 지구당 상임고문이 납입한 돈이 지구당 사무실 임대료 및 직원 급료 등으로 사용된 것이라면, 그 돈이 공식적인 당비 명목으로 지구당에 납부된 것이 아니고 지구당 위원장에 교부되었다고 하더라도 이는 법 제3조(정의) 제3호 소정의 당비에 해당한다고 봄이 상당하다.[21]

다. 당비영수증

(1) 당비영수증의 발행·교부

정당의 회계책임자가 당비를 납부받은 때에는 당비를 납부받은 날부터 30일까지 당비영수증을 당원에게 교부하고 그 원부를 보관하여야 한다. 다만, 당비를 납부한 당원이 그 당비영수증의 수령을 원하지 아니하는 경우에는 교부하지 아니하고 발행하여 원부와 함께 보관할 수 있다(법§5①). 1회 1만원 이하의 당비납부에 대한 당비영수증은 해당 연도말일(정당이 등록취소되거나 해산되는 경우에는 그 등록취소일 또는 해산일을 말한다) 현재로 연간 납부총액에 대하여 1매로 발행·교부할 수 있다(법§5②). 당비 납부자가 휴대폰으로 당비 납부 결제를 확인한 후 통상적으로 1개월 이후에 당비 납부 대행업체로부터 일정 수수료를 정산하고 입금받은 당비를

---

18) 2010. 11. 5. 중앙선관위 질의회답
19) 2010. 4. 30. 중앙선관위 질의회답
20) 2008. 7. 7. 중앙선관위 질의회답
21) 1993. 7. 13. 선고 93도1197 판결; 위 판결은 지구당제도(2004. 3. 12. 법률 제7190호로 「정당법」이 개정되어 지구당제도가 폐지되었다)가 있을 때의 것이다.

대행업체에 약간의 수수료를 추가로 부담하고 1주일 내로 정산받아 중앙당 수입계좌로 입금받고 당비영수증을 발급하는 것은 연말회계마감 등 부득이한 사정이 있는 경우에는 허용된다.[22]

당비영수증은 규칙이 정하는 서식[23]에 의하고(규칙§4①), 전자적 형태로 제작하여 인터넷을 통하여 발행·교부할 수 있되, 위조·변조를 방지할 수 있는 기술적 조치를 취하여야 한다(법§5③). 정당의 회계책임자는 신용카드·예금계좌·전화 또는 인터넷전자결제시스템에 의한 납부 등으로 당비를 납부한 당원의 주소 등 연락처를 알 수 없는 경우에는 당원명부 등을 통하여 연락처를 확인한 후 당비영수증을 교부하되, 이를 확인할 수 없는 부득이한 사유가 있는 경우에는 당비영수증을 발행하여 보관하여야 한다(규칙§4②).

(2) 당비영수증 미발행에 대한 처벌 및 제재

법 제5조(당비영수증) 제1항의 규정을 위반하여 당비를 납부 받은 날부터 30일까지 당비영수증을 발행 또는 교부하지 아니한 자는 2년 이하의 징역 또는 400만원 이하의 벌금에 처한다(법§47①2.).

법 제5조(당비영수증) 제1항의 규정을 위반하여 당비영수증의 발행·교부를 해태한 자는 300만원 이하의 과태료에 처한다(법§51①1.).

당비영수증 미발행과 관련하여, 어느 경우에 형사처벌을 할 것인지 또는 과태료처분을 할 것인지 여부가 문제되는 바, 이는 당비영수증 미발행의 범의 여부에 따라 정하여야 함이 상당하므로, 당비영수증을 고의적으로 발행·교부하지 아니하는 경우에는 형사처벌을 하고, 과실로 그러한 경우에는 과태료처분을 하는 것이 법문의 해석에 부합한다.[24]

(3) 당비영수증 허위작성에 대한 처벌

법 제5조(당비영수증) 제1항·제2항의 규정을 위반하여 당비영수증의 기재금액 또는 액면금액과 상이한 금액을 기부한 자와 이를 받은 자, 당비영수증을 허위로 작성하여 교부하거나 위조·변조하여 이를 사용한 자는 3년 이하의 징역 또는 600

---

22) 2008. 12. 4. 중앙선관위 질의회답
23) 규칙 별지 제2호 서식(당비영수증)
24) 대검찰청, 『정치자금법 벌칙해설(개정판)』, 259쪽

만원 이하의 벌금에 처한다(법§46 1.).

라. 당비의 국고귀속

(1) 국고귀속대상 당비

누구든지 타인의 명의나 가명으로 정치자금을 기부할 수 없는바(법§2⑤), 정당의 회계책임자는 타인의 명의나 가명으로 납부된 당비(이하 "국고귀속대상 당비"라 한다) 는 국고에 귀속시켜야 한다(법§4②). 국고귀속대상 당비는 관할 선거관리위원회[25] 가 이를 납부받아 국가에 납입하되, 납부기한까지 납부하지 아니한 때에는 관할 세무서장에게 위탁하여 관할 세무서장이 국세체납처분의 예에 따라 이를 징수한다 (법§4③).

정당의 회계책임자는 국고귀속대상 당비가 있음을 안 때에는 그날부터 10일 이 내에 관할 선거관리위원회에 그 내역과 해당 당비를 규칙이 정하는 서식[26]에 의 하여 보고 · 납부하여야 한다(규칙§3①). 관할 선거관리위원회는 위 보고된 경우 외 에 국고귀속대상 당비가 있음을 확인한 때에는 10일간의 납부기한을 정하여 정당

---

25) 「정치자금사무관리 규칙」 제2조(관할 선거관리위원회) 이 규칙에서 "관할 선거관리위원회"라 함은 다음 각 호의 구분에 따른 선거관리위원회를 말한다.
  1. 정당의 중앙당(중앙당창당준비위원회를 포함한다)과 그 후원회, 「정치자금법」(이하 "법"이 라 한다) 제6조 제2호의2에 따른 대통령선거의 후보자 및 예비후보자(이하 "대통령후보자 등"이라 한다)와 그 후원회, 법 같은 조 제3호와 제5호에 따른 대통령선거경선후보자 및 당대표경선후보자등과 그 후원회, 비례대표 국회의원과 그 후원회의 경우에는 중앙선거관 리위원회
  2. 정당의 시 · 도당, 중앙당후원회의 연락소, 특별시장 · 광역시장 · 특별자치시장 · 도지사 · 특 별자치도지사선거의 후보자 및 예비후보자(이하 "시 · 도지사후보자등"이라 한다)와 그 후 원회의 경우에는 시 · 도선거관리위원회
  3. 후원회를 둔 지역구국회의원 및 그 후원회(연락소를 포함한다), 지역구국회의원선거의 후 보자 · 예비후보자(이하 "지역구국회의원후보자등"이라 한다)의 후원회(지역구국회의원후보 자후원회의 경우 연락소를 포함한다), 자치구의 구청장 · 시장 · 군수선거의 후보자 및 예비 후보자(이하 "자치구 · 시 · 군의 장후보자등"이라 한다)의 후원회, 지역구시 · 도의회의원선 거의 후보자 및 예비후보자(이하 "지역구시 · 도의회의원후보자등"이라 한다)의 후원회, 지 역구자치구 · 시 · 군의회의원선거의 후보자 및 예비후보자(이하 "지역구자치구 · 시 · 군의회 의원후보자등"이라 한다)의 후보자 및 제1호와 제2호 외의 공직선거의 후보자 · 예비후보자 의 경우에는 「공직선거법」 제13조 제1항에 따른 선거구선거관리위원회
  4. 선거연락소 및 정당선거사무소의 경우에는 관할 구 · 시 · 군선거관리위원회. 다만, 대통령선 거에 있어 시 · 도마다 두는 선거연락소의 경우에는 관할 시 · 도선거관리위원회를 말한다.
26) 규칙 별지 제1호 서식(국고귀속대상 (당비) · (후원금)의 내역보고서)

의 회계책임자에게 납부를 명하여야 한다(규칙§3②). 납부기한까지 정당의 회계책임자가 국고귀속대상 당비를 납부하지 아니한 때에는 관할 선거관리위원회는 10일간의 납부기한을 정하여 독촉장을 발부하여야 하고(규칙§3③), 독촉장을 받은 정당의 회계책임자가 지정된 납부기한까지 납부하지 아니한 때에는 관할 선거관리위원회는 지체 없이 관할 세무서장에게 징수를 위탁하여야 한다(규칙§3④). 관할 선거관리위원회 또는 관할 세무서장이 징수한 국고귀속대상 당비의 국가에의 납입절차에 관하여는 「국고금관리법 시행규칙」을 준용한다(규칙§3⑤).

 (2) **벌칙**

 법 제4조(당비) 제2항의 규정을 위반하여 당비를 정당한 사유 없이 국고에 귀속시키지 아니한 자는 200만원 이하의 벌금에 처한다(법§48 4.).

제4장 후원회

1. 의의

가. 의의

후원금이라 함은 정치자금법의 규정에 의하여 후원회에 기부하는 금전이나 유가증권 그 밖의 물건을 말하고(법§3 4.), 후원회라 함은 정치자금법의 규정에 의하여 정치자금의 기부를 목적으로 설립·운영되는 단체로서 관할 선거관리위원회에 등록된 단체를 말한다(법§3 7.).

후원회제도는 모든 사회구성원들로 하여금 자발적인 정치참여의식을 높여 유권자 스스로 정당이나 정치인을 후원하도록 함으로써 정치에 대한 신뢰감을 높이고 나아가 비공식적인 정치자금을 양성화시키는 계기로 작동되도록 하는 데에 그 입법목적이 있다.[1] 또한 후원회제도는 후원회활동을 통하여 그 후원회 또는 후원회원이 지향하는 정책적 의지가 보다 효율적으로 구현될 수 있도록 하자는 데에서 그 철학적 기초를 찾을 수 있다. 후원회제도에 관한 각국의 입법례를 보면, 각 나라마다 정당 또는 공직후보자가 정치자금 내지 선거자금을 마련하는 방법 및 이에 대한 규제의 태도 또한 다양한 모습을 보이고 있는바, 이는 각 나라의 역사 및 정치풍토 내지는 정치문화가 다른 데 따른 자연스러운 현상이라고 할 수 있고, 따라서 개인후원회제도를 둘 것인지 여부 및 그에 관한 규제의 정도나 내용은 원칙적으로 입법정책의 문제로서 입법자의 입법형성의 자유에 속하는 사항이라고 할 수 있다.[2]

법 제6조(후원회지정권자)에 의하면 선거와 무관하게 후원회를 둘 수 있는 것은

---

1) 2015. 6. 24. 선고 2015도3856 판결, 2006. 12. 22. 선고 2006도1623 판결, 2005. 2. 3. 선고 2004헌마216 전원재판부 결정, 2001. 10. 25. 선고 2000헌바5 전원재판부 결정, 2000. 6. 1. 선고 99헌마576 전원재판부 결정
2) 2001. 10. 25. 선고 2000헌바5 전원재판부 결정, 2006. 12. 22. 선고 2006도1623 판결

중앙당과 국회의원뿐이고, 그 외에는 모두 선거와 관련하여 후원회를 둘 수 있도록 하고 있다. 정당이나 국회의원의 경우 선거비용 외에도 상당한 정치자금의 소요가 예상되는 점을 고려하여 정치자금법에서 후원회를 둘 수 있도록 한 것이지만, 유권자의 자발적 후원회를 통하여 선거자금을 마련할 수 있도록 하는 것 역시 후원회제도의 주된 목적 중의 하나라고 할 수 있다.[3]

법은 정당의 중앙당(중앙당창당준비위원회를 포함한다), 국회의원(국회의원선거의 당선인을 포함한다), 대통령선거의 후보자 및 예비후보자, 정당의 대통령선거후보자 선출을 위한 당내경선후보자, 지역구 국회의원선거의 후보자 및 예비후보자, 중앙당 대표자 및 중앙당 최고 집행기관(그 조직형태와 관계없이 당헌으로 정하는 중앙당 최고 집행기관을 말한다)의 구성원 선출하기 위한 당내경선후보자, 지역구지방의회의원선거의 후보자 및 예비후보자, 지방자치단체의 장선거의 후보자 및 예비후보자의 후원회(법§6)와 교육감 후보자(지방교육자치에 관한 법률§50)의 후원회를 둘 수 있도록 하고 있다.

나. 후원회지정권자 범위의 변천

후원회제도는 1980. 12. 31. 법률 제3320호로 전부 개정된 「정치자금에 관한 법률」에 국고보조금제도, 당비제도와 함께 신설되었으며, 그 후 몇 차례에 걸친 법률개정으로 후원회를 둘 수 있는 자의 범위, 회원의 자격 및 수, 금품모집방법 등에 변천이 있었다. 후원회를 둘 수 있는 자의 범위와 관련하여, 처음에는 중앙당(창당준비위원회 포함)만이 후원회를 둘 수 있었으나 1989. 12. 30. 개정된 「정치자금에 관한 법률(법률 제4186호)」은 정당의 시·도지부, 국회에서 교섭단체를 구성한 정당의 지구당, 국회의원(입후보등록자를 포함)을 후원회지정권자로 추가하였다. 1994. 3. 16. 개정된 「정치자금에 관한 법률(법률 제4740호)」은 후원회를 둘 수 있는 지구당 중 '교섭단체'라는 요건을 삭제하였고, 2004. 3. 12. 개정된 「정치자금에 관한 법률(법률 제7191호)」은 지구당을 폐지하고 공직선거에 출마하는 자에 대한 예비후보자제도를 신설하는 것에 대응하여 지구당을 후원회지정권자에서 삭제하는 대신 지역구 국회의원선거의 예비후보자뿐만 아니라 대통령선거경선예비후

---

3) 2019. 12. 27. 선고 2018헌마301·430(병합) 결정

보자와 중앙당 대표의 당내경선후보자도 후원회를 지정할 수 있도록 하였다.
2005. 8. 4. 법명을 정치자금법(법률 제7682호)으로 개정하면서 시·도지사 후보자
에게도 후원회 지정권한을 부여하였으며, 소액다수의 정치자금 기부문화를 확산시
키고자 부칙 제2조에 중앙당 및 시·도당의 후원회에 관한 경과조치를 두어 2006.
3. 13. 이를 폐지하였고 그와 관련된 규정도 모두 폐지하였다. 2008. 2. 29. 개정
된 정치자금법(법률 제8880호)은 대통령선거경선후보자에게만 있던 후원회 지정권
한을 대통령선거의 후보자와 예비후보자까지 확대하였으며, 2010. 1. 25. 개정된
정치자금법(법률 제9975호)은 지방자치단체장선거의 후보자에게도 후원회지정권한
을 부여하였고, 2016. 1. 15. 개정된 정치자금법(법률 제13758호)은 중앙당의 대표
자뿐만 아니라 각 정당의 조직형태와 관계없이 당헌으로 정하는 중앙당의 최고집
행기관의 구성원을 선출하기 위한 당내경선후보자도 후원회를 통해 선거경비를 조
달할 수 있도록 하였다.4) 정당을 후원회 지정권자에서 제외하는 것은 헌법에 위배
되므로 2017. 6. 30.을 개정시한으로 헌법불합치 선고를 한 헌법재판소의 결정
(2015. 12. 23. 선고 2013헌바168 결정)에 따라 2017. 6. 30. 개정된 정치자금법(법률
제14838호)은 정당 운영에 필요한 정치자금의 원활한 조달을 도모하고, 국민의 정
치적 의사표현의 자유를 보장하기 위하여 정당후원회를 허용하되, 2004년 정당후
원회를 폐지한 정치개혁의 취지를 고려하여 정당의 중앙당(중앙당창당준비위원회를
포함)에만 후원회를 설치하도록 하였다. 2021. 1. 5. 법률 제17885호로 개정된 정
치자금법은 광역자치단체장 선거 예비후보자에 대한 후원회 개설 금지에 대한 헌
법재판소의 헌법불합치 결정5)과 '지방자치단체의 장선거의 예비후보자, 지방의회
의원선거의 후보자 및 예비후보자'의 경우에도 후원회를 지정할 수 있도록 하여야
한다는 위 결정의 소수의견6)을 반영하여, 후원회지정권자에 지역구지방의회의원

---

4) 2016. 9. 29. 선고 2015헌바228 결정
5) 2019. 12. 27. 선고 2018헌마301·430(병합) 결정
6) 2019. 12. 27. 선고 2018헌마301·430(병합) 결정에서 이석태 등 5명의 재판관들은 '지방자치
   단체의 장선거의 예비후보자, 지방의회의원선거의 후보자 및 예비후보자의 경우에도 선거를
   위해 선거사무소 설치, 기탁금 납부, 향후 선거 홍보비용 지출 등을 위한 선거자금이 필요한
   것은 마찬가지이다. 그럼에도 이들에 대하여 후원금을 모금할 수 있는 기회를 원천적으로 봉쇄
   하고 있는 것은 지나치게 가혹하다. 군소정당이나 신생정당, 무소속 예비후보자의 경우에는 후
   원회제도를 활용하여 선거자금을 마련할 필요성이 더욱 절실함은 지방의회의원선거의 후보자
   및 예비후보자, 지방자치단체장선거의 예비후보자의 경우에도 마찬가지이다. 지방의회의원 및

선거의 후보자 및 예비후보자와 지방자치단체의 장선거의 예비후보자를 추가하고,[7] 지방의회의원후보자등후원회와 지방자치단체장후보자등후원회의 연간 정치자금 모금한도를 선거비용제한액의 100분의 50에 해당하는 금액으로 하였다.

2. 후원회 등록

가. 후원회지정권자

(1) 의의

다음 각 호에 해당하는 자(이하 "후원회지정권자"라 한다)는 각각 하나의 후원회를 지정하여 둘 수 있다(법§6).

  1. 중앙당(중앙당창당준비위원회를 포함한다)[8]

지방자치단체장은 주민의 개별적·이질적 그리고 다양한 의사와 이해관계를 통합하고 자치구의 의사를 형성하는 역할을 하므로, 그 선거에 있어 그 후보자나 예비후보자에게 후원회를 지정할 수 있도록 하는 것이 오히려 후원회제도의 입법목적 및 철학적 기초에 부합한다.'는 견해를 밝혔다.

7) 학계에서도 지방의회의원들에게도 후원회를 설치하여야 한다는 주장이 있었고(박상목·주상현, 「정치자금제도의 운영실태와 발전 방안」, 한국자치행정학보 제27권 제3호(2013 가을), 460쪽), 중앙선거관리위원회도 2016. 8. 현행 후원회 지정권자에서 제외된 지방자치단체장선거와 교육감선거의 예비후보자, 지역구지방의회의원선거의 예비후보자 및 후보자도 후원회를 둘 수 있도록 하여 그 활동에 소요되는 정치자금을 합법적으로 조달할 수 있도록 하는 정치자금법 개정의견을 국회에 제출한 바 있다(중앙선거관리위원회, 「정치관계법 개정의견(공직선거법·정당법·정치자금법)」).

8) 헌법재판소는, 정당을 후원회지정권자에서 제외하고 있던 구 정치자금법(2010. 1. 25. 법률 제9975호로 개정된 것) 제6조(후원회지정권자)와 관련하여, '정치자금 중 당비는 반드시 당원으로 가입해야만 납부할 수 있다. 현대 사회에서 정당이 정당활동에 필요한 정치자금을 모금하기 위해 당원을 모집하는 데에는 현실적인 한계가 있으므로 당원이 납부하는 당비만으로는 정당의 활동자금을 충당하기 어렵다. 또한 일반 국민으로서도 자신이 지지하는 정당에 재정적 후원을 하기 위해 반드시 당원이 되어야 한다는 것은 간접적으로 정당가입이 강제되는 결과를 가져오게 된다. 뿐만 아니라 누구든지 정당법상 2 이상의 정당의 당원이 될 수 없으므로 특정 정당에 가입한 당원이라 하더라도 소속 정당이 아닌 다른 정당에 정치자금을 기부하는 것은 불가능하게 되고, 정당법상 정당가입이 금지되는 공무원 등의 경우에는 자신이 지지하는 정당에 재정적 후원을 할 방법이 없게 된다. 현행 기탁금 제도는 기부자가 특정 정당을 지정하거나 기탁금의 배분비율을 지정할 수 있는 지정기탁금제도가 아니라 단지 일정액을 기탁하면 중앙선거관리위원회가 국고보조금의 배분비율에 따라 각 정당에 배분·지급하는 일반기탁금제도로서 정치발전기금 내지 정당발전기금의 성격을 가지며, 기부자가 자신의 정치적 선호에 따라 특정 정당에 재정적 후원을 하는 것과는 전혀 다른 제도이므로, 당비나 기탁금 제도로는 정당 후원

2. 국회의원(국회의원선거의 당선인을 포함한다)[9)]

회를 대체할 수 있다고 보기 어렵다. 국고보조는 정당의 공적기능의 중요성을 감안하여 정당의 정치자금조달을 보완하는 데에 그 의의가 있으므로, 본래 국민의 자발적 정치조직인 정당에 대한 과도한 국가보조는 정당의 국민의존성을 떨어뜨리고 정당과 국민을 멀어지게 할 우려가 있다. 이는 국민과 국가를 잇는 중개자로서의 정당의 기능, 즉 공당으로서의 기능을 약화시킴으로써 정당을 국민과 유리된 정치인들만의 단체, 즉 사당으로 전락시킬 위험이 있다. 뿐만 아니라 과도한 국가보조는 국민의 지지를 얻고자 하는 노력이 실패한 정당이 스스로 책임져야할 위험부담을 국가가 상쇄하는 것으로서 정당간 자유로운 경쟁을 저해할 수 있다. 정당 스스로 재정충당을 위하여 국민들로부터 모금활동을 하는 것은 단지 "돈을 모으는 것"에 불과한 것이 아니라 궁극적으로 자신의 정강과 정책을 토대로 국민의 동의와 지지를 얻기 위한 활동의 일환이며, 이는 정당의 헌법적 과제 수행에 있어 본질적인 부분의 하나이다. 따라서 이 사건 법률조항이 정당 후원회 자체를 금지하는 것은 일반 국민의 정치적 표현의 자유를 과도하게 침해하고, 스스로 재정을 충당하려는 정당활동의 자유를 과도하게 침해한다. 더군다나 현행 국고보조금 및 기탁금제도가 거대정당 내지 원내교섭단체가 구성된 기득정당에 비하여 군소정당 내지 신생정당에게 현저히 불리하게 운영되고 있는 현실에서, 이 사건 법률조항이 정당으로 하여금 일반 국민들로부터 정치자금을 조달하는 것마저 금지하는 것은 군소정당이나 신생정당에게 지나치게 가혹할 뿐만 아니라, 결과적으로 다양한 신진 정치세력의 진입을 막고 정당 간 자유로운 경쟁을 막아 정당정치 발전을 가로막게 될 우려가 있다.'고 판시하여 헌법불합치결정을 하였다(2015. 12. 23. 선고 2013헌바168 결정).; 위 결정 이후, 정당 운영에 필요한 정치자금의 원활한 조달을 도모하고 국민의 정치적 의사표현의 자유를 보장하기 위하여 정당후원회를 허용하되, 2004년 정당후원회를 폐지한 정치개혁의 취지를 고려하여 정당의 중앙당에만 후원회를 설치하도록 하는 내용으로 2017. 6. 30. 법률 제14838호로 정치자금법이 개정되어 제6조 (후원회지정권자) 제1호가 신설되었다.

9) 헌법재판소는, 개인후원회를 둘 수 있는 자의 범위를 국회의원 또는 국회의원입후보등록을 한 자로 한정한 구 정치자금에 관한 법률(1997. 11. 14. 법률 제5413호로 개정된 것) 제3조(정의) 제8호와 관련하여, '국회의원 또는 국회의원선거에 입후보하는 자와 지방자치단체장 또는 지방자치단체장 선거에 입후보하는 자를 비교하여 보면, 국회의원은 전 국민을 대표하는 대의기관으로서 본질적으로 전문정치인이며, 그 직무수행에 있어서 선거자금 외에도 상당한 정치자금의 소요가 예상되나 지방자치단체장은 본질적으로 집행기관으로서 그 지위와 성격 및 기능에서 국회의원과 본질적으로 차이가 있고, 그 직무수행상 필요한 자금도 개인의 선거비용 이외에는 모두 국가 또는 지방자치단체의 예산으로 책정되어 있을 뿐만 아니라 집행기관으로서의 염결성을 확보하기 위하여 정치자금의 조달방법에서도 지방자치단체장 또는 지방자치단체장 선거에 입후보하는 자는 개인후원회를 둘 수 없도록 한 것이므로 이러한 차별은 합리적 근거 있는 차별이라고 할 것이다. 한편, 지방자치단체장 선거에 입후보하는 자 사이에서는 개인후원회를 둘 수 없다는 점에서 실질적으로 아무런 차별이 없고, 또한 정당 추천을 받는 지방자치단체장 입후보자의 경우는 정당을 통한 합법적인 정치자금을 보장하고 있으므로 정치자금의 조달이 전혀 불가능한 것이 아니므로 과잉금지원칙에 위배되어 공무담임권을 침해한다고 볼 수 없다. 다만, 정당추천 입후보자와 무소속 입후보자와의 사이에는 정당을 통한 정치자금의 조달에 있어 차별이 있는 것이 사실이나, 이는 우리 헌법(제8조)이 정당제 민주주의에 바탕을 두고 정당설립의 자유와 복수정당제를 보장하며 정당운영에 필요한 자금을 보조할 수 있도록 하는 등 헌법에서 정당을 일반결사에 비하여 특별히 두텁게 보호하고 있기 때문에 헌법적으로 정당성

2의2. 대통령선거의 후보자 및 예비후보자(이하 "대통령후보자등"이라 한다)

3. 정당의 대통령선거후보자 선출을 위한 당내경선후보자(이하 "대통령선거경선
후보자"라 한다)

4. 지역선거구(이하 "지역구"라 한다) 국회의원선거의 후보자 및 예비후보자[10)
(이하 "국회의원후보자등"이라 한다).[11) 다만, 후원회를 둔 국회의원의 경우에

을 인정할 수 있다. 따라서 정당후원회 이외에 개인후원회를 둘 수 있는 자를 국회의원 또는 국회의원입후보등록을 한 자로 한정하고 있는 법 제3조(정의) 제8호는 헌법 제11조 제1항 및 제25조에 위반되지 아니한다.'고 판시하였다(2001. 10. 25. 선고 2000헌바5 전원재판부 결정).

10) 헌법재판소는, 후원회지정권자를 예비후보자로 한정한 구 정치자금에 관한 법률(2004. 3. 12. 법률 제7191호로 개정된 것) 제5조(후원회) 제1항 제4호와 관련하여, '현행 공직선거법 제60 조의2(예비후보자등록)는 예비후보자 등록제도를 신설하여, 예비후보자가 되고자하는 자는 선거일 전 120일부터 관할선거구선거관리위원회에 피선거권에 관한 증명서류를 첨부하여 예비후보자등록을 서면으로 신청하도록 하고, 예비후보자로 등록한 자는 후원회를 지정할 수 있도록 하여 후원회를 통한 정치자금의 조달에 있어서의 제한을 완화하였는바, 정치자금법의 입법목적으로 고려할 때 후원회를 통한 정치자금조달이 허용되는 대상자를 선정함에 있어 특정이 객관적으로 명확하지 아니한 단순한 입후보예정자를 제외한 것은 위와 같은 입법목적을 실현하기 위한 불가피한 선택이고, 예비후보자로 등록 가능한 시점을 선거일 전 120일로 정한 것역시 예비후보자로 등록되면 관할선거구선거관리위원회의 규제를 받으며 일부 선거운동이 허용되고 후보자 등록무효 규정의 준용을 받는 등 후보자에 준하는 지위가 부여되는 점을 생각할 때, 입법재량을 현저히 불합리하게 또는 자의적으로 행사한 것이라고 단정할 수도 없으므로, 평등의 원칙에 위배되지 않는다.'고 판시하였다(2005. 2. 3. 선고 2004헌마216 전원재판부 결정).

11) 헌법재판소는, 국회의원입후보예정자에게 후원회를 둘 수 없도록 하고 있는 구 정치자금에 관한 법률(1995. 12. 30. 법률 제5128호로 개정된 것) 제5조(후원회) 제1항, 제6조(후원회의 기능) 제1항·제3항과 관련하여, '정치자금은 애당초 정치활동을 위하여 소요되는 경비로만 지출되어야 하고 사적경비로 지출하거나 부정한 용도로 지출하여서는 아니 되는 것이며 또 그 운영에 있어서 국민의 의혹을 사는 일이 없도록 공명정대하여야 하고 그 회계는 공개되어야 하는 것이므로, 그러한 정치자금의 조달이 허용되는 대상자도 위와 같은 요구들에 합당하도록 객관적으로 명확할 것을 요한다. 그런데 정당이나 국회의원 그리고 국회의원후보등록자는 이미 정치활동을 위한 경비의 지출이 객관적으로 예상되는 명확한 지위에 있는 자들인 반면, 단순한 국회의원입후보예정자는 어느 시점을 기준으로 그러한 위치를 인정할 것인지가 객관적으로 명확하지 아니하다. 따라서 엄격한 절차와 방법에 의한 정치자금의 조달을 통하여 정치자금의 적정한 제공을 보장하고 나아가 민주정치의 건전한 발전에 기여함을 그 목적으로 하는 정치자금법으로서는 후원회를 통한 정치자금조달이 허용되는 대상자로서 입후보등록을 한 입후보자만을 그 대상으로 하고 그 특정이 객관적으로 명확하지 아니한 단순한 입후보예정자를 그 대상에서 제외하였다 하더라도, 이는 위와 같은 입법목적을 실현하기 위한 불가피한 선택인 것이며, 그것이 입법재량을 현저히 불합리하게 또는 자의적으로 행사한 것이라고 단정할 수도 없다. 그렇다면 정치자금법 제5조(후원회) 제1항과 제6조(후원회의 기능) 제1항·제3항으로 인하여 무소속 입후보예정자인 청구인이 사실상 차별적인 불이익을 입었다 하더라도 이는 합리적

는 그러하지 아니하다.

5. 중앙당 대표자 및 중앙당 최고 집행기관(그 조직형태와 관계없이 당헌으로 정하는 중앙당 최고 집행기관을 말한다)의 구성원을 선출하기 위한 당내경선후보자(이하 "당대표경선후보자등"이라 한다)

6. 지역구지방의회의원선거의 후보자 및 예비후보자[12])(이하 "지방의회의원후보자

이유가 있는 차별로서 그것이 헌법상 평등원칙에 위배되는 것이라 할 수 없다.'고 판시하였다(1997. 5. 29. 선고 96헌마85 전원재판부 결정).; 2001. 8. 30. 선고 99헌바92, 2000헌바39, 2000헌마167·168·199·205·280(병합) 전원재판부 결정, 1996. 8. 29. 선고 96헌마99 전원재판부 결정, 1995. 11. 30. 선고 94헌마97 전원재판부 결정도 같은 취지

12) 헌법재판소는, 시·도의원에 대해서는 후원회 구성을 금지한 구 정치자금에 관한 법률(1997. 11. 14. 법률 제5413호로 개정된 것) 제5조(후원회) 제1항과 관련하여, '국회의원이 국민의 대표로서 국정 전반에 걸쳐 국민의 추정적 의사를 대변할 책임을 지는 데에 반해 시·도의원은 국가의 영토의 일부를 기초로 하는 시·도의회의 구성원으로서 조례제정, 예산의 심의·확정 기타 법령이 정하는 사항의 의결, 행정사무의 감사·조사 등의 사무를 수행하나, 그 활동범위는 해당 시·도의 지역사무에 국한된다. 또 국회의원이 정치를 전업으로 하는데 비해 시·도의원은 무보수의 명예직으로서 별도의 직업에 종사하는 한편으로 지역발전과 지역주민의 복리를 위하여 봉사하는 자로서 정치는 비전업의 부업에 지나지 않는다. 따라서 같은 정치활동이라 하더라도 그 수행하는 정치활동의 질과 양에서 국회의원과 시·도의원 사이에는 근본적인 차이가 있고 그에 수반하여 정치자금을 필요로 하는 정도나 소요자금의 양에서도 현격한 차이가 있을 수밖에 없다. 위와 같은 점들을 종합하여 고려하면 정치자금에 관한 법률이 국회의원이나 국회의원입후보등록자에 대해서만 개인후원회를 허용하면서 시·도의원에게는 개인후원회를 금지한다고 하더라도 이는 국회의원과 시·도의원과의 정치활동상의 차이, 신분상의 차이 등에 따른 것으로서 합리적인 이유가 있는 차별에 해당한다 할 것이므로 평등의 원칙에 위반된다고 할 수 없다.'고 판시하였고(2000. 6. 1. 선고 99헌마576 전원재판부 결정), 자치구의 지역구의회의원(이하 "자치구의회의원"이라 한다)선거의 예비후보자를 후원회지정권자에서 제외하고 있는 구 정치자금법(2021. 1. 5. 법률 제17885호로 개정되기 전의 것) 제6조(후원회지정권자) 제6호와 관련하여, '자치구의회의원은 대통령, 국회의원과는 그 지위나 성격, 기능, 활동범위, 정치적 역할 등에서 본질적으로 다르다. 자치구의회의원의 활동범위는 해당 자치구의 지역 사무에 국한되고, 그에 수반하여 정치자금을 필요로 하는 정도나 소요자금의 양에서도 현격한 차이가 있을 수밖에 없다. 그리고 이러한 차이를 후원회를 둘 수 있는 자의 범위와 관련하여 입법에 어느 정도 반영할 것인가 하는 문제는 입법자가 결정할 국가의 입법정책에 관한 사항으로서 입법재량 내지 형성의 자유가 인정되는 영역이다. 자치구의회의원의 경우 선거비용 이외에 정치자금의 필요성이 크지 않으며 선거비용 측면에서도 대통령선거나 국회의원선거에 비하여 선거운동기간이 비교적 단기여서 상대적으로 선거비용이 적게 드는 점 등에 비추어 보면, 국회의원선거의 예비후보자와 달리 자치구의회의원선거의 예비후보자에게 후원회를 통한 정치자금의 조달을 불허하는 것은 합리적인 이유가 있다. 따라서 심판대상조항 중 자치구의회의원선거의 예비후보자에 관한 부분은 청구인들 중 자치구의회의원선거의 예비후보자 및 이들 예비후보자에게 후원금을 기부하고자 하는 자의 평등권을 침해한다고 볼 수 없다.'고 판시하였다(2019. 12. 27. 선고 2018헌마301·430(병합) 결정). 그러나 위 2018헌마301·430(병합) 결정

등"이라 한다)

7. 지방자치단체의 장선거의 후보자[13] 및 예비후보자[14](이하 "지방자치단체장후

에서 이석태 등 5명의 재판관은, 다수의견에 대항하여, '자치구의회의원선거의 경우에도 선거를 위해 선거사무소 설치, 기탁금 납부, 향후 선거 홍보비용 지출 등을 위한 선거자금이 필요한 것은 마찬가지이다. 그럼에도 자치구의회의원선거의 후보자에 대하여 후원금을 모금할 수 있는 기회를 원천적으로 봉쇄하고 있는 것은 지나치게 가혹하다. 군소정당이나 신생정당, 무소속 예비후보자의 경우에는 후원회제도를 활용하여 선거자금을 마련할 필요성이 더욱 절실함은 자치구의회의원선거의 경우에도 마찬가지이다. 자치구의회의원은 주민의 개별적·이질적 그리고 다양한 의사와 이해관계를 통합하고 자치구의 의사를 형성하는 역할을 하므로, 그 선거에 있어 그 후보자에게 후원회를 지정할 수 있도록 하는 것이 오히려 후원회제도의 입법목적 및 철학적 기초에 부합할 것이다. 또한 자치구의회의원의 직무 수행과 관련한 염결성의 확보는 정치자금법의 관련규정 등으로 보장될 수 있다. 이와 같은 사정을 종합해 볼 때, 국회의원선거의 예비후보자와 자치구의회의원선거의 예비후보자를 달리 취급하는 것은 불합리한 차별에 해당하고 입법재량을 현저히 남용하거나 한계를 일탈한 것이다. 따라서 심판대상조항 중 자치구의회의원선거의 예비후보자에 관한 부분은 자치구의회의원선거의 예비후보자 및 이들 예비후보자에게 후원금을 기부하고자 하는 자의 평등권을 침해한다.'고 의견을 밝혔다. 그 후 2021. 1. 5. 법률 제17885호로 정치자금법이 개정되어 지역구지방의회의원선거의 후보자 및 예비후보자도 후원회지정권자가 되었다.

13) 헌법재판소는, 후원회를 지정할 수 있는 자를 지역구 국회의원선거 후보자·예비후보자나 광역자치단체장선거 후보자 등으로 한정한 구 정치자금법(2005. 8. 4. 법률 제7682호로 개정된 것) 제6조(후원회지정권자)와 관련하여, '기초자치단체장은 한정된 일부 지역에서 주민의 복리에 관한 자치사무를 집행하는 행정 담당기관이므로 그 정치적 역할이나 성격이 본질에 있어서 현저히 작다고 할 수밖에 없어, 결국 후원회를 통하여 정치자금을 마련할 필요성의 측면에서 양자 사이에는 본질적인 차이가 있으므로, 국회의원 및 그 후보자와 예비후보자에 대하여는 후원회를 인정하면서 기초자치단체장의 경우에는 그 후보자나 예비후보자에 대하여 이를 인정하지 않는 것은 그 차별의 합리성을 인정할 수 있다. 기초자치단체장과 광역자치단체장은 주민의 복리에 관한 자치사무의 집행기관이라는 점에서 그 직무의 성격은 본질적으로 다르지 않으나 그 관할구역의 범위와 권한 그리고 정치적 역할의 의미에는 현저한 차이가 있어 선거자금을 비롯한 정치자금의 수요의 측면에서 상당한 차이를 보이고 있으므로, 이러한 차이를 후원회 구성에 반영하여 광역자치단체장의 후보자와 기초자치단체장의 후보자를 달리 취급하는 것은 입법의 재량을 현저히 남용하거나 재량의 한계를 현저히 일탈한 것이라고 볼 수 없어 그 차별에 합리적인 이유가 있다.'고 판시하였다(2006. 5. 25. 선고 2005헌마1095 전원재판부 결정). 그러나 이후 2010. 1. 25. 법률 제9975호로 정치자금법이 개정되어, 기초자치단체장도 후원회지정권자가 되었다.

14) 헌법재판소는, 기초자치단체장선거의 예비후보자를 후원회지정권자에서 제외하여 후원회를 통한 정치자금의 모금을 할 수 없도록 하고, 이를 위반하면 형사처벌하는 구 정치자금법(2010. 1. 25. 법률 제9975호로 개정된 것) 제6조(후원회지정권자) 제6호, 제45조(정치자금부정수수죄) 제1항 본문 중 '이 법에 정하지 아니한 방법' 가운데 제6조(후원회지정권자) 제6호에 관한 부분(이하 이들을 합하여 '심판대상조항들'이라 한다)과 관련하여, '기초자치단체장은 그 지위나 성격, 기능, 활동범위, 수행하는 정치활동의 양과 질 등에서 대통령이나 국회의원과는 본질적으로 차이가 있고, 그 정치적 역할 또한 상대적으로 작기 때문에 기초자치단체장선거에 소요

보자등"이라 한다)[15]

되는 선거비용을 비롯한 정치자금의 규모에서도 차이가 발생한다. 공직선거법도 해당 선거별로 예비후보자로서 선거운동을 할 수 있는 기간, 선거기간, 선거비용제한액 등에 차이를 두고 있다. 이러한 차이를 후원회를 둘 수 있는 자의 범위와 관련하여 입법에 어느 정도 반영하고 그 위반자를 어떻게 처벌할 것인가 하는 문제는 결국 입법자가 결정할 국가의 입법정책에 관한 사항으로서 광범위한 입법재량 내지 형성의 자유가 인정된다. 기초자치단체장선거의 경우 예비후보자의 지위에서 선거운동을 할 수 있는 기간이 대통령선거나 국회의원선거에 비하여 단기여서 상대적으로 선거비용이 적게 드는 점, 기초자치단체장선거의 예비후보자는 선거비용 이외에 정치자금의 필요성이 크지 않는 점, 지역 주민들과 잦은 접촉을 하며 각종 권한을 행사하는 기초자치단체장의 지위에 비추어 보면 선거과정에서부터 미리 예비후보자나 후보자에 대한 대가성 후원을 통해 당선 이후 정치적 영향력을 행사하고자 하는 사람들의 접근이 예상되므로 후원회를 통한 정치자금 모금을 어느 시점까지 제한할 필요가 있는 점 등을 고려하면, 심판대상조항들이 후원회를 통한 정치자금의 조달을 허용하는 대통령선거 및 국회의원선거의 예비후보자와 달리 기초자치단체장선거의 예비후보자에게는 이를 불허하고 위반 시 형사처벌하도록 하는 것이 입법재량을 현저히 남용하거나 한계를 일탈한 것이라고 보기는 어렵다. 따라서 심판대상조항들은 청구인의 평등권을 침해하지 않는다.'고 판시하였다(2016. 9. 29. 선고 2015헌바228 결정; 2015. 6. 24. 선고 2015도3856 판결도 같은 취지). 그러나 2021. 1. 5. 법률 제17885호로 정치자금법이 개정되어 지방자치단체의 장선거의 예비후보자도 후원회지정권자가 되었다.

15) 헌법재판소는, 광역자치단체장선거의 예비후보자를 후원회지정권자에서 제외하고 있었던 구 정치자금법(2021. 1. 5. 법률 제17885호로 개정되기 전의 것) 제6조(후원회지정권자) 제6호와 관련하여, '선거비용제한액 및 실제 지출액, 후원회 모금한도 등을 고려해 볼 때, 광역자치단체장선거의 경우 국회의원선거보다 지출하는 선거비용의 규모가 크고, 후원회를 통해 선거자금을 마련할 필요성 역시 매우 크다. 그럼에도 광역자치단체장선거의 경우 후보자가 후원금을 모금할 수 있는 기간이 불과 20일 미만으로 제한되고 있다. 또한 군소정당이나 신생정당, 무소속 예비후보자의 경우에는 선거비용의 보전을 받기 어려운 경우가 많은 현실을 고려할 때 후원회 제도를 활용하여 선거자금을 마련할 필요성이 더욱 절실하고, 이들이 후원회제도를 활용하는 것을 제한하는 것은 다양한 신진 정치세력의 진입을 막고 자유로운 경쟁을 통한 정치발전을 가로막을 우려가 있다. 후원회제도 자체가 광역자치단체장의 직무수행의 염결성을 저해하는 것으로 볼 수는 없고, 광역자치단체장의 직무수행의 염결성은 후원회제도가 정치적 영향력을 부당하게 행사하는 통로로 악용될 소지를 차단하기 위한 정치자금법의 관련규정, 즉 후원인이 후원회에 기부할 수 있는 금액의 제한 규정(제11조), 후원금의 구체적 모금방법에 대한 규정(제14조 내지 제18조), 정치자금법상 후원회에 관한 규정을 위반한 경우의 처벌규정(제45조 제1항, 제2항, 제46조, 제51조) 등을 통한 후원회제도의 투명한 운영으로 확보될 수 있다. 그 동안 정치자금법이 여러 차례 개정되어 후원회지정권자의 범위가 지속적으로 확대되어 왔음에도 불구하고, 국회의원선거의 예비후보자 및 그 예비후보자에게 후원금을 기부하고자 하는 자와 광역자치단체장선거의 예비후보자 및 이들 예비후보자에게 후원금을 기부하고자 하는 자를 계속해서 달리 취급하는 것은, 불합리한 차별에 해당하고 입법재량을 현저히 남용하거나 한계를 일탈한 것이다. 따라서 심판대상조항 중 광역자치단체장선거의 예비후보자에 관한 부분은 청구인들 중 광역자치단체장선거의 예비후보자 및 이들 예비후보자에게 후원금을 기부하고자 하는 자의 평등권을 침해한다.'고 판시하면서, 2021. 12. 31.을 개정시한으로 헌법불합치 결정

교육감선거에 관하여는 정치자금법의 시·도지사선거에 적용되는 규정을 준용하므로(지방교육자치에 관한 법률§50),[16] 교육감 후보자 및 예비후보자도 후원회지정권자이다.

(2) 후원회의 지정

후원회지정권자가 지정할 수 있는 후원회는 각자 1개로 제한된다(법§6).

후원회지정권자가 후원회를 지정하거나 그 지정을 철회하는 때에는 규칙이 정하는 서식[17]의 후원회지정서 또는 지정철회서를 해당 후원회에 교부하여야 한다(규칙§5).

(3) 벌칙 등

법 제6조(후원회지정권자)의 규정에 의한 후원회지정권자가 아닌 자로서 정치자금의 기부를 목적으로 후원회나 이와 유사한 기구를 설치·운영한 자는 5년 이하의 징역 또는 1천만원 이하의 벌금에 처한다(법§45②1.). 본죄에 제공된 금품 그 밖에 재산상의 이익은 몰수하며, 이를 몰수 할 수 없을 때에는 그 가액을 추징한다(법§45③).

단체가 회의나 행사장소에서 소속 회원들에게 후원금 모금을 위임받은 자를 단순히 소개하는 정도를 벗어나 후원금 기부를 독려·호소하는 등의 방법으로 후원금 모금활동에 관여하는 때에는 그 행위양태에 따라 후원회와 유사한 기구의 설치·운영을 금지하는 법 제45조(정치자금부정수수죄) 제2항 제1호에 위반된다.[18] 노동

을 하였다(2019. 12. 27. 선고 2018헌마301·430(병합) 결정). 이후 2021. 1. 5. 법률 제17885호로 정치자금법이 개정되어 지방자치단체의 장선거의 예비후보자도 후원회지정권자가 되었다.

16) 헌법재판소는, 교육자치법 제50조(「정치자금법」의 준용)와 관련하여, '정치자금법은 정치활동을 하는 자에게 정치자금의 적정한 제공을 보장하고 그 수입과 지출내역을 공개하여 투명성을 확보하여 정치자금과 관련한 부정을 방지할 목적으로 제정된 것으로, 정치자금의 종류, 모금 및 배분에 관한 사항, 회계 및 공개에 관한 사항, 그리고 의무규정과 이를 위반할 경우에 대한 벌칙을 구체적이고 세세하게 규정하고 있다. 즉, 규율대상 내지 범위가 뚜렷하고 그 내용도 분명하기 때문에, 벌칙조항까지 포함하여 포괄적 준용방식을 취하였더라도 일반 국민 누구라도 정치자금법의 어떤 규정이 시·도지사 선거에 적용되는지 명확하게 알 수 있고, 이에 따라 교육감선거후보자에게 준용되는 규정도 명확하므로, 이 사건 준용규정은 죄형법정주의의 명확성 원칙에 위배되지 아니한다.'고 판시하였다(2014. 7. 24. 선고 2013헌바169 결정).

17) 규칙 별지 제3호 서식(후원회(지정)·(지정철회)서)

18) 2009. 4. 27. 중앙선관위 질의회답

조합이 소속 조합원에게 조합의 활동에 협조하는 국회의원의 명단과 후원금의 기부를 단순히 안내하는 정도를 벗어나 후원금의 모금과 기부를 매개·대행하는 것은 후원회와 유사한 기구를 설치·운영한 행위에 해당한다.[19]

나. 후원회의 등록

(1) 후원회 등록신청

후원회의 대표자는 당해 후원회지정권자의 지정을 받은 날부터 14일 이내에 그 지정서를 첨부하여 관할 선거관리위원회에 등록신청을 하여야 한다(법§7①). 후원회의 등록신청은 규칙이 정하는 서식[20]에 의하고(규칙§6①), 후원회결성 회의록 사본과 대표자의 취임동의서를 첨부하여야 한다(규칙§6②).

후원회의 등록신청사항은 ① 후원회의 명칭, ② 후원회의 소재지, ③ 정관 또는 규약, ④ 대표자의 성명·주민등록번호·주소, ⑤ 회인(會印) 및 그 대표자 직인의 인영 등이다(법§7②).

후원회의 명칭은 ① 대통령후보자(예비후보자)의 후원회는 대통령후보자(예비후보자)○○○후원회, ② 정당의 중앙당후원회는 ○○당중앙당후원회, ③ 국회의원후원회는 국회의원○○○후원회, ④ 대통령선거경선후보자후원회는 ○○당대통령선거경선후보자○○○후원회, ⑤ 지역구국회의원후보자(예비후보자)의 후원회는 ○○선거구국회의원후보자(예비후보자)○○○후원회, ⑥ 시·도지사후보자(예비후보자)의 후원회는 ○○시·도지사후보자(예비후보자)○○○후원회, ⑦ 자치구·시·군의 장후보자(예비후보자)후원회는 ○○구청장·시장·군수후보자(예비후보자)○○○후원회, ⑧ 지역구시·도의회의원후보자(예비후보자)후원회는 ○○시·도○○선거구시·도의회의원후보자(예비후보자)○○○후원회, ⑨ 지역구자치구·시·군의회의원후보자(예비후보자)후원회는 ○○구·시·군○○선거구구·시·군의회의원후보자(예비후보자)○○○후원회, ⑩ 당대표경선후보자후원회는 ○○당대표경선후보자○○○후원회, ⑪ 중앙당 최고 집행기관의 구성원경선후보자후원회는 ○○당○○○경선후보자○○○후원회, ⑫ 중앙당후원회의 연락소는 ○○당중앙당후원회○○시·도연락소, ⑬ 지역구국회의원(지역구국회의원후보자)후원회의 연락소는 국회

---

19) 2008. 9. 11. 중앙선관위 질의회답
20) 규칙 별지 제4호 서식(후원회 등록신청서)

의원(○○선거구국회의원후보자) ○ ○ ○후원회○○연락소라고 한다(규칙§7).

중앙당후원회의 사무소는 중앙당의 사무소 소재지에 두는 것으로 한다(규칙§8). 지역구국회의원 사무소와 국회의원후원회 사무소를 공동으로 설치하는 경우 간판은 각각 설치할 수 있다.[21]

후원회의 정관 또는 규약에는 ① 명칭·목적 및 소재지, ② 회원의 가입과 탈퇴 등 신분에 관한 사항, ③ 후원금의 모금 및 기부에 관한 사항, ④ 대표자·회계책임자의 선임 및 해임에 관한 사항, ⑤ 대표자가 사고가 있을 때의 직무대리에 관한 사항, ⑥ 해산에 관한 사항, ⑦ 정관 또는 규약의 변경에 관한 사항, ⑧ 후원회의 대의기관 또는 그 수임기관에 관한 사항, ⑨ 후원회의 감사기관에 관한 사항, ⑩ 그 밖의 후원회의 운영에 관한 사항을 정하여야 한다(규칙§9).

후원회를 둔 국회의원이 대통령후보자등·대통령경선후보자 또는 당대표경선후보자등이 되는 경우 기존의 국회의원후원회를 대통령후보자등·대통령경선후보자 또는 당대표경선후보자등의 후원회로 지정할 수 있으며, 후원회를 둔 대통령예비후보자가 대통령선거경선후보자가 되는 경우 기존의 대통령예비후보자후원회를 대통령선거경선후보자후원회로 지정할 수 있다. 이 경우 그 대통령후보자등·대통령경선후보자 또는 당대표경선후보자등의 후원회의 대표자는 후원회지정권자의 지정을 받은 날부터 14일 이내에 그 지정서와 회인(會印) 및 그 대표자 직인의 인영을 첨부하여 관할 선거관리위원회에 신고하여야 하고(법§7③), 위 지정신고는 규칙이 정하는 서식[22]에 의한다(규칙§10①).

정당이 대통령후보자선출을 위한 당내경선을 실시하는 경우 경선후보자로 등록된 자는 예비후보자 등록일 이전에 또는 그 등록여부와 관계없이 경선후보자로 등록된 때부터 후원회등록을 신청할 수 있다.[23] 당헌·당규에 중앙당 대표자 선출을 위한 당내경선과 관련하여 후보자등록을 신청한 자가 일정수 이상인 때에는 예비경선을 실시하도록 규정하고 있는 경우, 예비경선에 후보자로 등록한 자는 정당의 중앙당대표의 당내경선후보자로 볼 수 있다.[24]

---

21) 2004. 8. 3. 중앙선관위 질의회답
22) 규칙 별지 제7호 서식((대통령후보자등)·(대통령선거경선후보자)·(당대표경선후보자등) 후원회 지정신고서)
23) 2007. 3. 26. 중앙선관위 질의회답
24) 2005. 2. 28. 중앙선관위 질의회답

(2) 등록

 관할 선거관리위원회는 등록신청을 접수한 날부터 7일 이내에 등록을 수리하고 등록증을 교부하여야 한다(법§7⑤). 관할 선거관리위원회가 후원회의 등록신청을 받은 경우에는 7일 이내에 등록을 수리하고, ① 규칙이 정하는 서식25)에 의한 후원회등록대장에의 등재, ② 등록사실의 공고, ③ 규칙이 정하는 서식26)에 의한 등록증 교부, ④ 시·도선거관리위원회에 통지(중앙당후원회에 한한다)에 따라 사무를 처리하여야 한다. 이 경우 국회의원당선인후원회의 등록신청은 국회의원후원회의 등록신청으로 접수·처리한다(규칙§6③). 후원회를 둔 국회의원의 대통령후보자등 후원회 등의 지정신고를 받은 경우에도 중앙선거관리위원회는 위와 같이 사무를 처리한다(규칙§10②).

(3) 후원회의 변경등록

 후원회의 등록신청사항 중 후원회의 명칭, 소재지, 정관 또는 규약, 대표자의 성명·주민등록번호·주소, 회인(會印) 및 그 대표자 직인의 인영에 변경이 생긴 때에는 후원회의 대표자는 14일 이내에 관할 선거관리위원회에 변경등록신청 또는 신고를 하여야 한다(법§7④). 후원회의 변경등록신청 또는 신고는 규칙이 정하는 서식27)에 의한다(규칙§11①). 후원회의 변경등록신청 또는 신고가 ① 법 제19조(후원회의 해산 등) 제1항 단서의 규정에 의한 후원회의 존속, ② 법 제20조(후원회의 합병 등) 제1항에 따른 후원회의 신설 또는 존속, ③ 정관 또는 규약의 규정에 의한 후원회의 대의기관이나 수임기관의 의결에 의한 대표자의 선임 또는 해임 중 어느 하나에 해당하는 사유로 인한 것인 때에는 그 변경에 관한 회의록 사본을 첨부하여야 한다(규칙§11②).

 관할 선거관리위원회가 변경등록신청 또는 신고를 받아 이를 수리한 때에는 ① 등록대장의 해당 사항의 말소 또는 변경기재, ② 변경등록·신고사실의 공고, ③ 등록증의 재교부(등록증의 기재사항에 변경이 있는 경우에 한한다), ④ 시·도선거관리위원회에 통지(중앙당후원회에 한한다)에 따라 사무를 처리한다(규칙§11②). 한편, 대통령예비후보자후원회·국회의원예비후보자후원회·지방의회의원예비후보자후원

---

25) 규칙 별지 제5호 서식(후원회등록대장)
26) 규칙 별지 제6호 서식(후원회 등록증)
27) 규칙 별지 제8호 서식(후원회 (변경등록신청)·(변경신고)서)

회·지방자치단체장예비후보자후원회가 각각 해당 선거의 후보자후원회로 되는 경우 관할 선거관리위원회는 직권으로 변경등록사무를 처리하되, 등록증은 다시 교부하지 아니한다(규칙§11④).

(4) 제재

법 제7조(후원회의 등록신청 등) 제1항·제4항의 규정에 위반하여 후원회 등록신청 및 변경등록신청을 해태한 자는 100만원 이하의 과태료에 처한다(법§51③1.). 법 제7조(후원회의 등록신청 등)의 규정을 위반하여 후원회의 등록신청 또는 변경등록신청을 허위로 한 자는 100만원 이하의 과태료에 처한다(법§51③2.).

3. 후원회의 회원

가. 회원가입의 자유

누구든지 자유의사로 하나 또는 둘 이상의 후원회의 회원이 될 수 있다(법§8①). 후원회 회원의 수는 제한이 없으나 회원은 법 제11조(후원인의 기부한도 등) 제5항에 따라 연간 1만원 또는 그에 상당하는 가액 이상의 후원금을 기부하여야 한다.[28]

후원회는 회원으로 가입한 자에게 「공직선거법」 제93조(탈법방법에 의한 문서·도화의 배부·게시 등 금지) 제3항의 규정에 위반되지 아니하는 통상적인 회원증을 발급할 수 있고,[29] 국회의원이 의정보고회 장소에 소속 정당의 입당원서와 자신이 지정권자로 있는 후원회의 가입신청서를 비치하고 정당 또는 후원회에 가입하고자 하는 자가 입당원서 또는 후원회 가입신청서를 제출하는 경우에 이를 받아 당해 시·도당 또는 후원회에 전달할 수 있다.[30]

나. 회원가입의 제한

법 제31조(기부의 제한) 제1항의 규정에 의하여 기부를 할 수 없는 외국인, 국내·외의 법인 또는 단체와 「정당법」 제22조(발기인 및 당원의 자격)의 규정에 의하여 정당의 당원이 될 수 없는 ① 「국가공무원법」 제2조(공무원의 구분) 또는 「지방공

---

28) 2007. 5. 28. 중앙선관위 질의회답
29) 2005. 11. 21. 중앙선관위 질의회답
30) 2005. 8. 26. 중앙선관위 질의회답

무원법」 제2조(공무원의 구분)에 규정된 공무원(다만, 대통령, 국무총리, 국무위원, 국회의원, 지방의회의원, 선거에 의하여 취임하는 지방자치단체의 장, 국회부의장의 수석비서관·비서관·비서·행정보조요원, 국회 상임위원회·예산결산특별위원회·윤리특별위원회 위원장의 행정보조요원, 국회의원의 보좌관·비서관·비서, 국회 교섭단체대표의원의 행정비서관, 국회 교섭단체의 정책연구위원·행정보조요원과 「고등교육법」 제14조(교직원의 구분) 제1항·제2항에 따른 교원은 제외한다.), ②「고등교육법」 제14조(교직원의 구분) 제1항·제2항에 따른 교원을 제외한 사립학교의 교원, ③ 법령의 규정에 의하여 공무원의 신분을 가진 자, ④ 대한민국 국민이 아닌 자는 후원회의 회원이 될 수 없다(법§8①단서).

그러나, 한국마사회장,[31] 한국도로공사 임·직원,[32] 국립대학교수[33] 등은 정당의 당원이 될 수 없는 자에 해당하지 아니하므로 후원회의 회원이 될 수 있다.

다. 회원명부

후원회는 회원명부를 비치하여야 한다(법§8②). 후원회의 회원명부는 규칙이 정하는 서식[34]에 의한다(규칙§12①). 후원회는 회원의 가입 또는 탈퇴 등 변동이 있는 때에는 회원명부에 즉시 그 사항을 기재하여야 한다(규칙§12②).

회원명부는 법원이 재판상 요구하는 경우와 법 제52조(정치자금범죄 조사 등)의 규정에 의하여 관할 선거관리위원회가 회원의 자격과 후원금내역 등 필요한 사항을 확인하는 경우를 제외하고는 이의 열람을 강요당하지 아니하고(법§8③), 범죄수사를 위한 회원명부의 조사에는 법관이 발부한 영장이 있어야 한다(법§8④). 누구든지 회원명부에 관하여 직무상 알게 된 사실을 누설하여서는 아니 된다(법§8⑤).[35]

---

31) 2008. 10. 7. 중앙선관위 질의회답
32) 1996. 3. 2. 중앙선관위 질의회답
33) 2012. 11. 2. 중앙선관위 질의회답
34) 규칙 별지 제9호 서식(후원회회원명부)
35) 우리나라에서의 정치자금의 문제는 법이 규정한 노출된 후원금이 아니고 노출되지 않은 후원금인 까닭에 정치자금 공개의 원칙에 비추어 후원회 회원명부의 비공개의 원칙을 규정한 정치자금법 제8조(후원회의 회원) 제2항, 제5항, 제46조(각종 제한규정위반죄) 제2호 등의 규정은 재고되어야 한다는 견해가 있다(최대권, 「정치개혁을 위한 몇 가지 생각(Ⅱ) —정부형태·정당·정치자금·선거제도 등을 중심으로—」, 서울대학교 법학 제33권 제2호(1992), 98쪽).

라. 벌칙 및 제재

법 제8조(후원회의 회원) 제3항의 규정을 위반하여 회원명부의 열람을 강요한 자 또는 같은 조 제5항의 규정을 위반하여 회원명부에 관하여 직무상 알게 된 사실을 누설한 자는 3년 이하의 징역 또는 600만원 이하의 벌금에 처한다(법§46 2.).

법 제8조(후원회의 회원) 제2항의 규정을 위반하여 회원명부를 비치하지 아니하거나 허위로 작성한 자는 200만원 이하의 벌금에 처한다(법§48 5.).

법 제8조(후원회의 회원) 제1항의 규정을 위반하여 후원회의 회원이 될 수 없는 자를 회원으로 가입하게 하거나 가입한 자는 100만원 이하의 과태료에 처한다(법§51③3.).

4. 후원회의 사무소 등

가. 후원회의 사무소

후원회는 그 사무를 처리하기 위하여 다음 각 호에서 정하는 바에 따라 사무소와 연락소를 설치할 수 있다(법§9①).

1. 중앙당후원회 : 사무소 1개소와 특별시·광역시·특별자치시·도·특별자치도마다 연락소 각 1개소
2. 지역구국회의원후원회·지역구국회의원후보자후원회 : 서울특별시와 그 지역구에 사무소 또는 연락소 각 1개소. 이 경우 사무소를 둔 지역구 안에는 연락소를 둘 수 없다.
3. 제1호·제2호 외의 후원회 사무소 1개소

중앙당후원회, 지역구국회의원후원회 또는 지역구국회의원후보자후원회가 연락소를 두고자 하는 경우에는 그 연락소의 책임자는 ① 명칭, ② 사무소의 소재지, ③ 연락소 책임자의 성명·생년월일 및 주소, ④ 연락소인 및 그 책임자 직인의 인영을 규칙이 정하는 서식[36]에 의하여 관할 선거관리위원회에 신고하여야 하고(규칙§13①), 후원회의 승인서와 책임자의 취임동의서를 첨부하여야 한다(규칙§13

---

36) 규칙 별지 제10호 서식(후원회연락소 (설치)·(변경)신고서)

②). 연락소의 책임자는 신고사항에 변경이 있는 때에는 14일 이내에 규칙이 정하는 서식[37]에 의하여 관할 선거관리위원회에 변경신고를 하여야 한다(규칙§13③).

연락소는 독립하여 후원금을 모집할 수 없으며, 후원회를 위한 업무의 연락 또는 후원금의 모금대행 그 밖의 당해 후원회의 활동에 필요한 사무를 보조한다(규칙§13④).

지역구가 서울인 국회의원후원회가 관할 지역구에 설치된 한 곳의 후원회사무소 외에 서울의 타 지역에 후원회사무소의 연락소를 설치할 수 있다.[38]

나. 유급사무직원

(1) 후원회 사무소 등과 국회의원지역구 사무소의 유급사무직원

후원회의 사무소와 연락소에 두는 유급사무직원의 수는 모두 합하여 2인을 초과할 수 없다. 다만, 중앙당후원회·대통령후보자후원회·대통령선거경선후보자후원회는 그러하지 아니하다(법§9②).

국회의원이 지역에 두는 사무소의 유급사무직원의 수는 5인을 초과할 수 없다. 다만, 하나의 국회의원지역구가 2 이상의 구(자치구가 아닌 구를 포함한다)·시(구가 설치되지 아니한 시를 말한다)·군으로 된 경우 2를 초과하는 구·시·군마다 2인을 추가할 수 있다(법§9③).

국회의원의 의정보조직원인 국회인턴사원(국회에서 인건비를 지급)이 국회의원의 지역사무소에서 근무하는 경우 법 제9조(후원회의 사무소 등) 제3항에서 정한 유급사무직원의 수를 초과하지 아니하는 범위 안에서 이들을 고용하고 인건비를 정치자금에서 지급할 수 있다.[39] 운전기사가 국회의원수당 등에 관한 법률에 따라 보좌직원이거나 국회의원의 의정활동(지역구활동 포함)을 위하여 상시 고용되고 근무하는 것이라면 법 제9조(후원회의 사무소 등) 제3항의 유급사무직원에 해당하지 아니할 것이나, 국회의원의 차량 운전 외에 지역사무소 업무도 수행하는 때에는 위 유급사무직원에 해당되어 그 수에 포함된다.[40]

---

37) 규칙 별지 제10호 서식(후원회연락소 (설치)·(변경)신고서)
38) 2006. 9. 27. 중앙선관위 질의회답
39) 2006. 12. 8. 중앙선관위 질의회답
40) 2016. 3. 3. 중앙선관위 질의회답

(2) 제재

법 제9조(후원회의 사무소 등) 제2항·제3항의 규정을 위반하여 유급사무직원의 수를 초과하여 둔 자는 300만원 이하의 과태료에 처한다(법§51①2.).

5. 후원금의 모금·기부

가. 후원금의 기부방법

(1) 의의

후원회는 법 제7조(후원회의 등록신청 등)의 규정에 의하여 등록을 한 후 후원인 (회원과 회원이 아닌 자를 말한다. 이하 같다)으로부터 후원금을 모금하여 이를 당해 후원회지정권자에게 기부한다. 이 경우 후원회가 모금한 후원금 외의 차입금 등 금품은 기부할 수 없다(법§10①). 후원회가 후원금을 모금한 때에는 모금에 직접 소요된 경비를 공제하고 지체 없이 이를 후원회지정권자에게 기부하여야 한다(법 §10②).

후원인이 후원회에 후원금을 기부하는 때에는 그 성명·생년월일·주소·직업 및 전화번호를 후원회에 알려야 한다. 다만, 법 제11조(후원인의 기부한도 등) 제3항 의 규정에 의하여 익명으로 기부하는 경우에는 그러하지 아니하다(규칙§15①). 후 원인이 기부한 후원금이 유가증권 그 밖의 물건으로서 그 가액이 일반적으로 형성 되어 있지 아니한 경우에는 후원회가 그 가격을 추정·평가하여야 한다. 이 경우 그 추정가액이 100만원을 초과하는 때에는 「감정평가 및 감정평가사에 관한 법률」 의 규정에 따른 감정평가법인등 그 밖의 공인된 감정기관의 시가감정서를 고려하 여 그 가액을 평가하여야 한다(규칙§15②).

(2) 벌칙

법 제10조(후원금의 모금·기부) 제1항 후단의 규정을 위반하여 정치자금을 기부 한 자, 즉 후원회가 모금한 후원금 외의 차입금 등 금품으로 정치자금을 기부한 자는 3년 이하의 징역 또는 600만원 이하의 벌금에 처한다(법§46 3.).

나. 후원회지정권자에게 직접 기부한 경우 후원회에의 기부 의제

(1) 의의

후원인이 후원회지정권자에게 직접 후원금을 기부한 경우(후원회지정권자의 정치활동에 소요되는 비용을 부담·지출하거나 금품·시설의 무상대여[41]) 또는 채무의 면제·경감의 방법으로 기부하는 경우는 제외한다) 해당 후원회지정권자가 기부 받은 날부터 30일(기부 받은 날부터 30일이 경과하기 전에 후원회를 둘 수 있는 자격을 상실하는 경우에는 그 자격을 상실한 날) 이내에 기부 받은 후원금과 기부자의 인적사항을 자신이 지정한 후원회의 회계책임자에게 전달한 경우에는 해당 후원회가 기부 받은 것으로 본다(법§10③).

이와 같은 규정의 취지는 기부금이 궁극적으로 후원회지정권자인 국회의원에게 귀속된다고 하더라도, 그 기부방식에 있어서는 후원회라는 법률상 고도로 정형화된 단체를 매개로 하여 최종 귀속자인 국회의원과 직접 기부 받는 자를 분리함으로써, 국회의원에 대한 직접적인 기부를 전면적으로 금지하고자 하는데 있다. 이러한 법의 규정취지와 법과 규칙이 후원회의 위임에 의한 모금방법에 관하여 엄격히 규제하고 있음을 고려하면, 국회의원이 후원회로부터 위임을 받아 정치자금을 모금하는 것 또한 허용될 수 없으므로, 정치자금을 기부하는 자로서도 국회의원 개인에게 직접 정치자금을 건네주는 것은 허용되지 않는다.[42]

(2) 법 제45조(정치자금부정수수죄) 제1항과의 관계

법 제10조(후원금의 모금·기부) 제3항의 방법에 의하지 아니하고 후원회지정권자

---

41) 헌법재판소는, 정치인에게 직접 정치자금을 기부한 경우 해당 후원회가 기부 받은 것으로 의제하면서도 무상대여의 방법으로 기부한 경우는 제외하도록 한 정치자금법 제10조(후원금의 모금·기부) 제3항과 관련하여, '정치인에게 직접 정치자금을 무상대여하는 경우, 유상대여와 달리 이자 지급 약정이나 이자 지급 사실이 존재하지 않으므로 외관상 기부와 구별하기 어렵고, 후원회에 대한 무상대여와 달리 대여원금을 정치인이 직접 사용할 수 있으므로, 후원금에 대한 각종 법적 규제를 우회·잠탈할 가능성이 높아 이를 금지하는 것보다 덜 침해적인 수단을 찾기 어렵다. 정치자금법은 적정한 이자약정을 부가하여 정치자금을 대여하는 것을 금지하지 않고, 정치자금을 기부·수수한 사람이 민법상 친족관계에 있는 경우 처벌하지 않는 예외를 두어 처벌의 범위를 합리적으로 조정하고 있다. 따라서 심판대상조항은 청구인의 정치활동 내지 정치적 의사표현의 자유를 침해하지 않는다.'고 판시하였다(2017. 8. 31. 선고 2016헌바45 결정).

42) 2009. 3. 12. 선고 2006도2612 판결

가 직접 후원금을 받아 정치자금으로 사용한 경우에는 법 제45조(정치자금부정수수죄) 제1항에 의하여 처벌된다. 즉 후원회지정권자가 후원금을 직접 기부받은 날부터 30일(그 30일이 경과하기 전에 후원회를 둘 수 있는 자격을 상실한 경우에는 그 자격을 상실한 날) 이내에 기부받은 후원금과 기부자의 인적사항을 후원회의 회계책임자에게 전달하지 않은 경우에는 법 제45조(정치자금부정수수죄) 제1항에 해당하여 처벌대상이 된다.[43)]

그러나 법 제10조(후원금의 모금·기부) 제3항은 후원회지정권자가 후원금과 기부자의 인적사항을 후원회의 회계책임자에게 전달한 경우에는 해당 후원회가 기부받은 것으로 본다고 규정하고 있을 뿐, 그 이상의 추가적인 요건을 정하고 있지는 않다. 따라서 후원회지정권자가 직접 기부 받은 후원금을 위와 같은 방식으로 후원회 회계책임자에게 전달한 이상 설령 기부 받은 후원금의 액수가 법에 규정된 한도액을 초과하고, 후원금을 전달받은 회계책임자가 이를 후원회 계좌에 입금하지 않거나, 이를 회계처리하여 선거관리위원회에 보고하지 아니하고, 후원자에게 정치자금영수증을 교부하지 않는 등 법이 정한 절차에 따라 후속처리를 하지 않았다고 하더라도, 그러한 사정만으로 법 제10조(후원금의 모금·기부) 제3항의 적용이 배제되는 것이라고 볼 수는 없다. 이 경우 회계책임자가 정치자금을 법이 정한 방식과 절차에 따라 처리할 의무를 위반한 행위에 대하여 후원회지정권자의 공모사실이 인정된다면 그 규정위반으로 처벌함은 별론으로 하고, 법 제10조(후원금의 모금·기부) 제3항의 조치를 다한 후원회지정권자를 법 제45조(정치자금부정수수죄) 제1항 위반죄로 처벌할 수는 없다.[44)]

---

43) 2019. 11. 14. 선고 2019도11892 판결(전국동시지방선거에 지방자치단체장선거 후보자로 등록하여 후원회지정권자에 해당하는 피고인이 후원인 갑으로부터 정치자금 명목으로 현금 2,000만원이 들어있는 종이가방을 직접 건네받아 정치자금법에 정하지 아니한 방법으로 정치자금을 기부받았다는 내용으로 기소된 사안에서, 피고인이 위 돈을 직접 건네받고도 지방자치단체장으로 당선되어 후원회를 둘 수 있는 자격을 상실할 때까지 후원회 회계책임자에게 그 돈을 전달하지 않음으로써 정치자금법 제45조 제1항에서 정한 정치자금부정수수죄가 성립한다고 한 사례)

44) 2012. 12. 27. 선고 2012도8421 판결

⑶ 후원회를 통하지 않고 직접 정치자금을 수수한 경우, 법 제45조(정치자금부정
  수수죄) 제1항 위반죄의 면책 여부의 판단 방법

후원인과 국회의원이 직접 정치자금을 주고받는 것은 법이 인정하고 있는 정치
자금의 모금방법이나 기부방법이 아니고, 국회의원은 어떠한 경우에도 정치자금을
직접 기부 받을 수 없으므로, 국회의원이 후원회를 통하지 않고 후원인으로부터
직접 정치자금을 받으면 그 자체로서 법 제45조(정치자금부정수수죄) 제1항 위반죄
의 책임을 면할 수 없다. 그런데 국회의원이 후원회를 통하지 아니하고 직접 금품
을 수수한 후 이를 후원회에 전달하기 위하여 받은 것이라고 주장하는 경우에는
금품 수수 당시의 상황, 국회의원에게 정치자금의 전달을 부탁할 필요성 유무, 후
원회 또는 정치자금 계좌에의 입금 여부 및 그 입금시기, 정치자금영수증의 즉시
발급 및 선거관리위원회에의 적법한 신고여부 등 모든 사정을 잘 살펴서 그와 같
은 주장을 받아들일 수 있는지 여부를 판단하여야 하고, 객관적 정황과 일치하지
않는데도 불구하고 함부로 그러한 의사를 추단하여서는 안 된다. 법 제45조(정치자
금부정수수죄) 제1항 위반죄의 범의는 정치자금의 기부방법이 법에서 정하고 있는
방법에 해당하지 아니한다는 인식만으로 충분하므로, 법이 규정한 것과 다른 방법
으로 정치자금을 받은 이상, 후원인의 의사와 달리 국회의원 스스로는 기부 받은
금품을 후원회에 전달할 내심의 의사를 가졌다거나 후에 실제로 후원회에 전달하
였다는 사정만으로는 법 제45조(정치자금부정수수죄) 제1항 위반죄의 책임을 면할
수 없고, 나아가 그 기부 받은 정치자금을 어떻게 사용하는지는 법 제45조(정치자
금부정수수죄) 제1항 위반죄의 성립에 영향을 미치지 않는다.[45)]

다. 후원인의 기부한도

(1) 기부한도

후원회의 회원은 연간 1만원 또는 그에 상당하는 가액 이상의 후원금을 기부하
여야 한다(법§11⑤). 그러나 후원인이 후원회에 기부할 수 있는 후원금은 연간 2천
만원을 초과할 수 없다(법§11①).

후원인이 하나의 후원회에 연간(대통령후보자등·대통령선거경선후보자·당대표경선

---

45) 2009. 3. 12. 선고 2006도2612 판결

후보자등·국회의원후보자등·지방의회의원후보자등 및 지방자치단체장후보자등의 후원회
의 경우에는 당해 후원회를 둘 수 있는 기간을 말한다. 이하 같다) 기부할 수 있는 한도
액은 ① 대통령후보자등·대통령선거경선후보자의 후원회는 각각 1천만원(후원회
지정권자가 동일인인 대통령후보자등후원회에는 합하여 1천만원), ② 중앙당후원회(중앙
당창당준비위원회후원회가 중앙당후원회로 존속하는 경우에는 합하여 500만원)는 500만
원, ③ 국회의원후원회(후원회지정권자가 동일인인 국회의원후보자등후원회와 국회의원
후원회는 합하여 500만원)는 500만원, ④ 국회의원후보자등후원회(후원회지정권자가
동일인인 경우 합하여 500만원)는 500만원, ⑤ 당대표경선후보자등후원회는 500만
원, ⑥ 지방의회의원후보자등후원회(후원회지정권자가 동일인인 경우 합하여 500만원)
는 500만원, ⑦ 지방자치단체장후보자등후원회(후원회지정권자가 동일인인 경우 합하
여 500만원)는 500만원이다.[46][47]

---

46) 엄기홍은, 정치자금의 기부한도와 관련하여, '이익집단(회사와 노동조합으로 세분화할 수 있다)
의 기부금형태는 "보험정책"과 "투자정책"으로 세분화될 수 있다. "보험정책"으로서의 기부란
이익집단이 후보자에게 기부하지 않음으로써 생기는 피해를 강조한다. 즉 선거에 이긴 후보자
는 다음 선거 때까지 해당 이익집단과 관련된 정책에 대해 반 독점적 권한을 갖기 때문에, 따
라서 이익집단은 후보자가 가할 제재를 미연에 방지하기 위하여 정치자금을 기부한다. 반면에
"투자정책"으로서의 기부란 정치자금이 가져올 정책적 혜택을 염두에 둔 기부이다. 즉 이익집
단의 정치자금 기부 목적은 자신과 직접적으로 관련된 이익을 향상시키는데 있다. 이러한 이익
집단의 기부에 대하여 그 한도를 제한하는 것은 일반 국민의 기업과 정치인들 간의 부패 인식
을 축소시키는 한편 기업들의 후보자에 대한 "투자" 동인을 줄일 수 있음으로써 이익집단의
후보자에 대한 영향력 감소를 도모할 수 있다. 그러나 이익집단의 기부가 후보자에게 인식되지
않을 정도로 소규모라면 이익집단은 기부할 목적을 상실하게 된다. 또한 이는 절대적 액수로서
의 인식뿐만 아니라 상대적 액수로서의 인식도 포함한다. 즉 이익집단의 정치자금 액수가 다른
기부자들 액수에 비하여 상대적으로 높지 않다면, 후보자들은 이익집단의 요구에 귀를 기울일
가능성이 줄어들며 따라서 이익집단은 후보자들에게 자금을 제공할 동인을 상실하게 된다. 따
라서 정치기부금제한법의 기부 가능한 액수를 일정 수준 이하, 즉 이익집단의 기부금이 절대적
액수에서 뿐만 아니라 상대적 액수에서도 차별성을 가져올 수 없을 정도 이하로 낮추어 진다
면 이익집단은 정치자금을 기부할 의욕을 상실하게 된다. 이는 이익집단의 동인이 어떤 하부
동인인가 관계없이 나타난다. 왜냐하면 이익집단의 기부가 보험으로서의 혜택이든 투자로서의
혜택이든 정치기부금제한법으로 인한 기부 가능한 액수의 감소는 후보자로 하여금 이익집단의
기부금을 다른 기부금들과 식별할 수 있는 가능성을 줄이기 때문이다.'라고 한다(엄기홍, 「미
국의 정치기부금제한법과 이익집단 : 주 차원의 경험적 연구」, 한국정치학회보, 제38집 제3호,
462-463쪽).
47) 후원금의 기부한도를 지나치게 제한하는 규제 일변도의 정책은, '쪼개기'후원금을 제공하여 문
제가 된 이른바 '청목회사건'에서 보듯이, 당사자들이 법적 규제를 회피하는 부작용을 가져올
수 있다는 비판이 있다(음선필 외 3, 「정치관계법상 주요 규제의 타당성에 관한 연구 —선거
운동과 정치자금을 중심으로—」, 사단법인 한국공법학회 2018 중앙선거관리위원회 연구용역

후원인의 기부한도액은 각각의 후원회에 대한 연간 한도액이 아니라, 개인이 수 개의 후원회에 각각 기부하는 금품의 연간합계액을 말한다.[48] 후원회의 회원이나 회원이 아닌 자는 하나의 국회의원후원회에 연간 납입 또는 기부할 수 있는 한도 금액인 500만원을 1회 또는 수회에 걸쳐 나누어서 납입 또는 기부할 수 있고,[49] 후원회에 납입·기부하는 후원인 개인의 연간 후원금 한도는 국회의원예비후보자 후원회에 이미 납입·기부한 금액과 당해 국회의원예비후보자가 국회의원으로 당 선된 경우 국회의원후원회에 납입·기부하는 금액을 합하여 연간 500만원 이내이 어야 한다.[50]

(2) 벌칙

법 제11조(후원인의 기부한도 등) 제1항의 규정을 위반하여 기부한 자와 같은 조 제2항의 규정을 위반하여 후원금을 받거나 기부를 한 자는 5년 이하의 징역 또는 1천만원 이하의 벌금에 처한다(법§45②2.).

본죄는 후원회 및 후원인을 그 수범자로 하는 것이므로 후원회 및 후원인만이 범죄의 주체가 될 수 있는 일종의 신분범이다. 그 신분을 갖추지 아니한 자라도 「형법」 제33조(공범과 신분)[51]의 규정에 따라 그 신분을 가진 자와 공범으로는 처 벌될 수 있다. 법은 후원금의 흐름에 있어 후원인, 후원회 및 후원회지정권자를 엄 격히 준별하여 그 사이의 자금 흐름을 개별적으로 규율하고 있어 후원회지정권자 에 해당하는 국회의원후보자등일지라도 그 자금의 흐름에 있어서는 후원인 및 후 원회와의 관계에서 제3자와 다를 바 없으므로, 사안에 따라 후원인 또는 후원회와 의 공범도 될 수 있다고 보아야 하고, 그 후원금을 종국적으로 기부 받을 지위에 있다 하여 후원인과의 공범이 될 수 없는 것은 아니다.[52]

과제, 124쪽).
[48] 1993. 4. 27. 중앙선관위 질의회답
[49] 2004. 7. 26. 중앙선관위 질의회답
[50] 2004. 11. 20. 중앙선관위 질의회답
[51] 「형법」 제33조(공범과 신분) 신분관계로 인하여 성립될 범죄에 가공한 행위는 신분관계가 없 는 자에게도 전3조의 규정을 적용한다. 단, 신분관계로 인하여 형의 경중이 있는 경우에는 중 한 형으로 처벌하지 아니한다.
[52] 2009. 1. 30. 선고 2008도8138 판결(국회의원이 후원회 회원이 아닌 자와 공모하여 1인당 후 원금 한도를 초과한 금액을 기부하게 한 사안에서 공동정범의 죄책을 인정한 사례)

라. 익명기부

(1) 익명기부한도

후원인은 1회 10만원 이하, 연간 120만원 이하의 후원금은 이를 익명으로 기부할 수 있다(법§11③).[53]

(2) 벌칙

법 제11조(후원인의 기부한도 등) 제3항의 규정에 의한 익명기부한도액을 위반하여 기부한 자는 200만원 이하의 벌금형에 처한다(법§48. 6.).

마. 후원금의 국고귀속

(1) 국고귀속

후원회의 회계책임자는 익명기부한도액을 초과하거나 타인의 명의 또는 가명으로 후원금을 기부 받은 경우 그 초과분 또는 타인의 명의나 가명으로 기부 받은 금액은 국고에 귀속시켜야 한다. 이 경우 국고귀속절차에 관하여는 법 제4조(당비) 제3항 및 제4항의 규정을 준용한다(법§11④, 규칙§16①). 따라서 국고에 귀속되는 후원금은 관할 선거관리위원회가 이를 납부받아 국가에 납입하되, 납부기한까지 납부하지 아니한 때에는 관할 세무서장에게 위탁하여 관할 세무서장이 국세체납처분의 예에 따라 이를 징수한다(법§11④, §4③). 후원회의 회계책임자가 국고귀속대상 후원금이 있음을 안 때에는 그 날부터 10일 이내에 관할 선거관리위원회에 그 내역과 해당 후원금을 규칙이 정하는 서식[54]에 의하여 보고·납부하여야 하고(규칙§16①, §3①), 관할 선거관리위원회는 보고된 경우 외에 국고귀속대상 후원금이 있음을 확인한 때에는 10일간의 납부기한을 정하여 후원회의 회계책임자에게 납부를 명하여야 하고(규칙§16①, §3②), 납부기한까지 후원회의 회계책임자가 국고귀속대상 후원금을 납부하지 아니한 때에는 관할 선거관리위원회는 10일간의 납부

---

53) 후원금제도 활성화를 위해 익명의 후원금 기부를 확대하여 후원인이 기부할 수 있는 한도액을 연간 2천만원 범위 내에서 후원금을 익명 기부할 수 있도록 함으로써 자발적인 국민들의 참여 방안을 확대하여야 한다는 견해가 있다(박상목·주상현, 「정치자금제도의 운영실태와 발전 방안」, 한국자치행정학보 제27권 제3호(2013 가을), 460쪽

54) 규칙 별지 제1호 서식(국고귀속대상 (당비)·(후원금)의 내역보고서)

기한을 정하여 독촉장을 발부하고(규칙§16①, §3③), 독촉장을 받은 후원회의 회계책임자가 지정된 납부기한까지 납부하지 아니한 때에는 관할 선거관리위원회는 지체 없이 관할 세무서장에게 징수를 위탁하여야 한다(규칙§16①, §3④). 관할 선거관리위원회 또는 관할 세무서장이 징수한 국고귀속대상 후원금의 국가에의 납입절차에 관하여는 「국고금관리법 시행규칙」을 준용한다(규칙§16①, §3⑤).

후보자후원회가 선거종료로 해산되고 잔여재산도 처분이 완료된 후 타인 명의로 기부된 후원금이 있는 경우에는 국고귀속의무를 부과할 수 없다.[55]

(2) 벌칙

법 제11조(후원인의 기부한도 등) 제4항의 규정을 위반하여 후원금을 정당한 사유 없이 국고에 귀속시키지 아니한 자는 200만원 이하의 벌금에 처한다(법§48 4.).

바. 후원회의 모금 · 기부한도

(1) 연간 모금한도액

후원회가 연간 모금할 수 있는 한도액(이하 "연간 모금한도액"이라 하고, 전년도 연간 모금한도액을 초과하여 모금한 금액을 포함한다)은 다음 각 호와 같다. 다만, 신용카드 · 예금계좌 · 전화 또는 인터넷전자결제시스템 등에 의한 모금으로 부득이하게 연간 모금한도액을 초과하게 된 때에는 연간 모금한도액의 100분의 20의 범위에서 그러하지 아니하되, 그 이후에는 후원금을 모금할 수 없다(법§12①).[56][57]

1. 중앙당후원회는 중앙당창당준비위원회후원회가 모금한 후원금을 합하여 50억원

---

55) 2010. 11. 16. 중앙선관위 질의회답

56) 중앙선거관리위원회는 후원금 모금한도액을 물가상승률 등을 반영하여 일정 부분 현실화하기 위하여 2015. 2. 대통령선거관련 후원회의 경우 현재 선거비용제한액의 5%를 선거비용제한액의 20%로, 국회의원과 그 후보자 후원회 · 당대표후보자 후원회의 경우 각각 1억 5,000만원을 각각 2억원으로, 전년도 초과모금액을 다음해 모금한도액에 포함하는 내용의 정치자금법 개정의견을 국회에 제출한 바 있다(중앙선거관리위원회, 「정치관계법 개정의견」, 2015. 2.).

57) 후원회의 연간 모금액을 규정하는 법 제12조(후원회의 모금 · 기부한도)는 후원회 활성화 취지에 반하는 것과 동시에 정치자금의 민주화에도 역행하므로 후원회의 연간 모금액 한도를 폐지하는 것이 바람직하다는 견해가 있다(엄기홍, 「정치적 평등과 한국의 정치자금법 : 미국의 연구결과를 통해 본 한국 정치자금법의 실효성 평가」, 의정연구 제11권 제2호, 109쪽; 엄기홍, 「정치자금의 기부목적, 정책영향 혹은 선거지원? 2004년 고액기부자 '명단의 경험적 분석」, 한국정치학회보 제40집 제3호, 206쪽).

3. 대통령후보자등후원회·대통령선거경선후보자후원회는 각각 선거비용제한 액의 100분의 5에 해당하는 금액(후원회지정권자가 동일인인 대통령후보자등후 원회를 합하여 선거비용제한액의 100분의 5에 해당하는 금액)[58]

4. 국회의원·국회의원후보자등 및 당대표경선후보자등의 후원회는 각각 1억 5 천만원(후원회지정권자가 동일인인 국회의원후보자등후원회는 합하여 1억 5천만원)

5. 지방의회의원후보자등후원회는 선거비용제한액의 100분의 50에 해당하는 금액(후원회지정권자가 동일인인 지방의회의원후보자등후원회는 합하여 선거비용제 한액의 100분의 50에 해당하는 금액)

6. 지방자치단체장후보자등후원회는 선거비용제한액의 100분의 50에 해당하는 금액(후원회지정권자가 동일인인 지방자치단체장후보자등후원회는 합하여 선거비용 제한액의 100분의 50에 해당하는 금액)

법 제12조(후원회의 모금·기부한도) 제1항 제3호의 규정에 의하여 대통령선거경 선후보자후원회의 모금·기부한도액을 산정함에 있어 대통령선거경선의 후보자등 록신청개시일이 선거비용제한액공고일 전에 해당되는 경우 선거비용제한액 산정 의 기준이 되는 인구수는 가장 최근에 실시한 임기만료에 의한 공직선거의 인구수 로 한다(규칙§17①). 중앙선거관리위원회는 위와 같이 산정된 대통령선거경선후보 자후원회의 모금·기부한도액을 지체 없이 당해 후원회에 통지하여야 한다(규칙§17 ②). 정당의 중앙당은 당해 정당의 당헌이 정하는 바에 따라 대통령선거후보자를 선출한 때에는 그 사실을 규칙이 정하는 서식[59]에 의하여 지체 없이 중앙선거관 리위원회에 통보하여야 하고(규칙§18①), 중앙선거관리위원회는 통보된 사항을 시· 도선거관리위원회에, 시·도선거관리위원회는 구·시·군선거관리위원회에 통지하 여야 한다(규칙§18②).

법 제19조(후원회의 해산 등)의 규정에 의하여 후원회가 해산된 후 후원회지정권 자가 같은 종류의 새로운 후원회를 두는 경우 그 새로운 후원회가 모금할 수 있는 후원금은 당해 후원회의 연간 모금한도액에서 종전의 후원회가 모금한 후원금을

---

58) 대통령후보자에 대해서 선거비용제한액의 100분의 5로 모금한도를 제한하고 있는 것은 정치적 표현수단으로서의 기부행위의 의미를 무색하게 하는 수준이라는 견해가 있다(음선필 외 3, 「정 치관계법상 주요 규제의 타당성에 관한 연구 −선거운동과 정치자금을 중심으로−」, 사단법인 한국공법학회 2018 중앙선거관리위원회 연구용역과제, 124쪽).

59) 규칙 별지 제12호 서식(대통령선거후보자 선출결과 통보서)

공제한 금액으로 한다(법§12④).

　지역구국회의원예비후보자후원회와 지역구국회의원후보자후원회는 합하여 연간 1억 5천만원까지 후원금을 모금할 수 있으며, 국회의원후원회로 변경등록한 경우 추가로 연간 1억 5천만원까지 모금할 수 있다.[60] 국회의원후원회가 부득이하게 연간 모금한도액인 1억 5천만원을 초과하게 되어 당해 후원회가 정치자금수입용 예금계좌의 거래를 중지한 상태에서 신용카드 및 인터넷전자결제에 의한 후원금이 기부되어 신용카드사에서 당해 후원회에 후원금을 입금하고자 하는 경우에는 수입용 예금계좌의 거래중지를 해지하여 신용카드사로부터 당해 연도에 후원금 수입용 예금계좌를 통하여 납입받을 수 있다.[61] 익명기부한도 초과분 또는 타인의 명의나 가명으로 기부한 금액을 국고에 귀속시킨 때에는 그 금액은 후원회의 연간 모금한도액에 포함되지 아니한다.[62] 후원회가 회계연도 중에 등록되었다 하더라도 그 회계연도의 모금한도액에는 영향이 없다.[63]

(2) 연간 기부한도액

　후원회가 해당 후원회지정권자에게 연간 기부할 수 있는 한도액(이하 "연간 기부한도액"이라 한다)은 연간 모금한도액과 같은 금액으로 한다. 다만, 부득이하게 해당 연도(대통령후보자등·대통령선거경선후보자·당대표경선후보자등·국회의원후보자등·지방의회의원후보자등 및 지방자치단체장후보자등의 후원회는 해당 후원회를 둘 수 있는 기간을 말한다)에 후원회지정권자에게 기부하지 못한 때에는 법 제40조(회계보고) 제1항에 따른 회계보고(국회의원후원회는 12월 31일 현재의 회계보고를, 후원회가 해산한 때에는 법 제40조(회계보고) 제2항에 따른 회계보고－해산한 때로부터 14일 이내－를 말한다)를 하는 때까지 기부할 수 있다(법§12②). 후원회가 모금한 후원금이 연간 기부한도액을 초과하는 때에는 다음 연도에 이월하여 기부할 수 있다(법§12③).

　예를 들어, 2008년도에 후원금 한도인 1억 5,000만원을 모금하여 정치자금 계좌로 2008년도에 2천만원, 2009년도에 1억 3천만원을 입금한 경우, 그 국회의원후원회가 2009년도에 연간(2009. 1. 1. ~ 2009. 12. 31.) 모금할 수 있는 한도액은

---

60) 2006. 6. 7. 중앙선관위 질의회답
61) 2005. 12. 19. 중앙선관위 질의회답
62) 2005. 6. 23. 중앙선관위 질의회답
63) 1990. 10. 24. 중앙선관위 질의회답

1억 5천만원이며, 당해 후원회지정권자에게 2009년도에 추가 기부할 수 있는 금액은 2천만원이다.[64] 전년도에 지정권자에게 기부하지 아니하고 이월된 후원금은 금년도 연간 기부한도액의 범위 안에서 당해 지정권자에게 기부할 수 있다.[65]

법 제19조(후원회의 해산 등)의 규정에 의하여 후원회가 해산된 후 후원회지정권자가 같은 종류의 새로운 후원회를 두는 경우 그 새로운 후원회가 기부할 수 있는 후원금은 당해 후원회의 연간 기부한도액에서 종전의 후원회가 기부한 후원금을 공제한 금액으로 한다(법§12④).

(3) 연간 모금 · 기부한도액에 관한 특례

다음 각 호에 해당하는 후원회는 공직선거가 있는 연도에는 연간 모금 · 기부한도액의 2배를 모금 · 기부할 수 있다. 같은 연도에 2 이상의 공직선거가 있는 경우에도 또한 같다(법§13①).

1. 대통령선거 : 후보자를 선출한 정당의 중앙당후원회 및 지역구국회의원후원회
2. 임기만료에 의한 국회의원선거 : 후보자를 추천한 정당의 중앙당후원회 및 지역구에 후보자로 등록한 국회의원후원회
3. 임기만료에 의한 동시지방선거 : 후보자를 추천한 정당의 중앙당후원회 및 해당 선거구에 후보자를 추천한 정당의 지역구국회의원후원회

위 "공직선거가 있는 연도"라 함은 당해 선거의 선거일이 속하는 연도를 말한다(법§13②). 즉 대통령선거(일부재선거, 천재 · 지변 등으로 인한 재투표의 경우를 제외) 또는 임기만료로 인한 각종 공직선거로서 정당이 후보자를 추천할 수 있는 선거의 선거일이 속하는 연도를 말하며, 재 · 보궐선거는 여기에 해당하지 않는다.[66]

연간 모금 · 기부한도액의 2배에 해당하는 금액을 모금할 수 있는 기간은 본선거의 후보자로 등록한 때부터 해당 공직선거가 있는 연도의 말일까지이다(그 기간 중에 후원회를 둘 수 있는 자격을 상실하는 때에는 그 후원회의 존속기간 중을 말한다).[67] 공직선거가 종료된 후 등록한 후원회의 경우에는 평년의 연간 모금 및 기부한도액의 2배를 모금 및 기부할 수 있는 후원회에 해당하지 않는다.[68]

---

64) 2009. 5. 13. 중앙선관위 질의회답
65) 2009. 3. 23. 중앙선관위 질의회답, 2006. 12. 28. 중앙선관위 질의회답
66) 1999. 5. 25. 중앙선관위 질의회답
67) 2008. 3. 10. 중앙선관위 질의회답

  후원회지정권자인 무소속 지역구국회의원이 임기만료에 의한 동시지방선거에서 해당 선거구에 후보자를 추천한 정당에 입당한 경우 그 국회의원후원회는 선거일의 당적 보유 여부를 기준으로 하여 법 제13조(연간 모금·기부한도액에 관한 특례) 제1항 제3호에 따라 연간 모금·기부한도액의 2배에 해당하는 금액을 모금·기부할 수 있다.[69] 비례대표국회의원후원회의 경우 그 지정권자인 비례대표국회의원이 임기만료에 의한 국회의원선거의 지역구 후보자로 등록한 때에는 법 제13조(연간 모금·기부한도액에 관한 특례)에 따라 연간 모금·기부한도액의 2배에 해당하는 금액을 모금·기부할 수 있고, 비례대표국회의원이 임기만료에 의한 국회의원선거에 지역구 후보자로 등록하여 연간 모금·기부한도액의 2배를 모금하는 경우에도 별도의 후원회를 두는 것은 아니므로 비례대표국회의원후원회의 수입계좌를 이용하여 모금하여야 한다.[70]

  (4) 벌칙

  법 제12조(후원회의 모금·기부한도) 제1항·제2항 또는 제13조(연간 모금·기부한도액에 관한 특례) 제1항의 규정을 위반하여 후원금을 모금 또는 기부한 자는 5년 이하의 징역 또는 1천만원 이하의 벌금에 처한다(법§45②2.).

  대법원은, 신용카드·예금계좌·전화 또는 인터넷전자결제시스템 등에 의한 후원금 모금방법을 규정한 법 제12조(후원회의 모금·기부한도) 제1항 단서에 의하여 후원금을 모금하는 경우 법 제45조(정치자금부정수수죄) 제2항 제2호 위반죄가 성립하기 위한 요건에 대하여, 「법 제45조(정치자금부정수수죄) 제2항 제2호는 법 제12조(후원회의 모금·기부한도) 제1항을 위반하여 후원금을 모금한 자를 처벌한다고 규정하고, 법 제12조(후원회의 모금·기부한도) 제1항 단서는 '신용카드·예금계좌·전화 또는 인터넷전자결제시스템 등에 의한 모금으로 부득이하게 연간 모금한도액을 초과하게 된 때에는 연간 모금한도액의 100분의 20의 범위에서 그러하지 아니하되, 그 이후에는 후원금을 모금할 수 없다.'고 규정하고 있는 바, 위 단서 조항에서 정하는 모금방법은 후원회의 모금의사 내지 행위와는 무관하게 후원인의 일방적 의사와 행위에 기하여 이루어지는 경우가 있어 그와 같은 방법에 의한 모금으

---

68) 1997. 1. 13. 중앙선관위 질의회답
69) 2009. 4. 23. 중앙선관위 질의회답
70) 2008. 3. 10. 중앙선관위 질의회답

로 연간 모금한도액을 초과하게 되었다는 사실만으로 곧바로 그 한도액 초과에 대해 후원금 모금자에게 행사책임을 지운다면 이는 형사상 자기책임의 원칙에 반하게 되는 점, 만약 위 단서 조항에 정해진 방법에 의한 모금을 하였다는 사실 외에 후원금 모금자에게 모금한도액 초과상태의 발생을 막지 못한 데에 별도의 부득이한 사유가 있었음을 증명하도록 요구한다면 이는 후원금 모금자에게 후원인들로 하여금 연간 모금한도액이 초과되지 않는 범위에서 기부하도록 하는 별도의 조치를 취할 의무를 부과하는 것이 되어 후원금 모금자에게 불리한 확장해석이 되는 점, 그 밖에 위 단서 조항의 문언 내용, 정치자금법의 입법취지 등을 종합하여 보면, 위 단서 조항에 정해진 방법에 의하여 후원금을 모금하는 경우 그 과정에서 일시적으로 연간 모금한도액 초과상태에 이르게 된다 하더라도 그러한 사정만으로 곧바로 법 제45조(정치자금부정수수죄) 제2항 제2호 위반죄가 성립하는 것이라고 볼 수 없고, 다만 그러한 초과사실을 알면서도 계속 모금하거나 그와 동일시할 수 있는 정도의 사정이 있는 경우에 한하여 위 위반죄가 성립한다.」고 판시하였다.[71]

사. 후원금 모금방법

(1) 모금방법

후원회는 우편·통신(전화, 인터넷전자결제시스템 등을 말한다)에 의한 모금, 중앙선거관리위원회가 제작한 정치자금영수증(이하 "정치자금영수증"이라 한다)과 교환에 의한 모금 또는 신용카드·예금계좌 등에 의한 모금, 그 밖에 이 법과 「정당법」 및 「공직선거법」에 위반되지 아니하는 방법으로 후원금을 모금할 수 있다. 다만, 집회에 의한 방법으로는 후원금을 모금할 수 없다(법§14).[72]

---

71) 2010. 7. 15. 선고 2007도7523 판결
72) 집회에 의한 후원금 모금의 금지와 관련하여, '후보자의 정치자금 모집방식으로 첫째, 후보자의 인지도가 높을 경우 정치자금법에 규정된 방법들, 특히 우편과 통신에 의하여 정치자금을 모집하는 형태와 둘째, 후보자의 인지도가 높지 않을 경우 기부금 한도액까지 기부할 수 있는 특정 소수에 의존하는 방법으로 정치자금을 모집하는 형태로 나타날 가능성이 많고, 국회의원의 대중적 인지도가 낮은 점을 고려할 때 정치자금을 모집하는 방식은 첫 번째 방식보다는 두 번째 방식일 가능성이 크며, 이는 정치자금의 민주화와 정치적 평등에 악영향을 끼칠 가능성이 클 것으로 예상된다. 후보자가 특정 소수에게 의존할 경우 당선된 후보자는 정책을 결정할 때 기부한 특정 소수의 목소리에 귀를 기울일 가능성이 크고, 다음 번 선거에 있어서도 그 소수의 기부금의 필요함을 고려한다면 이와 같은 정치자금과 정책결정의 부적절한 관계는 심화될 것이기 때문이다. 따라서 정치자금법의 본래의 목적을 증진시키기 위해서는 집회에 의한 후원금

선거별로 공정하게 지방자치단체장선거의 후보자후원회 사이트를 개설하여 유권자가 특정 후보자 후원회명을 클릭하면 해당 후원회 홈페이지로 이동하여 후보자에 관한 정보를 보고 후원을 원하는 경우에는 홈페이지에서 제공하는 결제수단을 이용하여 후원금을 기부할 수 있게 하고, 후원을 마친 유권자는 후원회 홈페이지에 별도 마련된 응원게시판에 후보자를 응원하는 캐릭터나 아바타 등을 올릴 수 있도록 운영하는 것은 허용된다.[73] 후원회지정권자인 국회의원은 후원회로부터 기부받은 후원금으로 지정권자의 인사말·사진·경력·후원회의 정치자금 수입계좌번호 및 연락처 등을 게재한 수첩을 제작하여 선거구민이나 연고가 있는 자가 아닌 후원회의 회원에게 배부할 수 있다.[74] 그러나 후원회가 수첩을 제작하여 회원들에게 배부하거나 판매하는 경우에는 기부행위 또는 지정권자인 국회의원을 선전하는 행위가 되어 그 시기·내용 등 행위양태에 따라 「공직선거법」 제93조(탈법방법에 의한 문서·도화의 배부·게시 등 금지)·제114조(정당 및 후보자의 가족 등의 기부행위제한) 또는 제254조(선거운동기간위반죄)에 위반되며, 그 수첩 제작에 소요되는 경비를 후원금에서 지출하는 경우에는 정치자금을 부정한 용도로 지출하는 것이 되어 법 제2조(기본원칙) 제3항에도 위반된다.[75] 후원회는 후원금 납입자에 대한 감사의 전화나 정치자금영수증 수령여부 확인 또는 영수증 우송 등 단순한 역무를 전문업체 등으로 하여금 대행하게 할 수 있으나, 대행업체가 감사의 전화 등 단순한 역무의 범위를 벗어나 정당 또는 후보자, 후보자가 되고자 하는 자를 지지·선전하여서는 아니 된다.[76]

후원회는 모바일 블로그를 이용하여 소액결제를 하는 방법으로 후원금을 모금할 수 있으며, 이 경우 후원인에게는 후원인이 결제한 금액이 기재된 정치자금영

<hr>

모금의 금지를 폐지하여야 한다.'는 견해가 있었다(엄기홍, 「정치적 평등과 한국의 정치자금법 : 미국의 연구결과를 통해 본 한국 정치자금법의 실효성 평가」, 의정연구 제11권 제2호, 109-110쪽; 엄기홍, 「정치자금의 기부목적, 정책영향 혹은 선거지원? 2004년 고액기부자 명단의 경험적 분석」, 한국정치학회보 제40집 제3호, 206쪽). : 집회에 의한 후원금 모금방법은 2004. 3. 12. 법률 제7191호로 「정치자금에 관한 법률」이 개정되면서 금지되었다.

73) 2010. 3. 8. 중앙선관위 질의회답(다만, 선거운동기간이 아닌 때에는 후보자를 응원하는 캐릭터나 아바타 등에 단순한 응원 내용의 범위를 벗어나 후보자에 대한 지지를 호소하는 등 선거운동이나 선거에 영향을 미치게 하기 위한 내용을 포함하여 게시하여서는 아니 된다.)

74) 2007. 11. 9. 중앙선관위 질의회답

75) 2007. 11. 1. 중앙선관위 질의회답

76) 2007. 11. 1. 중앙선관위 질의회답

수증을 교부하고 통신사 등에 지급된 수수료는 후원금 모금경비로 처리하여야 한
다.[77] 직장에서 소속 직원의 정치자금 기부편의를 제공하기 위하여 후원금의 기부
가 금지되지 아니하는 소속 직원의 요청에 따라 단순히 급여에서 후원금을 공제하
여 그 직원이 정하는 후원회에 후원금을 납부(그 소속 직원의 명의로 납부하여야 하고,
1회 120만원을 초과하여 기부하는 자의 경우에는 예금계좌입금 등 실명이 확인되는 방법으
로 기부하여야 한다)하는 것은 허용된다.[78] 카드 사용금액의 일정비율에 따라 회사
가 고객에게 제공하는 적립금을 그 카드의 소유자가 법이 정한 기부절차에 따라
자신의 명의로 후원회에 후원금으로 기부할 수 있으나, 특정 후원회에게만 기부할
수 있는 후원카드를 제작·발급하는 것은 허용되지 않는다.[79] 후원회가 후원금품
모금방법의 하나로 정치자금을 기부할 수 있는 자의 동의하에 신용카드사와 제휴
하여 통상적인 카드를 발급하고 후원인이 사용한 카드사용금액의 일정분을 후원회
예금계좌를 통하여 후원금품으로 기부받을 수 있다.[80] 스마트폰의 NFC(근거리 무
선통신) 기능을 이용하여 선불 또는 후불교통카드의 RF(무선주파수)기능을 통한 신
용카드 결제로 후원금을 모금하는 것도 허용된다.[81]

후원회가 후원금의 모금 및 기부내역 등 후원회의 활동상황을 회원에게 알리기
위하여 소식지를 발행하거나 후원회의 회원확보·금품모집방법 논의 등 회원들을
대상으로 후원회의 설립목적범위 안에서 간담회를 개최하거나 회원들이 자발적으
로 친목도모를 위한 활동을 할 수 있으나, 이 경우 집회에 의한 모금에 이르거나
친목활동에 소요되는 경비를 후원회가 모집한 금품에서 지출할 수는 없다.[82]

(2) 후원금 모금 등의 고지

(가) 고지내용

후원회는 회원모집 또는 후원금 모금을 위하여 인쇄물·시설물 등을 이용하여
후원회명, 후원금 모금의 목적, 기부처, 기부방법, 해당 후원회지정권자의 사진·
학력(정규학력과 이에 준하는 외국의 교육과정을 이수한 학력에 한한다)·경력·업적·공

---

77) 2006. 11. 22. 중앙선관위 질의회답
78) 2005. 9. 30. 중앙선관위 질의회답
79) 2005. 9. 15. 중앙선관위 질의회답
80) 2001. 3. 13. 중앙선관위 질의회답
81) 2013. 1. 14. 중앙선관위 질의회답
82) 2004. 8. 13. 중앙선관위 질의회답

약과 그 밖에 홍보에 필요한 사항을 알릴 수 있다. 다만, 다른 정당·후보자(공직선거의 후보자를 말하며, 후보자가 되려는 자를 포함한다)·대통령선거경선후보자 및 당대표경선후보자등에 관한 사항은 포함할 수 없다(법§15①).

⑷ **고지방법**

후원금의 모금 또는 회원의 모집 등의 고지방법은 다음과 같다(규칙§19①).

  1. 후원회

   가. 전화. 다만, 컴퓨터를 이용한 자동송신장치를 설치한 전화와 오후 11시부터 다음 날 오전 6시까지 하는 경우를 제외한다.

   나. 전자우편

   다. 전화자동응답장치

   라. 인터넷홈페이지

   마. 안내장(지로용지를 포함한다) 발송

  2. 중앙당(중앙당창당준비위원회를 포함한다. 이하 같다.)

   가. 제1호 가목부터 라목까지의 규정에 따른 방법

   나. 정당의 기관지, 당사게시선전물 또는 정강·정책의 광고물·홍보물, 그 밖에 정당이 발행하는 간행물

   다. 「공직선거법」 제7장(선거운동)에서 정한 해당 선거의 선거운동방법

  3. 중앙당 외의 후원회지정권자

   가. 제1호 가목부터 라목까지의 규정에 따른 방법

   나. 「공직선거법」 제7장(선거운동)에서 정한 해당 선거의 선거운동방법

   다. 「공직선거법」 제111조(의정활동보고) 제1항 본문에 따른 의정활동보고

   라. 「공직선거법」 제57조의3(당내경선운동) 또는 해당 정당이 당헌 등에서 정한 당내경선운동방법

  4. 다음 각 목의 자가 의례적으로 교부하는 명함

   가. 후원회의 대표자와 회계책임자 및 유급사무직원

   나. 후원회의 지정권자와 그의 회계책임자

   다. 정당의 간부(구·시·군단위의 책임자를 포함한다)와 유급사무직원

   라. 후원회를 둔 국회의원의 보좌관·비서관 및 비서

  5. 누구든지 「공직선거법」에 위반되지 아니하는 방법으로 행하는 후원금 기부

의 고지·안내

6. 그 밖에 위 각 호의 어느 하나에 준하는 방법으로 중앙선거관리위원회가 정하는 방법

규칙 제19조(후원금 모금 등의 고지·광고) 제1항 제1호 마목에 따른 안내장의 규격·발송통수 및 발송방법 등은 다음 각 호에 의한다(규칙§19②).

1. 규격

   길이 27센티미터 너비 19센티미터 이내로 하고, 1매 이내

2. 봉투 게재사항

   안내장의 봉투에는 발송근거("이 안내장은 「정치자금법」 제15조의 규정에 의하여 정치자금을 모금하기 위하여 발송하는 것입니다."라는 문구를 말한다)와 발송하는 후원회의 명칭을 게재하여야 한다.

4. 발송통수

   가. 중앙당, 국회의원, 대통령선거경선후보자 및 당대표경선후보자등의 후원회 발송통수를 제한하지 아니한다. 다만, 후원회를 둔 국회의원이 국회의원선거의 후보자 또는 예비후보자로 등록하는 경우에는 다목에 따르고 대통령선거의 후보자로 등록하는 경우에는 선거일까지 이를 발송할 수 없다.

   나. 대통령후보자등후원회

   시·도별 2만통 이내(후원회지정권자가 동일인인 대통령후보자등후원회는 합하여 시·도별 2만통 이내)

   다. 지역구국회의원후보자등후원회 및 자치구·시·군의 장후보자후원회

   3천통 이내(후원회지정권자가 동일인인 지역구국회의원후보자등후원회 및 자치구·시·군의 장후보자등후원회는 각각 합하여 3천통 이내)

   라. 시·도지사후보자등후원회

   2만통 이내(후원회지정권자가 동일인인 시·도지사후보자등후원회는 합하여 2만통 이내)

   마. 지역구시·도의회의원후보자등후원회

   1천통 이내(후원회지정권자가 동일인인 지역구시·도의회의원후보자등후원회는 합하여 1천통 이내)

   바. 지역구자치구·시·군의회의원후보자등후원회

5백통 이내(후원회지정권자가 동일인인 지역구자치구·시·군의회의원후보자등 후원회는 합하여 5백통 이내)

5. 발송방법

안내장은 우편발송 외에도 당해 후원회의 사무소·지정권자의 사무소에 비치하여 방문객에게 배부하거나 해당 지정권자의 의정활동보고회와 소속정당의 당원집회에서 참석자에게 배부할 수 있으며, 발송봉투를 사용하지 아니하고 안내장을 배부하는 경우에는 제2호에 준하여 배부근거와 후원회의 명칭을 안내장에 게재하여야 한다.

복수의 후원회가 공동으로 후원금 모금을 위한 안내장을 작성하고 이를 시·도당의 사무소 내부에 첨부할 수 있으나, 일반선거구민이 볼 수 있는 사무소 외부에 첨부하여서는 아니 된다.[83] 후원회가 후원금 모금·회원의 모집을 위한 안내장을 작성하여 후원회의 사무소에서 방문객에게 배부하는 경우 그 배부수량은 규칙 제19조(후원금 모금 등의 고지·광고)의 규정에 의한 안내장의 발송통수에 포함된다.[84] 후원회 안내장에 후원회 회원가입신청서 및 수신자 부담용 봉투를 동봉할 수 있다.[85]

후원회를 둔 국회의원이 선거구민 등과의 인사 시 의례적으로 교부하는 명함에 후원회의 가입과 후원금의 기부를 권유·안내하는 내용을 게재할 수 있다.[86]

(3) 후원금 모금 등의 광고

후원회는 「신문 등의 진흥에 관한 법률」 제2조(정의)에 따른 신문 및 「잡지 등 정기간행물의 진흥에 관한 법률」 제2조(정의)에 따른 정기간행물을 이용하여 분기별 4회 이내에서 후원금의 모금과 회원의 모집 등을 위하여 후원회명, 후원금 모금의 목적, 기부처, 기부방법, 해당 후원회지정권자의 사진·학력(정규학력과 이에 준하는 외국의 교육과정을 이수한 학력에 한한다)·경력·업적·공약과 그 밖에 홍보에 필요한 사항을 광고할 수 있다. 이 경우 후원회를 둘 수 있는 기간이 3월을 초과하지 아니하는 때에는 4회 이내로 한다(법§15②). 광고횟수 산정에 있어서 같은 날

---

83) 2007. 6. 29. 중앙선관위 질의회답
84) 2005. 9. 27. 중앙선관위 질의회답
85) 2008. 3. 14. 중앙선관위 질의회답
86) 2005. 2. 21. 중앙선관위 의결

에 발행되는 하나의 정기간행물을 이용하는 것은 1회로 본다. 이 경우 같은 날에 발행되는 정기간행물이 배달되는 지역에 따라 발행일자가 각각 다르게 기재된 경우에도 그 광고횟수는 1회로 본다(법§15④).

1회 광고의 규격은 ① 신문광고는 길이 17센티미터 너비 18.5센티미터 이내, ② 그 외의 광고는 당해 정기간행물의 2면 이내로 한다(법§15③). 광고에는 광고근거("이 광고는「정치자금법」제15조의 규정에 의하여 정치자금 모금을 위하여 게재하는 것입니다."라는 문구를 말한다)와 후원회의 명칭을 게재하여야 한다(규칙§19③).

(4) 정치자금영수증과의 교환에 의한 모금

후원회 또는 후원회로부터 위임을 받은 자는 정치자금영수증을 후원금과 교환하는 방법으로 모금을 할 수 있다(법§16①).

후원회가 정치자금영수증(정액영수증과 무정액영수증을 말한다. 이하 같다)과의 교환에 의한 후원금 모금을 위임하는 경우에는 규칙이 정하는 서식[87]에 의하여 수임자의 인적사항과 정치자금영수증 교부내역을 기재하고, 수임자에게는 규칙이 정하는 서식[88]에 의한 위임장을 교부하여야 한다(규칙§20①). 후원회로부터 위임받은 자가 후원금을 모금한 때에는 30일 이내에 그 후원회의 회계책임자에게 정치자금영수증 원부와 후원인의 성명·생년월일·주소·전화번호 및 후원금을 인계하여야 한다(법§16②). 인계는 규칙이 정하는 서식[89]의 후원금 인계·인수서에 의한다(규칙§20②). 후원회의 회계책임자는 후원금 인계·인수서 등을 비치·관리하여야 한다(규칙§20③).

후원회 이외의 자는 후원회로부터 위임을 받은 경우에 한하여 그 위임과 함께 미리 교부받아 둔 정치자금영수증을 후원금과 직접 교환하는 방법으로만 후원금을 모금할 수 있고, 이 경우 위임은 위임장의 교부를 요하므로 구두나 묵시적 방법에 의한 위임은 허용되지 않는다.[90]

(5) 벌칙

법 제14조(후원금 모금방법) 내지 제16조(정치자금영수증과의 교환에 의한 모금) 제1

---

87) 규칙 별지 제13호 서식(정치자금영수증 위임 관리기록부)
88) 규칙 별지 제14호 서식(위임장)
89) 규칙 별지 제15호 서식(후원금의 인계·인수서)
90) 2007. 11. 30. 선고 2007도5236 판결

항의 규정에 위반하여 고지·광고하거나 후원금을 모금한 자는 5년 이하의 징역 또는 1천만원 이하의 벌금에 처한다(법§45②3.).

법 제16조(정치자금영수증과의 교환에 의한 모금) 제2항의 규정을 위반하여 정당한 사유 없이 정치자금영수증 원부, 기부자의 인적사항 또는 후원금을 인계하지 아니한 자는 2년 이하의 징역 또는 400만원 이하의 벌금에 처한다(법§47①3.).

아. 정치자금영수증

(1) 정치자금영수증 제작

정치자금영수증은 중앙선거관리위원회가 제작하는 정액영수증과 무정액영수증만을 말한다(법§17②전문). 정치자금영수증의 제작은 규칙이 정하는 서식[91]에 의한다(규칙§21①). 이 경우 무정액영수증은 인터넷을 통하여 발행·교부할 수 있도록 전자적 형태로 제작할 수 있되, 위조·변조를 방지할 수 있는 기술적 조치를 하여야 한다(법§17②후문). 정액영수증에 표시하는 금액은 1만원·5만원·10만원·50만원·100만원·500만원의 6종으로 하고 기부자에게 교부하는 정치자금영수증에는 후원회명을 기재할 수 없다(법§17⑨). 정치자금영수증에 후원회명을 기재할 수 없도록 한 것은 후원인이 특정 후원회에 후원금을 기부한 사실이 밝혀지는 것을 꺼리는 정치현실을 고려하여 후원회명을 기재할 수 없도록 하는 대신 중앙선거관리위원회의 명칭을 기재하여 공신력이 있는 관급용지형태를 취함으로써 후원회의 후원금모금의 활성화를 도모하려는데 그 취지가 있다.

정치자금영수증에는 후원금의 금액, 그 금액에 대하여 세금혜택이 된다는 문언과 일련번호를 표시하여 하되(법§17⑧), 일련번호는 중앙선거관리위원회가 종류별·액면금액별로 제작순에 의하여 누년으로 부여하여야 한다(규칙§21②).

정치자금영수증 제작비용은 정치자금영수증 제작에 소요되는 비용과 생산자물가지수변동률을 감안하여 중앙선거관리위원회가 정하고 매년 12월 20일까지 공고하여야 한다(규칙§21④).

(2) 정치자금영수증 발급

후원회가 정치자금영수증을 발급받고자 하는 때에는 정치자금영수증의 종류와

---

91) 규칙 별지 제16호 서식(무정액영수증) 및 제17호 서식(정액영수증)

발급수량 등을 기재한 신청서 및 정치자금영수증 제작비용을 관할 선거관리위원회에 제출·납부하여야 한다(법§17⑥). 하나의 후원회가 연간 발급받을 수 있는 정액영수증의 액면가액총액은 그 후원회의 연간 모금한도액을 초과할 수 없다. 이 경우 후원회는 연간 모금한도액의 범위 안에서 정액영수증을 일시에 발급받을 수 있다(법§17⑦).

후원회의 정치자금영수증 발급신청은 규칙이 정하는 서식[92]에 의한다. 이 경우 정치자금영수증 제작비용의 납부는 신청서에 수입인지를 첨부하는 것으로 한다(규칙§21③). 정치자금영수증 발급신청을 받은 관할 선거관리위원회는 당해 후원회의 후원금 모금 및 기부내역과 정치자금영수증 발급상황을 확인하고, 10일 이내에 이를 발급하여야 한다(규칙§21⑤).

(3) 정치자금영수증 발행 및 교부

후원회가 후원금을 기부받은 때에는 후원금을 기부받은 날부터 30일까지 정치자금영수증을 후원인에게 교부하여야 한다(법§17①). 후원회가 후원인으로부터 후원금을 기부받은 때에는 ① 정치자금영수증에 금액(무정액영수증에 한한다)과 기부자의 성명·주소 및 발행연월일을 기재하고, 회계책임자의 인장으로 간인한 후 정치자금영수증을 교부하고, ② 정치자금영수증원부에 금액, 발행연월일, 기부자의 성명·생년월일 및 주소 등을 기재하고, ③ 규칙이 정하는 서식[93]에 의한 정치자금영수증 발행·반납대장을 비치·기재한다(규칙§21⑥). 그러나 ① 후원인이 정치자금영수증 수령을 원하지 아니하는 경우, ② 익명기부, 신용카드·예금계좌·전화 또는 인터넷전자결제시스템 등에 의한 기부로 후원인의 주소 등 연락처를 알 수 없는 경우, ③ 후원인이 연간 1만원 이하의 후원금을 기부하는 경우에는 정치자금영수증을 후원인에게 교부하지 아니하고 후원회가 발행하여 원부와 함께 보관할 수 있다(법§17⑤). 예금계좌 또는 인터넷전자결제시스템 등에 의한 모금으로 부득이하게 연간 모금한도액을 초과하여 후원금이 기부된 때에는 후원회는 그 초과하는 후원금에 대하여도 당해 연도 말일까지 정치자금영수증을 교부하여야 하고, 정치자금영수증의 발행연월일과 영수연월일란에는 후원금이 입금된 날을 기재하고

---

92) 규칙 별지 제18호 서식(정치자금영수증발급신청서)
93) 규칙 별지 제19호 서식(정치자금영수증 발행·반납대장)

후원금을 기부한 자는 후원회에 후원금이 입금된 날이 속하는 과세연도에 세액공제 또는 소득공제를 받을 수 있다.[94]

무정액영수증은 1회 10만원 미만의 후원금이나 10만원을 초과하여 기부한 후원금의 경우라도 10만원 미만에 해당하는 후원금에 한하여 교부할 수 있다. 다만, 전자적 형태로 제작한 무정액영수증을 인터넷을 통하여 교부하는 경우에는 그러하지 아니하다(법§17③). 인터넷을 통하여 무정액영수증을 교부하는 경우 그 영수증의 발급절차와 교부방법 그 밖에 필요한 사항은 중앙선거관리위원회 위원장이 정한다(규칙§21의2).

1회 1만원 이하의 후원금 기부에 대한 정치자금영수증은 해당 연도말일(후원회가 해산되는 경우에는 그 해산일을 말한다) 현재로 일괄 발행·교부할 수 있다(법§17④).

후원회는 법 제34조(회계책임자의 선임신고 등) 제4항에 따라 신고된 정치자금의 수입을 위한 예금계좌에 입금된 후원금에 대한 정치자금영수증 발행을 위하여 해당 금융기관에 입금의뢰인(신용카드·전화 또는 인터넷 전자결제시스템 등에 의한 입금을 포함한다)의 성명과 연락처를 알려줄 것을 규칙이 정하는 서식[95]에 의한 서면으로 요청할 수 있으며, 그 요청을 받은 금융기관은 「금융실명거래 및 비밀보장에 관한 법률」에도 불구하고 지체 없이 규칙이 정하는 서식[96]에 의하여 그 내용을 알려주어야 한다(법§17⑬, 규칙§21⑩).

(4) 정치자금영수증 사용실태보고 및 반납

후원회는 관할 선거관리위원회로부터 발급받은 정치자금영수증의 매년 12월 31일 현재 매수 등 사용실태를 법 제40조(회계보고) 제1항에 따른 12월 31일 현재의 회계보고를 하는 때에 관할 선거관리위원회에 보고하여야 하며, 후원회가 해산되는 경우에는 법 제40조(회계보고)에 따른 회계보고를 하는 때에 사용하지 아니한 정치자금영수증을 관할 선거관리위원회에 반납하여야 한다(법§17⑩). 정치자금영수증의 사용실태 보고 및 반납은 규칙이 정하는 서식[97]에 의한다. 다만, 정치자금영수증 발급신청을 하지 않은 후원회의 경우에는 정치자금영수증의 사용실태 보고를

---

94) 2005. 12. 14. 중앙선관위 질의회답
95) 규칙 별지 제21호의2 서식(후원금 입금의뢰인 성명 및 연락처 통보 요청서)
96) 규칙 별지 제21호의3 서식(후원금 입금의뢰인 성명 및 연락처 회보서)
97) 규칙 별지 제20호 서식(정치자금영수증 잔여매수(보고)·(반납보고)서)

하지 아니할 수 있다(규칙§21⑦). 후원회는 무정액영수증의 기재금액 및 정액영수증의 액면금액과 상이한 금액을 기부받고 사용할 수 없으며, 사용하지 아니한 정치자금영수증에 대하여 법 제40조(회계보고) 제1항에 따른 12월 31일 현재의 회계보고를 하는 기한 이내에 매수를 보고 또는 반납하지 아니한 경우에는 그 액면금액 총액을 기부받은 것으로 본다(법§17⑪).

(5) 정치자금 기부사실 확인

각급 선거관리위원회(읍·면·동선거관리위원회는 제외한다. 이하 같다)는 후원인과 세무관서(원천징수의무자와 납세조합을 포함하며, 이하 "세무관서등"이라 한다)로부터 규칙이 정하는 서식[98])에 의하여 정치자금 기부사실에 관한 확인신청을 받은 때에는 14일 이내에 후원회가 보관하고 있는 정치자금영수증원부에 의하여 이를 확인하고, 그 결과를 당해 세무관서등에 통지하여야 한다. 이 경우 당해 후원회의 회계책임자의 소재가 불명하거나 관계 자료의 분실 등 부득이한 사유가 있는 때에는 그 사유를 통지하여야 한다(규칙§21⑧). 확인신청을 받은 선거관리위원회는 이를 직접 확인하거나 관할 선거관리위원회 또는 그 후원회의 사무소 소재지를 관할하는 각급 선거관리위원회로 하여금 이를 확인하게 할 수 있다(규칙§21⑨).

(6) 정치자금영수증 발급 등 사실 공개금지

선거관리위원회와 후원회 그 밖에 정치자금영수증의 발급·발행·교부 등에 관계하는 자는 법률에 의한 절차에 의하지 아니하고는 그 후원회에 발급한 정치자금영수증의 일련번호를 공개하거나 이를 다른 국가기관에 고지하여서는 아니 된다(법§17⑫).

(7) 벌칙 및 제재

법 제17조(정치자금영수증) 제11항의 규정을 위반하여 정치자금영수증의 기재금액 또는 액면금액과 상이한 금액을 기부한 자와 이를 받은 자, 정치자금영수증을 허위로 작성하여 교부하거나 위조·변조하여 이를 사용한 자는 3년 이하의 징역 또는 600만원 이하의 벌금에 처한다(법§46 1.).

법 제17조(정치자금영수증) 제12항의 규정을 위반하여 법률에 의한 절차에 의하

---

98) 규칙 별지 제21호 서식(정치자금의 기부사실 확인신청서)

지 아니하고 후원회에 발급한 정치자금영수증의 일련번호를 공개하거나 이를 다른 국가기관에 고지한 자는 3년 이하의 징역 또는 600만원 이하의 벌금에 처한다(법 §46 4.).

법 제17조(정치자금영수증) 제1항·제3항의 규정을 위반하여 후원금을 기부받은 날부터 30일까지 정치자금영수증을 교부하지 아니한 자와 무정액영수증의 사용범위를 위반한 자는 2년 이하의 징역 또는 400만원 이하의 벌금에 처한다(법§47①).

법 제17조(정치자금영수증) 제1항의 규정을 위반하여 정치자금영수증의 발행·교부를 해태한 자는 300만원 이하의 과태료에 처한다(법§51①1.).

법 제17조(정치자금영수증) 제10항의 규정을 위반하여 정치자금영수증 사용실태를 보고하지 아니하거나 정치자금영수증을 관할 선거관리위원회에 반납하지 아니한 자는 100만원 이하의 과태료에 처한다(법§51③4.).

6. 불법후원금의 반환

후원회의 회계책임자는 후원인으로부터 기부받은 후원금이 이 법 또는 다른 법률에 위반되는 청탁 또는 불법의 후원금이라는 사실을 안 날부터 30일 이내에 후원인에게 반환하고, 정치자금영수증을 교부하였을 때는 이를 회수하여야 한다. 이 경우 후원인의 주소 등 연락처를 알지 못하여 반환할 수 없거나 후원인이 수령을 거절하는 때에는 선거관리위원회를 통하여 이를 국고에 귀속시켜야 한다(법§18). 그러나 아무런 법적 하자 없이 적법하게 후원회가 기부받은 후원금을 후원인에게 반환하거나 후원회지정권자가 후원회에 반환하여 이를 후원인에게 반환하도록 하는 것은 정치자금의 사적 경비 사용이나 부정한 용도에의 지출을 금지한 법 제2조(기본원칙)에 위반된다. 후원회가 후원금을 적법하게 기부받은 이상 이를 후원인에게 반환하는 행위는 후원금의 공적자금성에 부합하지 않기 때문이다.[99]

후원인의 의사에 반하여 입금된 후원금을 후원회가 해당 후원인의 요구에 따라 반환하는 것은 법상 제한되지 아니한다.[100] 후원회지정권자인 비례대표국회의원이 지역구국회의원이 된 경우 비례대표국회의원후원회가 기부받은 후원금이 다른 법

---

99) 2008. 3. 24. 중앙선관위 질의회답
100) 2010. 2. 2. 중앙선관위 질의회답

률에 위반되는 불법후원금이라면, 비례대표국회의원후원회와 지역구국회의원후원
회는 별도의 후원회가 아니므로 지역구국회의원후원회의 회계책임자가 이를 반환
하여야 한다.[101]

7. 후원회의 해산·합병

가. 후원회의 해산

(1) 후원회의 해산 사유

후원회는 해당 후원회지정권자가 해산, 그 밖의 사유로 소멸하거나 후원회를 둘
수 있는 자격을 상실하거나 후원회의 지정을 철회한 때 또는 정관 등에 정한 해산
사유가 발생한 때에 해산한다. 다만, 후원회를 둔 중앙당창당준비위원회가 정당으
로 등록하거나 후원회를 둔 국회의원후보자가 국회의원으로 당선된 경우에는 그
후원회는 대의기관이나 수임기관의 존속결의로써 등록된 중앙당 또는 당선된 국회
의원의 후원회로 존속할 수 있으며, 국회의원당선인후원회는 국회의원후원회로,
후원회를 둔 대통령예비후보자·국회의원예비후보자·지방의회의원예비후보자·지
방자치단체장예비후보자가 대통령후보자·국회의원후보자·지방의회의원후보자·
지방자치단체장후보자로 등록된 때에는 그 대통령예비후보자후원회·국회의원예
비후보자후원회·지방의회의원예비후보자후원회·지방자치단체장예비후보자후원
회는 대통령후보자후원회·국회의원후보자후원회·지방의회의원후보자후원회·지
방자치단체장후보자후원회로 본다(법§19①). 이 경우 중앙당후원회 및 국회의원후
보자후원회의 대표자는 그 존속결의가 있은 날부터 14일 이내에 법 제7조(후원회
의 등록신청 등) 제4항의 규정에 의한 변경등록을 신청하여야 하며, 그 후원회는 종
전의 후원회의 권리·의무를 승계한다(법§19②).

국회의원직 사직원을 국회에 접수하고 시·도지사예비후보자등록을 한 경우「국
회법」 제135조(사직)[102]에 따라 국회의원의 사직이 허가되거나 같은 법 제136조

---

101) 2009. 4. 14. 중앙선관위 질의회답
102)「국회법」제135조(사직) ①국회는 의결로 의원의 사직을 허가할 수 있다. 다만, 폐회 중에는
    의장이 허가할 수 있다.
    ②의원이 사직하려는 경우에는 본인이 서명·날인한 사직서를 의장에게 제출하여야 한다.
    ③사직 허가 여부는 토론을 하지 아니하고 표결한다.

(퇴직)103)에 따라 공직선거후보자로 등록하여 국회의원의 직에서 퇴직된 때에 후원회를 둘 수 있는 국회의원의 자격을 상실한다.104)

(2) 해산 신고 및 등록 말소

후원회가 해산한 때에는 그 대표자는 14일 이내에 그 사실을 관할 선거관리위원회에 신고하여야 한다. 다만, ① 대통령선거경선후보자와 당대표경선후보자등이 경선의 종료로 그 신분이 상실되어 해산되는 경우, ② 국회의원의 임기만료, 대통령후보자등·국회의원후보자등·지방의회의원후보자등 또는 지방자치단체장후보자등의 신분상실로 인하여 해산되는 경우에는 그러하지 아니하다(법§19③). 후원회 해산신고는 규칙이 정하는 서식105)에 의하고(규칙§22①), 해산신고에는 해산사유와 해산연월일을 명시하고, 자신해산의 경우에는 해산에 관한 회의록사본을 첨부하여야 한다(규칙§22②).

관할 선거관리위원회는 후원회의 해산신고를 받거나 법 제19조(후원회의 해산 등) 제3항 단서의 규정에 의하여 후원회가 해산된 때에는 후원회등록대장을 말소하고, 그 말소사실을 공고하여야 한다(규칙§22③). 중앙선거관리위원회는 중앙당후원회가 해산된 때에는 시·도선거관리위원회에 그 사실을 통지하여야 한다(규칙§22④).

후원회가 해산일로부터 14일 이내에 해산신고를 하지 아니한 경우에는 관할 선거관리위원회는 그 후원회의 등록을 말소할 수 있다(법§19④). 이 경우 후원회등록 말소는 관할 선거관리위원회가 후원회의 해산사실을 확인한 후 후원회등록대장을 말소하고, 그 말소사실을 공고하여야 하고, 중앙당후원회의 경우에는 중앙선거관리위원회가 시·도선거관리위원회에 그 사실을 통지하여야 한다(규칙§22⑤).

후원회의 해산신고는 해산된 사실을 단순히 알리는 것이므로 후원회가 사실상 해산한 날 이후부터는 후원회의 해산신고가 없더라도 후원인으로부터 후원금을 모금하는 등의 정치자금법상 후원회로서의 활동은 일체 할 수 없다고 보아야 한다.

---

103) 「국회법」 제136조(퇴직) ①의원이 「공직선거법」 제53조에 따라 사직원을 제출하여 공직선거후보자로 등록되었을 때에는 의원직에서 퇴직한다.
　　②의원이 법률에 규정된 피선거권이 없게 되었을 때에는 퇴직한다.
　　③의원에 대하여 제2항의 피선거권이 없게 되는 사유에 해당하는 형을 선고한 법원은 그 판결이 확정되었을 때에 그 사실을 지체 없이 국회에 통지하여야 한다.
104) 2010. 5. 3. 중앙선관위 질의회답
105) 규칙 별지 제22호 서식(후원회해산신고서)

(3) 제제

법 제19조(후원회의 해산 등) 제2항·제3항 본문을 위반하여 후원회의 변경등록 신청 또는 해산신고를 해태한 자는 100만원 이하의 과태료에 처한다(법§51③1.).

나. 후원회의 합병 등

(1) 후원회의 합병

「정당법」제19조(합당)[106]에 따라 정당이 신설합당하거나 흡수합당하는 경우에는 각 후원회의 대의기관이나 수임기관의 합동회의의 합병결의 또는 대의기관이나 수임기관의 존속결의로써 신설 또는 흡수하는 정당의 후원회로 존속할 수 있다. 이 경우 법 제7조(후원회의 등록신청 등) 제4항에 따른 변경등록신청을 하여야 한다 (법§20①). 합병으로 신설 또는 존속하는 후원회는 합병 전 후원회의 권리·의무를 승계한다(법§20②).

(2) 합병·존속하는 후원회의 모금·기부한도

합병으로 신설 또는 존속하는 후원회가 모금·기부할 수 있는 후원금은 해당 후원회의 연간 모금·기부한도액에서 ① 신설합당으로 후원회가 합병하는 경우 합병 전에 모금·기부한 금액이 각각 적은 후원회, ② 흡수합당으로 합병하는 경우 존속하는 후원회가 모금·기부한 금액을 공제한 금액으로 한다(규칙§23).

---

106) 「정당법」제19조(합당) ①정당이 새로운 당명으로 합당(이하 "신설합당"이라 한다)하거나 다른 정당에 합당(이하 "흡수합당"이라 한다)될 때에는 합당을 하는 정당들의 대의기관이나 그 수임기관의 합동회의의 결의로써 합당할 수 있다.
②정당의 합당은 제20조(합당된 경우의 등록신청) 제1항·제2항 및 제4항의 규정에 의하여 중앙선거관리위원회에 등록 또는 신고함으로써 성립한다. 다만, 정당이 「공직선거법」제2조 (적용범위)의 규정에 의한 선거(이하 "공직선거"라 한다)의 후보자등록신청개시일부터 선거일까지의 사이에 합당된 때에는 선거일 후 20일에 그 효력이 발생한다.
③제1항 및 제2항의 규정에 의하여 정당의 합당이 성립한 경우에는 그 소속 시·도당도 합당한 것으로 본다. 다만, 신설합당인 경우에는 합당등록신청일부터 3월 이내에 시·도당 개편대회를 거쳐 변경등록신청을 하여야 한다.
④신설합당된 정당이 제3항 단서의 규정에 의한 기간 이내에 변경등록신청을 하지 아니한 경우에는 그 기간만료일의 다음 날에 당해 시·도당은 소멸된 것으로 본다.
⑤합당으로 신설 또는 존속하는 정당은 합당 전 정당의 권리·의무를 승계한다.

(3) 제재

법 제20조(후원회의 합병 등) 제1항 후단을 위반하여 후원회의 변경등록신청을 해태한 자는 100만원 이하의 과태료에 처한다(법§51③1.).

다. 후원회가 해산한 경우의 잔여재산 처분 등

(1) 후원회가 해산한 경우의 잔여재산 처분

법 제19조(후원회의 회산 등) 제1항 본문의 규정에 의하여 후원회가 해산된 경우 잔여재산은 다음 각 호에서 정한 바에 따라 법 제40조(회계보고)의 규정에 의한 회계보고 전까지 처분하여야 한다(법§21①).

　1. 후원회지정권자가 중앙당(중앙당창당준비위원회를 포함한다) 또는 당원의 경우 해산 당시의 소속 정당에 인계한다. 다만, 후원회를 둔 국회의원이 대통령후보자등후원회 · 대통령선거경선후보자후원회나 당대표경선후보자등후원회를 둔 경우 또는 후원회를 둔 대통령예비후보자가 대통령선거경선후보자후원회를 둔 경우로서 어느 하나의 후원회가 해산된 경우 그 잔여재산은 해산되지 아니한 후원회에 그 후원회의 연간 모금 · 기부한도액 범위 안에서 후원금으로 기부할 수 있다.

　2. 후원회지정권자가 당원이 아닌 경우와 정당이 해산, 그 밖의 사유로 소멸한 경우
　　「공익법인의 설립 · 운영에 관한 법률」에 의하여 등록된 공익법인(학교법인을 포함하며, 이하 "공익법인"이라 한다) 또는 사회복지시설에 인계한다.

후원회지정권자(중앙당은 제외한다)가 후원회를 둘 수 있는 자격을 상실한 경우 후원회로부터 기부받아 사용하고 남은 잔여재산(법 제36조(회계책임자에 의한 수입 · 지출) 제5항을 위반하여 지출한 비용을 포함한다)은 법 제40조(회계보고)의 규정에 의한 회계보고 전까지 처분하여야 한다. 이 경우 후원회를 둔 중앙당창당준비위원회가 중앙당으로 존속하지 아니하고 해산된 경우에는 후원회로부터 기부받아 사용하고 남은 잔여재산은 공익법인이나 사회복지시설에 인계하는 방법으로 처분하여야 한다(법§21②). 후원회의 잔여재산 인계는 규칙이 정하는 서식[107])에 의한다(규칙§24

---

107) 규칙 별지 제23호 서식((후원회) · (지정권자)의 잔여재산인계 · 인수서)

①).

후원회를 둔 비례대표국회의원이 차기 지역구국회의원선거에 예비후보자로 등록한 경우 후원회로부터 기부받은 후원금을 후원회에 해산되기 전까지 당해 지역구국회의원선거의 선거경비로 지출하는 것은 무방하나, 후원회를 둘 수 있는 자격을 상실한 때에는 그 잔여재산은 소속정당에 인계하여야 한다.108) 후원회를 둔 지역구국회의원 및 국회의원예비후보자가 소속 정당을 탈당하는 것만으로는 그 후원회는 해산되지 아니한다. 다만, 후원회를 둔 비례대표국회의원이 소속 정당의 합당·해산 또는 제명 외의 사유로 당적을 이탈·변경함으로써 「공직선거법」 제192조(피선거권상실로 인한 당선무효 등) 제4항109)에 따라 퇴직하는 경우에는 그 후원회는 해산하고 잔여재산은 해산 당시의 소속 정당에 인계하여야 한다.110) 국회의원이 후원회를 둘 수 있는 자격을 상실한 경우에 후원회로부터 기부받은 정치자금으로 구입한 차량은 법 제21조(후원회가 해산한 경우의 잔여재산 처분 등) 제2항의 규정에 따라, 정당의 당원인 때에는 소속 정당에 인계하고, 당원이 아닌 때에는 공익법인 또는 사회복지시설에 인계하여야 한다. 다만, 국회의원이 차기 국회의원으로 당선된 경우에는 그 차량을 정치활동을 위하여 계속 사용할 수 있다.111)

(2) 후원회가 해산한 경우의 잔여재산 국고귀속

대통령선거경선후보자·당대표경선후보자등·대통령예비후보자·국회의원예비후보자·지방의회의원예비후보자 또는 지방자치단체장예비후보자가 후원회를 둘 수 있는 자격을 상실한 때(정당의 공직선거 후보자선출을 위한 당내경선 또는 당대표경선에 참여하여 당선 또는 낙선한 때를 제외한다)에는 그 후원회와 후원회지정권자는 잔여재산을 법 제40조(회계보고)에 따른 회계보고 전까지 국고에 귀속시켜야 한다(법 §21③).112)113) 후원회가 해산한 경우에 잔여재산 또는 후원회로부터 기부받은 후

---

108) 2008. 2. 27. 중앙선관위 질의회답
109) 「공직선거법」 제192조(피선거권상실로 인한 당선무효 등) ④비례대표국회의원 또는 비례대표지방의회의원이 소속 정당의 합당·해산 또는 제명 외의 사유로 당적을 이탈·변경하거나 2 이상의 당적을 가지고 있는 때에는 「국회법」 제136조(퇴직) 또는 「지방자치법」 제78조(의원의 퇴직)의 규정에 불구하고 퇴직된다. 다만, 비례대표국회의원이 국회의장으로 당선되어 「국회법」규정에 의하여 당적을 이탈한 경우에는 그러하지 아니하다.
110) 2008. 2. 12. 중앙선관위 질의회답
111) 2007. 4. 17. 중앙선관위 질의회답
112) 헌법재판소는, 대통령선거경선후보자가 당내경선 과정에서 탈퇴함으로써 후원회를 둘 수 있

는 자격을 상실한 때에는 후원회로부터 후원받은 후원금 전액을 국고에 귀속하도록 하고 있
던 구 정치자금법(2008. 2. 29. 법률 제8880호로 개정되기 전의 것) 제21조(후원회가 해산한
경우의 잔여재산 처분 등) 제3항 제2호와 관련하여, '선거운동에는 선거비용이 필수적으로 수
반되는 것이므로, 선거운동비용의 사용을 제한하는 것은 선거운동을 제한하는 결과로 된다.
이 사건 법률조항은 대통령선거경선후보자가 적법하게 조직된 후원회로부터 기부받은 후원금
을 적법하게 사용한 경우에, 당내경선에 참여하지 않았다는 사유로 이미 적법하게 사용한 선
거운동비용까지 포함하여 후원금의 총액을 국고에 귀속하게 하는 것이므로 선거운동의 자유
를 제한하고 있다. 대통령선거경선후보자가 적법하게 후원회를 지정하고 후원금을 기부받아
선거운동의 비용으로 사용하였음에도 사후에 경선에 참여하지 않았다고 하여 후원금 총액의
국고귀속을 요구하는 것은 선거운동의 자유에 대한 중대한 제한이라고 할 것이다. 대통령선
거경선후보자는 입후보에 대비하여 선거운동을 하다가 당선가능성이 적다고 판단하거나, 정
치적·경제적 사유, 건강 등 일신상의 상황변화를 이유로 하여 대통령선거경선후보자로서의
지위를 사퇴할 자유를 가진다. 그런데 대통령선거경선후보자로서 선거과정에 참여한 이들은
이 사건 법률조항으로 인하여 대통령선거경선후보자로서의 자격을 중도에서 포기할 자유에
중대한 제약을 받게 된다. 대통령선거경선후보자의 정치적 의사결정에 이와 같은 제약을 가
하는 것은 법상 대통령선거경선후보자 제도 및 후원회제도의 목적과도 조화되기 어려운 제약
으로서, 자유로운 민주정치의 건전한 발전을 방해하는 것이라고 할 것이다. 이 사건 법률조항
은 정당한 사유 없이 후원금을 선거운동비용으로 사용하는 것을 제한하는 것이고, 그로 인하
여 선거운동의 자유 및 선거과정에서 탈퇴할 자유 등 국민의 참정권을 침해한다.'고 위헌결정
을 하였다(2009. 12. 29. 선고 2007헌마1412 결정).; 위 결정으로 2010. 7. 23. 법률 제10395
호에 의하여 정치자금법 제21조(후원회가 해산한 경우의 잔여재산 처분 등) 제3항이 현재와
같이 개정되었다.

113) 헌법재판소는, 국회의원예비후보자가 당내경선에 참여하지 않고 정식 후보자 등록을 하지 않
음으로써 후원회를 둘 수 있는 자격을 상실한 때에는 후원회로부터 후원받은 후원금 전액을
국고에 귀속하도록 하고 있던 구 정치자금법(2008. 2. 29. 법률 제8880호로 개정된 것) 제21
조(후원회가 해산한 경우의 잔여재산 처분 등) 제3항 제2호와 관련하여, '예비후보자가 적법
하게 후원회를 지정하고 후원금을 기부받아 선거운동의 비용으로 사용한 경우에 나중에 당선
가능성이 적다고 판단하거나 기타 일신상의 사유로 경선에 참여하지 않거나 후보자로 등록하
지 않았다고 하여 이미 적법하게 사용한 후원금을 내놓으라고 요구하는 것은 예비후보자에게
후원회 및 선거운동을 허용한 제도의 취지를 무너뜨리는 것이고 예비후보자의 선거운동의 자
유를 근본적으로 부정하는 결과로 된다. 예비후보자로서 선거과정에 참여한 이들은 이 사건
법률조항에 따라 후원회로부터 기부받은 후원금 총액을 국고에 귀속시켜야 하는 부담을 피하
기 위해서 선거과정으로부터 탈퇴하는 것을 주저하게 될 것인바, 예비후보자의 자격을 중도
에서 포기할 자유를 제약받게 된다. 예비후보자의 정치적 의사결정에 이와 같은 제약을 가하
는 것은 예비후보자 제도 및 후원회제도의 근본목적에 맞지 아니하고 예비후보자에게 후원금
을 기부한 국민들의 의사에도 부합된다고 보기 어렵다. 이 사건 법률조항은 정당한 사유도 없
이 선거운동비용으로 사용하는 것을 제한하는 것이고, 그로 인하여 예비후보자의 선거운동의
자유, 선거과정에서 탈퇴할 자유 등 선거의 자유를 침해한다.'고 위헌결정을 하였다(2009. 12.
29. 선고 2008헌마141·417·441(병합) 전원재판부 결정).; 위 결정으로 2010. 7. 23. 법률
제10395호에 의하여 정치자금법 제21조(후원회가 해산한 경우의 잔여재산 처분 등) 제3항이
현재와 같이 개정되었다.

원금을 인계하지 아니한 때에는 이를 국고에 귀속시켜야 한다(법§21④). 후원회가 해산된 후에 기부된 후원금은 지체 없이 후원인에게 이를 반환하되, 법 제40조(회계보고)의 규정에 의한 회계보고 전까지 반환하지 아니하는 때에는 이를 국고에 귀속시켜야 한다(법§21⑤).

국고에 귀속되는 후원금은 관할 선거관리위원회가 이를 납부받아 국가에 납입하되, 납부기한까지 납부하지 아니한 때에는 관할 세무서장에게 위탁하여 관할 세무서장이 국세체납처분의 예에 따라 이를 징수한다(법§21⑥, §4③). 정당의 회계책임자는 국고귀속대상 후원금가 있음을 안 때에는 그날부터 10일 이내에 관할 선거관리위원회에 그 내역과 해당 후원금을 규칙이 정하는 서식114)에 의하여 보고ㆍ납부하여야 하고(규칙§24②, §3①), 관할 선거관리위원회는 위 보고된 경우 외에 국고귀속대상 후원금이 있음을 확인한 때에는 10일간의 납부기한을 정하여 정당의 회계책임자에게 납부를 명하여야 한다(규칙§24②, §3②). 납부기한까지 정당의 회계책임자가 국고귀속대상 후원금을 납부하지 아니한 때에는 관할 선거관리위원회는 10일간의 납부기한을 정하여 독촉장을 발부하여야 하고(규칙§24②, §3③), 독촉장을 받은 정당의 회계책임자가 지정된 납부기한까지 납부하지 아니한 때에는 관할 선거관리위원회는 지체 없이 관할 세무서장에게 징수를 위탁하여야 한다(규칙§24②, §3④). 관할 선거관리위원회 또는 관할 세무서장이 징수한 국고귀속대상 후원금의 국가에의 납입절차에 관하여는 「국고금관리법 시행규칙」을 준용한다(규칙§24②, §3⑤).

(3) 벌칙 및 제재

법 제21조(후원회가 해산한 경우의 잔여재산 처분 등) 제3항 내지 제5항의 규정을 위반하여 후원금을 정당한 사유 없이 국고에 귀속시키지 아니한 자는 200만원 이하의 벌금에 처한다(법§48 4.).

법 제21조(후원회가 해산한 경우의 잔여재산 처분 등) 제1항ㆍ제2항의 규정을 위반하여 잔여재산의 인계의무를 해태한 자는 100만원 이하의 과태료에 처한다(법§51③5.).

---

114) 규칙 별지 제1호 서식(국고귀속대상 (당비)ㆍ(후원금)의 내역보고서)

라. 후원회의 인영확인신청의 처리

후원회의 대표자 또는 후원회연락소의 책임자가 당해 후원회의 회인 또는 연락소인이나 대표자 또는 책임자의 직인에 관하여 확인하고자 할 때에는 「정당사무관리규칙」 제9조(정당의 인영확인신청의 처리) 제1항[115]의 규정에 준하여 그 인영과 용도를 표시하여 서면으로 관할 선거관리위원회에 신청하여야 하고(규칙§25①), 신청을 받은 관할 선거관리위원회는 등록 또는 신고된 인영과 대조하여 이를 확인·처리한다(규칙§25②).

---

[115] 「정당사무관리규칙」 제9조(정당의 인영확인신청의 처리) ① 정당의 대표자가 당해 정당의 당인 및 대표자의 직인에 관하여 확인하고자 할 때에는 별지 제12호 서식의 인영확인서를 첨부하여 관할 선거관리위원회에 신청하여야 한다.

제 5 장 기탁금

1. 의의

가. 의의

기탁금이라 함은 정치자금을 정당에 기부하고자 하는 개인이 이 법의 규정에 의하여 선거관리위원회에 기탁하는 금전이나 유가증권 그 밖의 물건을 말한다(법§35.). 기탁금은 당원의 자격으로 당해 정당에 납입하는 당비나 후원인이 후원회에 기부하는 후원금과 구별된다. 기탁금제도는 기탁자의 정치적 신념의 표시로써 자유로운 의사가 존중되어야 하므로 기탁자가 기탁 대상 정당을 지정하여 기탁할 수 있는 지정기탁과 기탁 대상 정당을 지정하지 아니하는 비지정기탁이 있다. 정치자금법은 당초 지정기탁과 비지정기탁을 모두 허용하였으나, 지정기탁금제도가 여당에게 지나치게 편향되게 기탁금이 기탁되는 현상을 초래하여 여·야간 정치자금의 형평성문제를 야기하자 1997. 11. 14. 법률 제5413호로 폐지되었다. 이와 같이 현행 기탁금제도는 선거관리위원회를 통하여 특정 정당이 아니라 정당 전체를 대상으로 기탁금을 기탁하기 때문에 기탁자 개인의 정치적 의사를 정확히 표현할 수 없고. 기탁자가 기탁금을 통하여 얻을 수 있는 정치적 영향력도 거의 없어 유권자가 기탁금을 기탁하고자 하는 동기가 미미하다.[1][2]

---

1) 지정기탁금제도를 허용하지 않고 기탁금을 선거관리위원회를 통하여 정당에 배분하는 것은 기탁자의 의사를 존중하지 않는 행위로서 정치자금기탁의 활성화를 위해서도 결코 바람직하지 않을 수 있어 지정기탁금을 허용하되, 기탁금 수납은 중앙선거관리위원회를 통하여 적정하게 배분하거나 사용하고 선거관리위원회의 기탁금 지급 공고 시에 기탁자의 인적사항과 기탁금액을 공개하여 비지정기탁금제를 보완하는 방안으로 지정기탁금제를 도입할 필요성이 있다는 견해가 있다(박상목·주상현, 「정치자금제도의 운영실태와 발전 방안」, 한국자치행정학보 제27권 제3호(2013 가을), 462쪽).

2) 2019년도 정당별 중앙당의 수입총액 및 구성비에서 기탁금이 차지하는 비율을 보면, 더불어민주당은 총수입 383억 6,300만원 중 2%, 자유한국당도 총수입 337억 9,000만원 중 2%, 바른미래당은 총수입 162억 3,700만원 중 3%, 정의당은 총수입 124억 9,600만원 중 1%, 민주평화당은 총수입 31억 2,400만원 중 4%, 우리공화당은 총수입 36억 4,600만원 중 0%에 불과하다(중

나. 기탁금제도의 연혁

기탁금제도는 국가기관인 선거관리위원회가 정치자금을 기부하고자 하는 자로부터 일정액의 기탁금을 받아 일정한 요건을 갖춘 정당에게 지급하는 일종의 '중개기부'제도로서 우리나라에서 정치자금 관련 입법이 처음 제정되면서 도입되었다.[3][4] 기탁금제도는 산업·경제인 기타 일반인이나 단체가 정당에 정치자금을 제공하는 행위를 양성화함으로써 정치활동의 공명화와 건전한 민주적 발전에 기여하게 하려는 목적에서 1965. 2. 9. 구「정치자금에 관한 법률(법률 제1685호)」이 제정될 당시 제도화되어,[5] 정치자금기탁자가 그 정치자금을 특정 정당에 제공하고자 할 때에는 국회의 의석을 가진 정당 중 2개 이상의 정당을 지정하고 그 정당들에 대한 정치자금배분비율을 표시할 수 있도록 하고, 정치자금기탁자가 특정 정당을 지정하지 아니한 때에는 중앙선거관리위원회가 기탁 당시에 국회의 의석을 가지고 있는 정당 전부에 대하여 정당 소속 국회의원수의 비율에 따라 배분하도록 하였으며(위 법률 제4조), 익명기탁을 허용하였다(위 법률 제3조 제2항).

그 후 1969. 1. 23. 법률 제2090호로 개정되면서 기탁자가 비율을 정하지 아니

앙선거관리위원회, 「2019년도 정당의 활동개황 및 회계보고」, 594쪽).
3) 기탁금제도는 외국에서는 찾아볼 수 없는 이례적인 제도라고 한다(박상목·주상현, 「정치자금제도의 운영실태와 발전 방안」, 한국자치행정학보 제27권 제3호(2013 가을), 442쪽).
4) 기탁금제도는 외국에서 그 입법례를 찾기 어려운 우리나라만의 독특한 제도로서 정치자금의 기부자와 기부를 받는 자 간에 발생할 수 있는 청탁 등의 폐해를 예방함으로써 건전한 민주정치의 발전을 도모하려고 하는 한국적 상황에서 그 제도의 타당성을 찾아볼 수 있다고 한다(음선필, 「정치자금 기탁제도의 합리화 방안」, 홍익법학 제16권 제3호(2015), 174쪽).
5) 1965. 2. 9. 법률 제1685호로 제정된 「정치자금에 관한 법률」은 제1조에 목적, 제2조에 정치자금의 정의 규정을 두고, 제3조에 정치자금의 기탁 주체, 방법, 절차 등, 제4조에 기탁금의 배분방법, 제5조에 기탁금의 배분 공고, 제6조에 정치자금을 기탁한 자에 대한 법인세 등의 면제를 각 규정하는 등 총 6개조에 불과하여 정치자금 기탁금제도를 규정한 법률이라고 할 수 있다. 이는 당시 군사정부가 민주공화당을 창당하면서 정치자금 관련 비리사건이 발생하자 그것을 계기로 기업의 정치자금 기부를 양성화할 필요가 있었을 뿐만 아니라, 이 시기의 정치자금제도와 관련하여서는 구「정당법(1963. 1. 1. 시행 법률 제1246호)」에 정치자금의 모금 및 회계에 관하여 제33조(재산상황 등의 보고), 제34조(기부금품모집금지법의 적용배제), 제35조(기부수령의 금지) 등 일반 규정만 있었기 때문에 별도로 기업체로부터의 기탁금을 처리하기 위한 특별법으로 「정치자금에 관한 법률」을 제정할 필요가 있었던 것으로 보인다. 그러한 점에서 당시 정치자금제도는 사실상 기업의존형 정치자금제도였다는 견해가 있다(유현종, 「정치자금법제의 제도적 변화와 지속성」, 10쪽).

하고 기탁한 정치자금은 원내 제1당에 60%를, 나머지 40%는 원내 제2당 이하에 의석수비율로 배분하도록 하였고(위 법률 제4조), 1973. 6. 14. 법률 제2619호로 개정하면서 중앙선거관리위원회에 기탁된 정치자금은 그 100분의 70을 기탁 당시 국회의석을 가진 정당에 소속 국회의원수의 비율에 따라 배분지급하고, 나머지 100분의 30은 소속 국회의원수의 비율에 따라 교섭단체에 배분지급하도록 변경되었고(위 법률 제4조), 1980. 12. 31. 법률 제3302호로 전부개정되면서 기탁된 정치자금의 배분비율은 기탁 당시 국회에 의석을 가진 정당의 의석수에 따르되 기탁자가 지구당에 정한 배분비율이 기탁금 총액의 100분의 50을 초과할 때에는 그 초과분을 당해 정당의 중앙당에 지급하도록 하였고(위 법률 제15조), 1989. 12. 30. 법률 제4186호로 개정하면서 1인이 기탁할 수 있는 기탁금은 현금으로 할 수 있고 1회 5,000원 또는 그에 상당하는 가액 이상으로 하되, 개인의 경우에는 연간 1억원 또는 전연도 소득의 100분의 5 중 다액, 법인 및 단체의 경우에는 연간 5억원 또는 전 사업연도말 자본총계(자본금·적립금 기타 잉여금의 합계액을 말한다)의 100분의 2 중 다액으로 하였고(위 법률 제11조 제2항), 기탁금의 배분을 "국회의석을 가진 정당에 그 의석수의 비율에 따라"에 하던 것을 "국고보조금 배분율에 따라" 하도록 하였다(위 법률 제15조 제1항).

1997. 11. 14. 법률 제5413호로 개정하면서 여야간 정치자금의 형평성 문제를 해소하기 위하여 지정기탁금제도를 폐지하였고(위 법률 제15조), 2004. 3. 12. 법률 제7191호로 개정하면서 음성적인 정치자금의 원천적으로 차단한다는 명목으로 법인 또는 단체의 정치자금 기탁을 금지(위 법률 제11조)한 후, 2005. 8. 3. 법률 제7682호 정치자금법으로 명칭 변경되어 현재에 이르고 있다.

2. 기탁금의 기탁

가. 기탁자

기탁금의 기탁은 개인만이 할 수 있다. 이에는 당원이 될 수 없는 공무원과 사립학교 교원[6]도 포함된다(법§22①). 정치적 중립성을 이유로 정당의 당원이 될 수

---

6) 기탁금으로 미칠 수 있는 개인적인 정치적 영향력이 매우 적기 때문에 당원이 될 수 없는 공무원과 사립학교 교원의 기탁금의 기부가 허용될 수 있다는 역설이 성립하고, 공무원과 사립학교

없는 공무원과 사립학교 교원에게 기탁금의 기탁을 허용한 것은 정치자금법이 지정기탁금제도를 허용하지 아니하여 기탁금의 기탁을 통하여 특정 정당에 대한 정치적 지지의사를 표현할 수 없기 때문에 비롯된 것으로 보인다.[7]

외국인과 법인·단체는 기탁금을 기탁할 수 없다.[8] 법인·단체의 기탁금 기탁금지와 관련하여, 과거 정경유착의 폐해 등으로 법인·단체의 정치자금 기부는 2004. 3. 12. 법률 제7191호로 정치자금법이 개정되면서 폐지되어 일체 금지되었다.[9] 그러나 이후 정치자금 문화의 개선이 있었고 대가성이 전혀 없는 사회공헌적 성격의 정치자금 기부까지 전면 금지하는 것은 정치자금제도의 본질에 부합하지 않는 측면이 있다고 보아, 중앙선거관리위원회는 2015. 2. 선거관리위원회에 기부하는 기탁금에 한하여 법인·단체별로 연간 1억원 이내에서 정관 또는 내부규약에서 정하고 있는 대의기관이나 수임기관의 결의를 거쳐 기탁하도록 하되, 외국법인 및 외국의 단체, 국가·공공단체 또는 특별법에 의하여 설립된 법인, 국가·지방자치단체가 주식 또는 지분의 과반수를 소유하는 기업체, 언론기관·언론단체, 학교법인, 종교단체, 3 사업년도 이상 계속 결손을 내고 그 결손이 보전되지 아니한 기

교원의 경우 당원으로서의 자격을 갖지 않으면서 자신의 정치적 지지의 표현으로 정치자금을 지정기탁하는 것을 모순되는 것으로 인식할 필요는 없고, 정권교체의 경험을 겪으면서 정당정치에 대한 인식도 변화하였으므로 집권당에 대한 일방적인 기탁금 집중현상은 그리 심각하지 않을 것이고, 설사 특정 정당에 대한 쏠림현상이 나타난다 하더라도 이는 정당의 문제이지 기탁금 기부자의 문제는 아니라고 볼 것이므로 지정기탁금제도를 허용하되, 규범의 현실적합성을 고려한다는 차원에서 당분간 지정기탁금을 전체 기탁금액의 50%로 해보는 것이 바람직하다는 견해가 있다(음선필, 「정치자금 기탁제도의 합리화 방안」, 홍익법학 제16권 제3호(2015), 180쪽 및 199쪽).

7) 공무원과 사립학교 교원의 경우 기탁금의 기부가 개인적으로는 정치적 의사표현의 수단이 되지 못하지만, 단체적으로는 성당에 대한 유용한 압력수단(그러한 의미에서 정치적 표현수단)이 되고 있다는 견해가 있으나(음선필, 「정치자금 기탁제도의 합리화 방안」, 홍익법학 제16권 제3호(2015), 175쪽), 현실적으로 공무원이나 사립학교 교원이 정치자금을 기탁하는 경우는 거의 대부분 10만원을 넘지 않아 기부금액의 110분의 100을 세액공제를 받고(법§59①), 정부에서 정치자금을 기탁하도록 독려하여 기탁하는 것에 기인하는 바가 크기 때문에 위와 같은 견해는 동의하기 어렵다. 기탁금의 기탁이 연말소득정산 시에 세액공제를 기대하여 집중적으로 이루어지고 있는 현실에 비추어 보아도 그러하다.

8) 정치자금을 양성화하기 위하여 개인뿐만 아니라 법인·단체의 기탁도 허용되어야 하고, 기탁금의 상한액도 당비처럼 최고 한도액을 정하지 아니하고 기탁할 수 있도록 제도 개선이 요구된다는 견해가 있다(박상목·주상현, 「정치자금제도의 운영실태와 발전 방안」, 한국자치행정학보 제27권 제3호(2013 가을), 453쪽)

9) 법인·단체의 정치자금기부금지에 대하여는 제7장 기부의 제한 1. 기부의 제한에서 상술한다.

업체는 기탁금의 기탁을 제한하는 내용의 정치자금법 개정안을 국회에 제출한 바 있다.10)11)

나. 기탁금액

1인이 기탁할 수 있는 기탁금은 1회 1만원 또는 그에 상당하는 가액 이상, 연간 1억원 또는 전년도 소득의 100분의 5 중 다액 이하로 한다(법§22②).

다. 기탁방법

(1) 선거관리위원회에의 기탁

기탁금을 기탁하고자 하는 개인은 각급 선거관리위원회(읍·면·동선거관리위원회를 제외한다)에 기탁하여야 한다(법§22①). 선거관리위원회를 통하여 기탁금을 기탁하도록 한 취지는 기탁자로부터 정당이 직접 기탁금을 기부받게 됨으로써 발생할 수도 있는 정당과 기탁자간의 정치자금 음성거래를 차단함과 아울러 정경유착의 폐단을 사전에 방지하기 위해서이다. 기탁금을 기탁하고자 하는 자는 규칙이 정하는 서식12)의 기탁금기탁서에 의하여 각급 선거관리위원회에 이를 기탁할 수 있다. 이 경우 물건을 기탁하고자 하는 때에는 당해 기탁물건과 함께 그 소유권이전에 필요한 서류 등을 제출하여야 한다(규칙§26).

10) 중앙선거관리위원회, 「정치관계법 개정의견」, 2015. 2.
11) 중앙선거관리위원회의 법인·단체의 기탁금 허용에 관한 정치자금법 개정의견에 대하여, '첫째, 법인·단체는 일정한 목적 지향성을 지니기 때문에 이들의 기탁금 기부는 본질적으로 이익추구성이 있다고 보아야 한다. 더구나 구성원들의 의사에 따라 내부의사결정 과정을 거쳐 자발적으로 기부한다면 그러한 성향은 더욱 두드러지므로, 근본적으로 목적성을 지닌 법인·단체의 기탁금을 순수한 공익적 성격을 지닌 것으로 의제하는 것은 비현실적 가상이다. 둘째, 지정기탁금을 전혀 허용하지 않음에도 불구하고 기탁금을 자발적으로 낼 기업이 얼마나 될 것인지 대단히 의문스럽다. 이러한 경우의 기탁금은 사실상 반강제적으로 납부하는 정치성금이 될 것이다. 법인·단체의 정치적 의사를 고려하지 않은 기탁금의 배분은 정치적 자유를 사실상 인정하지 않으면서 단지 정치자금의 원활한 조달만을 강조하는 처사에 불과하다. 셋째, 법인·단체의 기부를 금지한 이후 정치권의 정치자금 요구가 거의 사라졌다는 것이 경제계의 평가임에도, 법인·단체의 정치자금 기부를 다시 허용하게 되면 이에 대한 정치권의 요구가 거세질 것이고 이를 통하여 정치적 영향력의 행사를 노리는 기업 등 단체의 줄대기가 재현될 것이다. 따라서 법인·단체의 기탁금 기부는 허용하지 않는 것이 현실적으로 타당하다.'는 견해가 있다(음선필, 「정치자금 기탁제도의 합리화 방안」, 홍익법학 제16권 제3호(2015), 191-192쪽).
12) 규칙 별지 제24호 서식(기탁금기탁서)

(2) 실명기탁

누구든지 타인의 명의나 가명 또는 그 성명 등 인적사항을 밝히지 아니하고 기탁금을 기탁할 수 없다. 이 경우 기탁자의 성명 등 인적사항을 공개하지 아니할 것을 조건으로 기탁할 수 있다(법§22③).[13]

라. 기탁금의 수탁

각급 선거관리위원회는 기탁금을 받은 때에는 규칙이 정하는 서식[14]의 기탁금 수탁증을 기탁자에게 교부하여야 한다(규칙§27①). 기탁금을 받은 선거관리위원회는 지체 없이 기탁금을 중앙선거관리위원회가 지정한 예금계좌로 송금하여야 한다. 다만, 예금계좌로 송금할 수 없는 유가증권 그 밖의 물건인 경우에는 중앙선거관리위원회가 정하는 바에 따라 관할 선거관리위원회가 이를 보관·관리할 수 있다(규칙§27②). 유가증권 그 밖의 물건으로 기탁된 경우 그 가액이 일반적으로 형성되어 있지 아니한 경우에는 관할 선거관리위원회가 그 가액을 추정·평가하여야 한다. 이 경우 추정가액이 100만원을 초과하는 때에는 「감정평가 및 감정평가사에 관한 법률」의 규정에 따른 감정평가법인등 그 밖의 공인된 감정기관의 시가감정서를 고려하여 그 가액을 평가하여야 한다(규칙§27③, §15②).

기탁된 물건이 부패·변질 또는 감량될 우려가 있거나 법 제23조(기탁금의 배분과 지급)의 규정에 의한 배분비율에 따라 분할할 수 없는 경우에는 기탁금을 받은 각급 선거관리위원회는 이를 입찰 또는 경매의 방법에 의하여 공매하여야 한다. 다만, ① 부패·변질 또는 감량되기 쉬운 물건으로서 속히 매각하지 아니하면 그 물건의 가액이 감손될 우려가 있는 때, ② 수의계약에 의하지 아니하면 매각대금이 공매비용을 충당하고, 나머지가 생길 여지가 없는 때, ③ 공매할 물건의 추산가액이 1천만원 미만인 때, ④ 법령으로 소지 또는 매매가 규제된 물건인 때, ⑤ 제1회 공매 후 1년간에 5회 이상 공매하여도 매각되지 아니한 때, ⑥ 공매함이 적절하지 아니한 때에 해당하는 경우에는 2인 이상의 견적서를 받아서 수의계약으로

---

13) 우리의 정치자금의 현실에 비추어 거의 대다수 기탁금의 금액이 10만원 이하이기 때문에, 기탁제도의 활성화를 위해서는 기부자의 인적사항을 공개하는 것을 강조하기보다는 기탁금 관리의 투명성을 더 강조하는 것이 중요하다는 견해가 있다(음선필, 「정치자금 기탁제도의 합리화 방안」, 홍익법학 제16권 제3호(2015), 197쪽).

14) 규칙 별지 제25호 서식(기탁금수탁증)

매각할 수 있다(규칙§27④). 「국세징수법」제63조(매각예정가격의 결정) 내지 제68조(공매통지), 제70조(공매공고기간), 제72조(공매참가의 제한) 내지 제76조(매수대금의 납부최고), 제77조(매수대금납부의 효과) 제1항 및 제78조(매각결정의 취소)의 규정은 위 공매에 이를 준용한다(규칙§27⑤).

가액평가 및 공매 또는 매각에 소요되는 경비는 정당에 지급할 기탁금에서 이를 공제하여야 한다(규칙§27⑥).

마. 벌칙

법 제22조(기탁금의 기탁) 제1항의 규정을 위반하여 선거관리위원회에 기탁하지 아니하고 정치자금을 기부하거나 받은 자는 5년 이하의 징역 또는 1천만원 이하의 벌금에 처한다(법§45②4.).

3. 기탁금의 배분과 지급

가. 배분·지급방법

중앙선거관리위원회는 기탁금의 모금에 직접 소요된 경비를 공제하고 지급 당시 법 제27조(보조금의 배분)의 규정에 의한 국고보조금 배분율[15]에 따라 기탁금을 배분·지급한다(법§23①).[16][17] 중앙선거관리위원회가 기탁금을 배분·지급하는 때

---

15) 국고보조금의 배분율에 대하여는 제6장 국고보조금 3. 보조금의 배분·지급에서 상술한다.

16) 헌법재판소는, 구 정치자금에 관한 법률(1997. 1. 13. 법률 제5261호로 개정된 것) 제11조(정치자금의 기탁) 제1항과 관련하여, '정치자금법 제11조(정치자금의 기탁) 제1항에서 정당으로 하여금 개인·법인 또는 단체로부터 기탁금을 받을 수 있도록 함으로써 정당이나 정당 소속 입후보자가 보호를 받고 상대적으로 무소속 입후보자가 불리한 차별을 받게 된다 하더라도 이는 우리 헌법이 정당제 민주주의를 채택하고 정당에 대하여 특별한 보호를 하도록 한 헌법정신에 따른 것으로 합리적 차별로서 허용되는 것이므로 이를 두고 헌법상 평등원칙에 위배되는 것이라 할 수 없다.'고 판시하였다(1997. 5. 29. 선고 96헌마85 전원재판부 결정). : 이에 반하여, '기탁금의 배분을 국고보조금의 배분율에 따라 의석을 가진 원내중심 정당 위주로 보조금이 차등적으로 지급되다보니, 이로 인해 기존 정당들에게만 일방적 수혜 혜택이 돌아가는 제도가 되고 있다. 따라서 이러한 배분상의 문제점으로 인하여 신생정당이나 원외정당의 경우는 정치자금의 수혜를 받지 못하기에 교섭단체를 구성한 원내중심의 정당에만 유리하여, 결국 소수정당을 보호 육성함을 원칙으로 하는 정치자금법의 정신과도 어긋날 뿐만 아니라, 기존 정당구도의 고착화로 인해 정당정치의 발전과 정당정치의 제도화에 기여하기에는 미흡하다.'는 견해가 있다(허형택, 『한국의 정치와 정치자금』, 세종출판사, 345쪽).

에는 1회 300만원을 초과하여 기탁한 자의 성명 등 인적 사항을 공개하여야 한다. 다만, 법 제22조(기탁금의 기탁) 제3항 후단의 규정에 의하여 이를 공개하지 아니할 것을 조건으로 기탁한 경우에는 그러하지 아니하다(법§23②).

기탁금은 법 제34조(회계책임자의 선임신고 등) 제4항 제1호의 규정에 의하여 중앙선거관리위원회에 신고된 정치자금의 수입을 위한 예금계좌(예금계좌가 2 이상인 때에는 당해 정당의 중앙당의 대표자가 서면에 의하여 지정하는 계좌를 말한다)에 입금하는 방법으로 지급하여야 한다(규칙§28③). 중앙선거관리위원회는 기탁금을 지급받을 정당이 수령을 거절하는 경우에는 그 기탁금은 수령을 거절한 정당을 제외한 나머지 정당에 이를 배분·지급하고(법§24②), 기탁금을 지급받을 정당이 해산·등록취소 등으로 기탁금을 수령할 수 없게 된 때에는 그 정당을 제외하고 이를 배분·지급한다(규칙§28②).

중앙선거관리위원회가 기탁금을 지급한 때에는 금융거래입금증 등 관련 증빙서류를 보관하고, 그 지급사실을 공고하여야 한다(규칙§28④).

나. 지급시기

중앙선거관리위원회는 매분기 말일(규칙 제27조(기탁금의 수탁) 제4항의 규정에 의하여 물건을 공매한 때에는 매각대금이 수납된 날이 속하는 해당 분기의 말일)까지 기탁된 기탁금을 해당 분기의 말일부터 14일 이내에 법 제23조(기탁금의 배분과 지급) 제1항의 규정에 의하여 정당의 중앙당에 배분·지급하고, 그 지급내역을 서면으로 통지하여야 한다(규칙§28①).

4. 기탁금의 국고귀속

가. 국고귀속

법 제22조(기탁금의 기탁) 제2항 및 제3항의 규정을 위반하여 기탁된 기탁금은

---

17) 지급 당시 국회의원 의석이 없고 최근 실시된 전국 차원의 선거에서 일정한 득표율을 얻지 못한 정당은 기탁금을 받을 수 없게 됨으로써 주로 신생정당 또는 득표능력이 적은 소정당이 차별받는 결과는 지정기탁금제를 허용하지 않는 현행법 하에서는 정당의 국민의 의사형성 능력에 따른 차별이라는 이유로 합리화할 수 있다고 하는 견해도 있다(음선필, 「정치자금 기탁제도의 합리화 방안」, 홍익법학 제16권 제3호(2015), 176쪽).

국고에 귀속한다(법§24①). 즉, 1회 1만원 미만의 기탁금이나 연간 기탁한도액인 1억원 또는 전년도 소득의 100분의 5 중 다액을 초과하는 기탁금과 타인의 명의나 가명 또는 그 성명 등 인적사항을 밝히지 아니한 기탁금은 국고에 귀속한다.

나. 국고귀속대상 기탁금의 처리

국고에 귀속되는 기탁금은 관할 선거관리위원회가 이를 납부받아 국가에 납입하되, 납부기한까지 납부하지 아니한 때에는 관할 세무서장에게 위탁하여 관할 세무서장이 국세체납처분의 예에 따라 이를 징수하고, 관할 선거관리위원회 또는 관할 세무서장이 징수한 국고귀속대상 기탁금의 국가에의 납입절차에 관하여는 「국고금관리법 시행규칙」을 준용한다(법§24③, §4③,④, 규칙§29, §3).

제 6 장 국고보조금

1. 의의

가. 의의

보조금이라 함은 정당의 보호·육성을 위하여 국가가 정당에 지급하는 금전이나 유가증권을 말한다(법§3 6.).

정당은 정치적 결사로서 국민의 정치적 의사를 적극적으로 형성하고 각계각층의 이익을 대변하며, 정부를 비판하고 정책적 대안을 제시할 뿐만 아니라, 국민 일반이 정치나 국가작용에 영향력을 행사하는 매개체의 역할을 수행하는 등 현대의 대의제민주주의에 없어서는 안 될 중요한 공적기능을 수행하고 있다. 때문에 헌법도 정당의 기능에 상응하는 지위와 권한을 보장하고 있는데, 우리 헌법상 정당설립의 자유와 복수정당제는 보장되고(헌법§8①), 정당의 목적·조직·활동이 민주적인 한, 정당은 국가의 보호를 받으며 정당운영에 필요한 자금을 보조받을 수 있다(헌법§8②-④).

「헌법」 제8조 제3항(정당은 법률이 정하는 바에 의하여 국가의 보호를 받으며, 국가는 법률이 정하는 바에 의하여 정당의 운영에 필요한 자금을 보조할 수 있다)의 규정[1]에 근거하여 1980. 12. 31. 제3차 정치자금법 개정 시 처음 신설·도입된 보조금제도는 정당이 위와 같은 역할을 수행하는데 소요되는 정치자금을 마련함에 있어 정치자금의 기부자인 각종 이익집단으로부터의 부당한 영향력을 배제함으로써 정치부패

---

1) 「헌법」 제8조 제3항의 정당국고보조는 강행규정이 아니라 임의규정의 형식을 취하고 있다. 즉, 국가는 정당운영자금을 당연히 보조해야 하는 것이 아니라 보조할 수도 있는 유보적인 입장에 놓여있다. 이는 정당운영이 정당 스스로 재정확보에 의해 원활하게 이루어지지 못할 경우 국가가 정당재정에 도움을 줄 수 있다는 것을 뜻한다. 이러한 정당재정에 대한 국가의 태도는 원칙적으로 정당재정은 정당 스스로 해결하되, 자기해결이 어려울 경우에는 국가가 보충적으로 이를 지원하겠다는 것을 의미한다. 결국, 정당에 대한 국고보조는 전면적·포괄적·강행적·원칙적인 것이 아니라 부분적·개별적·임의적·예외적인 것으로 보충성원칙에 따라야 한다(박범영·손승범, 「정당재정에 대한 국고보조의 헌법상 정당화 기준」, 의정연구 제18권 제1호, 94쪽).

를 방지하고, 정당 간의 자금조달의 격차를 줄여 공평한 경쟁을 유도하며, 선거비용과 정당의 경비지출의 증가추세에 따른 재정압박을 완화하여 정당의 원만한 기능을 보장하고 유능한 후보자의 당선가능성을 높이는데 그 입법목적이 있다.[2][3] 보조금제도에 관한 각국의 입법례를 보면, 우리나라와 일본, 독일 등은 정당활동을 위한 보조금을 지급하고 있는데 반해 미국이나 영국 등은 정당활동에 대한 직접적인 국고보조는 없고, 다만 선거비용에 대한 보조나 야당에 대한 보조 등을 하여 줄뿐이다. 또한 보조금을 배분하는 기준도 의석수나 총득표수, 정당득표율(또는 대정당후보자의 평균 득표수에 대한 소정당 및 신생정당 후보자의 득표율) 등으로 각 나라마다의 역사 및 정치풍토 내지 정치환경에 따라 다양한 모습을 보이고 있다.[4][5]

---

2) 국고보조금제도는 첫째, 정당의 사적 자금 의존도가 심화될수록 정당활동과 경쟁의 공공성이 침해될 수 있으므로 국고보조금을 통하여 공적 이익보다 사적 이익이 정당과 선출자의 행위를 규정함으로써 민주주의적 정치과정에의 사적 자금의 영향력이 커지는 것을 제어할 수 있고, 둘째, 정당에 대한 직접적인 국고보조는 평등한 기회와 공정성 그리고 정치적 경쟁의 평등을 확보함으로써 정치자금을 제공할 수 없는 소외계층의 의견이 다른 계층에 비하여 상대적으로 정치과정에서 소외되는 현상을 막고, 셋째, 후보자들의 정치진입 장벽으로 작동하고 있는 높은 선거비용의 압력을 약화시킴으로써 후보자들 간의 경쟁을 촉진시킬 수 있는 장점이 있다고 한다(유진숙, 「국고보조금제도형성과 담론 : 독일사례를 중심으로」, 국제정치논총 제52집 제1호 (2012), 251-252쪽).

3) 정당의 공적 임무가 사적인 측면에 의해 위험에 빠지지 않게 하려면 국가에 의한 재정원조가 검토되어야 하고, 그래야만 정당이 사적인 헌금자의 부적절한 이해와 압력으로부터 독립할 수 있으며, 정당이 재력가들의 압력으로부터 해방되어 정당으로 조직된 국민의 의사에 따라서 정책을 수행할 수 있을 때까지 재정적으로 보장하는 경우에 비로소 국민에게 필요한 기능을 적절하게 수행할 수 있다는 견해가 있다(김민배, 「정치자금의 투명성 확보와 시민참여 -정당국고보조를 중심으로-」, 의정연구 제6권 제1호, 55-56쪽).

4) 2006. 7. 27. 선고 2004헌마655 전원재판부 결정

5) 국고보조금제도는 1979. 12. 12. 군사쿠데타로 신군부가 집권한 이후 1980. 10. 27. 공포된 8차 개정 「헌법」 제7조 제3항(정당은 법률이 정하는 바에 의하여 국가의 보호를 받으며 국가는 법률이 정하는 바에 의하여 정당의 운영에 필요한 자금을 보조할 수 있다.)에 근거한 것으로 신군부의 패권유지와 깊은 관계가 있다. 신군부는 기성 정치인의 활동을 제한하는 소급입법인 「정치풍토 쇄신을 위한 특별조치법(1980. 11. 5. 법률 제3261호로 제정되었다가 1988. 12. 31. 법률 제4039호로 폐지되었다)」을 제정하여 기존 정당의 해체와 새로운 정당의 결성을 주도하면서 도입한 제도이기 때문이다. 국고지원을 지렛대로 신군부가 설정한 테두리를 벗어나지 못하게 묶어 두고 집권을 계속하려는 의도에서 도입한 제도이기 때문에 정당활동을 보장한다는 말 자체가 성립될 수 없고, 법 개정 자체도 신군부의 대리집단인 국가보위입법회의에서 이루어진 것이기 때문에 국고보조금제도는 반드시 원점에서 다시 논의되어야 한다는 견해가 있다(심지연, 「정치자금제도의 개선방안」, 한국정당학회보, 249쪽).

나. 국고보조금제도의 연혁

(1) 국고보조금의 계상 연혁

국고보조금제도는 1980. 12. 31. 구「정치자금에 관한 법률(법률 제3302호)」이 전면 개정되면서 도입되었는데, 국가는 정당에 대하여 예산의 범위 안에서 보조금을 지급할 수 있다는 것만 규정되었을 뿐(위 법률 제17조), 보조금 지급액이 계상되지 않아 예산의 범위 내에서 여야간 합의로 정치적 상황에 따라 보조금이 지급되었다. 그 후 1989. 12. 30. 법률 제4186호로 구「정치자금에 관한 법률」이 개정되어 국고보조금 계상에 있어서 정액제(최근 실시한 국회의원총선거의 선거권자 총수에 400원을 곱한 금액)가 도입됨으로써(위 법률 제17조) 보조금 액수는 해마다 자동적으로 늘어나 정당에 대한 국고보조를 무제한적으로 늘릴 수 있는 제도적 장치를 마련하였다.

1991. 12. 31. 법률 제4463호로 개정되면서 경상보조금이 400원에서 600원으로 인상되었고, 선거가 있는 연도에는 선거공영제의 취지에 따라 그 선거마다 300원씩 추가로 지급하는 선거보조금이 신설되었다(위 법률 제17조). 1992. 11. 11. 법률 제4497호로 개정하면서 선거보조금을 300원에서 600원으로 인상하였고(위 법률 제17조), 1994. 3. 16. 법률 제4740호로 개정하면서 경상보조금을 600원에서 800원으로, 선거보조금을 600원에서 800원으로 각각 인상하였고, 지방의회의원 및 지방자치단체의 장의 임기만료로 인한 동시선거의 경우에는 각 선거마다 600원씩을 추가하여 예산에 계상하도록 하였다(위 법률 제17조). 2004. 3. 12. 법률 제7191호로 개정되면서 대통령선거, 국회의원총선거 또는 「공직선거법」의 규정에 의한 동시지방선거가 있는 연도에는 각 선거마다 800원씩을 추가한 금액을 예산에 계상하도록 하였고, 2008. 2. 29. 법률 제8880호로 정치자금법이 개정되면서 최근 실시한 임기만료에 의한 국회의원선거권자 총수에 보조금 계상단가를 곱한 금액을 매년 예산에 계상하도록 하였고, 보조금 계상단가는 전년도 보조금 계상단가에 「통계법」 제3조(정의)에 따라 통계청장이 매년 고시하는 전전년도와 대비한 전년도 전국소비자물가변동률을 적용하여 산정한 금액을 증감한 금액으로 하도록 하여(법§25) 현재에 이르고 있는 바, 국고보조금의 계상총액은 국고보조금제도가 생긴 이래 해마다 증가하고 있다.[6]

(2) 국고보조금의 배분비율 연혁

1980. 12. 31. 구 「정치자금에 관한 법률(법률 제3302호)」이 전면 개정되면서 도입된 국고보조금제도에서의 국고보조금은 지급당시 국회의석이 다수인 순으로 4정당까지 100분의 5씩 균등지급하고 그 잔여분 중 100분의 50은 의석비율로 지급하고 그 잔여분은 국회의원 총선거에서 득표율에 의하여 지급하였고(위 법 제18조), 1989. 12. 30. 법률 제4186호로 개정되면서 국회의석이 다수인 순으로 4정당까지 100분의 5씩 균등지급하던 것을 100분의 10씩 지급하는 것으로 변경되었고(위 법 제18조), 1991. 12. 31. 법률 제4463호로 개정되면서 국고보조금은 지급당시 동일정당 소속으로 교섭단체를 구성한 정당에 대하여 그 100분의 40을 정당별로 균등분할하여 우선 배분·지급하고, 5석 이상의 의석을 얻은 정당에 대하여 100분의 5씩을 배분·지급하며, 소수당을 보호하기 위하여 의석을 얻지 못하거나 5석 미만의 의석을 얻은 정당 중 최근에 전국적으로 실시된 시·도의회의원 또는 장선거에서 유효투표총수의 100분의 0.5 이상 득표한 정당 등에 대하여는 100분의 2씩을 각각 배분·지급하고 잔여분 중 100분의 50은 지급당시 의석을 가진 정당에 그 의석수의 비율에 따라 배분·지급하며, 그 나머지는 최근에 실시된 국회의원총선거에서 득표한 정당의 득표수비율에 따라 배분·지급하는 것으로 전면 개정되었고(위 법률 제18조), 1994. 3. 16. 법률 제4740호로 개정하면서 "시·도의회의원 또는 시·도지사선거"를 "지방의회의원 또는 지방자치단체의 장의 선거"로 변경하고(위 법률 제18조), 1997. 1. 13. 법률 제5261호로 개정하면서 원내교섭단체를 구성한 정당에 대한 국고보조금의 기본배분비율을 100분의 40에서 100분의 50으로 조정하였고(위 법률 제18조), 2004. 3. 12. 법률 제7191호로 개정하면서 "국회의원총선거에서 유효투표총수의 100분의 2 이상을 득표한 정당"을 "국회의원선거의 득

---

6) 정치자금법은 정당국고보조를 "예산에 계상"한다고 하여 그 재원이 조세임을 명백히 하고 있고, 조세는 법률에 따라 모든 국민이 부담하는바, 정당국고보조로 인하여 특정 정당을 지지하지 않는 (혹은 반대하는) 국민이 납부한 세금이 그 특정 정당에 보조금으로 지급될 수 있고, 이는 조세납부자의 정치적 의사에 반하는 정치자금의 지급을 강제하는 문제를 발생시키므로, 미국의 "Tax Add-on" 또는 "Tax Check-off"제도(개인의 소득세 납부 시 전자는 세금과 별도로 헌금을, 후자는 세금의 일부를 정당이나 후보자에게 기부할 것을 표시하는 제도)와 같은 방안을 고려하는 것이 조세납부자의 정치적 의사반영을 정확하게 하는 방안이라는 견해가 있다(박범영·손승범, 「정당재정에 대한 국고보조의 헌법상 정당화 기준」, 의정연구 제18권 제1호, 99쪽).

표수 비율이 100분의 2 이상인 정당"으로, "정당의 후보추천이 허용되는 지방의회
의원 또는 지방자치단체의 장의 선거에서 유효투표총수의 100분의 0.5 이상 득표
한 정당"을 "후보추천이 허용되는 비례대표 시·도의회의원선거, 지역구 시·도의
회의원선거, 시·도지사선거 또는 자치구·시·군의 장의 선거에서 당해 정당이 득
표한 득표수 비율이 100분의 0.5 이상인 정당"으로, "정당의 후보추천이 허용되는
지방의회의원 또는 지방자치단체의 장의 선거에서 유효투표총수의 100분의 2 이
상 득표한 정당"을 "후보추천이 허용되는 비례대표시·도의회의원선거, 지역구시·
도의회의원선거, 시·도지사선거 또는 자치구·시·군의 장의 선거에서 당해 정당
이 득표한 득표수 비율이 100분의 2 이상인 정당"으로 변경되었고(위 법률 제18조),
위 법률이 2005. 8. 4. 정치자금법(법률 제7682호)으로 전부개정되었으나 조문의 위
치만 바뀌어 현재에 이르고 있는 바(법§27), 국고보조금이 국회교섭단체를 구성한
정당을 기준으로 국회의석수, 득표비율 순으로 배분되는 기조를 유지하고 있다.

다. 국고보조금과 정당활동의 자유

국고보조는 정당의 공적기능의 중요성을 감안하여 정당의 정치자금조달을 보완
하는 데에 그 의의가 있고, 정당에 대한 국고보조금의 지급은 정당의 존립 그 자
체를 위한 것이 아니라 정당의 정책개발과 민주적인 정당활동을 지원하기 위한 것
이다.[7] 따라서 정당에 대한 국고보조는 이러한 국고보조금제도의 취지에 맞게 적

---

7) 1959년 유럽에서 최초로 도입한 독일의 국고보조금제도는 세 가지 원칙에 근거하고 있다. 첫
   번째 원칙은 정당의 일반적인 경상경비에 대한 국고보조의 정당성이다. 정당은 단순한 선거준
   비조직이 아니라 시민들이 자발적으로 정치적 행동에 참여하도록 조직화하고 이를 통해 국가
   적 사안에 대한 실질적인 영향력 행사를 가능하게 만드는 역할을 수행하므로 정당 활동은 단
   기전인 선거에 국한될 수 없으며 일상적이고 다양한 선거외적 활동을 포괄하며 이에 근거하여
   볼 때 정당에 대한 국고보조는 필수적인 선거비용에만 제한될 수 없다. 두 번째 원칙은 정당의
   국가로부터의 자유이다. 정당의 국가로부터의 자유원칙에 따라 국가는 일반적 정당 활동을 부
   분적으로만 재정지원할 수 있다. 정당이 국고보조에 전적으로 의존함으로써 당원과 시민들로
   부터 재정지원을 받기 위해 더 이상 애쓰지 않게 된다면 이는 국가로부터의 자유원칙의 훼손
   을 의미한다. 정당국고보조의 범위와 가부는 당비와 기부금 등 정당이 자체적으로 모금한 정치
   자금의 규모에 연동하여 분배되고, 국고보조금 비율이 정당전체예산의 절반 이상을 차지하지
   못한다. 세 번째 원칙은 평등의 원칙이다. 정당국고보조는 근본적인 정당 간 기회의 평등원칙,
   정치과정참여에 있어서의 모든 시민의 기회의 평등원칙에 근거한다. 이때 평등은 소극적인 기
   회의 평등 개념에 제한된다. 따라서 국고보조금은 당비 및 기부금액수, 즉 정당 고유의 경쟁력
   에 연동하여 지급되며 또한 정당 간 기회의 평등은 정치자금에 대한 공개의무라는 간접적 방

정하게 이루어져야 한다. 국고보조금제도의 취지를 벗어난 정당에 대한 과도한 국가보조는 정당의 국민의존성을 떨어뜨리고 정당과 국민을 밀어지게 할 우려가 있다. 이는 국민과 국가를 잇는 중개자로서의 정당의 기능, 즉 공당으로서의 기능을 약화시킴으로써 정당을 국민과 유리된 정치인들만의 단체, 즉 사당으로 전락시킬 위험이 있다. 뿐만 아니라 과도한 국가보조는 국민의 지지를 얻고자 하는 노력이 실패한 정당이 스스로 책임져야 할 위험부담을 국가가 상쇄하는 것으로서 정당 간 자유로운 경쟁을 저해할 수 있다.[8][9][10][11] 현행 정치자금법상 국고보조금은 우선 국회 교섭단체를 구성한 정당에 그 100분의 50을 정당별로 균등하게 분할하여 배분·지급하고, 국회 교섭단체를 구성하지 못한 정당 중 5석 이상의 의석을 가진 정당에 대하여는 100분의 5씩을, 의석이 없거나 5석 미만의 의석을 가진 정당에 대하여는 득표수 비율에 따라 100분의 2씩을 배분·지급하며, 잔여분 중 100분의 50은 지급 당시 국회의석을 가진 정당에 그 의석수의 비율에 따라 배분·지급하

식을 통하여 보장된다(유진숙, 「정치자금과 정당담론 : 독일 국고보조금제도의 변동」, 의정연구 제15권 제1호(2009. 6.), 245-246쪽).

8) 2015. 12. 23. 선고 2013헌바168 결정

9) 정당운영비 국고보조제도는 첫째, 선거비용을 국고가 부담하는 것(이것은 일종의 선거공영제를 의미하게 된다)은 별문제이나 정당의 운영활동비를 국고가 부담한다는 것은 정당화될 수 없고, 둘째, 기성의 정당에 대해서만 보조금지원을 행한다는 의미에서 본질적으로 헌법상 평등(기회균등)의 원칙에 반하는 위헌의 제도이므로, 현행의 국고보조금제도는 선거비용의 국고보조금제도로 바꾸거나 폐지되어야 하고, 무엇보다도 '정당운영에 필요한 자금을 법률이 정하는 바에 의하여 보조할 수 있다.'고 하는 「헌법」 제8조 제3항 후단은 그 자체가 헌법원리에 반하는 헌법조항인 만큼 개정되어야 한다는 견해가 있다(최대권, 「정치개혁을 위한 몇 가지 생각(Ⅱ) -정부형태·정당·정치자금·선거제도 등을 중심으로-」, 서울대학교 법학 제33권 제2호(1992), 100-104쪽).

10) 다수당이 법률의 개정에 의하여 정당국고보조를 축소하는 경우 소수정당은 존립 자체에 위협을 받게 되고, 이 위협 때문에 정치적 의사형성단계에서 다수당에게 어느 정도 양보하는 것이 불가피하고, 이렇게 된다면 정당에 대한 일반적 국고보조가 오히려 자유로운 정치적 의사형성을 침해하는 결과로 나타난다는 견해가 있다(김민배, 「정치자금의 투명성 확보와 시민참여 - 정당국고보조를 중심으로-」, 의정연구 제6권 제1호, 58쪽).

11) 국가로부터의 재정지원은 정당의 제도적 독립성과 국가로부터의 명확한 분리원칙을 훼손하고, 정당의 국가의존도를 높임으로써 야당활동을 근본적으로 방해한다. 이는 정당이 시민사회보다는 국가와 밀착되어 일종의 카르텔을 형성한다는 카르텔정당론과 정치인들이 정치적 이익을 둘러싼 폐쇄적인 계급을 형성한다는 정치계급론 등에 대표적으로 반영된다. 국고보조라는 공동의 이해관계는 정당들 간의 정치적 경쟁을 무력화시키고 정당들을 특혜구조를 공유하는 폐쇄적인 이익집단으로 만듦으로써 궁극적으로는 민주주의를 위협한다고 한다(유진숙, 「정치자금과 정당담론 : 독일 국고보조금제도의 변동」, 의정연구 제15권 제1호(2009. 6.), 247-248쪽).

금액에 매칭(matching)하여 지급함으로써 정당후원회의 모금활동과 노력을 제도적으로 유인할 필요가 있다.[21][22] 또한 국회에서 일방적으로 행하여 온 국고보조금의 불합리한 증액을 방지하기 위하여 독일의 경우에서처럼 전문위원회를 구성하여 보조금 총액의 상한선을 결정하는 도입하는 것도 바람직하다.[23] 둘째, 국고보조금의 배분에 있어서도 정당의 득표수를 기준으로 하여 보조금을 배분하는 방식으로 변경할 필요가 있다.[24][25][26] 셋째, 국고보조금의 지출에 대한 실효성있는 감사를

---

21) 임성학 외 2, 「정치자금의 원활한 조달과 투명성 강화방안에 관한 연구 −정당후원회 부활 및 매칭펀드제 도입을 중심으로−」, 한국정치학회, 2016년 중앙선거관리위원회 연구용역보고서, 74쪽.

22) 심지연은, 정당에 대한 국고보조의 문제점과 관련하여, '각국의 정치자금제도를 보면, 정치자금의 수령 및 지출이 정당을 중심으로 이루어질수록 정당의 통제력이 강화되고 이에 비례하여 의원들의 자율성이 약화되고, 정치자금을 특정 개인이나 집단에 의존할수록 이를 제공한 개인이나 집단에 포획당할 수밖에 없다. 이와 동시에 정당에 대한 보조금이 늘어날수록 당은 관료화되고 국민에 대한 대응성과 책임성이 낮아진다. 따라서 정당에 대한 보조금 지원을 과감히 철폐하여 이를 당내 경선 보조자금으로 전환하고 후보자에 대한 실질적인 지원이 이루어지도록 해야 한다. 이는 사회주의 국가를 제외하고는 그 예를 찾아보기 힘들 정도로 거대한 우리의 중앙당 조직을 축소하고 원내 정당화를 이루는 데 도움이 될 뿐 아니라 당내 경선에 필요한 비용을 음성적으로 조달하는 것을 막음으로써 후보자들이 부패의 사슬에 말려들게 되는 것을 방지할 수 있다. 현재 각 당이 경선에 출마하는 경선 주자들에게 그 비용의 일부를 부담시키고 있는데, 이는 경선주자 자신이 부자이거나 아니면 음성자금에 의존하지 않고는 경선에 나설 수 없음을 의미하는 것이다. 따라서 경선에 대한 자금지원은 중앙당에 대해서 일률적으로 할 것이 아니라 풀뿌리 민주주의를 확대하는데 필수적이라고 할 수 있는 지구당에 대해서도 자금을 지원하는 방식으로 하여야 한다. 대선 후보 결정을 위한 경선 보조는 중앙당에, 국회의원선거 후보 결정을 위한 경선 보조는 지구당에 그리고 지방선거 후보자 결정을 위한 경선은 해당 시도지부 및 지구당에 보조금을 제공하여야 한다. 그리고 해당 중앙당 및 지구당에 대한 보조금의 배분방식은 거대정당 중심의 배분이 아니라 당비를 내는 진성 당원을 많이 가진 정당에게 유리한 방식으로 하여야 한다. 당비 납부율과 국고보조를 연계함으로써 정당이 당비의 납부를 독려할 인센티브를 제공하여야 한다. 후보자 개인에 대한 선거자금의 지원은 1인당 10만원 이하 소액의 정치자금을 일정 수 이상 모금한 후보자들에게 그 모금한 액수에 비례하여 국고보조를 제공하여야 한다. 이는 소액다수주의의 정착에 도움을 줄 수 있다.'고 주장한다(심지연, 「정치자금제도의 개선방안」, 한국정당학회보 2−1호, 266−268쪽).

23) 조소영 외 3, 「민주적 절차의 정당성 확보를 위한 정치관계법 개선 방안 연구」, 사단법인 한국비교공법학회 2014 중앙선거관리위원회 연구용역과제, 28쪽; 박상목·주상현, 「정치자금제도의 운영실태와 발전 방안」, 한국자치행정학보 제27권 제3호(2013 가을), 462쪽; 이관희, 「개정 정치자금법의 특징적 내용과 평가」, 헌법학연구 제10권 제2호(2004. 6.), 82쪽

24) 우리의 정부형태가 독일이나 영국과 달리 대통령중심제이기 때문에 대통령선거에서의 득표수를 국고보조금 배분기준으로 하고, 여성추천보조금이나 장애인추천보조금의 배분방식도 해당자에 대한 추천이 있는 정당의 의석수와 득표수를 기준으로 할 것이 아니라 각 정당이 추천한 후보자수를 기준으로 하여 배분하는 것이 합목적적이라는 견해가 있고(조소영 외 3, 「민주적

위하여 정당이 제출하는 국고보조금 집행내역을 검토하는 정도에 불과한 선거관리위원회의 서면조사에 맡길 것이 아니라 감사원의 감사대상으로 정하여는 것이 필요하다. 국고금의 지원을 받는 단체로서의 정당이 감사원의 회계감사를 받아야 하는 것은 마땅하기 때문이다(감사원법§23 2.27)). 감사원의 감사가 정당의 자율성을 저해할 염려가 있는 것도 사실이지만, 국고보조금이 국민의 세금으로 지급되는 이상 그 집행내역에 대한 감사가 정당이 수인하기 어려울 정도라고는 보기 어렵기 때문이다.28)

중앙선거관리위원회는, 현행 국고보조금 배분·지급의 문제점을 감안하여, 첫째, 국고보조금 배분·지급방식을 개선하고자 교섭단체를 구성한 정당에 유리하게 배분하고 있는 현행의 국고보조금 배분방식을 정당에 대한 유권자의 지지의사에 상응하는 방식으로 배분·지급하기 위하여 ① 교섭단체를 구성한 정당에 100분의

절차의 정당성 확보를 위한 정치관계법 개선 방안 연구」, 사단법인 한국비교공법학회 2014 중앙선거관리위원회 연구용역과제, 29-30쪽), 사실상 원내교섭단체를 구성한 정당들에게만 전체 선거권자수를 기준으로 자동으로 배분되는 현행 국고보조금제도를 투표율 내지 투표자수와 연계시키는 방안이 정당들에게 낮은 투표율과 소모적이고 비생산적인 경쟁으로 인한 국민의 무관심에 대한 경계를 촉구하는 의미를 다소나마 확보할 수 있다는 견해도 있다(이종수, 「정당제민주주의의 현안문제의 검토 -현행 정당등록제도 및 정당등록취소제도와 정치자금제도를 중심으로-」, 헌법학연구 제13권 제2호(2007. 6.), 130쪽).

25) 보조금의 배분기준을 득표율로 바꿈으로써, 의석이 없는 신생정당 또는 군소정당이 보조금의 혜택을 받을 수 있을 뿐만 아니라 선거를 앞두고 보조금을 둘러싼 정당 내 분열이나 정당간의 이합집산을 방지할 수 있고, 정당들로 하여금 유권자들의 선거참여를 북돋우고 지지율을 높이기 위해 노력하는 결과를 얻어, 결국 각 정당들 간에 유능한 인재발굴과 정책개발을 위한 경쟁을 조성하게 된다고 한다(이관희, 「개정 정치자금법의 특징적 내용과 평가」, 헌법학연구 제10권 제2호(2004. 6.), 84쪽).

26) 독일 등에서 국고보조금이 득표율과 연동되어 지급됨으로써 정당들은 보다 많은 득표를 위해 보다 완화된 정책을 내놓고 따라서 정당들간의 이념적 대립성은 약화되고 상호 수렴의 경향성이 강화되고 있다고 한다(유진숙, 「국고보조금제도형성과 담론 : 독일사례를 중심으로」, 국제정치논총 제52집 제1호(2012), 248쪽).

27) 「감사원법」 제23조(선택적 검사사항) 감사원은 필요하다고 인정하거나 국무총리의 요구가 있는 경우에는 다음 각 호의 사항을 검사할 수 있다.
 2. 국가 또는 지방자치단체가 직접 또는 간접으로 보조금·장려금·조성금 및 출연금 등을 교부하거나 대부금 등 재정 원조를 제공한 자의 회계

28) 조소영 외 3, 「민주적 절차의 정당성 확보를 위한 정치관계법 개선 방안 연구」, 사단법인 한국비교공법학회 2014 중앙선거관리위원회 연구용역과제, 30쪽; 조소영, 「국고보조금의 합리적 개선방안에 관한 고찰」, 공법학연구 제16권 제1호, 20-24쪽; 이관희, 「개정 정치자금법의 특징적 내용과 평가」, 헌법학연구 제10권 제2호(2004. 6.), 85쪽

50을 정당별로 균등하게 분할하여 배분·지급하는 방식을 폐지하고(법§27① 삭제), ② 교섭단체 구성 여부를 불문하고 5석 이상의 정당과 득표수 비율이 일정요건에 해당하는 정당에 대한 국고보조금 배분·지급제도는 현행 기준을 따르되, 그 잔여분은 국회의원선거의 득표수 비율에 따라 배분·지급하고(법§27③ 수정), 둘째, 정당 재정의 과도한 국고의존을 방지하고 당비수입액과 연동한 경상보조금지급으로 재정 확충을 위한 정당의 자구노력을 촉구하며, 국고보조금 지급에 당비납부당원 비율을 함께 반영함으로써 진성단원 중심의 정당운영 기반을 조성하기 위하여, 경상보조금 전체 예산의 계상과 정당별 배분 및 한도액은 현행기준을 유지하되, 경상보조금 실제 지급액은 연간 또는 분기별 해당 정당의 당비 수입총액과 일정 금액 이상 당비 납부자수 비율에 연동되도록 하고{당비 연동 국고보조금 산정식 = 당비수입총액(a) + [당비수입총액(a) × 당비납부자수 비율(b)[29])]}, 다만, 산정된 금액이 정당별 배분 한도액을 초과할 경우에는 정당별 배분 한도액만을 지급하도록 하는 내용의 정치자금법 개정의견을 2016. 8. 국회에 제출한 바 있다.[30]

2. 보조금의 종류와 계상

가. 보조금의 종류

보조금에는 경상보조금, 선거보조금, 공직후보자 여성추천보조금 및 공직후보자 장애인추천보조금이 있다.

경상보조금은 정당의 기본적인 운영을 위한 용도에 충당하기 위하여 지급하는 보조금이고, 선거보조금은 대통령선거, 임기만료에 의한 국회의원선거 및 동시지방선거가 있는 연도에 지급하는 보조금이다. 공직후보자 여성추천보조금은 임기만료에 의한 지역구국회의원선거, 지역구시·도의회의원선거 및 지역구자치구·시·군의회의원선거에 여성후보자를 추천한 정당에 지급하는 보조금이고, 공직후보자 장애인추천보조금은 임기만료에 의한 지역구국회의원선거, 지역구시·도의회의원선거 및 지역구자치구·시·군의회의원선거에 장애인후보자(후보자 중「장애인복지

---

29) 당비 납부자수 비율(b)은 해당 정당의 전체 당원수 대비 분기별 3만원 또는 연간 12만원 이상 당비를 납부한 당원수를 기준으로 산정(연간 10만원까지는 전액 세액공제)
30) 중앙선거관리위원회,「정치관계법 개정의견(공직선거법·정당법·정치자금법)」, 2016. 8.

법」 제32조(장애인 등록)[31]에 따라 등록된 자를 말한다. 이하 같다)를 추천한 정당에 지급하는 보조금이다.

나. 보조금의 계상

(1) 경상보조금

국가는 정당에 대한 보조금으로 최근 실시한 임기만료에 의한 국회의원선거의 선거권자 총수에 보조금 계상단가를 곱한 금액을 매년 예산에 계상하여야 한다. 이 경우 임기만료에 의한 국회의원선거의 실시로 선거권자의 총수에 변경이 있는 때에는 당해 선거가 종료된 이후에 지급되는 보조금은 변경된 선거권자 총수를 기준으로 계상하여야 한다(법§25①).

보조금 계상단가는 전년도 보조금 계상단가에 「통계법」 제3조(정의)[32]에 따라

---

31) 「장애인복지법」 제32조(장애인 등록) ①장애인, 그 법정대리인 또는 대통령령으로 정하는 보호자(이하 "법정대리인등"이라 한다)는 장애상태와 그 밖에 보건복지부령이 정하는 사항을 특별자치시장·특별자치도지사·시장·군수 또는 구청장(자치구의 구청장을 말한다. 이하 같다)에게 등록하여야 하며, 특별자치시장·특별자치도지사·시장·군수 또는 구청장은 등록을 신청한 장애인이 제2조에 따른 기준에 맞으면 장애인등록증(이하 "등록증"이라 한다)을 내주어야 한다.
③특별자치시장·특별자치도지사·시장·군수 또는 구청장은 제1항에 따라 등록증을 받은 장애인의 장애 상태의 변화에 따른 장애 정도 조정을 위하여 장애진단을 받게 하는 등 장애인이나 법정대리인등에게 필요한 조치를 할 수 있다.
④장애인의 장애 인정과 장애 정도 사정에 관한 업무를 담당하게 하기 위하여 보건복지부에 장애인판정위원회를 둘 수 있다.
⑤등록증은 양도하거나 대여하지 못하며, 등록증과 비슷한 명칭이나 표시를 사용하여서는 아니 된다.
⑥특별자치시장·특별자치도지사·시장·군수 또는 구청장은 제1항에 따른 장애인 등록 및 제3항에 따른 장애 상태의 변화에 따른 장애 정도를 조정함에 있어 장애인의 장애 인정과 장애 정도 사정이 적정한지를 확인하기 위하여 필요한 경우 대통령령으로 정하는 「공공기관의 운영에 관한 법률」 제4조에 따른 공공기관에 장애 정도에 관한 정밀심사를 의뢰할 수 있다.
⑦제6항에 따라 장애 정도에 관한 정밀심사를 의뢰받은 공공기관은 필요한 경우 심사를 받으려는 본인이나 법정대리인등으로부터 동의를 받아 「의료법」에 따른 의료기관에 그 사람의 해당 진료에 관한 사항의 열람 또는 사본 교부를 요청할 수 있다. 이 경우 요청을 받은 의료기관은 특별한 사유가 없으면 요청에 따라야 하며, 국가 및 지방자치단체는 예산의 범위에서 공공기관에 제공되는 자료에 대한 사용료, 수수료 등을 지원할 수 있다.
⑧제1항 및 제3항부터 제7항까지 규정한 사항 외에 장애인의 등록, 등록증의 발급, 장애 진단 및 장애 정도에 관한 정밀심사, 장애판정위원회, 진료에 관한 사항의 열람 또는 사본교부 요청 등에 관하여 필요한 사항은 보건복지부령으로 정한다.

통계청장이 매년 고시하는 전전년도와 대비한 전년도 전국소비자물가변동률을 적
용하여 산정한 금액을 증감한 금액으로 하고(법§25③), 전국소비자물가변동률을 적
용하여 산정하는 금액은 소수점 이하를 절상하여 산출한다(규칙§30①). 중앙선거관
리위원회는 매년 1월말까지 해당 연도의 보조금 계상단가를 공고하여야 한다(규칙
§30②).

(2) 선거보조금

대통령선거, 임기만료에 의한 국회의원선거 또는 「공직선거법」 제203조(동시선
거의 범위와 선거일) 제1항[33])의 규정에 의한 동시지방선거가 있는 연도에는 각 선
거(동시지방선거는 하나의 선거로 본다)마다 보조금 계상단가를 추가한 금액을 해당
연도의 예산에 계상하여야 한다(법§25②).

---

32) 「통계법」 제3조(정의) 이 법에서 사용하는 용어의 정의는 다음과 같다.
 1. "통계"란 통계작성기관이 정부정책의 수립·평가 또는 경제·사회현상의 연구·분석 등에
  활용할 목적으로 산업·물가·인구·주택·문화·환경 등 특정의 집단이나 대상 등에 관하
  여 직접 또는 다른 기관이나 법인 또는 단체 등(이하 "기관등"이라 한다)에 위임·위탁하여
  작성하는 수량적 정보를 말한다. 다만, 통계작성기관이 내부적으로 사용할 목적으로 작성
  하는 수량적 정보 등 대통령령으로 정하는 수량적 정보는 제외한다.
 2. "지정통계"란 제17조에 따라 통계청장이 지정·고시하는 통계를 말한다.
 3. "통계작성기관"이란 중앙행정기관·지방자치단체 및 제15조에 따라 지정을 받은 통계작성
  기관을 말한다.
 4. "통계자료"란 통계작성기관이 통계의 작성을 위하여 수집·취득 또는 사용한 자료(데이터
  베이스 등 전산자료를 포함한다)를 말한다.
 5. "공공기관"이란 중앙행정기관, 지방자치단체 및 다음 각 목의 기관을 말한다.
  가. 「공공기관의 운영에 관한 법률」에 따른 공공기관
  나. 「지방공기업법」에 따른 지방공사 및 지방공단
  다. 「유아교육법」, 「초·중등교육법」, 「고등교육법」, 그 밖의 다른 법률에 따라 설립된 각급
   학교
  라. 특별법에 따라 설립된 특수법인
  마. 「신용정보의 이용 및 보호에 관한 법률」 제25조에 따라 금융위원회의 허가를 받은 종합
   신용정보집중기관
 6. "통계종사자"란 통계작성기관에서 통계의 작성 또는 보급에 관한 사무에 종사하는 사람을
  말한다.
 7. "행정자료"란 통계자료를 제외한 것으로서 공공기관이 직무상 작성·취득하여 관리하고 있
  는 문서·대장 및 도면과 데이터베이스 등 전산자료를 말한다.
33) 「공직선거법」 제203조(동시선거의 범위와 선거일) ①임기만료일이 같은 지방의회의원 및 지방
 자치단체의 장의 선거는 그 임기만료에 의한 선거의 선거일에 동시실시한다.

(3) 여성추천보조금[34]

국가는 여성추천보조금으로 최근 실시한 임기만료에 의한 국회의원선거의 선거권자 총수에 100원을 곱한 금액을 임기만료에 의한 지역구국회의원선거, 지역구시 · 도의회의원선거 및 지역구자치구 · 시 · 군의회의원선거가 있는 연도의 예산에 계상하여야 한다(법§26①).

(4) 장애인추천보조금[35]

국가는 장애인추천보조금으로 최근 실시한 임기만료에 의한 국회의원선거의 선거권자 총수에 20원을 곱한 금액을 임기만료에 의한 국회의원선거, 시 · 도의회의원선거 또는 자치구 · 시 · 군의회의원선거가 있는 연도의 예산에 계상하여야 한다(법§26의2①).

---

34) 여성추천보조금은 여성정치인 육성을 위하여 2002. 3. 7. 법률 제6662호로 구 정치자금에 관한 법률이 개정되면서 지역구시 · 도의회의원선거의 후보자 중 100분의 30 이상을 추천한 정당에 대하여 국고보조금을 추가로 지급할 수 있도록 하면서 도입되었고(위 법률 제17조의2), 2006. 4. 28. 법률 제7938호로 정치자금법이 개정되면서 지역구국회의원선거와 지역구시 · 도의회의원선거뿐만 아니라 지역구자치구 · 시 · 군의회의원선거의 경우에도 여성후보자를 추천하는 정당에 여성추천보조금을 지급하도록 하고, 국가가 정당에 지급한 여성추천보조금이 여성후보자의 선거경비로 사용되지 아니하고 그 외의 용도에 쓰일 경우 중앙선거관리위원회는 용도를 위반한 보조금의 2배에 상당하는 금액을 회수하고 회수가 어려운 때에는 그 이후 당해 정당에 지급할 보조금에서 감액하여 지급할 수 있도록 하고, 여성추천보조금의 용도를 위반하여 사용한 자에 대하여는 2년 이하의 징역 또는 400만원 이하의 벌금에 처하도록 하였으며(법§26), 2016. 1. 15. 법률 제13758호로 정치자금법이 개정되면서 여성추천보조금제도의 도입취지를 보다 더 잘 구현할 수 있도록 배분기준을 조정하여 정당별 국회의석수 비율, 국회의원선거 득표수 비율과 함께 여성추천비율도 반영하도록 하여(법§26), 현재에 이르고 있다.
35) 장애인추천보조금은 2010. 1. 25. 법률 제9975호로 정치자금법을 개정하면서 대표적인 사회적 약자라 할 수 있는 장애인의 정치적 진출을 지원하기 위하여 도입되었고(법§26의2), 2016. 1. 15. 법률 제13758호로 정치자금법이 개정되면서 장애인추천보조금의 배분에 있어서 보조금제도의 도입취지를 보다 더 잘 구현할 수 있도록 그 배분기준을 조정하여 정당별 국회의석수 비율, 국회의원선거 득표수 비율과 함께 장애인추천비율도 반영되도록 하여(법§26의2), 현재에 이르고 있다.

3. 보조금의 배분·지급

가. 경상보조금 및 선거보조금의 배분·지급

(1) 배분·지급

경상보조금 및 선거보조금은 우선 기본비율에 따른 배분·지급을 하고 이어서 의석수비율에 따른 배분·지급을 한 후 나머지 잔여분에 대하여는 득표수비율에 따른 배분·지급을 하는 순으로 배분·지급한다(법§27①-③). 다만, 선거보조금은 당해 선거의 후보자등록마감일 현재 후보자를 추천하지 아니한 정당에 대하여는 이를 배분·지급하지 아니한다(법§27④).

㈎ 기본비율에 따른 배분·지급

경상보조금과 선거보조금은 지급 당시 「국회법」 제33조(교섭단체) 제1항 본문의 규정에 의하여 동일 정당의 소속의원으로 교섭단체를 구성한 정당에 대하여 그 100분의 50을 정당별로 균등하게 분할하여 배분·지급한다(법§27①).[36]

---

36) 헌법재판소는, 정당에 보조금을 배분함에 있어 교섭단체의 구성 여부에 따라 차등을 둔 법 제27조(보조금의 배분)와 관련하여, '입법자는 정당에 대한 보조금의 배분기준을 정함에 있어 입법정책적인 재량권을 가지므로, 그 내용이 현재의 각 정당들 사이에 경쟁상태를 현저하게 변경시킬 정도가 아니면 합리성을 인정할 수 있다. 정당의 공적기능의 수행에 있어 교섭단체의 구성 여부에 따라 차이가 나타날 수밖에 없고, 이 사건 법률조항이 교섭단체의 구성 여부만을 보조금 배분의 유일한 기준으로 삼은 것이 아니라 정당의 의석수비율과 득표수 비율도 함께 고려함으로써 현행의 보조금 배분비율이 정당이 선거에서 얻은 결과를 반영한 득표수비율과 큰 차이를 보이지 않고 있는 점 등을 고려하면, 교섭단체를 구성할 정도의 다수 정당과 그에 미치지 못하는 소수 정당 사이에 나타나는 차등지급의 정도는 정당 간의 경쟁 상태를 현저하게 변경시킬 정도로 합리성을 결여한 차별이라고 보기 어렵다.'고 판시하였다(2006. 7. 27. 선고 2004헌마655 전원재판부 결정). : 헌법재판소의 위 결정에 반대하여, '교섭단체는 의회 내에서의 대표성 파악과 원활한 의사진행 등의 기능성을 확보하기 위해 파악된 단위이고, 이러한 범주 내에서만 지위와 권한이 보장되는 것이지, 국고보조금의 배분·지급에 있어서의 차별을 합리화하는 단위로 정당화하기는 어렵다.'는 견해가 있고(이종수, 「정당제민주주의의 현안문제의 검토 ─현행 정당등록제도 및 정당등록취소제도와 정치자금제도를 중심으로─」, 헌법학연구 제13권, 제2호(2007. 6.), 129쪽), '한 번의 선거로 교섭단체를 구성한 정당들이 4년 동안 고정적으로 국가로부터 다수금액의 보조금을 지급받는다는 것은 기득권을 가진 정당들에게만 유리하게 작용하고, 정당의 자구노력과 재정자립을 저해할 뿐 아니라 국민의 지지를 받는 정당에 대한 보조금 배분이라는 원칙에도 어긋난다. 뿐만 아니라 원내중심으로 배분되다 보니 선거를 앞두고 급조된 정당일지라도 선거에서 일정한 의석수만 확보하면 국가의 보조를 받을 수 있어, 선거를 앞두고 정당간의 이합집산을 조성시키는 한 원인이 되고 있으며, 국민의 의사에 의해 대중적 지지를 받으며 책임있는 위치에서 정책정당으로 탈바꿈하는데 저해요인이 되고 있다.'

보조금 지급 당시 위 배분·지급대상이 아닌 정당으로서 5석 이상의 의석을 가
진 정당에 대하여는 100분의 5씩을, 의석이 없거나 5석 미만의 의석을 가진 정당
중 다음 각 호의 어느 하나에 해당하는 정당에 대하여는 보조금의 100분의 2씩을
배분·지급한다(법§27②).

1. 최근에 실시된 임기만료에 의한 국회의원선거에 참여한 정당의 경우에는 국
   회의원선거의 득표수 비율이 100분의 2 이상인 정당
2. 최근에 실시된 임기만료에 의한 국회의원선거에 참여한 정당 중 제1호에 해
   당하지 아니하는 정당으로서 의석을 가진 정당의 경우에는 최근에 전국적
   으로 실시된 후보추천이 허용되는 비례대표시·도의회의원선거, 지역구시·
   도의회의원선거, 시·도지사선거 또는 자치구·시·군의 장선거에서 당해 정
   당이 득표한 득표수 비율이 100분의 0.5 이상인 정당
3. 최근에 실시된 임기만료에 의한 국회의원선거에 참여하지 아니한 정당의 경
   우에는 최근에 전국적으로 실시된 후보추천이 허용되는 비례대표시·도의회
   의원선거, 지역구시·도의회의원선거, 시·도지사선거 또는 자치구·시·군
   의 장선거에서 당해 정당이 득표한 득표수 비율이 100분의 2 이상인 정당

(나) 의석수비율에 따른 배분·지급

기본비율에 따른 배분·지급액을 제외한 잔여분 중 100분의 50은 지급 당시 국
회의석을 가진 정당에 그 의석수의 비율에 따라 배분·지급한다(법§27③).

(다) 득표수비율에 따른 배분·지급

기본비율 및 의석수비율에 따른 배분·지급을 하고 난 그 잔여분은 국회의원선
거의 득표수 비율에 따라 배분·지급한다(법§27③).

(2) 보조금의 지급시기

중앙선거관리위원회는 경상보조금을 매년 분기별로 균등분할하여 정당에 지급
하되, 해당 분기에 해당하는 금액을 2월·5월·8월 및 11월의 15일(그날이 토요일
또는 공휴일인 때에는 그 전일을 말한다)에 각각 지급하고, 선거보조금을 당해 선거의
후보자등록마감일 후 2일 이내에 정당에 지급한다(법§25④, 규칙§30의3①).

는 견해가 있다(허형택, 『한국의 정치와 정치자금』, 세종출판사, 368쪽).

나. 여성추천보조금의 배분 · 지급

(1) 배분 · 지급

여성추천보조금은 임기만료에 의한 지역구국회의원선거, 지역구시 · 도의회의원 선거 및 지역구자치구 · 시 · 군의회의원선거에서 여성후보자를 추천한 정당에 대하여 다음 각 호의 기준에 따라 배분 · 지급한다. 이 경우 지역구시 · 도의회의원선거와 지역구자치구 · 시 · 군의회의원선거에서의 여성추천보조금은 당해 연도의 예산에 계상된 여성추천보조금의 100분의 50을 각 선거의 여성추천보조금 총액으로 한다(법§26②).

1. 여성후보자를 전국지역구총수의 100분의 30 이상 추천한 정당이 있는 경우 여성추천보조금 총액의 100분의 40은 지급 당시 정당별 국회의석수의 비율에 따라, 총액의 100분의 40은 최근 실시한 임기만료에 따른 국회의원선거에서의 득표수의 비율(비례대표전국선거구 및 지역구에서 해당 정당이 득표한 득표수 비율의 평균을 말한다. 이하 "국회의원선거의 득표수 비율"이라 한다)에 따라, 그 잔여분은 각 정당이 추천한 지역구 여성후보자의 합에 대한 정당별 지역구 여성후보자의 비율에 따라 배분 · 지급한다.

2. 여성후보자를 전국지역구총수의 100분의 30 이상 추천한 정당이 없는 경우
   가. 여성후보자를 전국지역구총수의 100분의 15 이상 100분의 30 미만을 추천한 정당
      여성추천보조금 총액의 100분의 50을 제1호의 기준에 따라 배분 · 지급한다.
   나. 여성후보자를 전국지역구총수의 100분의 5 이상 100분의 15 미만을 추천한 정당
      여성추천보조금 총액의 100분의 30을 제1호의 기준에 따라 배분 · 지급한다. 이 경우 하나의 정당에 배분되는 여성추천보조금은 가목에 의하여 각 정당에 배분되는 여성추천보조금 중 최초액을 초과할 수 없다.

(2) 보조금의 지급시기

여성추천보조금은 임기만료에 의한 지역구국회의원선거, 지역구시 · 도의회의원 선거 또는 지역구자치구 · 시 · 군의회의원선거의 후보자등록마감일 후 2일 이내에

정당에 지급한다(법§26③).

다. 장애인추천보조금의 배분·지급

(1) 배분·지급

장애인추천보조금은 임기만료에 의한 지역구국회의원선거, 지역구시·도의회의
원선거 및 지역구자치구·시·군의회의원선거에서 장애인후보자를 추천한 정당에
대하여 다음 각 호의 기준에 따라 배분·지급한다. 이 경우 지역구시·도의회의원
선거 또는 지역구자치구·시·군의회의원선거에서의 장애인추천보조금은 해당 연
도의 예산에 계상된 장애인추천보조금의 100분의 50을 각 선거의 장애인추천보조
금 총액으로 한다(법§26의2②).

    1. 장애인후보자를 전국지역구총수의 100분의 5 이상 추천한 정당이 있는 경우
        장애인추천보조금 총액의 100분의 40은 지급 당시 정당별 국회의석수의 비
        율에 따라, 총액의 100분의 40은 최근 실시한 임기만료에 따른 국회의원선
        거에서의 득표수의 비율에 따라, 그 잔여분은 각 정당이 추천한 지역구 장
        애인후보자의 합에 대한 정당별 지역구 장애인후보자의 비율에 따라 배분·
        지급한다.

    2. 장애인후보자를 전국지역구총수의 100분의 5 이상 추천한 정당이 없는 경우
    가. 장애인후보자를 전국지역구총수의 100분의 3 이상 100분의 5 미만을 추
        천한 정당
        장애인추천보조금 총액의 100분의 50을 제1호의 기준에 따라 배분·지급
        한다.
    나. 장애인후보자를 전국지역구총수의 100분의 1 이상 100분의 3 미만을 추
        천한 정당
        장애인추천보조금 총액의 100분의 30을 제1호의 기준에 따라 배분·지급
        한다. 이 경우 하나의 정당에 배분되는 장애인추천보조금은 가목에 의하
        여 각 정당에 배분되는 장애인추천보조금 중 최소액을 초과할 수 없다.

선거에서 장애인후보자를 추천한 정당의 중앙당은 그 추천결과를 규칙이 정하
는 서식[37]에 따라 해당 선거의 후보자등록마감일의 다음날까지 중앙선거관리위원
회에 통보하여야 한다(규칙§30의2①). 장애인추천보조금은 장애인후보추천결과를

통보한 정당에 대해서만 배분·지급한다(규칙§30의2②).

(2) 보조금의 지급시기

장애인추천보조금은 임기만료에 의한 지역구국회의원선거, 지역구시·도의회의원선거 또는 지역구자치구·시·군의회의원선거의 후보자등록마감일 후 2일 이내에 정당에 지급한다(법§26의2③).

라. 보조금 지급절차

중앙선거관리위원회는 보조금을 배분·지급하는 때에는 서면으로 당해 정당의 중앙당에 그 지급내역을 통지하여야 한다(규칙§30의3②). 보조금은 법 제34조(회계책임자의 선임신고 등) 제4항 제1호의 규정에 의하여 중앙선거관리위원회에 신고된 정치자금의 수입을 위한 예금계좌(예금계좌가 2 이상인 때에는 당해 정당의 중앙당의 대표자가 서면에 의하여 지정하는 계좌를 말한다)에 입금하는 방법으로 지급하여야 한다(규칙§30의3③, §28③). 중앙선거관리위원회는 보조금을 지급한 때에는 금융거래 입금증 등 관련 증빙서류를 보관하고, 그 지급사실을 공고하여야 한다(규칙§30의3③, §28④).

4. 보조금의 용도제한 및 감액

가. 보조금을 지급받을 권리의 보호

이 법에 따라 정당이 보조금을 지급받을 권리는 양도 또는 압류하거나 담보로 제공할 수 없다(법§27의2). 따라서 정당보조금의 목적, 용도 외 사용금지 및 위반 시의 제재조치 등 그 근거법령의 취지와 규정 등에 비추어 정당보조금은 국가와 정당 사이에서만 수수 결제되어야 하는 것으로 봄이 상당하므로, 정당의 국가에 대한 보조금지급채권은 그 양도가 금지된 것으로서 강제집행의 대상이 될 수 없다.[38]

---

37) 규칙 별지 제25호의2 서식(공직선거 장애인후보자 추천결과 통보서)
38) 2009. 1. 28. 자 2008마1440 결정

나. 보조금의 용도제한

(1) 용도제한 일반

보조금은 정당의 운영에 소요되는 경비로서 ① 인건비, ② 사무용 비품 및 소모품비, ③ 사무소 설치·운영비, ④ 공공요금, ⑤ 정책개발비, ⑥ 당원 교육훈련비, ⑦ 조직활동비, ⑧ 선전비, ⑨ 선거관계비용에 해당하는 경비 외에는 사용할 수 없다(법§28①).

창당준비위원회의 활동에 소요된 경비는 정당의 운영에 소요되는 경비에 해당하지 아니하므로 국고보조금에서 그 차입금을 상환할 수 없다.[39] 정당(정당의 대표자가 그 업무를 수행한 경우를 포함)이「공직선거법」또는 정치자금법에 위반되는 정치자금을 기부받아 유죄의 확정판결을 받은 경우에는「조세특례제한법」제76조(정치자금의 손금산입특례 등)[40] 제3항에 따라 세무관서로부터 부과받은 해당 정치자금에 대한 증여세 등은 국고보조금으로 지출할 수 없다.[41] 정당의 재정이 좋지 않은 상황에서 지급받을 예정인 지방선거 관련 선거보조금(여성추천보조금 및 장애인추천보조금은 제외)의 일부를 지난 선거비용 관련 채무상환의 용도로 지출하는 것은 허용된다.[42]

(2) 경상보조금의 용도제한

경상보조금을 지급받은 정당은 그 경상보조금 총액의 100분의 30 이상은 정책

---

39) 2007. 4. 12. 중앙선관위 의결
40)「조세특례제한법」제76조(정치자금의 손금산입특례 등) ①거주자가「정치자금법」에 따라 정당(같은 법에 따른 후원회 및 선거관리위원회를 포함한다)에 기부한 정치자금은 이를 지출한 해당 과세연도의 소득금액에서 10만원까지는 그 기부금액의 110분의 100을, 10만원을 초과한 금액에 대해서는 해당 금액의 100분의 15(해당 금액이 3천만원을 초과하는 경우 그 초과분에 대해서는 100분의 25)에 해당하는 금액을 종합소득산출세액에서 공제한다. 다만, 사업자인 거주자가 정치자금을 기부한 경우 10만원을 초과한 금액에 대해서는 이월결손금을 뺀 후의 소득금액의 범위에서 손금에 산입한다.
②제1항에 따라 기부하는 정치자금에 대해서는 상속세 또는 증여세를 부과하지 아니한다.
③제1항에 따른 정치자금 외의 정치자금에 대해서는「상속세 및 증여세법」제12조 제4호, 제46조 제3호 및 다른 세법의 규정에도 불구하고 그 기부받은 자가 상속받거나 증여받은 것으로 보아 상속세 또는 증여세를 부과한다.
41) 2010. 11. 29. 중앙선관위 질의회답
42) 2010. 2. 19. 중앙선관위 질의회답

연구소(「정당법」 제38조(정책연구소의 설치·운영)43)에 의한 정책연구소를 말한다. 이하 같다)에, 100분의 10 이상은 시·도당에 배분·지급하여야 하며, 100분의 10 이상은 여성정치발전을 위하여 사용하여야 한다(법§28②).

　　법 제27조(보조금의 배분)에 따른 보조금 배분대상정당은 「정당법」 제38조(정책연구소의 설치·운영)에 따라 중앙당에 별도 법인으로 정책연구소를 설치·운영하여야 하며, 정당이 경상보조금을 지급받은 이후 보조금 배분대상정당에 해당하지 않게 되더라도 법 제28조(보조금의 용도제한 등) 제2항에 따라 그 경상보조금 총액의 100분의 30 이상을 정책연구소에 배분·지급하여야 한다.44) 경상보조금을 지급받은 정당은 법 제28조(보조금의 용도제한 등)의 규정에 따라 분기별 균등하게 지급함이 없이 그 경상보조금 연간 총액의 100분의 30 이상을 정책연구소에 배분·지급하면 되고, 정책연구소의 설립허가 전에 중앙당이 경상보조금으로 정책연구소의 사무실 보증금과 집기구입비 등 소요비용을 지출한 경우 그 금액은 법 제28조(보조금의 용도제한 등)의 규정에 따라 정당이 정책연구소에 배분·지급한 것으로 볼 수 있다.45) 중앙당 정책연구소의 기본재산을 정책연구소의 정책개발·연구활동에 지장이 없는 범위 안에서 일시적으로 중앙당에 대여하는 것은 법에 위반된다고 할 수 없다.46)

　　정당이 중앙당이 사용하는 100분의 50에 해당하는 경상보조금 중 일부를 시·도당에 더 배분하기 위하여 당헌을 개정하더라도 법에 위반되지 아니한다.47)

　　법 제28조(보조금의 용도제한 등) 제2항에 따른 여성정치발전비는 여성의 정치참여 확대에 관한 경비 등으로 지출하는 경우를 말하는 바, 지역사회 아동의 보호·교육, 건전한 놀이와 오락의 제공, 보호자와 지역사회의 연계 등 아동의 건전육성을 위하여 종합적인 아동복지서비스를 제공하는 시설인 지역아동센터에 지급하는

---

43) 「정당법」 제38조(정책연구소의 설치·운영) ①「정치자금법」 제27조(보조금의 배분)의 규정에 의한 보조금 배분대상 정당(이하 "보조금 배분대상정당"이라 한다)은 정책의 개발·연구활동을 촉진하기 위하여 중앙당에 별도 법인으로 정책연구소(이하 "정책연구소"라 한다)를 설치·운영하여야 한다.
　　②국가는 정책연구소의 활동을 지원할 수 있다.
44) 2016. 6. 27. 중앙선관위 질의회답
45) 2006. 8. 2. 중앙선관위 질의회답
46) 2009. 9. 17. 중앙선관위 질의회답
47) 2005. 6. 23. 중앙선관위 질의회답

물품 구입에 소요되는 비용은 여성정치발전비에 해당하지 아니한다.[48] 정당이 전국여성노동조합 창립 기념대회 팸플릿에 여성정치발전을 위한 후원광고를 하는 경우에는 그 소요되는 광고비를 여성정치발전비로 지출할 수 있다.[49] 여성정치발전비로 여성단체가 개최하는 여성관련행사의 티켓을 구입할 수 있다.[50] 어린이집의 설립·운영은 여성당직자들의 육아부담을 덜어주어 정치활동을 지원하기 위한 것이므로 그 운영자금은 여성정치발전비용에서 사용할 수 있다.[51] 국회의원이 자신의 의정활동을 선거구민에게 직접 보고하는 행위인 의정활동보고는 정당의 운영을 위한 행위로 볼 수 없으므로 정당이 여성정치발전비 등 국고보조금으로 소속 여성 국회의원의 의정활동보고 제작경비를 지원할 수 없다.[52]

(3) 여성추천보조금·장애인추천보조금의 용도제한

정당은 소속 당원의 공직선거의 후보자·예비후보자에게 보조금을 지원할 수 있으며, 여성추천보조금은 여성후보자의, 장애인추천보조금은 장애인후보자의 선거경비로 사용하여야 한다(법§28③).

(4) 벌칙

법 제28조(보조금의 용도제한 등) 제1항 내지 제3항의 규정을 위반하여 보조금을 사용한 자는 2년 이하의 징역 또는 400만원 이하의 벌금에 처한다(법§47①4.).

다. 보조금 지출조사

(1) 보조금 지출조사

각급 선거관리위원회(읍·면·동선거관리위원회를 제외한다) 위원·직원은 보조금을 지급받은 정당 및 이의 지출을 받은 자 그 밖에 관계인에 대하여 감독상 또는 이법의 위반 여부를 확인하기 위하여 필요하다고 인정하는 때에는 보조금 지출에 관하여 조사[53]할 수 있다(법§28④).

---

48) 2010. 10. 15. 중앙선관위 질의회답
49) 2009. 8. 24. 중앙선관위 질의회답
50) 2006. 10. 9. 중앙선관위 질의회답
51) 2004. 8. 12. 중앙선관위 질의회답
52) 2013. 11. 18. 중앙선관위 질의회답
53) 조사의 방법·절차 등에 대하여는 제9장 정치자금범죄에 대한 특별형사소송절차 1. 선거관리

(2) 벌칙

법 제28조(보조금의 용도제한 등) 제4항의 규정을 위반하여 선거관리위원회의 조사·자료확인이나 제출요구에 정당한 사유 없이 응하지 아니하거나 허위자료의 제출 또는 장소의 출입을 방해한 자는 1년 이하의 징역 또는 200만원 이하의 벌금에 처한다(법§47②).

라. 보조금의 감액[54)]

중앙선거관리위원회는 다음 각호의 규정에 따라 당해 금액을 회수하고, 회수가 어려운 때에는 그 이후 당해 정당에 지급할 보조금에서 감액하여 지급할 수 있다(법§29).

1. 보조금을 지급받은 정당(정책연구소 및 정당선거사무소를 포함한다)이 보조금에 관한 회계보고를 허위·누락한 경우에는 허위·누락에 해당하는 금액의 2배에 상당하는 금액

2. 법 제28조(보조금의 용도제한 등) 제1항의 규정에 의한 용도 외의 용도로 사용한 경우에는 그 용도를 위반하여 사용한 보조금의 2배에 상당하는 금액

3. 법 제28조(보조금의 용도제한 등) 제2항의 규정에 의한 용도 외의 용도로 사용한 경우에는 용도를 위반한 보조금의 2배에 상당하는 금액

4. 법 제28조(보조금의 용도제한 등) 제3항의 규정에 의한 여성추천보조금 또는 장애인추천보조금의 용도 외의 용도로 사용한 경우에는 용도를 위반한 보조금의 2배에 상당하는 금액

5. 법 제40조(회계보고)의 규정을 위반하여 회계보고를 하지 아니한 경우에는

위원회의 정치자금범죄조사권에서 상술한다.

54) 국고보조금의 부당집행과 관련하여, '국고보조금의 부당집행시 보조금의 반환이 이루어지고(법 제30조), 보조금용도제한 위반죄로 처벌이 이루어지는 등(법 제47조 제4호) 보조금 규제의 실효성을 확보할 수 있는 장치들이 존재하지만 이것으로 충분치 않은 상태이다. 정당 국고보조금의 경우 기존에 사후적인 실효성 확보수단만이 강조된 측면이 있는데, 사전적인 실효성 확보가 보다 강조될 필요가 있다. 현재 정당 국고보조금은 의석수, 득표율 등의 기준으로 일률적으로 배분되는 모습을 취하고 있는데(법 제27조), 보조금 부당집행을 막을 수 있는 시스템의 구축정도 등의 요소를 추가적으로 고려하여 차등적으로 국고보조금을 지급하는 등의 노력을 기울일 필요가 있다.'는 견해가 있다(음선필 외 3, 「정치관계법상 주요 규제의 타당성에 관한 연구 — 선거운동과 정치자금을 중심으로—」, 사단법인 한국공법학회 2018 중앙선거관리위원회 연구용역과제, 129쪽).

중앙당의 경우 지급한 보조금의 100분의 25에 상당하는 금액, 시·도당의
경우 중앙당으로부터 지원받은 보조금의 2배에 상당하는 금액

중앙선거관리위원회는 정당이 「정당법」 제30조(정당의 유급사무직원수 제한) 제1
항[55]에 규정된 유급사무직원수를 초과한 경우에는 다음 연도에 지급하는 경상보
조금에서 당해 정당의 유급사무직원의 연간 평균인건비에 초과한 유급사무직원수
를 곱한 금액을 감액한다(정당법§30②).

5. 보조금의 반환

가. 반환

보조금을 지급받은 정당이 해산되거나 등록이 취소된 경우 또는 정책연구소가
해산 또는 소멸하는 때에는 지급받은 보조금을 지체 없이 다음 각 호에서 정한 바
에 따라 처리하여야 한다(법§30①).

1. 정당 : 보조금의 지출내역을 중앙선거관리위원회에 보고하고 그 잔액이 있
   는 때에는 이를 반환한다.
2. 정책연구소 : 보조금의 사용잔액을 소속 정당에 인계한다. 이 경우 정당은
   새로이 설립하는 정책연구소에 그 잔액을 인계하여야 하며, 정당이 해산 또
   는 등록이 취소된 경우에는 제1호에 준하여 이를 반환한다.

정당이 등록이 취소되거나 자진해산한 때에는 그 잔여재산은 당헌이 정하는 바
에 따라 처분한다(정당법§48①). 그러나 법 제30조(보조금의 반환)는 「정당법」 제48
조(해산된 경우 등의 잔여재산 처분)[56]의 특별규정이므로 정당이 해산되거나 등록이
취소된 경우 사용하고 남은 보조금은 당헌에 따라 자율적으로 처분되는 것이 아니

---

55) 「정당법」 제30조(정당의 유급사무직원수 제한) ①정당에 둘 수 있는 유급사무직원은 중앙당에
    는 100명을 초과할 수 없으며, 시·도당에는 총 100인 이내에서 각 시·도당별로 중앙당이 정
    한다.
56) 「정당법」 제48조(해산된 경우 등의 잔여재산 처분) ①정당이 제44조(등록의 취소) 제1항의 규
    정에 의하여 등록이 취소되거나 제45조(자진해산)의 규정에 의하여 자진해산한 때에는 그 잔
    여재산은 당헌이 정하는 바에 따라 처분한다.
    ②제1항의 규정에 의하여 처분되지 아니한 정당의 잔여재산 및 헌법재판소의 해산결정에 의하
    여 해산된 정당의 잔여재산은 국고에 귀속한다.
    ③제2항에 관하여 필요한 사항은 중앙선거관리위원회규칙으로 정한다.

라 국가에 반환하여야 한다.

보조금 지출내역의 보고는 규칙이 정하는 서식[57]에 의한다(규칙§31①).

나. 징수

중앙선거관리위원회는 정당이 반환하여야 할 보조금을 반환하지 아니한 때에는 국세체납처분의 예에 의하여 강제징수할 수 있다(법§30②). 위 보조금의 징수는 다른 공과금에 우선한다(법§30③). 중앙선거관리위원회는 잔액반환대상 보조금이 있음을 확인한 때에는 10일간의 납부기한을 정하여 정당의 회계책임자에게 납부를 명하여야 하고(규칙§31②, §3②), 그 납부기한까지 정당의 회계책임자가 이를 납부하지 아니한 때에는 중앙선거관리위원회는 10일간의 납부기한을 정하여 독촉장을 발부하여야 한다(규칙§31②, §3③). 독촉장을 받은 정당의 회계책임자가 지정된 납부기한까지 납부하지 아니한 때에는 중앙선거관리위원회는 지체 없이 관할 세무서장에게 징수를 위탁하여야 한다(규칙§31②, §3④). 중앙선거관리위원회 또는 관할 세무서장이 징수한 잔액반환대상 보조금의 국가에의 납입절차에 관하여는 「국고금관리법 시행규칙」을 준용한다(규칙§31②, §3⑤).

다. 공고

중앙선거관리위원회는 정당의 보조금의 지출내역보고 또는 반환을 받은 때에는 그 사실을 공고하여야 한다(규칙§31③).

라. 벌칙

법 제30조(보조금의 반환) 제1항의 규정을 위반하여 보조금의 잔액을 반환하지 아니한 자는 2년 이하의 징역 또는 400만원 이하의 벌금에 처한다(법§47①5.).

---

[57] 규칙 별지 제26호 서식(보조금의 지출내역보고)

제 7 장   기부의 제한

1. 기부의 제한

가. 기부의 의의

"기부"라 함은 정치활동을 위하여 개인 또는 후원회 그 밖의 자가 정치자금을 제공하는 일체의 행위를 말한다.[1] 이 경우 제3자가 정치활동을 하는 자의 정치활동에 소요되는 비용을 부담하거나 지출하는 경우와 금품이나 시설의 무상대여, 채무의 면제·경감 그 밖의 이익을 제공하는 행위 등은 이를 기부로 본다(법§3 2.). 여기서 '무상대여'란 금품 등의 사용에 대한 대가의 출연 없이 대여가 이루어지는 것을 말하므로 금품 등의 대여가 무상인지 여부는 그 대여 당시를 기준으로 그 대가의 출연의무가 있는지 여부에 의하여 판단하여야 한다. 따라서 금품 등을 대여받은 자가 대가의 출연에 관한 상대방과의 약정이 없이 대가의 출연을 하겠다는 일방적인 내심의 의사만을 가지고 있는 경우에는 이로 인하여 대가의 출연의무가 발생한다고 볼 수 없으므로 정치자금법 등이 정하는 금품 등의 무상대여에 해당한다고 보아야 한다. 다만, 금품 등의 사용에 대하여 대가를 출연하기로 하는 당사자 사이의 약정은 묵시적으로도 이루어질 수 있으므로, 당사자 사이에 명시적인 대가 지급에 관한 약정이 없었다고 하더라도, 금품 등을 대여 받은 자가 상대방과 사이에 대가의 출연에 관한 묵시적인 약정이 있어 그 대가를 출연할 의무가 있다고 믿고 그 금품 등을 대여 받은 경우라면 그 당시 그 금품 등을 대여 받은 자에게 정치자금법 등이 정하지 아니하는 방법으로 정치자금을 기부받는다는 점에 대한 범의가 있었다고 보기 어렵다.[2] 로비가 성공하지 못하면 금원을 반환받기로 약속하

---

[1] 기부의 유형으로는 지지 후보자에 대한 선거지원적 성격의 기부인 동조적 기부(universalistic contribute)와 정책에 대한 영향력을 목적으로 한 기부인 이익추구형 기부(particularistic contribute)로 나눌 수 있다고 한다(엄기홍, 「한국 후원회의 정치자금 기부금 결정요인: 2004 − 2006년 기부금에 대한 경험적 분석」, 한국정치학회보 제42집 제1호, 51쪽).

[2] 2012. 12. 27. 선고 2012도12152 판결, 2007. 11. 15. 선고 2007도3383 판결(대여자가 대가를

였다가 실제 이를 반환받는 등 일정한 경우 금원의 반환이 예정되어 있더라도 당초 정치자금 명목으로 금원이 수수된 이상 법상 '기부'에 해당한다.[3]

나. 법인·단체의 기부금지

(1) 의의

국내·외의 법인 또는 단체는 정치자금을 기부할 수 없고(법§31①), 누구든지 국내·외의 법인 또는 단체와 관련된 자금으로 정치자금을 기부할 수 없다(법§31②).

정치자금법이 법인 또는 단체의 정치자금 기부를 금지하고 있는 취지는 법인 또는 단체의 이권 등을 노린 음성적인 정치적 영향력의 행사 및 선거의 공정을 해하는 행위를 차단하고 법인 또는 단체 구성원의 의사를 왜곡하는 것을 방지하는 데에 있다.[4]

(2) 법인·단체의 기부금지의 연혁

1965. 2. 9. 법률 제1685호로 제정된 「정치자금에 관한 법률」은 원칙적으로 누구든지 중앙선거관리위원회에 정치자금을 기탁함으로써 이를 정당에 제공할 수 있도록 하였으나(위 법률 제3조 제1항 본문), 다만, 외국인·외국법인 및 외국의 단체(대한민국 국민의 주도하에 있는 외국법인 및 외국의 단체는 예외), 국가 또는 공공단체, 국영기업체·정부 직할 또는 감독 하의 단체·정부가 주식의 과반수를 소유하는 기업체, 금융기관 또는 금융단체, 노동단체, 학교재단, 종교단체의 정치자금 제공은 금지하였다(위 법률 제3조 제1항 단서와 당시의 「정당법」 제35조).

1980. 12. 31. 법률 제3302호로 전부 개정된 「정치자금에 관한 법률」은 전체적으로 그 체제가 정비되었는데, 정치자금을 기부할 수 없는 자로 외국인·외국법인 및 외국의 단체(대한민국 국민의 주도하에 있는 외국법인 및 외국단체는 제외), 국가·공공단체 또는 특별법의 규정에 의하여 설립된 법인, 국가 또는 지방자치단체가 주식의 과반수를 소유하는 기업체, 「정당법」 제17조(당원의 자격) 단서에서 정하는 언론인이 소속된 언론기관 및 언론단체, 노동단체, 학교법인, 종교단체, 3사업연도

받을 의사 없이 금원을 대여하였더라도 차용자가 대가를 제공할 의사로 금원을 차용한 경우 차용자에게 무상차용의 범의가 없다고 한 사례)

3) 2009. 2. 26. 선고 2008도10422 판결
4) 2013. 3. 14. 선고 2011도15418 판결

이상 계속하여 결손을 내고 그 결손이 보전되지 아니한 기업체를 규정하였다(위 법률 제12조). 이전의 법과 비교하면, 금융기관 또는 금융단체가 삭제되고, 일정한 언론기관, 언론단체와 일정한 결손기업이 추가되었다. 한편, 위 조항 중 '노동단체' 부분 및 노동조합의 정치활동을 금지한 구 「노동조합법」 및 구 「공직선거 및 선거부정 방지법」 조항에 대하여 1995. 5. 23. 위헌확인을 구하는 헌법소원 심판청구가 있었고(95헌마154), 심판 계속 중 노동조합의 정치활동을 금지하였던 구 「노동조합법」[5] 제12조(정치활동의 금지)는 폐지되었으며, 1998. 4. 30. 법률 제5537호로 개정된 「공직선거 및 선거부정 방지법」에 의하여 노동조합의 선거운동이 허용되었다. 위와 같은 상황에서 헌법재판소는 1999. 11. 25. 노동단체의 정치자금 기부를 금지한 심판대상법률조항에 대하여 위헌결정을 하였다.[6] 헌법재판소의 위헌결

---

5) 「노동조합법」은 1997. 3. 1. 법률 제5244호로 폐지되었고, 1997. 3. 13. 법률 제5310호로 「노동조합 및 노동관계조정법(약칭 : 노동조합법)」이 제정되었다.

6) 1999. 11. 25. 선고 95헌마154 결정(정당을 통하지 않고서는 어떠한 사회단체도 자신의 정치적 영향력을 효율적으로 행사할 수 없고 이로써 의회와 정부 등 국가기관의 결정에 큰 영향력을 행사할 수 없다. 따라서 정치자금의 기부는 정당에 영향력을 행사하는 중요한 방법의 하나이기 때문에, 정당과 의회 · 정부에 대하여 단체 구성원의 이익을 대변하고 관철하려는 모든 이익단체는 정치자금의 기부를 통하여 정당에 영향력을 행사하려고 시도하는 것은 당연하고도 자연스러운 현상이며, 오늘날 사회단체 중 가장 중요한 역할을 하는 이익단체는 바로 노동단체와 사용자단체이다. 노동단체가 단지 단체교섭 및 단체협약 등의 방법으로 '근로조건의 향상'이라는 본연의 과제만을 수행해야 하고 그 외의 모든 정치적 활동을 해서는 안 된다는 사고에 바탕을 둔 이 사건 법률조항의 입법목적은, 법의 개정에 따라 그 근거를 잃었을 뿐 아니라 헌법상 보장된 정치적 자유의 의미 및 그 행사가능성을 공동화시키는 것이다. 정치헌금으로 인하여 우려되는 노동단체 재정의 부실이나 조합원의 과중한 경제적 부담을 방지하고자 하는 입법목적도 노동단체의 정치자금의 기부에 대한 금지를 정당화할 수 없다. 노동조합의 재정이 빈약하다는 것은 노사단체가 근로조건에 관한 사적자치를 통하여 근로조건을 형성함에 있어서 사적자치가 기능할 수 있는 조건인 '세력의 균형'이나 '무기의 대등성'이 근로자에 불리하게 깨어졌다는 것을 의미할 뿐, 이에 더하여 국가가 사회단체의 정치헌금 가능성을 노동조합에 불리하게 규율함으로써 다른 사회단체에 비하여 노동단체의 지위를 더욱 악화시키는 것을 정당화하지는 않는다. 노동조합에게 요구되는 '자주성'은 엄격한 정치적 중립이나 종교적 또는 세계관적 관점에서의 중립성을 뜻하는 것이 아니라 사실적인 측면에서 조직상의 독립과 법적 측면에서 의사결정구조의 자주성을 의미하는 것이다. 그러므로 사회적 · 경제적으로 같은 상황에 있고 정치적으로 같은 목적을 추구하는 노동자들이 그들의 근로조건의 향상을 위하여 노동조합을 결성하고 그들의 자유의사에 근거하여 그들의 지도원칙에 따라 노조활동을 함으로써 국민의 정치적 의사형성과정에 영향력을 행사하려고 하는 것은 노동단체의 자주성과는 직접적인 관련이 있는 것이 아니다. 민주주의에서 사회단체가 국민의 정치의사형성과정에 있어서 가지는 의미와 기능의 관점에서 본다면, 노동단체는 다른 사회단체와 본질적으로 같은 것으로서 같게 취급되어야 하는데, 이 사건 법률조항이 다른 이익단체, 특히 사용자의 이익을 대변하는 기업이

정 이후 2000. 2. 16. 법률 제6270호로 개정된 「정치자금에 관한 법률」에서는 노동단체의 정치자금 기부금지 조항이 삭제되었으며, '사업 또는 사업장별로 조직된 단위노동조합'의 정치자금 기부에 한정하여 금지되는 것으로 규정하였다. 그 결과 위 단위노동조합 이외의 노동조합이나 노동단체의 정치자금 기부는 허용되게 되었고, 다만 정치자금을 기부하고자 하는 노동조합은 정치자금의 기부를 위한 별도의 기금을 설치·관리하도록 하였다(위 법률 제12조 제2항).

2002년 제16대 대통령선거 과정에서 이권과 특혜를 노리는 기업과 정치자금을 필요로 하는 정치세력간의 정경유착(이른바 '차떼기 사건')이 사회적으로 크게 문제됨에 따라 2004. 3. 12. 법률 제7191호로 개정된 「정치자금에 관한 법률」은 기업의 정치헌금을 원천적으로 봉쇄하고, 단체의 과도한 정치적 영향력 행사를 통한 민주적 의사형성과정 왜곡 및 단체구성원의 의사왜곡을 방지하기 위하여 단체의 정치자금 기부를 현행법과 같이 절대적으로 금지하게 되었고(위 법률 제12조 제1항), 이러한 입법 과정에서 회사 등 법인이나 단체가 임원 등 개인을 통해서 정치자금을 제공함으로써 '단체의 정치자금 기부금지'의 취지를 몰각시키는 행위를 규제할 필요에 따라 '단체의 정치자금 기부금지' 규정의 입법취지를 살리고 탈법행위를 방지하기 위하여, 누구든지 '단체와 관련된 자금'으로 정치자금을 기부할 수 없도록 하였고(위 법률 제12조 제2항), 위 법률은 2005. 8. 4. 법률 제7682호로 전부개정되어 정치자금법으로 법의 명칭이 변경되고 제12조(기부의 제한)에 규정되어 있던 내용이 제31조(기부의 제한)로 옮겨졌지만 기부제한에 관한 문구와 내용은 동일하게 규정되어 현재에 이르고 있다.

(3) 법인·단체의 기본권 주체성

(개) 기본권 주체의 인정 여부

법인이나 단체의 기본권 주체성 인정여부는 법인이나 단체를 구성하는 자연인의 기본권이 반영된 상태를 보장하는 문제가 아니라 그 구성원과는 독립된 법인이나 단체 그 자체의 기본권이 인정되는지 여부의 문제로서,[7] 독립적인 초개인적 조

나 사용자단체의 정치헌금을 허용하면서 유독 노동단체에게만 정치자금의 기부를 금지한 것은 노동단체로 하여금 정당에 영향력을 행사할 수 있는 정치활동의 영역을 다른 사회단체와 달리 차별대우하고 있다고 볼 수밖에 없다.)

7) 정종섭, 『헌법학 원론(제11판)』, 박영사, 324쪽

직체로서 법인과 단체의 기본권 주체성을 인정하는 것이 통설과 판례의 입장이다.8) 헌법재판소는「우리 헌법은 법인의 기본권향유능력을 인정하는 명문의 규정을 두고 있지 않지만, 본래 자연인에게 적용되는 기본권규정이라도 언론·출판의 자유, 재산권의 보장 등과 같이 성질상 법인이 누릴 수 있는 기본권을 당연히 법인에게도 적용하여야 한다.」고 판시하였다.9)

(나) 법인의 유형에 따른 기본권 주체성

1) 사법인(私法人)

사법인은 사단법인·재단법인 또는 영리법인·비영리법인을 가리지 아니하고 그 성질상 법인이 누릴 수 있는 기본권 내에서는 헌법상 보장된 기본권을 향유한다. 사법인에는 법인 아닌 사단·재단이라고 하더라도 대표자의 정함이 있고 독립된 사회적 조직체로서 활동하는 단체, 즉 법인격 없는(권리능력 없는) 사단이나 재단도 포함되고 이들도 기본권의 주체가 된다.10)11)12)

---

8) 성낙인, 『헌법학(제18판)』, 법문사, 952쪽

9) 1991. 6. 3. 선고 90헌마56 전원재판부 결정

10) 1991. 6. 3. 선고 90헌마56 전원재판부 결정("사단법인 한국영화인협회"는 영화예술인 상호간의 친목도모 및 자질향상, 민족영화예술의 창달발전을 기함을 목적으로, 그 목적을 달성하기 위하여 설립된 민법상의 비영리사단법인으로서 성질상 법인이 누릴 수 있는 기본권에 관한 한 그 이름으로 헌법소원심판을 청구할 수 있다. 그러나 "한국영화인 감독위원회"는 "사단법인 한국영화인협회"로부터 독립된 별개의 단체가 아니고, "사단법인 한국영화인협회"의 내부에 설치된 8개의 분과위원회 가운데 하나에 지나지 아니하며, 달리 단체로서의 실체를 갖추어 당사자 능력이 인정되는 법인이나 사단으로 볼 자료가 없다. 따라서 "한국영화인 감독위원회"는 그 이름으로 헌법소원심판을 청구할 수 있는 헌법소원심판청구능력이 있다고 할 수 없다.)

11) 헌법재판소는, "한국신문편집인협회"와 관련하여, '청구인협회는 언론인들의 협동단체로서 법인격은 없으나, 대표자와 총회가 있고 단체의 명칭, 대표의 방법, 총회 운영, 재산의 관리 기타 단체의 중요한 사항이 회칙으로 규정되어 있는 등 사단으로서의 실체를 가지고 있으므로 권리능력 없는 사단이라고 할 것이고, 따라서 기본권의 성질상 자연인에게만 인정될 수 있는 기본권이 아닌 한 기본권의 주체가 될 수 있으며, 헌법상의 기본권을 향유하는 범위 내에서는 헌법소원심판청구능력도 있다고 할 것이다. 이 사건의 경우 청구인협회가 침해받았다고 주장하는 언론·출판의 자유는 그 성질상 법인이나 권리능력 없는 사단도 누릴 수 있는 권리이므로 청구인협회가 언론·출판의 자유를 직접 구체적으로 침해받은 경우에는 헌법소원심판을 청구할 수 있다고 볼 것이나, 한편 단체는 원칙적으로 단체 자신의 기본권을 직접 침해받은 경우에만 그의 이름으로 헌법소원심판을 청구할 수 있을 뿐이고, 그 구성원을 위하여 또는 구성원을 대신하여 헌법소원심판을 청구할 수 없다.'고 판시하였다(1995. 7. 21. 선고 92헌마177, 199(병합) 결정).

12) 헌법재판소는, "정당"과 관련하여, '정당이나 그 지구당은 적어도 그 소유재산의 귀속관계에 있어서는 법인격 없는 사단으로 보아야 하고(1993. 7. 29. 선고 92헌마262 전원재판부 결정)', '정당은 기본권주체성이 인정되어 헌법소원의 청구인 적격이 있다.'고 판시하였다(1991. 3. 11.

2) 공법인(公法人)13)

공권력의 행사자인 국가, 지방자치단체나 그 기관 또는 국가조직의 일부나 공법인은 기본권의 수범자(Adressat)이지 기본권의 주체로서 그 소지자(Trager)가 아니고 오히려 국민의 기본권을 보호 내지 실현해야 할 책임과 의무를 지니고 있는 지위에 있을 뿐이므로, 공법인은 원칙적으로 기본권주체성이 부인된다.14) 그러나 공법인이나 이에 준하는 지위를 가진 자라 하더라도 공무를 수행하거나 고권적 행위를 하는 경우가 아닌 사(私)경제 주체로서 활동하는 경우나 조직법상 국가로부터 독립한 고유 업무를 수행하는 경우, 그리고 다른 공권력 주체와의 관계에서 지배복종관계가 성립되어 일반 사인처럼 그 지배하에 있는 경우 등에는 기본권의 주체가 될 수 있다. 이러한 경우에는 이들이 기본권을 보호해야 하는 국가적 기능을 담당하고 있다고 볼 수 없기 때문이다.15)16)17)

선고 91헌마21 전원재판부 결정).

13) 공법인과 사법인의 구별은 전통적인 것으로, "설립형식"을 강조하여 공법인은 공법상 설립행위 또는 법률에 근거하고, 사법인은 설립계약 등 법률행위에 근거한다고 하기도 하고, 그 "존립목적"을 강조하여 공법인은 국가적 목적 내지 공공목적을 위하여 존재하는 것인 반면, 사법인은 그 구성원의 공동이익을 위하여 존재한다고 하여 왔다. 그런데 오늘날 사회복지국가의 등장으로 국가가 국민의 모든 생활영역에 간섭하고 활발한 경제활동을 하게 되자, 위와 같은 기준만으로는 구별이 어려운 중간적 영역의 법인도 많이 생겨나고 있다(2000. 6. 1. 선고 99헌마553 전원재판부 결정).

14) 1994. 12. 29. 선고 93헌마120 전원재판부 결정(국회의 노동위원회는 기본권의 주체가 될 수 없다); 1995. 2. 23. 선고 90헌마125 전원재판부 결정(국회의원이 국회 내에서 행하는 질의권·토론권 및 표결권 등은 입법권 등 공권력을 행사하는 국가기관인 국회의 구성원의 지위에 있는 국회의원에게 부여된 권한이지 국회의원 개인에게 헌법이 보장하는 권리 즉 기본권으로 인정된 것이라고 할 수 없다); 1995. 9. 28. 선고 92헌마23, 86(병합) 전원재판부 결정(지방교육위원회의 구성원인 교육위원은 기본권의 주체가 아니라 공법인인 지방자치단체의 합의체기관인 교육위원회의 구성원으로서 공법상 권한을 행사하는 공권력의 주체일 뿐이다); 1997. 12. 24. 선고 96헌마365 결정(지방자치단체의 기관인 지방자치단체의 장은 기본권의 주체가 아니다); 1998. 3. 26. 선고 96헌마345 전원재판부 결정(지방자치단체의 의회는 기본권의 주체가 될 수 없다); 2000. 6. 29. 선고 99헌마289 전원재판부 결정(직장의료보험조합은 공법인으로서 기본권의 주체가 될 수 없다); 2000. 11. 30. 선고 99헌마190 전원재판부 결정(농지개량조합은 공법인으로서 헌법상 보호법익의 대상이 되는 단체로 볼 수 없다); 2006. 2. 23. 선고 2004헌바50 전원재판부 결정(지방자치단체는 기본권의 주체가 될 수 없다)

15) 2013. 9. 26. 선고 2012헌마271 결정(공법상 재단법인인 방송문화진흥회가 최다출자자인 방송사업자는 방송법 등 관련 규정에 의하여 공법상의 의무를 부담하고 있지만, 그 설립목적이 언론의 자유의 핵심 영역인 방송 사업이므로 이러한 업무 수행과 관련해서는 기본권 주체가 될 수 있고, 그 운영을 광고수익에 전적으로 의존하고 있는 만큼 이를 위해 사경제 주체로서 활동하는 경우에도 기본권 주체가 될 수 있다)

(다) 법인 · 단체에게 인정되는 기본권

기본권의 성질상 자연인에게만 인정되는 인간의 존엄과 가치, 행복추구권, 신체
의 안전과 자유, 정신적 자유권 등의 기본권은 법인 · 단체에게 인정되지 않는다.
이와 같이 자연인에게만 인정되는 것을 제외한 기본권에 대하여는 원칙적으로 법
인 또는 단체에도 인정된다. 즉, 법인 또는 단체의 목적과 사회적 기능에 비추어
그 기본권의 성질에 반하지 아니하는 범위 내에서는 개별 기본권이 법인 또는 단
체에도 인정된다.[18] 따라서 정치적 표현의 자유가 법인 단체에도 인정되는 것은
그 성질상 당연하다.

정치적 표현의 자유로서의 정치자금기부와 관련하여, 일본 최고재판소는 '야하
다(八幡)제철소' 정치헌금사건에서 '회사도 납세자 입장에서, 국가나 지방공공단체
의 시책에 대하여 의견 표명이나 기타의 행위를 할 수 있다. 또 헌법에 정해진 국
민의 권리와 의무의 각 조항은 그 성질상 가능한 한 내국의 법인에게도 적용되어
져야 하는 것으로 해석해야 하기 때문에, 회사는 자연인인 국민과 같이 국가나 정

---

16) 헌법재판소는, 축협중앙회와 관련하여, '축협중앙회는 지역별 · 업종별 축협과 비교할 때, 회원
의 임의탈퇴나 임의해산이 불가능한 점 등 그 공법인성이 상대적으로 크다고 할 것이지만, 이
로써 공법인이라고 단정할 수는 없을 것이고, 이 역시 그 존립목적 및 설립형식에서의 자주적
성격에 비추어 사법인적 성격을 부인할 수 없으므로, 축협중앙회는 공법인성과 사법인성을 겸
유한 특수한 법인으로서 기본권의 주체가 될 수 있다.'고 판시하였다(2000. 6. 1. 선고 99헌마
553 전원재판부 결정).
17) 헌법재판소는, 국립 서울대학교와 관련하여, '헌법 제31조 제4항은 "교육의 자주성 · 전문성 · 정
치적 중립성 및 대학의 자율성은 법률이 정하는 바에 의하여 보장된다."고 규정하여 교육의 자
주성 · 대학의 자율성을 보장하고 있는데, 이는 대학에 대한 공권력 등 외부세력의 간섭을 배제
하고 대학구성원 자신이 대학을 자주적으로 운영할 수 있도록 함으로써 대학인으로 하여금 연
구와 교육을 자유롭게 하여 진리탐구와 지도적 인격의 도야라는 대학의 기능을 충분히 발휘할
수 있도록 하기 위한 것이며, 교육의 자주성이나 대학의 자율성은 헌법 제22조 제1항이 보장
하고 있는 학문의 자유의 확실한 보장수단으로 꼭 필요한 것으로서 이는 대학에게 부여된 헌
법상의 기본권이다. 따라서 국립대학인 서울대학교는 다른 국가기관 내지 행정기관과는 달리
공권력의 행사자의 지위와 함께 기본권의 주체이다.'라고 판시하였다(1992. 10. 1. 선고 92헌
마68, 76(병합) 전원재판부 결정).; 서울대학교는 2010. 12. 27. 법률 제10413호로 제정되어
2011. 12. 28.부터 시행된 「국립대학법인 서울대학교 설립 · 운영에 관한 법률」에 따라 법인이
되었다.
18) 2012. 8. 23. 선고 2009헌가27 결정(법인도 법인의 목적과 사회적 기능에 비추어 볼 때 그 성
질에 반하지 않는 범위 내에서 인격권의 한 내용인 사회적 신용이나 명예 등의 주체가 될 수
있고 법인이 이러한 사회적 신용이나 명예 유지 내지 법인격의 자유로운 발현을 위하여 의사
결정이나 행동을 어떻게 할 것인지를 자율적으로 결정하는 것도 법인의 인격권의 한 내용을
이룬다)

당의 특정 정책을 기대, 추천 또는 반대하는 등의 정치적 행위를 할 수 있는 자유를 가지고 있다. 정치자금기부도 바로 그 자유의 일환이며 그것이 정치의 동향에 영향을 주는 일이 있다 하더라도 이를 자연인인 국민에 의한 기부와 달리 취급할 헌법상의 요청은 없다.'고 판시하여,[19] 회사에 대하여 정치적 표현의 자유로서의 정치자금기부의 자유를 인정하였다.

⑷ 회사의 권리능력과 정치자금기부

㈎ 법인의 권리능력 제한

「민법」제34조는 "법인은 법률의 규정에 좇아 정관으로 정한 목적의 범위 내에서 권리와 의무의 주체가 된다."고 규정하고 있다. 비영리법인에 관한 위 규정이 영리법인인 회사에 대하여도 적용되는지 여부에 관하여 「상법」에는 아무런 규정이 없어, 회사의 권리능력이 정관 소정의 목적에 의하여 제한을 받는가라는 문제와 관련하여 제한긍정설과 제한부정설이 대립하고 있고, 제한긍정설의 입장에서도 제한을 인정하는 범위에 대하여 견해가 갈라져 있다.

1) 제한긍정설

법인에 관한 일반원칙인 「민법」제34조는 「상법」에서 이를 배제하는 규정이 없는 한 회사에도 적용되어야 하므로 회사는 정관상의 목적 범위 내에서 권리와 의무를 가진다고 보는 견해이다. 제한긍정설의 입장에서도 그 제한의 기준이 되는 '목적의 범위'와 관련하여 정관 소정의 목적 자체에 한하지 않고 목적사업의 수행에 필요하거나 유익한 행위도 포함한다는 견해, 나아가 목적에 반하지 않는 일체의 행위를 할 수 있다는 견해도 있어 실질적으로는 제한부정설과 큰 차이가 없을 정도로 근접하고 있다.[20]

2) 제한부정설

「민법」제34조는 비영리법인에만 적용되고 회사는 법인으로서 일반적 권리능력이 인정되므로 회사의 권리능력은 정관 소정의 목적에 의하여 제한되지 않는다는 견해로서 다수설이다.[21]

---

19) 1970. 6. 24. 일본최고재판소 판결(야하다제철 정치헌금사건; 박찬우, 「회사의 정치자금기부」, 연세대학교 법학연구원, 법학연구(2004. 3.), 81쪽에서 재인용)
20) 한국사법행정학회, 『주석 상법(제5판)』, 139쪽
21) 한국사법행정학회, 『주석 상법(제5판)』, 139-140쪽

3) 판례의 입장

대법원은 '회사의 권리능력은 회사의 설립근거가 된 법률과 회사의 정관상의 목적에 의하여 제한되나 그 목적범위내의 행위라 함은 정관에 명시된 목적 자체에 국한되는 것이 아니고 그 목적을 수행하는데 있어 직접 또는 간접으로 필요한 행위는 모두 포함되며 목적수행에 필요한지 여부도 행위의 객관적 성질에 따라 추상적으로 판단할 것이지 행위자의 주관적·구체적 의사에 따라 판단하거나 문제된 행위가 정관기재의 목적에 현실적으로 필요한 것인지 여부를 기준으로 판단할 것은 아니다.'[22]라고 판시하여, 제한긍정설의 입장을 취하면서도 '목적의 범위'를 폭넓게 인정하고 있다.

(나) 회사의 권리능력과 정치자금기부[23]

일본 최고재판소는 1970. 6. 24. '야하다(八幡)제철소 정치헌금사건'에서 「회사는 정관에 정한 목적 범위 내에서 권리능력을 가지지만, 목적 범위 내의 행위라고 하는 것은 정관에 명시된 목적 자체뿐만 아니라 목적 수행에 직접·간접적으로 필요한 행위도 전부 포함한다. 그리고 목적 수행에 필요한지 여부는 행위의 객관적 성질에 입각하여 추상적으로 판단되어야 한다. 그런데 회사는 일정한 영리사업을 함을 본래의 목적으로 하고 있고 그 활동의 중심이 정관에 정한 목적 달성에 필요한 행위에 있는 것이지만, 동시에 회사는 사회를 구성하는 사회적 실재이기 때문에, 그런 자격으로서의 사회적 작용을 부담하지 않을 수 없다. 그러므로 회사에 사회통념상 기대 내지는 요청되어지고 있는 것에 한해서는 당연히 부응할 수 있다. 그리고 그러한 사회적 작용에 속하는 활동을 하는 것은 기업체로서의 원활한 발전을 도모하기 위한 적절한 가치와 효과를 인정받을 수도 있기 때문에, 그런 의미에서 이러한 행위는 간접적이긴 해도 목적 수행에 필요한 행위라고 해도 무방하다.

---

22) 1987. 9. 8. 선고 86다카1349 판결, 1987. 10. 13. 선고 86다카1522 판결, 1987. 12. 8. 선고 86다카1230 판결, 1988. 1. 19. 선고 86다카1384 판결, 1999. 10. 8. 선고 98다2488 판결

23) 정종섭은 '회사의 정치자금 기부 문제는 정관에서 정한 목적에 따라 회사의 권리능력이 제한을 받느냐 하는 문제 이전의 것으로 회사법 차원의 논의 이전의 수준에서 검토할 필요가 있다. 과연 회사가 의사결정기구를 통해 자기의 재산을 정치자금으로 기부하는 것이 헌법에 정해진 헌법원리나 기본권 보장의 법리 등 법적으로 인정할 수 있는 행위이냐 하는 것부터 면밀히 살펴보아야 한다.'고 주장한다(정종섭, 「기업의 정치자금 기부의 문제점과 위헌 여부」, 법과 사회이론학회, 법과 사회(1996. 6.), 52-53쪽).

이러한 이치는 회사의 정치자금기부에서도 마찬가지다. 회사도 정당의 발전에 협력하는 것이 당연히 기대되며 그 협력의 한 모습으로서 정치자금기부도 회사에 기대 내지 요청되는 한 회사는 정치자금을 기부할 능력이 있다.」고 하면서, 「이사가 회사를 대표해서 정치자금기부를 할 때에는 그 회사의 규모·경영실적·기타 사회적·경제적 지위 및 기부받는 상대방 등 제반 사정을 고려하여 합리적인 범위 내에서 그 금액 등을 결정해야만 한다. 이러한 범위를 넘어서 기부를 할 때에는 이사의 충실의무에 위반하는 것이 된다.」고 판시하였다.[24] 따라서 회사는 정관 소정의 목적을 수행하기 위하여 필요하거나 유익한 경우에는 정치자금기부를 할 수 있고 보아야 한다.[25] 나아가 회사가 정치자금을 기부할 때에는 그 회사의 규모·경영실적·기타 사회적·경제적 지위 및 기부받는 상대방 등 제반 사정을 고려하여 합리적 범위 내에서 그 금액 등을 결정하여야 한다. 이러한 범위를 넘어서 기부를 할 때에는 회사의 권리능력의 범위를 일탈하는 것으로서 상대방의 선의 여부 등 주관적 사정에 상관없이 당연히 무효가 된다고 보는 것이 상당하다.[26][27]

다. 법인·단체의 정치자금 기부금지의 위헌 여부

헌법재판소는, 누구든지 단체와 관련된 자금으로 정치자금을 기부할 수 없도록

---

24) 1970. 6. 24. 일본최고재판소 판결(야하다제철 정치헌금사건; 박찬우, 「회사의 정치자금기부」, 연세대학교 법학연구원, 법학연구(2004. 3.), 80−82쪽에서 재인용)

25) 한국사법행정학회, 『주석 상법(제5판)』, 142쪽

26) 1970. 6. 24. 일본최고재판소 판결(야하다제철 정치헌금사건)의 다수의견은 이사가 합리적인 한도를 넘어서 기부할 때에는 이사의 충실의무위반이 된다고 하였으나, 소수의견은 사회통념상 상당한 범위를 넘는 기부는 회사의 권리능력의 범위를 일탈하는 것으로서 상대방의 주관적 사정을 묻지 않고 당연히 무효가 된다고 한다(박찬우, 「회사의 정치자금기부」, 연세대학교 법학연구원, 법학연구(2004. 3.), 81−82쪽에서 재인용).

27) 조소영은, 회사의 정치자금기부의 합리적 허용한도와 관련하여, '회사의 권리능력에 관한 논리가 헌법상 인정된 기업의 정치적 기본권에 대한 제한의 결과를 가져올 수 있다. 회사의 정치적 기부금액의 수준이 회사의 자산규모나 경제환경을 종합적으로 고려할 때 합리적 범위를 넘어선 경우에는 그 정치적 기부행위는 회사의 권리능력이 없는 행위가 되고 사법상 효력을 인정받을 수 없는 것이기 때문에 결국 이러한 사법상의 효과는 필연적으로 회사의 기본권 행사로서의 정치적 기부행위에 대한 제한하는 결과를 초래하기 때문이다. 따라서 사법상의 경제주체인 기업이 헌법상의 정치적 기본권을 행사함에 있어서 기본권 행사결과를 사법적으로 무효화하게 되는 결과를 방지하기 위해서는 회사의 정치자금기부를 허용하는 경우에도 기부금액의 합리적 허용한도에 대한 기준을 마련하여야 한다.'고 주장한다(조소영, 「기업의 정치자금기부 규제에 관한 헌법적 검토」, 공법학연구 제17권 제4호, 165−166쪽).

한 구 「정치자금에 관한 법률(2004. 3. 12. 법률 제7191호로 개정되고, 2005. 8. 4. 법률 제7682호로 '정치자금법'으로 전부개정되기 전의 것)」제12조(기부의 제한) 제2항과 관련하여, 「이 사건 기부금지 조항은 단체의 정치자금 기부금지 규정에 관한 탈법행위를 방지하기 위한 것으로서, 단체의 정치자금 기부를 통한 정치활동이 민주적 의사형성과정을 왜곡하거나, 선거의 공정을 해하는 것을 방지하고, 단체 구성원의 의사에 반하는 정치자금 기부로 인하여 단체 구성원의 정치적 의사표현의 자유가 침해되는 것을 방지하는 것인바, 정당한 입법목적 달성을 위한 적합한 수단에 해당한다. 한편 단체의 정치적 의사표현은 그 방법에 따라 정당·정치인이나 유권자의 선거권 행사에 심대한 영향을 미친다는 점에서 그 방법적 제한의 필요성이 매우 크고, 이 사건 기부금지 조항은 단체의 정치적 의사표현 자체를 금지하거나 그 내용에 따라 규제하도록 한 것이 아니라, 개인과의 관계에서 불균형적으로 주어지기 쉬운 '자금'을 사용한 방법과 관련하여 규제하는 것인바, 정치적 표현의 자유의 본질을 침해하는 것이라고 볼 수 없다. 또한, 개인의 정치적 의사형성이 온전하게 이루어질 수 있는 범위에서의 자금모집에 관한 단체의 관여를 일반적·추상적으로 규범화하여 허용하는 것은 입법기술상 곤란할 뿐만 아니라, 개인의 정치적 기본권 보호라는 입법목적 달성에 충분한 수단이라고 보기 어렵고, 달리 덜 제약적인 수단이 존재함이 명백하지 않은 이상 이 사건 기부금지 조항이 침해의 최소성원칙에 위반된다고 보기 어렵다. 나아가 이 사건 기부금지 조항에 의한 개인이나 단체의 정치적 표현의 자유 제한은 내용중립적인 방법 제한으로서 수인 불가능할 정도로 큰 것이 아닌 반면, 금권정치와 정경유착의 차단, 단체와의 관계에서 개인의 정치적 기본권 보호 등 이 사건 기부금지 조항에 의하여 달성되는 공익은 대의민주제를 채택하고 있는 민주국가에서 매우 크고 중요하다는 점에서 법익균형성원칙도 충족된다. 따라서 이 사건 기부금지 조항이 과잉금지원칙에 위반하여 정치활동의 자유 등을 침해하는 것이라 할 수 없다.」고 판시하였다.[28]

---

28) 2010. 12. 28. 선고 2008헌바89 결정(다수의견에 반하여, 조대현 등 재판관 3명은 「정치적 활동을 목적으로 결성된 단체가 그 목적에 따른 정치활동을 하고 정치자금을 기부하는 것은 결사의 자유로서 보호된다. 나아가 정치적 활동을 목적으로 하지 않는 단체라도 그 단체의 목적을 달성하기 위하여 필요한 경우에는 단체 또는 구성원의 이름으로 정치적 활동을 할 수 있고 정치자금을 기부할 수 있으며, 그러한 정치적 활동도 결사의 자유로서 보호된다. 그런데 이 사건 기부금지 조항은 정치적 활동을 결사의 목적으로 하는 정치적 단체에 대해서도 적용되는바,

정치적 표현의 자유는 민주국가의 존립과 발전을 위한 기초가 되기 때문에 특히 우월적 지위를 지니고 있는 것이 현대 헌법의 한 특징이다.[29] 따라서 표현의 자유에 대한 규제가 헌법에 부합하는지 여부를 판단하면서 요구되는 합헌성 판단의 기준은 다른 정치적 활동의 자유에 대한 규제보다 상대적으로 엄격한 기준[30]을 통과해야만 그 제한의 합헌성을 인정할 수 있다. 정치자금법상 법인·단체의 정치자금기부금지규정은 기업도 사회적 존재로서 자연인과 마찬가지로 정치적 표현의 자유를 향유하는 기본권의 주체임에도 기업을 포함한 법인·단체는 어떠한 경우에도 정치자금의 기부를 통한 정치적 표현행위를 금지하고 있는 바, 이는 비정치적 단체의 정치자금기부가 민주적 의사형성을 왜곡하거나 선거의 공정을 해칠 우려가

이는 정치적 단체의 정치적 활동의 자유와 결사의 자유를 본질적으로 침해하는 것이다. 나아가 비정치적 단체의 정치자금 기부가 민주적 의사형성과정을 왜곡하거나 선거의 공정을 해칠 우려가 있다고 하더라도, 이러한 부작용을 방지할 제도적 장치조차 강구하지 아니한 채 단체의 목적을 달성하기 위하여 필요한 경우에도 일률적으로 정치자금 기부를 금지하는 것은 적절한 수단이라고 할 수 없으며, 내부의 민주적 의사결정과정을 거친 정치자금 기부에 대하여도 단순히 단체 구성원의 의사에 어긋날 우려가 있다는 이유로 일률적으로 제한하는 것 역시 입법목적 달성을 위한 적합한 방법이라고 할 수 없다. 결국 이 사건 법률조항은 과잉금지원칙에 반하여 단체의 정치적 활동의 자유나 결사의 자유를 과도하게 제한하고 있으므로 헌법에 위반된다.」 는 의견을 개진하였고, 김희옥 재판관은 「이 사건 기부금지 조항의 "단체"라는 개념은 '다수인 의 지속적 모임'이라는 통상의 이해를 조금도 구체화시키지 못하고, 나아가 "단체와 관련된 자 금"의 의미도 확정하기 어려우며, 위 조항으로부터 단체와 관련된 자금과 그렇지 아니한 자금 을 어떻게 구별할 것인지에 관한 구체적이고 유용한 기준을 도출해내기도 어렵다. 위 조항은 죄형법정주의 명확성원칙에 위배되어 헌법에 위반된다.」고 주장하였다.); 2012. 7. 26. 선고 2009헌바298 결정(다수의견에 반하여, 목영준 등 재판관 2명은 위 2008헌바89 결정에서의 조 대현 등 재판관 3명의 의견과 같은 취지의 주장을 하였다.); 2014. 4. 24. 선고 2011헌바254 결정(다수의견에 반하여, 김이수 등 재판관 3명은 「'단체'라는 개념은 '다수인의 지속적 모임' 이라는 통상의 이해를 조금도 구체화시키지 못하고, '단체와 관련된 자금'의 의미도 확정하기 어려우며, 단체관련자금 기부금지조항에서 단체와 관련된 자금과 그렇지 아니한 자금을 어떻 게 구별할 것인지에 관한 구체적이고 유용한 기준을 도출해내기 어렵다. 결국 단체관련자금 기 부금지조항은 법관의 보충적 법해석을 통하여도 그 규범내용이 확정될 수 없는 모호하고 막연 한 형벌조항으로서 죄형법정주의 명확성원칙에 위배된다.」고 주장하였다.)

29) 1991. 9. 16. 선고 89헌마165 전원재판부 결정

30) 표현의 자유에 대한 규제의 합헌성판단의 기준으로는 ① 언론·출판에 대한 사전검열제를 금지 하는 사전억제(prior restraint)금지의 이론, ② 명확성의 이론(막연하기 때문에 무효의 이론, void for vagueness)과 합헌성 추청의 배제원칙, ③ 명백하고 현존하는 위험(clear and present danger)이 있어야 한다는 원칙, ④ 보다 덜 제한적인 수단(less restrictive alternative) 을 선택하여야 한다는 필요최소한의 규제수단의 선택에 관한 원칙, ⑤ 비교형량(balancing test)의 원칙 또는 이중기준(double standard)의 원칙이 있다(성낙인, 『헌법학(제18판)』, 법문 사, 1185-1189쪽).

있다고 하더라도, 이러한 부작용을 방지할 제도적 장치조차 강구하지 아니한 채 일률적으로 정치자금의 기부를 금지하는 것은 과잉금지의 원칙에 반하여 단체의 정치적 표현의 자유를 과도하게 제한함으로써 헌법에 위반된다고 봄이 상당하다.[31][32] 정경유착의 부작용이 있다는 이유로 법인·단체의 정치자금기부를 전면금지하는 것은 그 부작용을 방지할 수 있는 방안이나 제도를 먼저 마련하지 아니하고 그 행위 자체를 금지함으로써 정치적 표현의 자유라는 기본권의 본질적 내용을 침해하는 결과를 초래하기 때문이다.[33]

라. 법인·단체의 정치자금기부 허용의 필요성[34]

(1) 법인·단체의 정치자금기부를 금지해야 한다는 견해

법인·단체의 정치자금기부는 첫째, 국민주권의 이념에 비추어 볼 때 인정되기

---

31) 조소영, 「기업의 정치자금기부 규제에 관한 헌법적 검토」, 공법학연구 제17권 제4호, 163–164쪽
32) 기업의 영향력이 선거를 포함한 정치활동에 행사되는 경우 만연히 부패의 가능성이 있다거나, 기업의 본질이 법이 인정한 법인격에 불과하다거나, 국민의 여론형성을 왜곡할 가능성이 있다는 이유만으로 헌법상 보장된 일체의 정치적 표현의 자유를 부인하는 것은 헌법에 합치되지 않는다(성중탁, 「헌법상 정치적 표현의 자유와 정치자금 규제의 관계에 관한 소고 －최근 미국 연방대법원 관련 판결을 중심으로－」, 법학연구 제18집 제2호, 79쪽).
33) 조재현은 '정치자금의 기부는 자신의 정치적 신념을 실현하는 수단이다. 그렇기 때문에 정치자금의 기부행위를 규제하는 것은 개인이나 단체의 정치적 신념이나 확신을 규제하는 것으로 볼 수 있다. 경우에 따라서 특정 정치인이나 특정 정당에 대한 정치자금의 기부를 제한하는 것은 정치적 표현의 자유의 내용에 대한 제한 중에서도 특정한 관점에 근거하여 정치적 표현을 제한하는 것이 될 수도 있다. 헌법재판소의 결정 내용처럼 정치자금을 규제하는 것이 단순히 자금의 사용방법과 관련한 규제만을 의미한다고 보는 것은 표현 내용이나 표현적 효과에 대한 제한의 성격을 지나치게 과소평가하고, 이를 표현하는 방법에 대한 제한으로만 축소해서 이해하는 것으로 정치자금의 기부가 가지는 정치적 신념을 실현하는 수단으로서의 의미를 간과한 것이다.'라고 주장한다(조재현, 「정치자금의 기부행위 제한과 정치적 표현의 자유」, 헌법판례연구 제16권(2015. 6.), 204–205쪽).
34) 헌법학의 입장에서 볼 때 법인·단체의 정치자금기부에 대한 상호 모순되는 우리 사회의 요구는 대의제 민주주의와 정당제 민주주의라는 오래된 이념적 갈등의 다른 표현으로 이해될 수 있다고 하면서, 대의제 민주주의의 요청에 비추어 보면 법인·단체의 기부행위는 많은 경우에 입법과정에서 자신들의 부분이익을 실현하기 위한 수단으로서 이루어지기 때문에 반드시 금지되어야 하고, 정당제 민주주의의 요청에 비추어 본다면 단체나 법인의 정치자금기부는 법인·단체가 추구하는 부분이익은 많은 경우에 정당제 민주주의가 보호하고자 하는 정당에 의해 구체화되기 때문에 보다 넓게 허용되는 것이 자연스럽다고 한다(기현석, 「법인·단체의 소액기부 허용 적실성에 대한 고찰 －정치자금법상 법인·단체의 정치자금기부금지조항에 대한 비판적 고찰－」, 법학논총 제40권 제2호, 165–166쪽).

어렵다. 국민주권원리에 의하면 국가를 창설하고 국가기관을 구성하며, 그 활동을
유지하게 하는 것은 주권자의 지위에 있는 개인이다. 여기의 개인은 자연인을 말하
며 법인·단체는 포함되지 않는다. 법인·단체의 정치자금기부를 인정하면 결국 법
인이나 단체가 정치적 활동에서 주권자인 개인과 경쟁을 하는 것이 되어 법인이나
단체가 주권자의 지위를 차지하게 된다는 점에서 국민주권원리와 배치된다.[35)36)]
둘째, 법인·단체의 정치자금 기부를 인정하는 것은 헌법상의 기본권 보장 법리에
어긋난다. 개인의 정치적 기본권의 행사는 다수결로 결정될 수 있는 사안이 아니
다. 법인이나 단체가 정치자금을 기부할 것이냐 그리고 누구에게 기부할 것이냐
하는 것에 대해 법인이나 단체의 구성원의 의사가 전원 일치하지 않는 한 법인이
나 단체의 재산을 정치자금으로 기부하는 것은 개인의 정치적 기본권 보장의 법리
에 비추어 볼 때 인정하기 어렵다. 즉 법인이나 단체의 구성원의 정치적 의견이
서로 다른 상태에서 법인이나 단체 소유의 재산을 정치자금으로 기부하게 되면 그
것은 법인이나 단체가 그 구성원의 정치적 기본권을 침해하는 것이 된다.[37)] 셋째,
법인이나 단체의 업무집행기관이 구성원의 의견에 차이가 존재함을 무시하고 법인
이나 단체의 재산을 기부한 경우에는 그 결정과 합치하지 않는 구성원의 권리를
침해하는 것이 된다. 이는 사인에 의한 기본권의 침해에 해당한다. 넷째, 법인이나
단체의 정치자금의 기부는 주로 기업이 그 중심적 자리를 점하게 되는데, 기업의
정치자금기부행위는 결국 정경유착을 불러오고, 이것이 기업간의 자유로운 경쟁을
침해하게 된다. 기업 간의 자유경쟁을 왜곡하는 것이 「헌법」 제119조 제1항[38)]에
위반되는 것은 물론이다.[39)] 우리의 정치문화 및 의식수준을 고려하면 법인·단체

35) 이관희, 「현행 정치자금법의 문제점과 개선방안」, 법률신문사, 법률신문 제2520호(1996. 7. 18.)
36) 정만희는 '회사의 정치헌금은 현실에 있어서 정치의 동향에 영향을 부여하고 그것이 결과적으
로 자연인인 국민의 인권, 특히 개인의 참정권행사를 실질적으로 불평등한 것으로 하고, 정치
·선거활동의 자유를 침해하게 되는 것을 의미하게 된다. 즉 기업헌금은 회사의 정치적 권리로
보장될 수 없으며, 오히려 국민주권, 개인이 갖는 선거권, 국민의 정치적 의사의 표명의 자유
를 침해하는 것으로 허용되기 어렵다.'고 주장한다(정만희, 「정치자금제도개혁의 헌법적 문제」,
안암법학<2-0>(1994. 8.), 126쪽).
37) 심지연, 「정치자금제도의 개선방안」, 한국정당학회보, 270쪽
38) 「헌법」 제119조 ① 대한민국의 경제질서는 개인과 기업의 경제상의 자유와 창의를 존중함을
기본으로 한다.
39) 정종섭, 『헌법학원론(제11판)』, 박영사, 955쪽; 이관희, 「개정 정치자금법의 특징적 내용과 평
가」, 헌법학연구 제10권 제2호(2004. 6.), 76-77쪽

에 대한 정치자금 기부의 제한은 헌법적으로 정당화될 수 있으며, '법인·단체와 관련된 자금'의 규제와 처벌을 목적으로 한 입법자의 형성의 자유와 재량권의 실현은 헌법정신과 헌법원리에 부합하는 입법권의 행사라고 평가할 수 있다.[40)]

(2) 법인·단체의 정치자금기부를 허용해야 한다는 견해

기업은 그 소유자인 주주와는 독립된 경제활동의 주체이므로 주주들이 개인적으로 향유하는 정치적 기본권을 대신한다는 의미가 아니라, 기업 스스로 자신의 이익을 보호하고 경제활동의 유리한 환경조성을 위하여 정치적 표현행위나 정치적 기부행위를 할 수 있는 정치적 기본권 능력이 존재한다.[41)] 즉, 기업이나 단체는 법률에 의하여 인정되는 법인격체로서 헌법상 보장된 정치적 표현을 할 수 있는 기본권의 주체이다.[42)] 기업도 사회적 존재로서 자연인과 마찬가지로 정치활동을 행할 자유가 있고, 정치자금의 기부도 기업활동의 일환이기 때문이다.[43)44)] 나아가 회사의 특정 정당에 대한 정치자금기부행위는 그 정당을 지지하지 않는 주주들의 의사에 반하기 때문에 인정될 수 없다는 견해가 있으나, 이는 주주 개인의 정치적 의사와 회사 자신의 정치적 의사를 구별하지 않은 것에 비롯된 문제이다. 어떤 주주가 개인적인 자신의 성향과 사적인 이익을 감안하여 형성한 정치적 의사와 주주 자신의 이익을 위해 자신이 출자한 회사의 이익을 주된 판단요소로 고려하여 형성한 정치적 판단 및 지지 대상 정당은 반드시 또는 늘 일치한다고 볼 수 없으므로, 주주들이 주주로서 회사의 정치적 의사를 결정함에 있어서는 개인의 정치적 성향과 상관없이 회사에 유리한 경제정책을 주장하고 그에 따른 입법을 추진하거나 추진해 줄 정당을 선택하여 그 정당이나 정치인에게 회사 명의로 행하는 정치적 기부행위를 승인하는 절차에 임하는 것으로 평가하여야 한다. 이와 같이 회사 자신

---

40) 홍완식, 「법인·단체의 정치자금 기부금지」, 세계헌법연구 제17권 제1호, 127쪽.

41) 조소영, 「기업의 정치자금기부 규제에 관한 헌법적 검토」, 공법학연구 제17권 제4호, 158쪽.

42) 성중탁, 「헌법상 정치적 표현의 자유와 정치자금 규제의 관계에 관한 소고 -최근 미국 연방대법원 관련 판결을 중심으로-」, 법학연구 제18집 제2호, 82쪽).

43) 김민배, 「정치자금과 정치헌금의 법적 규제 -영국을 중심으로-」, 공법연구 제29집 제2호, 237쪽.

44) 회사도 국가의 요소이고 납세의무를 지고 있고 경제의 주체이기 때문에 회사의 정치헌금에 대한 문제는 국민의 기본권인 참정권과는 별개로 국가의 경제발전과 정치발전을 위해서 허용되어야 한다는 견해도 있다(김명준, 「회사의 권리능력의 범위와 정치헌금」, 유럽헌법연구 제6호(2009. 12.), 370쪽).

의 정치적 의사결정의 문제를 생각한다면, 민주적이고 합리적인 의사결정절차로
인정받을 수 있는 수준의 주주총회의 승인에 의하여 회사가 정치자금 기부여부와
기부대상을 결정하고 행동하는 경우라면 해당 기부행위로 인한 반대 주주의 기본
권 침해나 이익의 침해를 문제 삼을 이유가 없게 된다.[45)]

(3) 결어

정당을 통하지 않고서는 어떠한 사회단체도 자신의 정치적 영향력을 효율적으
로 행사할 수 없고 이로써 의회와 정부 등 국가기관의 결정에 큰 영향력을 행사할
수 없다. 따라서 정치자금의 기부는 정치적 영향력을 행사하는 중요한 방법의 하
나이기 때문에, 정당과 의회·정부에 대하여 단체 구성원의 이익을 대변하고 관철
하려는 모든 이익단체는 정치자금의 기부를 통하여 정당에 영향력을 행사하려고
시도하는 것은 당연하고도 자연스러운 현상이며, 오늘날 사회단체 중 가장 중요한
역할을 하는 이익단체는 바로 노동단체와 사용자단체이다.[46)] 따라서 법인·단체의
기부금지는 일반인의 정치자금 기부행위에 대한 무관심과 병행하여 정당과 정치인
들은 정치자금 모금에 심각한 어려움을 겪게 하고 이는 불법·음성적인 정치자금
의 모금으로 연결되기도 한다. 기업의 영향력이 정치활동에 행사되는 경우 정경유
착으로 인한 부정부패의 가능성이 있다거나 돈으로 국민의 여론을 왜곡할 수 있다
는 이유만으로 법인·단체에게도 헌법상 보장된 정치적 표현의 자유를 부인할 수
는 없다.[47)] 청원경찰의 모임인 전국청원경찰친목협의회(청목회) 회원들이 자신들
의 처우개선을 내용으로 하는 입법을 위해 담당 상임위원회 국회의원들에게 이른
바 '쪼개기 방식'의 기부를 통해 합법적인 개인들의 소액기부로 가장하여 '단체와
관련된 자금의 기부금지'를 회피하려고 하였다가 문제가 되었던 이른바 '청목회 사
건'에서 보듯이 우리사회의 약자라고 할 수 있는 청원경찰의 단체조차 정치자금기
부를 통한 자신의 정치적 의견을 표현할 수 있는 합법적인 통로를 부정함으로써
편법으로 흐르게 하여 결국 불법을 저지르게 하는 것은 사회정의에도 맞지 않는
다.[48)] 더욱이 수많은 기업들이 사규 등을 통하여 사원의 정치활동을 금지하고 개

---

45) 조소영, 「기업의 정치자금기부 규제에 관한 헌법적 검토」, 공법학연구 제17권 제4호, 160쪽.
46) 1999. 11. 15. 선고 95헌마154 전원재판부
47) 성중탁, 「한국의 정치자금법제 개선방안 −법인, 단체의 정치자금 기부허용과 사후 투명성강
    화를 중심으로−」, 이화여자대학교 법학논집 제19권 제4호(2015. 6.), 229−230쪽

인의 정당활동을 터부시하는 정치문화가 폭넓게 퍼져있는 현실과 정치자금의 기부가 개인이 자기 이익의 실현을 위해 행하는 정당하고도 효과적인 정치참여활동이라고 생각하지만, 개인의 입장에서는 자신의 소액 기부가 큰 의미를 갖지 않는다는 판단 하에 기부를 회피하게 됨으로써 결과적으로 정치참여활동을 못하게 되는 것을 해결하기 위해서도 단체를 통하여 다수 시민들의 적은 돈을 집적하여 정치자금기부를 함으로써 개인의 정치적 의사표현을 할 수 있음에도, 이러한 통로를 막는 것은 정치적 표현의 자유를 어느 기본권보다도 더욱더 보호하고 있는 헌법정신에도 부합하지 않는다.[49)50)] 따라서 법인 또는 단체의 정치자금기부는 마땅히 허용되어야 한다.

한편, 법인·단체의 정치자금기부를 허용하더라도 법인·단체의 정치자금기부는 특정한 정치적 목적을 위하여 개인에 비하여 압도적인 자금을 이용함으로써 정치

---

48) 법인·단체의 정치자금기부 전면금지는 실제로 지켜지기 어렵고 오히려 범법자만 양산하고 각종 편법이 성행할 염려가 크므로, 무조건 금지하는 것만이 능사는 아니며 정치자금기부의 모든 과정이 투명해지도록 해서 회사 내외의 견제와 감시를 받도록 하는 것이 더 낫다는 견해가 있다(박찬우, 「회사의 정치자금기부」, 연세대학교 법학연구원, 법학연구(2004. 3.), 98쪽).

49) 정치자금의 기부가 지속적으로 이뤄짐으로써 어느 정도의 규모를 형성하기 위해선 그 과정에서 반드시 '개인 기부자가 가입할 수 있는 단체'를 필요로 한다(기현석, 「법인·단체의 소액기부 허용 적실성에 대한 고찰 ―정치자금법상 법인·단체의 정치자금기부금지조항에 대한 비판적 고찰―」, 법학논총 제40권 제2호, 181쪽).

50) 박수형은, 법인 또는 단체의 정치자금기부금지 등과 관련하여, '정당과 단체 간의 제도적 연계가 정치관계법에 의해 억압받는 조건에서 주요 정당 간 정책·공약 경쟁은 이해당사자들의 집단적 관여보다 전문가 개개인의 지식과 논리, 명성과 이미지에 더 많이 의존하게 되고, 그런 정도만큼 정당들이 내놓는 정책과 공약 또한 사회적 의미와 실질적 차이를 상실할 가능성이 높다. 또한 당 활동가들이 시민들과 직접 만나 모임을 꾸리며 의견을 구하거나 전하는 일상적인 정치활동이 정치관계법으로 인해 억압받으면, 정당은 다른 소통의 경로로 방송과 신문, 인터넷 언론과 SNS 같은 대중 매체에 더 많이 의존하게 되는데 이들 매체는 시장 경쟁과 매체 특성상 보다 더 파당적이고 자극적인 의견을 반영하고 형성하는 경향을 나타낸다. 이들 두 메커니즘이 함께 작동할 때, 선거·정치 경쟁은 사회 현실 속의 기능 이익, 부분 이익을 토대로 공익을 다투기보다 도덕과 법률 위반 이슈를 부각하거나 실재 이슈도 이데올로기화해 옳고 그름, 진보와 보수, 적과 아를 분명히 나누며 상대방을 인정하지 않는 극단적인 양상으로 발전하게 된다. 비리, 부패, 범법 관련 이슈가 지배적 위치를 차지하면서, 선거경쟁은 사회적 관심사와 문제를 중심으로 여러 의견과 요구가 표출되고 경합하고 대표되는 기제라기보다 법률과 도덕을 위반하거나 그런 혐의가 짙은 사람들이 좀 더 자극적이고 좀 더 선정적인 용어로 서로를 비난하고 모욕하고 멸시하는 감정적 극단주의(emotive extremism)의 출구로 작동하게 되었다.'고 한다(박수형, 「반부패 정치 개혁의 가정과 결과: 2004년 개정 정치관계법 사례를 중심으로」, 한국정치학회보 제50집 제1호(2016. 봄), 231―232쪽).

과정을 지배할 우려가 있으므로 이를 제한적으로 허용하자는 입장에서, 정치적 자유의 확대를 위해서 법인·단체의 정치자금 기부금지규제를 완화한다고 하더라도 정치자금의 투명성을 확보하기 위한 노력이 함께 기울여질 필요가 있으므로 지정기탁금제도를 도입하는 것이 정치적 자유의 확대와 정치자금 투명성의 확보라는 두 가지 목표를 함께 달성할 수 있는 방안이 될 수 있다는 견해,[51] 기업으로 하여금 음성적인 정관계 로비관행에서 벗어나 정치활동을 일부 허용하는 대신 정치적 표현행위와 관련된 정치활동 비용의 지출항목과 태양을 보다 투명하게 공개하도록 함으로써 기업들도 적극적으로 정치적 표현을 할 수 있는 여건을 허용할 필요가 있고, 다만, 일반 개인에 비해 엄청난 자금력을 가진 기업의 정치자금 기부로 인한 정치적 표현의 불평등 문제는 기업의 정치적 표현을 위한 기부 내지 지출금액에 개인과 마찬가지로 상한을 두어 해결할 수 있고, 정치자금 기부액의 규모에 대해 주주총회(혹은 이사회)에서 승인을 요하도록 한다면 기업이 정치권으로부터 받을 수 있는 부당한 정치자금의 압력에서 어느 정도 정당하게 벗어날 수 있는 계기가 될 수도 있다는 견해,[52] 법인이나 단체의 정치자금 기부를 단계적으로 완화하는 방안으로 국회의원 등의 개인 정치인에 대한 기부보다는 정당에 대한 기부를 우선하여 허용할 필요가 있고 법인이나 단체에 대한 소액기부의 허용은 우리나라에 현존하는 법인 및 단체의 전체 숫자[53]를 감안할 때 그 총액에 있어서는 상당한 규모가 될 것으로 기대할 수 있어 법인이나 단체의 정치적 표현의 자유를 보다 충실히 보장하는 대안이 될 수 있다는 견해,[54] 회사의 정관으로 기부한도를 정해놓고(예를 들어 직전 영업연도 당기순이익의 몇 % 등) 구체적인 집행은 이사회의 승인을 거쳐서 이루어지도록 하는 것이 옳다는 견해,[55] 장기적으로는 일반 유권자들을 대상으로 소액의 정치자금을 기부받아 특정 정치인들이나 정당에 기부하는 정치자금모금

---

51) 음선필 외 3, 「정치관계법상 주요 규제의 타당성에 관한 연구 -선거운동과 정치자금을 중심으로-」, 사단법인 한국공법학회 2018 중앙선거관리위원회 연구용역과제, 126쪽

52) 성중탁, 「한국의 정치자금법제 개선방안 -법인, 단체의 정치자금 기부허용과 사후 투명성강화를 중심으로-」, 이화여자대학교 법학논집 제19권 제4호(2015. 6.), 234쪽

53) 2019년도 법인세를 신고한 총 신고 법인 수는 787,438개이다(국세통계 세목별 검색 : 8-1-1 법인세 신고 현황 1).

54) 기현석, 「법인·단체의 소액기부 허용 적실성에 대한 고찰 -정치자금법상 법인·단체의 정치자금기부금지조항에 대한 비판적 고찰-」, 법학논총 제40권 제2호, 185쪽

55) 박찬우, 「회사의 정치자금기부」, 연세대학교 법학연구원, 법학연구(2004. 3.), 98쪽

단체[56]를 설립하여야 한다는 견해[57] 등이 있다. 위 각 견해들은 나름대로의 상당
성을 가지고 있다고 할 것이나, 법인 또는 단체의 정치가금기부의 부정적인 측면
은 결과적으로 법인 또는 단체의 정치자금기부의 투명성이 확보된다면 해소될 수
있는 문제이다.

2. 외국인, 법인 또는 단체의 기부제한

가. 외국인, 법인 또는 단체의 자금

외국인, 국내·외의 법인 또는 단체는 정치자금을 기부할 수 없다(법§31①).

'외국인'은 대한민국 이외의 국가에 국적을 가진 사람으로서 무국적자를 포함한
다. '법인 또는 단체'란 국외는 물론 국내의 법인 또는 단체로서 등기나 등록 여부
를 불문한다. 여기서 '단체'란 공동의 목적 내지 이해관계를 가지고 조직적인 의사
형성 및 결정이 가능한 다수인의 지속성 있는 모임을 말하고, 이에는 개념적으로
'법인'도 포함된다고 볼 것이나, 위 기부금지 조항이 '법인과 관련된 자금'의 정치
자금 기부금지를 함께 병렬적으로 규정하고 있는 이상 위 '단체'는 '법인 아닌 단
체'를 의미하고, 어떠한 모임이 이와 같은 의미의 단체에 해당하는 이상 그러한 단
체가 권리능력이 있는지 여부나 독자적인 기본권의 주체가 되는지 여부는 문제되
지 아니한다고 할 것이므로 단체 내부에 구성된 위원회 등 부분 기관이나 하위 기
관도 이에 포섭될 수 있다.[58]

법 제31조(기부의 제한) 제1항에서 "법인 또는 단체는 정치자금을 기부할 수 없
다."고 한 것은 법인 또는 단체 스스로 자신의 자금으로 정치자금을 기부하는 행
위를 금지하는 규정이라고 보아야 한다.[59] 기업이 고객의 특정 서비스상품 가입이
나 상품 구매에 따른 수익금 일부를 그 고객의 명의로 특별당비를 납부하더라도

---

56) 미국에 있어 이익집단이나 기업에 의하여 설립된 정치활동위원회(PAC : Political Action
   Committee)를 상정할 수 있다.; 정치자금으로 인한 부패현상의 방지와 선거의 경쟁성 강화라
   는 효과의 면에서 '정치자금모금단체'라는 제도적 장치는 하나의 개선책으로 검토될 수 있다
   (조소영, 「기업의 정치자금기부 규제에 관한 헌법적 검토」, 공법학연구 제17권 제4호, 158쪽).

57) 전용주, 「정치자금 모금과 투명성」, 공공정책연구 제31집 제2호(2014), 194쪽

58) 2014. 4. 24. 선고 2011헌바254 결정, 2010. 12. 28. 선고 2008헌바89 결정

59) 2013. 10. 31. 선고 2011도8649 판결

법 제31조(기부의 제한)의 규정에 위반된다.[60]

나. 법인 또는 단체와 관련된 자금의 기부제한[61]

(1) 의의

누구든지 국내·외의 법인 또는 단체와 관련된 자금으로 정치자금을 기부할 수 없다(법§31②). 여기에서 '단체와 관련된 자금'이란 단체의 명의로, 단체의 의사결정에 따라 기부가 가능한 자금으로서 단체의 존립과 활동의 기초를 이루는 자산은 물론이고, 단체가 자신의 이름을 사용하여 주도적으로 모집, 조성한 자금도 포함된다.[62]

(2) 법인 또는 단체와 관련된 자금의 판단기준

법 제31조(기부의 제한) 제2항에서 법인 또는 단체 스스로 정치자금을 기부하지 않더라도 그와 관련된 자금으로 정치자금을 기부하는 것을 금지한다고 하여 법인 또는 단체가 기부자금 마련에 어떤 형태로든 관련되기만 하면 모두 법 제31조(기부의 제한) 제2항에서 규정한 기부금지 대상인 '법인 또는 단체와 관련된 자금'에 해당한다고 보아서는 안 될 것이지만, 법인 또는 단체가 기부자금의 모집·조성에 주도적·적극적으로 관여함으로써 모집·조성된 자금을 법인 또는 단체가 처분할 수 있거나 적어도 그와 동일시 할 수 있는 정도의 자금인 경우에는 '법인 또는 단체와 관련된 자금'에 해당한다고 보아야 한다. 나아가 구체적 사안에서 자금이 법인 또는 단체와 그와 같은 관련이 있는지 여부는 자금 모집과 조성행위의 태양, 조성된 자금의 규모, 모금 및 기부의 경위와 기부자의 이해관계 등 모금과 기부가 이루어진 일련의 과정을 전체적으로 파악하여 판단하여야 한다.[63]

---

60) 2010. 8. 16. 중앙선관위 질의회답
61) '단체의 자금'과 '단체와 관련된 자금'은 그 의미가 명백히 다르고, '단체의 자금'이라는 문언은 단체가 실질적으로 정치자금을 마련하였으나 그 정치자금을 개인 명의로 분산 기부하는 사실을 포섭하지 못하기 때문에, '단체와 관련된 자금'이라는 문언을 통하여 정치자금을 규율할 필요성이 존재한다(홍완식, 「법인·단체의 정치자금 기부금지」, 세계헌법연구 제17권 제1호, 127쪽).
62) 2014. 4. 24. 선고 2011헌바254 결정, 2010. 12. 28. 선고 2008헌바89 결정, 2013. 3. 14. 선고 2011도15418 판결
63) 2015. 4. 23. 선고 2014도13148 판결, 2012. 6. 14. 선고 2008도10658 판결, 2012. 11. 29. 선고 2010도9007 판결, 2013. 3. 14. 선고 2011도15418 판결, 2013. 10. 31. 선고 2011도8649 판결(전국청원경찰친목협의회 임원인 피고인들이 공모하여, 입법로비를 위하여 협의회

단체가 자신의 이름을 사용하여 주도적으로 모집, 조성한 자금이라고 하더라도 그러한 자금이 자연인 개인의 소유로 적법하게 귀속된 상태에서는 '단체와 관련된 자금'에 해당하지 아니한다.[64] 단체의 사업을 위해 특정 개인이 단체를 대표하여 개인사업자로 등록된 경우 그 개인사업자가 단체의 사업을 관리하는 계좌(단체자금)에서 후원금을 입금하는 것은 단체와 관련된 자금을 기부하는 것에 해당하나, 개인이 자신의 사업을 영위하기 위해 개인사업자로 등록된 경우 그 개인사업자가 자신의 사업을 관리하는 계좌(개인자금)에서 후원금을 입금하는 것은 무방하다.[65]

다. 벌칙 등

(1) 벌칙 및 죄수

법 제31조(기부의 제한)의 규정을 위반하여 정치자금을 기부하거나 받은 자는 5년 이하의 징역 또는 1천만원 이하의 벌금에 처한다(법§45②5.).

법인으로부터 정치자금 기부한도를 초과하여 정치자금을 기부 받으면서 처벌규정을 회피하기 위하여 법인의 임직원 개인이 기부하는 것처럼 가장하여 개인 명의를 차용한 허위 내용의 정치자금영수증을 발급한 경우, 이는 법에서 정한 4가지 방법의 정치자금 조달행위에 해당하지 아니하고, 도리어 정치자금의 실질적인 교부자인 당해 법인에 대하여 정치자금영수증을 발급하지 아니한 채 정치자금을 교부받은 행위로 평가하여야 할 것이므로, 법 제30조(기부의 제한) 제1항에 의하여 처벌하여야 한다.[66]

회사의 대표이사가 보관 중인 회사 재산을 처분하여 그 대금을 정치자금으로 기부한 경우 그것이 회사의 이익을 도모할 목적으로 합리적인 범위 내에서 이루어졌다면 그 이사에게 횡령죄에 있어서 요구되는 불법영득의 의사가 있다고 할 수 없을 것이나, 그것이 회사의 이익을 도모할 목적보다는 후보자 개인의 이익을 도모할 목적이나 기타 다른 목적으로 행하여졌다면 그 이사는 회사에 대하여 횡령죄의

내에서 모금된 자금을 회원 개인 명의의 후원금 명목으로 다수의 국회의원들에게 정치자금으로 기부하였다고 하여 정치자금법위반으로 기소된 사안에서, 위 자금은 정치자금법 제31조(기부의 제한) 제2항에서 정한 '단체와 관련된 자금'에 해당한다고 한 사례)
64) 2014. 4. 24. 선고 2011헌바254 결정, 2010. 12. 28. 선고 2008헌바89 결정
65) 2013. 4. 2. 중앙선관위 질의회답
66) 서울중앙지방법원 2004. 3. 24. 선고 2004고합155 판결

죄책을 면하지 못하므로, 회사의 대표이사가 부외자금을 인출하여 정치자금으로 기부한 경우는 횡령죄와 기부행위제한규정위반으로 인한 정치자금법위반죄가 성립하고 양죄는 경합범관계에 있다.[67]

(2) 몰수·추징

법 제31조(기부의 제한)에 위반하여 기부행위에 제공된 금품 그 밖의 재산상의 이익은 몰수하며, 이를 몰수할 수 없을 때에는 그 가액을 추징한다(법§45③).

법 제45조(정치자금부정수수죄) 제3항의 필요적 몰수 또는 추징은 범인이 취득한 당해 재산을 범인으로부터 박탈하여 범인으로 하여금 부정한 이익을 보유하지 못하는 데에 그 목적이 있는 것으로 해석되므로, 정치자금을 자신이 취득하지 않았거나 혹은 수수한 정치자금을 그 취지에 따라 제3자에게 정치자금으로 제공한 경우에는 그 부분의 이익은 실질적으로 범인에게 귀속된 것이 아니어서 이를 추징할 수 없다.[68]

3. 특정행위와 관련한 기부의 제한

가. 의의

누구든지 다음 각 호의 어느 하나에 해당하는 행위와 관련하여 정치자금을 기부하거나 받을 수 없다(법§32).

1. 공직선거에 있어서 특정인을 후보자로 추천하는 일
2. 지방의회 의장·부의장 선거와 교육위원회 의장·부의장, 교육감·교육위원을 선출하는 일
3. 공무원이 담당·처리하는 사무에 관하여 청탁 또는 알선하는 일
4. 다음 각 목의 어느 하나에 해당하는 법인과의 계약이나 그 처분에 의하여 재산상의 권리·이익 또는 직위를 취득하거나 이를 알선하는 일
   가. 국가·공공단체 또는 특별법의 규정에 의하여 설립된 법인
   나. 국가나 지방자치단체가 주식 또는 지분의 과반수를 소유하는 법인

---

67) 2005. 5. 26. 선고 2003도5519 판결
68) 서울중앙지방법원 2004. 3. 24. 선고 2004고합155 판결

　다. 국가나 공공단체로부터 직접 또는 간접으로 보조금을 받는 법인

　라. 정부가 지급보증 또는 투자한 법인

　정치자금법은 정치자금의 적정한 제공을 보장하고 그 수입과 지출내역을 공개하여 투명성을 확보하는 동시에 정치자금과 관련한 부정을 방지함으로써 민주정치의 건전한 발전에 기여하는데 그 입법목적이 있는바, 이러한 입법목적과 아울러 법의 내용 및 체계를 종합하면, 법 제6장의 기부제한에 관한 규정은 그 제1장부터 제5장에서 허용하고 있는 절차와 한도에 따른 정치자금의 기부행위라 하더라도 일정한 경우에는 특별히 이를 허용하지 않는다는 취지이고, 특히 법 제32조(특정행위와 관련한 기부의 제한)는 비록 정치자금의 수수가 법에 정한 절차와 한도에 따른 것이라 하더라도 그것이 위 법조항이 정하는 특정행위와 관련하여 이루어지는 경우에는 공직선거, 공무원이 담당·처리하는 사무, 공법인 등의 공정성과 중립성이 훼손되거나 정경유착으로 인한 부정부패를 야기할 위험이 있다고 보아 이를 미연에 방지하기 위하여 그러한 정치자금의 수수를 금지하는 데에 그 입법취지가 있다.[69]

나. 후보자 추천관련 기부금지

(1) 의의

　누구든지 공직선거에 있어서 후보자를 추천하는 일과 관련하여 정치자금을 기부하거나 받을 수 없다(법§32 1.). 공직선거에 있어서 정당의 후보자 추천과 관련한 금전의 수수행위는 정당으로 하여금 추천단계에서부터 금권의 영향력 아래 놓이게 하여 정당 내부의 민주적 절차에 따라 구성원들의 자유롭고 합리적인 의사결정에 의한 후보자 추천이 불가능하게 되는 등 후보자 추천의 공정성과 투명성을 훼손하고, 공직선거에서 정당의 후보로 추천될 수 있는 기회가 금권을 가진 특정 기득권자에게 집중됨으로써 다양한 사회적 계층의 구성원들이 정당의 후보로 추천될 수 있는 기회를 박탈하는 결과를 초래하여 국민의 의사를 대변하는 진정한 대의제 민주주의의 발전을 저해하는 것으로서 이를 엄격히 규제할 필요가 있다.[70] 법 제32조(특정행위와 관련한 기부의 제한) 제1호는 선출직 공직자 선거에 있어서 후보자 추천 단계에서부터 금권의 영향력을 원천적으로 봉쇄함으로써 궁극적으로 공명정대

---

69) 2008. 9. 11. 선고 2007도7204 판결, 2014. 4. 24. 선고 2011헌바254 결정

70) 2009. 5. 14. 선고 2008도11040 판결

한 선거를 담보하고자 하는 데에 그 입법취지가 있다.[71] 따라서 국회의원후보로 공천받기 위한 방법으로 금전을 교부하는 것은 후보자 추천관련 기부금지조항에 해당하는 행위로써 이는 정치자금의 적정한 제공을 보장하고 그 수입과 지출을 공개함으로써 민주정치의 건전한 발전에 기여함을 목적으로 하고 있는 정치자금법의 목적에 위배되어 선량한 풍속 기타 사회질서에 위반한 금품의 급여로서 그 반환을 청구할 수 없다.[72][73]

(2) 기부행위의 주체

'누구든지'라 함은 일정한 신분이나 지위 등에 의하여 제한되는 것이 아닌 공직선거에 후보를 추천하는 정당을 포함한 모든 사람이나 단체를 의미한다.[74]

정당은 선거에서 선거인들의 의사결정에 영향을 미치는 것을 고유한 존립이유로 하고 있으며 각 선거구별로 이에 필요한 조직을 갖추고 실제로 그와 같은 활동을 하고 있어 「공직선거법」에 규정된 기부행위의 상대방이 될 수 있으므로, 공직선거의 후보자 추천과 관련하여 정당에 정치자금을 제공하는 경우는 후보자 추천관련 기부금지조항에 위반된다.[75]

후보자 추천관련 기부금지조항은 그 문언 자체로 정치자금을 기부받을 당시 반드시 특정 정당이 존재할 것과 그 정당의 구체적인 후보자 추천절차가 존재할 것을 전제로 하고 있지는 않다.[76]

---

71) 2013. 11. 28. 선고 2011도17163 판결
72) 서울고등법원 1987. 6. 8. 선고 86나4841 판결
73) 다만, 대법원은 '불법원인급여 후 급부를 이행 받은 자가 급부의 원인행위와는 별도의 약정으로 급부 그 자체 또는 그에 갈음한 대가물의 반환을 특약하는 것은 불법원인급여를 한 자가 그 부당이득의 반환을 청구하는 경우와는 달리 그 반환약정 자체가 사회질서에 반하여 무효가 되지 않는 한 유효하다고 할 것이고, 여기서 반환약정 자체의 무효 여부는 반환약정 그 자체의 목적뿐만 아니라 당초의 불법원인급여가 이루어진 경위, 쌍방당사자의 불법성의 정도, 반환약정의 체결과정 등 민법 제103조(반사회질서의 법률행위) 위반 여부를 판단하기 위한 제반 요소를 종합적으로 고려하여 결정하여야 하고, 한편 반환약정이 사회질서에 반하여 무효라는 점은 수익자가 이를 입증하여야 한다.'고 판시하였다(2010. 5. 27. 선고 2009다12580 판결; 피고가 원고로부터 수수한 20억원의 정치자금을 반환하기로 한 약정 자체가 사회질서에 반하여 무효라는 점에 관하여 아무런 주장·입증이 없다는 이유로 피고는 정치자금 20억원의 반환약정에 따른 금원을 원고에게 지급할 의무가 있다고 한 사례).
74) 2009. 5. 14. 선고 2008도11040 판결
75) 2008. 1. 18. 선고 2007도7700 판결
76) 2018. 2. 8. 선고 2017도17838 판결

(3) 후보자 추천관련 기부

'후보자로 추천하는 일과 관련하여'라 함은 정치자금의 제공이 후보자 추천의 대가 또는 사례에 해당하거나 그렇지 아니하더라도 후보자 추천에 있어서 어떠한 형태로든 영향을 미칠 수 있는 경우에 해당하여야 한다.[77] 그리고 위와 같은 관련성 유무의 판단은 정치자금 수수와 관련된 당사자들의 지위, 정치자금 수수 당시 당해 정당의 후보자 추천절차와 그 결과, 정치자금 수수의 경위와 그 금액 및 전달방법, 정치자금 수수를 전후한 당사자들의 언행 등 여러 사정을 종합하여 사회통념에 따라 합리적으로 판단하여야 한다.[78]

후보자 추천관련 기부금지 위반죄는 공직선거에 있어서 특정인을 후보자로 추천하는 일과 관련하여 정치자금을 기부하거나 기부받는 경우에 성립하는 범죄로서, 기부 당시 명시적으로나 묵시적으로 후보자 추천과 관련하여 금원을 기부한다는 의사표시가 있어야 한다. 따라서 금원기부 당시 기부자가 자신이 공직선거후보자로 공천되는데 기부 상대방의 도움을 받을 수 있을 것이라는 내심의 기대를 가지고 있었다는 사정만으로는 후보자 공천과 관련하여 위 금원을 기부한다는 의사표시를 하였다고는 인정할 수 없다.[79]

(4) 정치자금의 기부

공직선거에 있어서 특정인을 후보자로 추천하는 행위와 관련하여 금전이 수수되었다 하여도 그것이 정치활동을 위하여 제공된 것이 아니라면, 즉 정치자금으로 제공된 것이 아니라면 후보자 추천관련 기부금지조항에 위반되는 것은 아니다.[80] 따라서 지방자치단체장 선거에 출마하기 위하여 정당 공천을 신청한 자가 지구당

---

77) 2013. 11. 28. 선고 2011도17163 판결, 2009. 10. 22. 선고 2009도7436 전원합의체 판결, 2009. 5. 14. 선고 2008도11040 판결, 2007. 9. 6. 선고 2006도6307 판결

78) 2013. 11. 28. 선고 2011도17163 판결

79) 2007. 11. 29. 선고 2007도7062 판결(춘천지방법원 2007. 8. 10. 선고 2007노301 판결), 2007. 4. 26. 선고 2007도218 판결(피고인의 특별당비 납부의 시기 및 방법, 경위 당시 당과 피고인이 처해 있었던 상황 등 제반 정황을 종합해 보더라도, 피고인이 1,000만원을 교부할 당시 특별당비를 납부함으로써 공천에 관하여 도움을 받을 수 있거나 적어도 불리한 취급을 당하지는 않으리라는 내심의 기대를 가지고 있었을지도 모른다는 추측만이 가능할 뿐이고, 이러한 정황만으로 공소외 1과 피고인 사이에 명시적으로나 묵시적으로 공천과 관련하여 위 금원을 당에 기부한다는 의사가 표시되었다고 인정할 수 없다고 한 사례)

80) 1999. 3. 23. 선고 99도404 판결

위원장인 국회의원에게 공천의 대가로 금원을 제공하였으나 그 금원이 국회의원의 정치활동을 위한 경비가 아닌 개인적인 부채변제 등에 제공된 것임이 객관적으로 명백한 경우도 마찬가지이다.[81]

한편, 정치자금이 적법한 절차에 의하여 제공되었다고 하더라도 그것이 후보자 추천과 관련하여 제공된 이상 후보자 추천관련 기부금지조항에 위반된다.[82]

다. 지방의회 의장 등 선출관련 기부금지

(1) 의의

누구든지 지방의회 의장·부의장 선거와 교육위원회 의장·부의장, 교육감·교육위원을 선출하는 일과 관련하여 정치자금을 기부하거나 받을 수 없다(법§32 2.).

교육위원회 및 교육위원[83]과 관련하여, 2010. 2. 26. 법률 제10046호로 「지방교육자치에 관한 법률」이 개정되어 교육위원회 설치 및 교육의원 선거에 관한 규정이 2014. 6. 30. 효력을 상실하게 되어 이후 교육위원을 선출하지 않게 되었다. 그 후 2016. 12. 12. 법률 제14372호로 「지방교육자치에 관한 법률」이 개정되어 그때까지 사문화된 제도인 교육위원회 및 교육의원제도에 관한 위 해당규정을 삭제하여 법률체제를 정비하였다. 다만, 「제주특별자치도 설치 및 국제자유도시 조성을 위한 특별법」에 따라 제주특별자치도에만 교육위원회 및 교육의원 제도가 존치하고 있어, 현행법상 제주특별자치도를 제외한 전국에서 교육위원회 및 교육의원제도가 폐지되었다. 한편, 「제주특별자치도 설치 및 국제자유도시 조성을 위한 특별법」 제64조(교육위원회의 구성 등)는 교육위원회의 위원장을 교육위원회 위원 중에서 무기명투표로 선출하되, 다수득표자로 하고, 임기는 2년으로 한다고 규정하고 있고, 다만, 동법 제65조(교육의원 선거) 제2항에서 '교육의원 선거에 관하여 정치자금법의 지역선거구시·도의회의원선거에 관한 규정을 준용한다.'고 규정하고 있다. 따라서 지방의회 의장 등 선출관련 기부금지조항은 위와 같은 관련법들

---

81) 광주고등법원 2000. 3. 22. 선고 99노3 판결
82) 서울고등법원 2008. 11. 12. 선고 2008노2194 판결
83) 2006. 4. 26. 법률 제8069호로 「지방교육자치에 관한 법률」이 개정되어 '교육위원'이 '교육의원'으로 변경되었으나, 정치자금법의 '교육위원'은 개정되지 않고 현재에 이르고 있다. '교육위원'과 '교육의원'의 권한과 의무, 역할 등이 같으므로 정치자금법의 '교육위원'을 '교육의원'으로 개정함이 상당하다.

의 규정취지에 맞게 개정함이 상당하다.

(2) 교육감·교육의원을 선출하는 일과 정치자금

법 제3조(정의) 제1호는 정치자금을 '정치활동을 위하여 정치활동을 하는 자에게 제공되는 금품 또는 정치활동을 하는 자의 정치활동에 소요되는 비용'으로 규정하고, '정치활동을 하는 자'에 관하여는 '정당, 공직선거의 후보자가 되려는 사람, 후보자 또는 당선된 사람, 후원회·정당의 간부 또는 유급사무직원, 그 밖에 정치활동을 하는 자'라고 규정하고 있다. 따라서 교육감·교육위원이나 그 후보자 및 후보자가 되려는 사람의 경우에도 정치활동을 하는 자에 해당하는지 여부가 문제된다. 한편, 「지방교육자치에 관한 법률」제50조(정치자금법의 준용)는 '교육감선거에 관하여는 정치자금법의 시·도지사선거에 적용되는 규정을 준용한다.'고 규정하고 있고, 「제주특별자치도 설치 및 국제자유도시 조성을 위한 특별법」제65조(교육의원 선거) 제2항 본문은 '교육의원 선거에 관하여 이 법에서 규정한 사항을 제외하고는 그 성질에 반하지 아니하는 범위에서 「공직선거법」 및 정치자금법의 지역선거구시·도의회의원선거에 관한 규정을 준용한다.'고 규정하고 있다.

이와 관련하여, 헌법재판소는 「교육감은 시·도의 교육과 학예에 관한 사무를 통할하는 자로 주민의 직접선거에 의하여 선출되고 그 선거 또한 공직선거법이 준용되는 등 정치자금법 제3조(정의) 제1호의 '정치활동'의 핵심 징표 가운데 하나인 대의제 민주주의 실현과 관련한 '선거'에 의하여 당선된 자라는 점에서 '그 밖에 정치활동을 하는 자'로 볼 여지도 있다. 그러나 우리 헌법은 '교육의 정치적 중립성은 법률이 정하는 바에 의하여 보장된다.'고 천명하고 있고(제31조 제4항), 이에 따라 교육기본법은 교육의 정치적 중립성을 선언하고 있으며(제6조 제1항), 지방교육자치법은 교육감 선거의 후보자가 되려는 사람은 과거 1년 동안 정당의 당원이 아니어야 하며(제24조 제1항), 교육감이 정당의 당원이 된 때에는 당연 퇴직하도록 하고(제24조의3 제3호), 교육감 선거에 정당의 후보자 추천 등을 포함한 정당의 개입 내지 관여행위를 일체 금지하고 있다(제46조). 한편, 지방공무원법도 교육감(교육감은 특수경력직 지방공무원이다)에 대하여 정당 내지 정치단체의 결성에 관여하거나 가입하는 것을 금지하는 것은 물론 특정 정당의 지지 또는 반대 등 일체의 정치적 행위를 금지하고 이를 위반한 경우 형사처벌의 대상으로 삼고 있다(제3조 제1

항, 제57조, 제82조). 이와 같이 철저하게 정치적 중립이 요구되고 정당가입 등 정치활동이 절대적으로 금지되는 교육감의 지위에 있는 자를 합법적으로 정치자금을 모금할 수 있는 주체인 이 사건 정의조항의 "그 밖에 정치활동을 하는 자"에 해당한다고 볼 수는 없다. 마찬가지 이유에서 교육감선거의 후보자 또는 후보자가 되려고 하는 자도 이 사건 정의조항의 "그 밖에 정치활동을 하는 자"에 포함된다고 볼 수는 없다. 그런데 지방교육자치법 제50조는 "교육감선거에 관하여는 정치자금법의 시·도지사선거에 적용되는 규정을 준용한다."고 규정하여 교육감 선거의 후보자 또는 후보자가 되려고 하는 자(이하, '교육감선거후보자'라고 한다)를 시·도지사선거의 후보자 내지 후보자가 되려고 하는 자(이하, '시·도지사선거후보자'라고 한다)에 준하여 정치자금법을 적용하도록 하고 있다. 이는 종래 간선제로 실시되던 교육감선거가 2007. 직선제로 전환되면서 실질적으로 시·도지사 선거와 유사하게 되었고(지방교육자치법 제22조), 이에 따라 교육감선거후보자에게 후원회를 통하여 선거비용을 조달할 수 있도록 하고 이를 투명하게 관리하도록 하며, 선거가 끝난 후 남은 후원금의 처분 및 반환·보전된 후 남은 선거비용의 처분 등에 관한 절차를 규율할 필요에서 2010. 입법자가 특별히 지방교육자치법에 그 근거를 신설한 것이다. 즉, 교육감선거후보자는 이 사건 정의조항의 예시적 입법형식의 대전제인 '정치활동을 하는 자'의 핵심 징표에 의하여 '정치활동을 하는 자'에 포함되는 것이 아니라 순전히 교육감선거의 선거비용의 조달과 투명한 관리, 국고보전이라는 입법의 효율성 내지 경제성이라는 입법기술적인 필요에 의하여 신설된 이 사건 준용규정에 의하여 비로소 정치자금법의 적용을 받는 것에 불과하다.」고 판시하였고,[84] 이에 더하여 대법원은 위 헌법재판소의 판시내용을 인용하면서, 「지방교육자치에 관한 법률 제50조(정치자금법의 준용)는 교육감선거의 후보자 등에게 후원회를 통하여 선거비용 등의 정치자금을 조달할 수 있도록 하고 이를 투명하게 관리하도록 하며 선거 종료 후 남은 후원금이나 선거비용의 처분 또한 정치자금법에

---

84) 2014. 7. 24. 선고 2013헌바169 결정(교육감선거에 관하여는 정치자금법의 시·도지사선거에 적용되는 규정의 준용한다는 「지방교육자치에 관한 법률」 제50조는 비록 교육감선거에 관하여 정치자금법이 적용되는 규정을 일일이 열거하지 않고 벌칙조항까지 포함하여 포괄적 준용방식을 취하고 있지만, 정치자금법상 어떤 규정이 적용될지, 어떤 벌칙조항이 적용될지 정치자금법만 보면 쉽게 알 수 있으므로, 죄형법정주의 명확성원칙에 위배된다고 볼 수 없다.; 2009. 10. 29. 선고 2009도5945 판결도 같은 취지)

규정된 절차에 의하도록 하기 위하여 그 범위에서 한정하여 정치자금법 중 시·도지사선거에 적용되는 규정을 준용하는 것일 뿐, 교육감선거의 성격이나 교육감, 교육감선거 후보자 또는 후보자가 되려고 하는 사람의 지위에 관하여서까지 정치자금법을 준용하는 것은 아니다. 따라서 교육감선거 과정이 종료된 이후 선거에서 당선된 교육감이 금품을 수수한 경우, 이는 지방교육자치에 관한 법률 제50조(정치자금법의 준용)가 정한 '교육감선거에 관한 것'에 해당한다고 볼 수 없으므로, 위 금품 수수에 관하여는 정치자금법이 준용되지 아니한다.」라고 판시하였다.[85]

따라서 위 판례에 따르면, 교육감이나 교육감후보자 등은 '정치활동을 하는 자'에 해당한다고 볼 수 없어 일반적으로 정치자금법이 적용되지 아니하고, 다만, 선거일 이전에 선거와 관련하여 금품을 수수한 경우에만 정치자금법의 시·도지사선거에 적용되는 규정이 준용되는 바, 교육감·교육의원을 선출하는 일에 해당하는 행위와 관련하여 정치자금을 수수한 경우에도 교육감·교육의원의 선거가 종료된 이후 교육감·교육의원에 당선된 자가 금품을 수수한 경우에는 법 제32조(특정행위와 관련한 기부의 제한) 제2호 위반이 되지 아니한다.

그러나, 이러한 판례의 태도는 매우 부당한 결과를 초래할 수 있다. 즉 교육감·교육의원에 당선된 이후에는 그들이 교육감·교육의원을 선출하는 일에 해당하는 행위와 관련하여 정치자금을 수수하더라도 그것이 뇌물죄에 해당하지 아니하면 처벌받지 않게 되는바, 교육감·교육의원의 당선자라 하더라도 차기 선거를 위한 활동을 할 수 있는 점 등에 비추어, 이는 교육감·교육의원후보자 등과 당선된 자를 합리적 이유 없이 차별하는 것으로 형평에 맞지 않는다. 이와 같이 법규정의 해석상 불합리한 점이 있으므로, 이는 입법적으로 해결함이 상당하다.[86]

라. 청탁관련 기부금지

(1) 의의

누구든지 공무원이 담당·처리하는 사무에 관하여 청탁 또는 알선하는 일과 관련하여 정치자금을 기부하거나 받을 수 없다(법§32 3.).

청탁관련 기부금지 조항은 1980. 12. 31. 개정된 구「정치자금에 관한 법률(법

---

85) 2016. 1. 14. 선고 2014도3112 판결
86) 대검찰청, 『정치자금법 벌칙해설(개정판)』, 217쪽

률 제3302호)」에서 신설되어 이후 몇 차례 개정을 거치는 동안 법률 조항의 위치만
변경되었을 뿐 그 내용을 그대로 유지되다가, 2005. 8. 4. 전부 개정된 정치자금법
(법률 제7682호)에서 현재와 같이 규정되었다. 정치자금법은 정치자금의 적정한 제
공을 보장하고 그 수입과 지출내역을 공개하여 투명성을 확보하는 동시에 정치자
금과 관련한 부정을 방지함으로써 민주정치의 건전한 발전에 기여하는 데 그 입법
목적이 있으므로, 청탁관련 기부금지조항은 비록 정치자금의 수수가 법이 정한 절
차와 한도에 따른 것이라 하더라도 그것이 위 조항이 정하는 특정행위, 즉 '공무원
이 담당·처리하는 사무에 관하여 청탁하는 일'과 관련하여 이루어지는 경우에는
공무원이 담당·처리하는 사무의 공정성과 중립성이 훼손되거나 정경유착으로 인
한 부정부패를 야기할 위험이 있다고 보아 이를 미연에 방지하기 위하여 그러한
정치자금의 수수를 금지하는 것이다.[87]

(2) 공무원이 담당·처리하는 사무

청탁관련 기부금지 조항 중 '공무원'이란 「국가공무원법」 제2조(공무원의 구분)
및 「지방공무원법」 제2조(공무원의 구분) 소정의 공무원을 의미하고, 「국가공무원
법」상 특수경력직 공무원 중 선거로 취임하는 정무직공무원에 해당하는 국회의원
또한 위 '공무원'에 포함되며, '공무원이 담당·처리하는 사무에 관하여 청탁하는
일'이란 '공무원에 대하여 일정한 직무행위를 할 것을 의뢰하는 것'을 의미한다. 한
편, 청탁관련 기부금지조항은 청탁행위와 관련하여 정치자금을 수수하는 주체에
관하여 아무런 제한을 두고 있지 아니하고, 청탁행위에 관하여 '다른 공무원이 담
당·처리하는 사무'가 아닌 '공무원이 담당·처리하는 사무'라는 용어를 사용하고
있으므로, 공무원이 직접 담당·처리하는 사무에 관하여 청탁하는 일과 관련하여
정치자금을 기부받는 행위 역시 청탁관련 기부금지조항에 위반된다.[88] 즉, 청탁관
련 기부금지 조항은 청탁행위와 알선행위를 모두 금지대상으로 하고 있는바, '청
탁'은 '알선'과는 달리 기부행위를 받은 공무원과 분리된 다른 공무원이 담당·처리
하는 사무를 전제로 하고 있지 아니한 점에 비추어 보면, 기부자가 당해 정치자금
을 받은 공무원이 직접 담당·처리하는 사무에 관하여 청탁하는 일과 관련하여 정

---

87) 2014. 4. 24. 선고 2011헌바254 결정
88) 2014. 4. 24. 선고 2011헌바254 결정

치자금을 기부하는 행위 역시 위 조항에 위반된다.[89)]

공무원이 담당·처리하는 사무에 관하여 청탁 또는 알선하는 일과 관련하여 정치자금을 기부하거나 기부받은 이상 청탁관련 기부금지 조항 위반죄가 성립하고, 그 청탁 또는 알선행위가 당해 정치자금을 받은 자의 직무활동의 범위에 속한다거나 나아가 그 청탁 또는 알선의 내용이 위법 또는 부당한 것이 아니라는 사정 또는 그에 관한 정치자금 기부행위가 정치자금법이 정한 절차와 한도 범위 내에서 이루어졌다는 사정만으로 그 죄책을 면할 수 없다.[90)]

(3) 청탁·알선행위와 관련한 정치자금 수수

어떠한 행위가 '공무원이 담당·처리하는 사무에 관하여 청탁하는 일과 관련한' 정치자금 수수행위에 해당하는 것인지 여부는 해당 공무원의 직위 및 직무의 내용, 청탁행위 및 정치자금 수수행위의 동기, 경위 및 내용, 행위자들 사이의 관계 등 제반사정을 종합하여 합리적으로 판단하여야 한다.[91)]

정유회사 경영자의 청탁으로 국회의원이 위 경영자와 지역구 지방자치단체장 사이에 정유공장의 지역구유치와 관련한 간담회를 주선하고 위 경영자는 정유회사 소속 직원들로 하여금 위 국회의원이 사실상 지배·장악하고 있던 후원회에 후원금을 기부하게 경우, 국회의원의 후원회가 정치자금법이 정한 단체의 실질을 갖추지 못한 경우이거나 단체의 실질을 갖추었더라도 국회의원이 직접 또는 보조자를 통하여 후원회의 입·출금을 포함한 후원회의 회계를 사실상 지배·장악하여 관리하고 있는 경우에는 비록 형식적으로는 후원금이 후원회에 기부되었다고 하더라도 이는 국회의원이 직접 후원금을 기부받은 것과 마찬가지로 보아야 하고, 국회의원이 지정한 후원회는 정치자금을 모아 국회의원에게 전달하는데 그 존립 목적이 있어 정치자금의 최종 귀속자 내지 독립된 제3자라기보다는 국회의원에 대한 정치자금을 관리하고 전달하는 역할을 하는 것에 불과하므로 후원회가 정치자금법이 정한 단체의 실질을 갖추었을 뿐 아니라 독자적인 회계처리 등 정상적인 활동을 하고 있는 경우에도, 원래 기부자의 후원회에 대한 후원금 기부사실을 알지 못하였다는 등의 특별한 사정이 없는 한, 국회의원이 후원회로부터 기부받은 후원금은

---

89) 2013. 10. 31. 선고 2011도8649 판결
90) 2008. 9. 11. 선고 2007도7204 판결
91) 2014. 4. 24. 선고 2011헌바254 결정

원래의 기부자로부터 직접 기부받은 것과 동일하게 보아야 하므로, 국회의원에게는 청탁관련 기부금지조항 위반죄가, 경영자에게는 청탁관련 기부금지조항 위반죄의 간접정범이 각각 성립한다.[92]

(4) 뇌물과의 관계

정치자금의 기부행위는 정치활동에 대한 재정적 지원행위이고, 뇌물을 공무원의 직무행위에 대한 위법한 대가로서 양자는 별개의 개념이므로, 금품이 정치자금의 명목으로 수수되었고 또한 정치자금법에 정한 절차를 밟았다 할지라도, 상대방의 지위 및 직무권한, 당해 기부자와 상대방의 종래 교제상황, 기부의 유무나 시기, 상대방, 금액, 빈도 등의 상황과 함께 당해 금품의 액수 및 기부하기에 이른 동기와 경위 등에 비추어 볼 때, 정치인의 정치활동 전반에 대한 지원의 성격을 갖는 것이 아니라 공무원으로서의 정치인의 특정한 구체적 직무행위와 관련하여 제공자에게 유리한 행위를 기대하거나 혹은 그에 대한 사례로서 이루어짐으로써 정치인인 공무원의 직무행위에 대한 대가로서의 실체를 가진다면 뇌물성이 인정된다.[93]

청탁관련 기부금지조항은 공무원이 담당·처리하는 사무에 관하여 청탁 또는 알선하는 일과 관련하여 정치자금을 기부하거나 받는 것을 금지하여 정치자금과 관련한 부정을 방지하기 위한 규정이므로, 뇌물죄의 한 태양으로서 직무집행의 공정과 이에 대한 사회의 신뢰 및 직무행위의 불가매수성을 그 직접적 보호법익으로 하고 있는 알선수뢰죄와는 그 보호법익을 달리하고 있을 뿐 아니라, 알선수뢰죄는 공무원이 그 지위를 이용하는 것을 구성요건으로 하고 나아가 뇌물을 수수한 경우뿐만 아니라 요구, 약속한 경우도 포함하여 그 행위의 주체, 행위의 내용 및 방법 등 구체적인 구성요건에 있어서 청탁관련 기부금지조항위반죄와 많은 차이가 있어 청탁관련 기부금지조항위반죄의 구성요건이 알선수뢰죄의 구성요건의 모든 요소를 포함하는 외에 다른 요소를 구비하는 경우에 해당하지 않으므로, 청탁관련 기부금지조항이 「형법」 제132조(알선수뢰)의 규정에 대하여 특별관계에 있다고 할 수 없다.[94]

---

92) 2008. 9. 11. 선고 2007도7204 판결
93) 2008. 6. 12. 선고 2006도8568 판결
94) 2005. 2. 17. 선고 2004도6940 판결

마. 공법인과의 계약 등 관련 기부금지

(1) 의의

누구든지 ① 국가·공공단체 또는 특별법의 규정에 의하여 설립된 법인, ② 국가나 지방자치단체가 주식 또는 지분의 과반수를 소유하는 법인, ③ 국가나 공공단체로부터 직접 또는 간접으로 보조금을 받는 법인, ④ 정부가 지급보증 또는 투자한 법인 등에 해당하는 법인과 계약이나 그 처분에 의하여 재산상의 권리·이익 또는 직위를 취득하거나 이를 알선하는 일에 해당하는 행위와 관련하여 정치자금을 기부하거나 받을 수 없다(법§32 4.).

(2) 공법인의 임직원에 대한 공무원 의제규정과의 관계

(개) 형법상 뇌물죄의 적용에 있어서의 공무원 의제

「공공기관의 운영에 관한 법률(약칭 : 공공기관운영법)」제53조(벌칙 적용에서의 공무원 의제)는 '공공기관[95]의 임직원, 운영위원회의 위원과 임원추천위원회의 위원으로서 공무원이 아닌 사람은 「형법」제129조(수뢰, 사전수뢰)부터 제132조(알선수뢰)까지의 규정을 적용할 때에는 공무원으로 본다.'고 규정하여, 공공기관의 임직원 등의 경우 형법상 뇌물죄의 적용에 있어서는 공무원으로 의제하고 있다.

(내) 타 법률의 벌칙 적용에 있어서의 공무원 의제

「한국은행법」제106조(벌칙 적용에서 공무원 의제) 제1항은 '금융통화위원회 위원과 한국은행의 부총재보·감사 및 직원은 「형법」이나 그 밖의 법률에 따른 벌칙을 적용할 때에는 공무원으로 본다.'고 규정하여 한국은행[96]의 부총재보 등을 「한국은행법」이외의 다른 법률의 벌칙의 적용에 있어서는 공무원으로 의제하고 있다.

(대) 공법인과의 계약 등 관련 기부금지와 공무원 의제와의 관계

공공기관인 법인의 임직원이 자신의 직무범위에 속하는 법인의 계약과 관련하

---

95) 「공공기관운영법」제4조(공공기관) 내지 제6조(공공기관 등의 지정 절차)의 규정에 따라 동법의 적용대상이 되는 공공기관은 2021년도 현재, 한국가스공사 등 '시장형 공기업' 16개, 한국조폐공사 등 '준시장형 공기업' 20개, 국민연금공단 등 '기금관리형 준정부기관' 13개, 한국재정정보원 등 '위탁집행형 준정부기관' 83개, 국토연구원 등 '기타 공공기관' 218개 등 총 350개가 지정되었다(기획재정부, 「2021년도 공공기관 지정」보도자료, 2021. 1. 29.자).

96) 한국은행은 「한국은행법」에 의하여 설립된 무자본 특수법인이다(「한국은행법」제2조(법인격)).

여 정치자금을 받은 경우에는 공법인과의 계약 등 관련 기부금지위반죄와 뇌물죄
가 함께 성립하고 이들 죄는 상상적 경합관계에 있다.

바. 벌칙 등

(1) 벌칙

법 제32조(특정행위와 관련한 기부의 제한)의 규정을 위반하여 정치자금을 기부하
거나 받은 자는 5년 이하의 징역 또는 1천만원 이하의 벌금에 처한다(법§45②5.).

(2) 죄수

「공직선거법」상 매수 및 이해유도죄와 정치자금법상 정치자금부정수수죄의 죄
수관계를 보면,「공직선거법」제230조(매수 및 이해유도죄) 제6항, 제47조의2(정당의
후보자추천 관련 금품수수금지) 제1항에서 규정하고 있는 매수 및 이해유도죄는 선거
와 관련한 부정방지 및 공정한 선거의 시행을 그 보호법익으로 하는 반면, 법 제
45조(정치자금부정수수죄) 제2항 제5호, 제32조(특정행위와 관련한 기부의 제한)에서
규정하고 있는 정치자금부정수수죄는 정치자금의 투명성을 확보하고 정치자금과
관련한 부정의 방지를 통한 민주정치의 발전을 목적으로 하고 있어 그 보호법익이
같다고 할 수 없고, 매수 및 이해유도죄는 행위의 주체에 제한을 두지 않는 대신
정당이 후보자 추천하는 일과 관련하여 금품이나 그 밖의 재산상 이익뿐만 아니라
공사의 직을 제공하는 등의 행위를 구성요건으로 하는 반면, 정치자금부정수수죄
는 공직선거 후보자 추천의 주체가 누구든 상관없이 이와 관련하여 정치자금을 기
부하거나 받는 행위를 구성요건으로 하고 있어 그 구성요건의 내용도 어느 한쪽이
다른 한쪽을 전부 포함한다고 할 수 없으므로 위 두죄는 보호법익 및 구성요건의
내용이 서로 다른 별개의 범죄로서 상상적 경합관계에 있다.[97]

공직선거에 있어 특정인을 후보자로 추천하는 일과 관련하여 정치자금을 기부
받음과 동시에 공직선거와 관련하여 후보자 등으로부터 기부를 받았다면,「공직선
거법」제257조(기부행위의 금지제한 등 위반죄) 제2항, 제113조(후보자 등의 기부행위
제한) 제1항 위반죄와 법 제45조(정치자금부정수수죄) 제2항 제5호, 제32조(특정행위
와 관련한 기부의 제한) 제1호 위반죄는 상상적 경합관계에 있고, 정당은 정치자금

---

97) 2009. 5. 14. 선고 2008도11040 판결

의 수수주체 및 기부행위의 상대방이 될 수 있다.98)

(3) 몰수 · 추징

법 제32조(특정행위와 관련한 기부의 제한)에 위반하여 기부행위에 제공된 금품 그 밖의 재산상의 이익은 몰수하며, 이를 몰수할 수 없을 때에는 그 가액을 추징한다(법§45③).

정치자금법에 의한 필요적 몰수 또는 추징은 이 법을 위반한 자에게 제공된 금품 기타 재산상 이익을 그들로부터 박탈하여 그들로 하여금 부정한 이익을 보유하지 못하게 함에 그 목적이 있으므로, 제공된 당해 금품 기타 재산상 이익이 그 행위자에게 귀속되었음이 인정된 범위 내에서만 추징할 수 있고, 정당에게 제공된 정치자금의 경우 그 정당의 구성원 등이 교부받은 금품을 제공한 자의 뜻에 따라 정당에 전달한 경우에는 그 부분의 이익은 실질적으로 그 행위자에게 귀속된 것이 아니어서 그 가액을 행위자로부터 추징할 것은 아니지만, 금품을 현실적으로 수수한 행위자가 이를 정당에 실제로 전달하지 아니한 이상 위와 같은 법리가 적용된다고 할 수 없고, 한편 이러한 금품수수자가 자신의 개인 예금계좌에 돈을 입금함으로써 그 특정성을 상실시켜서 소비 가능한 상태에 놓았다가 동액 상당을 인출하여 금품 제공자에게 반환하였다고 하더라도, 그 가액 상당을 금품수수자로부터 추징함이 상당하다.99) 정당이 후보자 추천과 관련하여 금전을 무상으로 대여받는 행위는 법이 금지하는 정치자금을 제공받는 행위에 해당하는 것이지만, 이러한 경우 그 차용금 자체를 기부받은 것으로 볼 것은 아니고 통상적으로 유상대여가 이루어졌을 경우와 비교하여 그 이자 상당의 재산상 이익을 기부받은 것으로 봄이 상당하다. 이러한 법리는 정당이 후보자 추천과 관련하여 금전을 통상적인 경우에 비하여 현저히 낮은 이율로 대여받은 경우에도 마찬가지이므로 이때에는 금융기관의 대출금리 또는 법정이율 등과 실제 이율과의 차이 상당의 재산상 이익을 기부받은 것으로 보아야 하고 몰수·추징의 대상도 이에 한정하여야 한다.100)

---

98) 2008. 1. 18. 선고 2007도7700 판결
99) 2008. 1. 18. 선고 2007도7700 판결
100) 2009. 10. 22. 선고 2009도7436 전원합의체 판결

4. 기부의 알선에 관한 제한

가. 의의

누구든지 업무·고용 그 밖의 관계를 이용하여 부당하게 타인의 의사를 억압하는 방법으로 기부를 알선할 수 없다(법§33).

정치자금 기부 알선의 금지는 1980. 12. 31. 전부 개정된 「정치자금에 관한 법률(법률 제3302호)」 제14조(기부의 알선에 관한 제한)로 도입되어, 그 위반의 경우 제30조(벌칙) 제6호에 의해 3년 이하의 징역 또는 500만원 이하의 벌금에 처하도록 규정된 이래, 2005. 8. 4. 법명이 정치자금법(법률 제7682호)으로 바뀌면서 같은 내용의 조문이 제33조(기부의 알선에 관한 제한)로 옮겨져 현재에 이르고 있고, 그 위반의 경우 제45조(정치자금부정수수죄) 제2항 제6호에 의해 5년 이하의 징역 또는 1천만원 이하의 벌금에 처하도록 하고 있다.

이러한 기부알선조항은 상대방에게는 정치자금의 기부를 할 의사가 없는데도 알선행위자의 업무, 고용 기타의 관계로 불이익을 받을 것을 염려하여 상대방이 자유로운 의사결정을 하지 못한 채 마지못해 정치자금을 내게 된다는 인식을 하면서도 부당하게 정치자금의 기부를 하도록 알선하는 행위를 금지함으로써, 정치자금의 투명성을 제고하고 민주정치의 건전한 발전에 기여하고자 하는 데 그 입법취지가 있다.[101] 이는 다른 기부제한규정이 기부자와 기부 받는 자라는 양자관계를 염두에 두고 있는 것과는 달리, 행위자가 피고용자와 같이 종속관계에 있는 자로 하여금 제3자인 정치인에게 기부를 하도록 하는 행위를 처벌하는 것으로서, '행위자, 피고용자 등 종속관계에 있는 자, 기부를 받는 정치인'이라는 3자 관계를 전제하여, 행위자가 부당하게 의사를 억압하는 방법으로 종속관계에 있는 자로 하여금 정치인에게 기부하도록 하는 행위를 처벌하고자 하는 것이다.[102]

나. 타인의 의사를 억압하는 방법으로 기부를 알선하는 행위

(1) 「공직선거법」의 알선과의 관계

「공직선거법」 제230조(매수 및 이해유도죄) 제3항은 매수 및 이해유도의 지시, 권

---

101) 2004. 4. 27. 선고 2004도482 판결, 2014. 3. 27. 선고 2011헌바126 결정
102) 2014. 3. 27. 선고 2011헌바126 결정

유, 요구, 알선에 관하여, 「공직선거법」 제257조(기부행위의 금지제한 등 위반죄) 제2
항은 기부행위의 지시, 권유, 요구, 알선에 관하여 각 규정하고 있는데, 여기서 지
시행위는 '기부행위를 하도록 일방적으로 시키는 것'을, 권유행위는 '기부행위를
할 것을 권하여 결의를 촉구하거나 기존의 기부의사를 더욱 확고히 하는 것'을 각
의미하고, 알선행위는 '양자의 의사가 합치되도록 조정·유도하는 행위로서 권유의
단계를 넘어선 적극적 중개행위'를 의미하는 것으로 해석된다. 이처럼 「공직선
거법」에서는 기부행위에 있어 지휘감독관계 있는 자에 대한 지시, 그러한 관계에
있지 않는 자에 대한 권유, 권유를 넘어선 적극적 중개행위로서 알선을 세분하고
있다. 그러나 법 제33조(기부의 알선에 관한 제한)에서는 고용, 업무 등의 관계에서
종속적 위치에 있는 자에게 부당하게 자유로운 의사를 억압하여 기부를 하게 하는
행위를 규정하면서 「공직선거법」과는 달리 지시, 권유, 알선으로 세분화하지 않고
있는데, 이것은 「공직선거법」에서 규정한 '지시'와는 다르지만 구성요건 내용으로
제3자에 대한 지위의 우월성을 요건으로 하고 있는 만큼, 지시나 권유의 형태로
그로 하여금 제3자인 정치인에게 정치자금을 기부하도록 하는 행위 역시 '알선'이
라는 개념으로 포섭하고 있어, 「공직선거법」과 정치자금법은 구성요건의 해당성이
서로 다르다.

(2) 알선행위의 의미 및 억압의 정도

업무, 고용, 기타의 관계를 이용하여 부당하게 '타인의 의사를 억압하는 방법'으
로 정치자금의 기부를 알선한다는 의미는, 상대방에게는 기부를 할 의사가 없는데
도 알선행위자와의 업무, 고용 기타 관계로 불이익을 받을 것을 염려하여 상대방
이 자유로운 의사결정을 하지 못한 채 마지못해 정치자금을 내게 된다는 인식을
하면서도 부당하게 정치자금의 기부를 알선하는 것을 의미하는 것인데, 의사를 억
압하는 방법이나 정도도 업무, 고용 등의 관계로 상대방의 자유로운 의사결정을
침해하는 정도면 족하고 협박죄에서와 같이 명시적으로 해악을 고지하거나, 공갈
죄에서와 같이 상대방을 외포시킬 정도의 억압이 필요한 것은 아니다.[103]

행위자가 기부행위의 수령자와 의사의 연락이 없이 기부행위자로 하여금 후원

---

103) 2004. 4. 27. 선고 2004도482 판결(국세청 고위 공무원들이 기업들로부터 특정 정당에 대한
대통령선거자금을 모금한 행위가 '타인의 의사를 억압하는 방법'으로 정치자금의 기부를 알선
한 것에 해당한다고 한 사례)

금을 입금할 정치인을 지정하고, 후원금계좌를 알려주는 방법으로 정치자금을 입금하도록 한 행위도 양자 사이에 정치자금의 기부를 중재하거나 편의를 도모한 것으로서, '알선'의 개념에 포섭된다.[104]

다. 벌칙 등

법 제33조(기부의 알선에 관한 제한)의 규정을 위반하여 정치자금의 기부를 받거나 알선한 자는 5년 이하의 징역 또는 1천만원 이하의 벌금에 처하고(법§45②6.), 이에 제공된 금품 그 밖에 재산상의 이익은 몰수하며, 이를 몰수할 수 없을 때에는 그 가액을 추징한다(법§45③).

정치자금의 기부알선을 하는 과정에서 알선자가 정치자금을 받은 경우에, 교부받은 금품을 제공한 자의 뜻에 따라 당이나 후보자 본인에게 전달한 경우에는 그 부분의 이익은 실질적으로 범인에게 귀속된 것이 아니어서 이를 제외한 나머지 금품만을 몰수하거나 그 가액을 추징하여야 한다.[105]

5. 정치자금의 기부 등 촉진, 조세감면 및 모금방송광고

가. 정치자금의 기부 등 촉진

각급 선거관리위원회(읍·면·동선거관리위원회를 제외한다)는 정치자금의 기부·기탁을 촉진하기 위하여 정치자금의 기부·기탁의 방법·절차 및 필요성 등을 인쇄물·시설물·광고물 등을 이용하여 홍보하여야 한다(법§60). 이 법에 의하여 정치자금을 기부하거나 받는 경우에는 「기부금품의 모집 및 사용에 관한 법률」의 적용을 받지 아니한다(법§62).

나. 조세감면

(1) 소득세 및 증여세 면제

이 법에 의하여 정치자금을 기부한 자 또는 기부받은 자에 대하여는 「조세특례제한법」이 정하는 바에 따라 그 정치자금에 상당하는 금액에 대한 소득세 및 증여

---

104) 2014. 3. 27. 선고 2011헌바126 결정
105) 2004. 4. 27. 선고 2004도482 판결

세를 면제한다(법§59①본문, 조세특례제한법§76②). 정치자금에 대한 면세제도는 정치자금의 기부를 기피하는 현실을 감안하여 정치자금 기부자에게 면세혜택을 부여함으로써 정치자금의 자발적인 기부와 원활한 조달을 위하여 마련되었다.

(2) 세액공제

거주자가 법에 따라 정당(후원회 및 선거관리위원회를 포함한다)에 기부한 정치자금은 이를 지출한 해당 과세연도의 소득금액에서 10만원까지는 그 기부금액의 110분의 100을,[106] 10만원을 초과한 금액에 대해서는 해당 금액의 100분의 15(해당 금액이 3천만원을 초과하는 경우 그 초과분에 대해서는 100분의 25)에 해당하는 금액을 종합소득산출세액에서 공제한다(법§59①본문, 조세특례제한법§76①본문).[107] 다만, 사업자인 거주자가 정치자금을 기부한 경우 10만원을 초과한 금액에 대해서는 이월결손금을 뺀 후의 소득금액의 범위에서 손금에 산입한다(조세특례제한법§76①단서). 또한 위와 같이 세액공제하는 금액의 100분의 10에 해당하는 금액은 해당 과세연도의 개인지방소득세 산출세액에서 추가로 공제한다(법§59①본문, 지방세특례제한법§164).[108]

---

[106] 10만원 이하 후원금에 대하여 전액 되돌려주는 제도는 기부문화가 활성화되어 있는 않은 상황에서 정치후원금제도가 활성화되지 않은 것을 상정하고 국고보조금 형태로 운영하겠다는 것을 천명한 것으로, 한국적 현실에서 이 제도의 적용 혹은 적실성 문제는 그 제도 자체에 문제가 있는 것이 아니라 결국 적극적이지 못한 정치참여, 정치헌금 기부에 대한 부정적 인식에 있다고 한다(김정도, 「정치자금 소액기부의 제도효과와 저해 요인들」, 세계지역연구논총 제29집 제1호, 150쪽).

[107] 세액공제방식의 정치자금의 기부유도는 학생, 전업주부, 퇴직자 등 세금신고를 하지 않는 다수의 유권자들에게는 혜택이 돌아가지 않는 제도라고 하면서, 소액을 기부할 경우 세금신고를 하지 않더라도 일정 기간 이후에 전액을 돌려받는 "환불제도(refund system)"를 도입하여 많은 유권자들이 소액기부에 참여할 수 있는 동기를 부여받도록 하여야 한다는 견해가 있다(임성학 외 2, 「정치자금의 원활한 조달과 투명성 강화방안에 관한 연구 ─정당후원회 부활 및 매칭펀드제 도입을 중심으로─」, 한국정치학회, 2016년 중앙선거관리위원회 연구용역보고서, 74─75쪽).; 전용주, 「정치자금 모금과 투명성」, 공공정책연구 제31집 제2호(2014), 193─194쪽도 같은 취지

[108] 예를 들어, 1) 거주자가 100,000원을 정치자금으로 기부한 경우는 기부금액의 110분의 100인 90,909원이 종합소득산출세액에서 공제되고 추가로 90,909원의 100분의 10인 9,091원이 개인지방소득세 산출세액에서 공제되어 합계 100,000원 모두가 세액공제된다. 2) 거주자가 40,000,000원을 정치자금을 기부한 경우는 ①기부금액 40,000,000원 중 100,000원의 110분의 100에 해당하는 90,909원을 종합소득산출세액에서 우선 공제하고, ②기부금액 40,000,000원 중 30,000,000만원에서 100,000원을 공제한 29,900,000원의 100분의 15에 해

(3) 불법정치자금 수수에 대한 과세

법 제11조(후원인의 기부한도 등) 제3항의 규정에 의한 익명기부, 후원회 또는 소속 정당 등으로부터 기부받거나 지원받은 정치자금을 당비로 납부하거나 후원회에 기부하는 경우에는 소득세 및 증여세를 면제하거나 세액을 공제하지 아니하고(법 §59①단서), 소득세 및 상속세가 면제되는 정치자금 외의 정치자금에 대해서는「상속세 및 증여세법」제12조(비과세되는 상속재산) 제4호,[109] 제46조(비과세되는 증여재산) 제3호[110] 및 다른 세법의 규정에도 불구하고 그 기부받은 자가 상속받거나 증여받은 것으로 보아 상속세 또는 증여세를 부과한다(조세특례제한법§76③).

불법정치자금의 증여세 부과와 관련하여, 법원은 '구「조세특례제한법(2010. 1. 1. 법률 제9921호로 개정되기 전의 것)」제76조(정치자금의 손금산입특례 등) 제3항[111] 에 따라 불법정치자금의 기부를 증여로 보아 증여세를 부과하는 경우에 기부받은 불법정치자금을 반환하는 것을 증여받은 금전을 반환하는 것과 달리 취급할 이유가 없으므로, 구「상속세 및 증여세법(2010. 1. 1. 법률 제9916호로 개정되기 전의 것)」제31조(증여재산의 범위) 제4항[112]의 "(금전을 제외한다)"부분은 기부받은 불법정치자금에 대하여 증여세가 부과되는 경우에도 적용된다.'고 판시하였다.[113]

당하는 4,485,000원을 종합소득산출세액에서 공제하고, 이어서 ③기부금액 40,000,000원 중 30,000,000원을 초과한 10,000,000원의 100분의 25에 해당하는 2,500,000원을 종합소득산출세액에서 공제하여 합계 7,075,909원을 종합소득산출세액에서 공제한 후, 추가로 7,075,909원의 100분의 10에 해당하는 707,590원이 개인지방소득세 산출세액에서 공제되어 총합계 7,783,499원이 세액공제된다.

109)「상속세 및 증여세법」제12조(비과세되는 상속재산) 다음 각 호의 재산에 대해서는 상속세를 부과하지 아니한다.
  4.「정당법」에 따른 정당에 유증등을 한 재산

110)「상속세 및 증여세법」제46조(비과세되는 증여재산) 다음 각 호의 어느 하나에 해당하는 금액에 대해서는 증여세를 부과하지 아니한다.
  3.「정당법」에 따른 정당이 증여받은 재산의 가액

111) 현행「조세특례제한법」제76조(정치자금의 손금산입특례 등) 제3항과 같다.

112) 구「상속세 및 증여세법(2010. 1. 1. 법률 제9916호로 개정되기 전의 것)」제31조(증여재산의 범위) ④증여를 받은 후 그 증여받은 재산(금전을 제외한다)을 당사자 사이의 합의에 따라 제68조의 규정에 의한 신고기한 이내에 반환하는 경우에는 처음부터 증여가 없었던 것으로 본다. 다만, 반환하기 전에 제76조의 규정에 의하여 과세표준과 세액의 결정을 받은 경우에는 그러하지 아니하다.

113) 2016. 2. 18. 선고 2013두7384 판결

(4) 세액공제영수증

후원회 명의로 개설된 정치자금 예금계좌에 입금하는 방법으로 1회 10만원, 연간 120만원 이하의 정치자금을 기부한 자는 그 후원회의 명의와 기부자의 성명·생년월일 등 인적사항, 거래일자·거래금액 등 기부내역이 기재된 금융거래 입금증이나 위조·복사·변조를 방지하기 위한 장치가 된 전자결제영수증 원본을 세액공제를 위한 영수증으로 사용할 수 있다(법§59②).

정치자금을 받은 후원회가 기부자의 주소를 알 수 없는 등 부득이한 사유가 있는 때에는 정치자금영수증을 교부하지 아니할 수 있으므로 후원회 명의로 개설된 예금계좌로 정치자금을 입금한 경우로서 후원회로부터 정치자금영수증을 교부받지 못한 때에는 정치자금을 기부한 자의 성명 등 인적사항, 기부받은 후원회의 명칭과 그 계좌번호, 기부금액, 기부일자가 기재되어 있는 금융기관이 발급한 입금증을 정치자금 기부의 증빙서류로 사용할 수 있고,[114] 후원회의 명의와 기부자의 성명·생년월일 등 인적사항, 거래일자·거래금액 등 기부내역이 기재되어 있는 지로영수증도 법 제59조(조세의 감면) 제2항의 면세영수증으로 사용할 수 있다.[115]

다. 모금방송광고

「방송법」에 의한 지상파방송사는 깨끗한 정치자금의 기부문화 조성을 위하여 공익광고를 하여야 하며, 그 비용은 당해 방송사가 부담한다(법§61①). 지상파방송사는 공익광고의 방송시간·횟수 및 시간대 등을 최대한 보장함으로써 소액의 깨끗한 정치자금의 기부촉진에 노력하여야 한다(규칙§49①).

공익광고를 위하여 「방송광고판매대행 등에 관한 법률」에 의한 한국방송광고진흥공사(이하 "한국방송광고진흥공사"라 한다)는 그 부담으로 방송광고물을 제작하여 연 1회 이상 지상파방송사에 제공하여야 한다(법§61②). 한국방송광고진흥공사가 위 방송광고를 제작하고자 하는 때에는 그 방송광고의 주제와 내용에 관하여 사전에 중앙선거관리위원회의 의견을 들어야 하며, 그 방송광고물을 제작한 때에는 지체 없이 1부를 중앙선거관리위원회에 송부하여야 한다(법§61③, 규칙§49②).

---

114) 2004. 12. 10. 중앙선관위 질의회답
115) 2012. 10. 17. 중앙선관위 질의회답

제8장 정치자금의 회계 및 보고·공개

1. 회계책임자의 선임·겸임 및 변경

가. 회계책임자의 선임권자

회계책임자를 두는 이유는 정치자금을 회계책임자의 일원적 통제 하에 두어 그 수입·지출의 투명성을 확보하고 정치자금의 수입·지출에 관한 책임소제를 명확히 하기 위한 것이다.

회계책임자의 선임권자는 ① 정당(후원회를 둔 중앙당창당준비위원회, 정책연구소 및 정당선거사무소를 포함한다. 이하 이 장에서 같다)의 대표자, ② 후원회의 대표자, ③ 후원회를 둔 국회의원, ④ 대통령선거경선후보자, 당대표경선후보자등, ⑤ 공직선거의 후보자·예비후보자(선거사무소 및 선거연락소의 회계책임자를 선임하는 경우를 말한다). 이 경우 대통령선거의 정당추천후보자, 비례대표국회의원선거 및 비례대표지방의회의원선거에 있어서는 그 추천정당이 선임권자가 되며, 그 선거사무소 및 선거연락소의 회계책임자는 각각 정당의 회계책임자가 겸한다. ⑥ 선거연락소장(선거연락소의 회계책임자에 한한다)이다(법§34①).

나. 회계책임자의 자격

회계책임자는 정치자금의 수입과 지출을 담당하는 자로서 공직선거의 선거운동을 할 수 있는 자 중에서 선임한다(법§34①). 따라서 「공직선거법」 제60조(선거운동을 할 수 없는 자) 제1항 각 호에 해당하여 선거운동을 할 수 없는 사람은 회계책임자에 선임될 수 없다. 즉, ① 대한민국 국민이 아닌 자(다만, 「공직선거법」 제15조(선거권) 제2항 제3호[1])에 따른 외국인이 해당 선거에서 선거운동을 하는 경우에는 그러하지

---

1) 「공직선거법」 제15조(선거권) ②18세 이상으로서 제37조 제1항에 따른 선거인명부작성기준일 현재 다음 각 호의 어느 하나에 해당하는 사람은 그 구역에서 선거하는 지방자치단체의 의회 의원 및 장의 선거권이 있다.

아니하고, 그가 예비후보자·후보자의 배우자인 경우에도 선거운동을 할 수 있다), ② 미성
년자(18세 미만의 자를 말한다), ③ 「공직선거법」 제18조(선거권이 없는 자) 제1항[2])의
규정에 의하여 선거권이 없는 자, ④ 「국가공무원법」 제2조(공무원의 구분)에 규정
된 국가공무원과 「지방공무원법」 제2조(공무원의 구분)에 규정된 지방공무원(다만,
「정당법」 제22조(발기인 및 당원의 자격) 제1항 제1호 단서[3])의 규정에 의하여 정당의 당원
이 될 수 있는 공무원(국회의원과 지방의회의원 외의 정무직공무원을 제외한다)은 그러하지
아니하다), ⑤ 「공직선거법」 제53조(공무원의 입후보) 제2항 제2호 내지 제8호[4])에

---

    3. 「출입국관리법」 제10조에 따른 영주의 체류자격을 취득일 후 3년이 경과한 외국인으로서
       같은 법 제34조에 따라 해당 지방자치단체의 외국인등록대장에 올라 있는 사람
 2) 「공직선거법」 제18조(선거권이 없는 자) ①선거일 현재 다음 각 호의 어느 하나에 해당하는
   사람은 선거권이 없다.
   1. 금치산선고를 받은 자
   2. 1년 이상의 징역 또는 금고의 형의 선고를 받고 그 집행이 종료되지 아니하거나 그 집행을
     받지 아니하기로 확정되지 아니한 사람. 다만, 그 형의 집행유예를 선고받고 유예기간 중에
     있는 사람은 제외한다.
   3. 선거범, 「정치자금법」 제45조(정치자금부정수수죄) 및 제49조(선거비용관련 위반행위에 관
     한 벌칙)에 규정된 죄를 범한 자 또는 대통령·국회의원·지방의회의원·지방자치단체의 장
     으로서 그 재임 중의 직무와 관련하여 「형법」(「특정범죄가중처벌 등에 관한 법률」 제2조에
     의하여 가중처벌되는 경우를 포함한다) 제129조(수뢰, 사전수뢰) 내지 제132조(알선수뢰)
     ·「특정범죄가중처벌 등에 관한 법률」 제3조(알선수재)에 규정된 죄를 범한 자로서, 100만
     원 이상의 벌금형의 선고를 받고 그 형이 확정된 후 5년 또는 형의 집행유예의 선고를 받
     고 그 형이 확정된 후 10년을 경과하지 아니하거나 징역형의 선고를 받고 그 집행을 받지
     아니하기로 확정된 후 또는 그 형의 집행이 종료되거나 면제된 후 10년을 경과하지 아니한
     자(형이 실효된 자도 포함한다)
   4. 법원의 판결 또는 다른 법률에 의하여 선거권이 정지 또는 상실된 자
 3) 「정당법」 제22조(발기인 및 당원의 자격) ①국회의원의 선거권이 있는 자는 공무원 그 밖에
   그 신분을 이유로 정당가입이나 정치활동을 금지하는 다른 법령의 규정에 불구하고 누구든지
   정당의 발기인 및 당원이 될 수 있다. 다만, 다음 각 호의 어느 하나에 해당하는 자는 그러하
   지 아니하다.
   1. 「국가공무원법」 제2조(공무원의 구분) 또는 「지방공무원법」 제2조(공무원의 구분)에 규정
     된 공무원. 다만, 대통령, 국무총리, 국무위원, 국회의원, 지방의회의원, 선거에 의하여 취
     임하는 지방자치단체의 장, 국회 부의장의 수석비서관·비서관·비서·행정보조요원, 국회
     상임위원회·예산결산특별위원회·윤리특별위원회 위원장의 행정보조요원, 국회의원의 보
     좌관·비서관·비서, 국회 교섭단체대표의원의 행정비서관, 국회 교섭단체의 정책연구위원
     ·행정보조요원과 「고등교육법」 제14조(교직원의 구분) 제1항·제2항에 따른 교원은 제외
     한다.
 4) 「공직선거법」 제53조(공무원 등의 입후보) ①다음 각 호의 어느 하나에 해당하는 사람으로서
   후보자가 되려는 사람은 선거일 전 90일까지 그 직을 그만두어야 한다. 다만, 대통령선거와 국

해당하는 자(제4호 내지 제6호의 경우에는 그 상근직원을 포함한다), ⑥ 예비군 중대장급 이상의 간부, ⑦ 통·리·반의 장 및 읍·면·동주민자치센터(그 명칭에 관계없이 읍·면·동사무소 기능전환의 일환으로 조례에 의하여 설치된 각종 문화·복지·편익시설을 총칭한다)에 설치된 주민자치위원회(주민자치센터의 운영을 위하여 조례에 의하여 읍·면·동사무소의 관할구역별로 두는 위원회를 말한다) 위원, ⑧ 특별법에 의하여 설립된 국민운동단체로서 국가 또는 지방자치단체의 출연 또는 보조를 받는 단체(바르게살기운동협의회·새마을운동협의회·한국자유총연맹을 말한다)의 상근 임·직원 및 이들 단체 등(시·도조직 및 구·시·군조직을 포함한다)의 대표자, ⑨ 선상투표신고를 한 선원이 승선하고 있는 선박의 선장은 선거운동을 할 수 없으므로(공직선거법§60①), 회계책임자로 선임될 수 없다. 다만, ④호 내지 ⑧호의 규정에 해당하는 사람이 예비후보자·후보자의 배우자이거나 후보자의 직계존비속인 경우에는 선거운동을 할 수 있으므로(공직선거법§60①단서), 그러한 경우에는 회계책임자로 선임될 수 있다.

　당대표선거가 경선이 아닌 단일후보로 찬반투표만 진행되고 당대표후보자 후원회를 개설하지 않는 경우에는 법 제34조(회계책임자의 선임신고 등)에 따른 회계책임자 신고규정은 적용되지 않는다.5)

회의원선거에 있어서 국회의원이 그 직을 가지고 입후보하는 경우와 지방의회의원선거와 지방자치단체의 장의 선거에 있어서 당해 지방자치단체의 의회의원이나 장이 그 직을 가지고 입후보하는 경우에는 그러하지 아니하다.
1. 「국가공무원법」 제2조(공무원의 구분)에 규정된 국가공무원과 「지방공무원법」 제2조(공무원의 구분)에 규정된 지방공무원. 다만, 「정당법」 제22조(발기인 및 당원의 자격) 제1항 제1호 단서의 규정에 의하여 정당의 당원이 될 수 있는 공무원(정무직공무원을 제외한다)은 그러하지 아니하다.
2. 각급선거관리위원회위원 또는 교육위원회의 교육위원
3. 다른 법령의 규정에 의하여 공무원의 신분을 가진 자
4. 「공공기관의 운영에 관한 법률」 제4조 제1항 제3호에 해당하는 기관 중 정부가 100분의 50 이상의 지분을 가지고 있는 기관(한국은행을 포함한다)의 상근 임원
5. 「농업협동조합법」·「수산업협동조합법」·「산림조합법」·「엽연초생산협동조합법」에 의하여 설립된 조합의 상근 임원과 이들 조합의 중앙회장
6. 「지방공기업법」 제2조(적용범위)에 규정된 지방공사와 지방공단의 상근 임원
7. 「정당법」 제22조 제1항 제2호의 규정에 의하여 정당의 당원이 될 수 없는 사립학교교원
8. 중앙선거관리위원회규칙으로 정하는 언론인
9. 특별법에 의하여 설립된 국민운동단체로서 국가 또는 지방자치단체의 출연 또는 보조를 받는 단체(바르게살기운동협의회·새마을운동협의회·한국자유총연맹을 말하며, 시·도조직 및 구·시·군조직을 포함한다)의 대표자
5) 2013. 2. 7. 중앙선관위 질의회답

다. 회계책임자의 겸임

(1) 회계책임자 겸임의 원칙적 금지

누구든지 2 이상의 회계책임자가 될 수 없다(법§34②본문).

(2) 회계책임자의 예외적 겸임

대통령선거의 정당추천후보자, 비례대표국회의원선거 및 비례대표지방의회의원 선거에 있어서는 그 추천정당이 선임권자가 되며, 그 선거사무소 및 선거연락소의 회계책임자는 각각 정당의 회계책임자가 겸한다(법§34①5.후단).

공직선거의 후보자·예비후보자 또는 그 선거사무장이나 선거연락소장은 회계책임자를 겸할 수 있다(법§34③). 따라서 공직선거의 후보자·예비후보자 또는 그 선거사무장이나 선거연락소장은 회계책임자를 겸임하는 경우를 제외하고 선임권자는 회계책임자를 겸임할 수 없다.[6]

후원회를 둔 국회의원이 대통령후보자등후원회·대통령선거경선후보자후원회 또는 당대표경선후보자등후원회를 두는 등 규칙으로 정하는 경우에는 2 이상의 회계책임자를 겸임할 수 있다(법§34②단서). 즉, ① 같은 사람이 2 이상의 후원회를 두는 경우에 후원회간의 회계책임자 및 후원회지정권자의 회계책임자, ② 후원회를 둔 국회의원이 공직선거의 후보자·예비후보자, 대통령선거경선후보자, 당대표경선후보자등이 되는 경우 그 국회의원의 회계책임자와 공직선거의 후보자·예비후보자, 대통령선거경선후보자, 당대표경선후보자의 회계책임자, ③ 정당의 대통령선거후보자로 선출된 예비후보자의 회계책임자와 해당 정당의 중앙당의 회계책임자, ④ 대통령선거예비후보자가 대통령선거경선후보자가 되거나 대통령선거경선후보자가 대통령선거예비후보자가 되는 경우 대통령선거예비후보자의 회계책임자와 대통령선거경선후보자의 회계책임자는 2 이상의 회계책임자를 겸임할 수 있다(규칙§33).

(3) 제재

법 제34조(회계책임자의 선임신고 등) 제2항 본문의 규정을 위반하여 회계책임자가 된 자는 100만원 이하의 과태료에 처한다(법§51③6.).

---

6) 2010. 4. 8. 중앙선관위 질의회답

라. 회계책임자의 선임 · 겸임 신고

회계책임자를 선임하거나 겸임하게 할 때에는 지체 없이 관할 선거관리위원회
에 규칙이 정하는 서식7)에 의하여 서면으로 신고하여야 하고(법§34①,③, 규칙§32
①), 회계책임자의 선임 또는 겸임신고는 ① 정당 및 후원회는 정당과 후원회의
등록신청·신고를 하는 때, ② 정책연구소는 정책연구소의 설립허가신청을 하는
때, ③ 정당선거사무소는 정당선거사무소의 설치신고를 하는 때, ④ 후원회를 둔
중앙당창당준비위원회 및 국회의원은 후원회의 등록신청을 하는 때, ⑤ 대통령선
거경선후보자·당대표경선후보자등은 경선후보자등록신청 후 지체 없이, ⑥ 공직
선거의 후보자·예비후보자는 후보자·예비후보자의 등록신청을 하는 때, ⑦ 선거
연락소는 선거연락소의 설치신고를 하는 때에 이를 하여야 한다. 다만, 예비후보
자가 후보자등록을 신청하는 때에 회계책임자의 선임신고를 하지 아니하는 경우에
는 예비후보자의 회계책임자를 선거사무소의 회계책임자로 본다(규칙§32②).

회계책임자를 선임 또는 겸임 신고하는 때에는 ① 정치자금의 수입 및 지출을
위한 예금계좌, ② 선거비용제한액 한도 내에서 회계책임자가 지출할 수 있는 금
액의 최고액을 정하고 회계책임자와 선임권자가 함께 서명·날인한 약정서(선거사
무소의 회계책임자에 한한다)를 첨부하여야 한다(법§34④). 위 예금계좌의 신고는 예
금통장 사본을 첨부하는 것으로 갈음할 수 있다. 이 경우 예금계좌의 변경이 있는
때에는 지체 없이 변경신고를 하여야 하며, 예금계좌의 신고 및 변경신고는 규칙
이 정하는 서식8)에 의하고(규칙§34①), 위 약정서는 규칙이 정하는 서식9)에 의한
다(규칙§34②).

마. 회계책임자의 변경신고

(1) 인수 · 인계서 작성

회계책임자의 변경이 있는 때에는 인계자와 인수자는 지체 없이 인계·인수서를
작성하여 서명·날인한 후 재산, 정치자금의 잔액과 회계장부, 예금통장·신용카드

---

7) 규칙 별지 제27호 서식(회계책임자(선임)·(겸임)·(변경)신고서)
8) 규칙 별지 제29호 서식(예금계좌 (신고)·(변경신고)서)
9) 규칙 별지 제30호 서식(선거비용지출액 약정서)

및 후원회인(後援會印)·그 대표자 직인 등 인장 그 밖의 관계서류를 인계·인수하여야 한다(법§35②). 인계·인수서는 규칙이 정하는 서식[10])에 의한다(규칙§32③).

(2) 변경신고

회계책임자의 변경이 있는 때에는, 그 선거임권자 중 정당의 대표자, 후원회의 대표자, 후원회를 둔 국회의원, 대통령선거경선후보자, 당대표경선후보자등은 14일 이내에, 공직선거의 후보자·예비후보자(대통령선거의 정당추천후보자, 비례대표국회의원선거 및 비례대표지방의회의원선거에 있어서는 그 추천정당) 및 선거연락소장은 지체 없이 관할 선거관리위원회에 규칙이 정하는 서식[11])에 따라 서면으로 변경신고를 하여야 한다(법§35①, 규칙§32①). 회계책임자의 변경신고를 하는 때에는 인계·인수서를 함께 제출하여야 한다(법§35③).

시·도당개편대회 전에 회계처리 단일화를 위하여 기존의 시·도당 회계책임자를 1명으로 변경신고하는 것에 관하여는, 정당이 「정당법」 제19조(합당)[12])에 따라 새로운 당명으로 합당하여 동일 시·도안에 합당 전 정당의 소속 시·도당이 둘 이상 있는 경우에도 회계책임자를 1인으로 선임신고할 수 있다.[13])

---

10) 규칙 별지 제28호 서식(정치자금의 수입과 지출 인계·인수서)
11) 규칙 별지 제27호 서식(회계책임자(선임)·(겸임)·(변경)신고서)
12) 「정당법」 제19조(합당) ①정당이 새로운 당명으로 합당(이하 "신설합당"이라 한다)하거나 다른 정당에 합당(이하 "흡수합당"이라 한다)될 때에는 합당을 하는 정당들의 대의기관이나 그 수임기관의 합동회의의 결의로써 합당할 수 있다.
②정당의 합당은 제20조(합당된 경우의 등록신청) 제1항·제2항 및 제4항의 규정에 의하여 중앙선거관리위원회에 등록 또는 신고함으로써 성립한다. 다만, 정당이 「공직선거법」 제2조(적용범위)의 규정에 의한 선거(이하 "공직선거"라 한다)의 후보자등록신청개시일부터 선거일까지의 사이에 합당된 때에는 선거일 후 20일에 그 효력이 발생한다.
③제1항 및 제2항의 규정에 의하여 정당의 합당이 성립한 경우에는 그 소속 시·도당도 합당한 것으로 본다. 다만, 신설합당인 경우에는 합당등록신청일부터 3월 이내에 시·도당 개편대회를 거쳐 변경등록신청을 하여야 한다.
④신설합당된 정당이 제3항 단서의 규정에 의한 기간 이내에 변경등록신청을 하지 아니한 경우에는 그 기간만료일의 다음 날에 당해 시·도당은 소멸된 것으로 본다.
⑤합당으로 신설 또는 존속하는 정당은 합당 전 정당의 권리·의무를 승계한다.
13) 2008. 3. 24. 중앙선관위 질의회답

바. 벌칙 및 제재

(1) 벌칙

(가) 정치자금계좌 및 회계책임자 미신고

법 제34조(회계책임자의 선임신고 등) 제4항 제1호의 규정을 위반하여 정치자금의 수입·지출을 위한 예금계좌를 신고하지 아니한 자와 제35조(회계책임자의 변경신고 등) 제2항의 규정을 위반하여 재산 및 정치자금의 잔액 또는 회계장부 등을 인계·인수하지 아니한 자는 2년 이하의 징역 또는 400만원 이하의 벌금에 처한다(법 §47①6., 7.).

(나) 선거비용관련 정치자금계좌 및 회계책임자 미신고

선거비용과 관련하여, 법 제34조(회계책임자의 선임신고 등) 제1항·제4항 제1호 또는 제35조(회계책임자의 변경신고 등) 제1항의 규정을 위반하여 회계책임자·예금계좌를 신고하지 아니한 자는 2년 이하의 징역 또는 400만원 이하의 벌금에 처한다(법§49②2.).

(다) 선임·감독상의 주의의무위반

회계책임자가 법 제46조(각종 제한규정위반죄) 제5호의 규정을 위반한 경우, 즉 법 제37조(회계장부의 비치 및 기재) 제1항 또는 제40조(회계보고) 제1항 내지 제4항의 규정을 위반하여 회계장부를 비치하지 아니하거나 허위로 기재하는 경우 또는 회계보고를 하지 아니하거나 재산상황, 정치자금의 수입·지출금액과 그 내역, 수입·지출에 관한 명세서, 영수증 그 밖의 증빙서류, 예금통장 사본을 제출하지 아니하거나 이를 허위로 제출한 경우 또는 수입·지출에 관한 영수증 그 밖의 증빙서류를 허위기재·위조 또는 변조한 경우, 당해 회계책임자의 선임 또는 감독에 상당한 주의를 태만히 한 회계책임자의 선임권자는 200만원 이하의 벌금에 처한다(법§48 1.).

(2) 제재

선거비용과 관련하여, 법 제34조(회계책임자의 선임신고 등) 제1항·제3항 또는 제35조(회계책임자의 변경신고 등) 제1항의 규정을 위반하여 회계책임자의 선임·변경·겸임신고를 해태한 자(법§49③1.), 제34조(회계책임자의 선임신고 등) 제4항 제2호의 규정에 의한 약정서를 제출하지 아니한 자(법§49③2.), 제35조(회계책임자의 변경 신고 등) 제2항의 규정을 위반하여 인계·인수서를 작성하지 아니한 자(법§49③3.) 는 200만원 이하의 과태료에 처한다(법§49③).

법 제35조(회계책임자의 변경신고 등) 제2항의 규정을 위반하여 인계·인수를 지 체한 자는 200만원 이하의 과태료에 처한다(법§51②1.).

법 제34조(회계책임자의 선임신고 등) 제2항 본문의 규정을 위반하여 2 이상의 회 계책임자가 된 자는 100만원 이하의 과태료에 처한다(법§51③6.).

2. 정치자금의 수입·지출

가. 회계책임자에 의한 수입·지출

(1) 회계책임자만에 의한 수입·지출

정당, 후원회, 후원회를 둔 국회의원, 대통령선거경선후보자, 당대표경선후보자 등 또는 공직선거의 후보자·예비후보자의 정치자금의 수입·지출은 그 회계책임 자(공직선거의 후보자·예비후보자의 경우 그 선거사무소·선거연락소의 회계책임자를 말한 다. 이하 같다)만이 이를 할 수 있다(법§36①본문).

이와 같이 회계책임자가 선임·신고된 후에는 회계책임자가 아니면 선거비용을 지출할 수 없다고 규정하고 있는 취지는 모든 선거비용을 단일하고 공식적인 창구 의 역할을 하는 회계책임자에 의하여 지출하게 함으로써 선거비용의 지출에 있어 서 투명성을 보장하기 위한 것으로서, 선거와 관련하여 부담하게 되는 모든 비용 에 대한 종국적인 지급책임이 회계책임자에게 있다는 취지는 아니다.[14] 후보자가 비록 회계책임자의 입회하에 선거비용을 지출하였다고 하더라도 이는 회계책임자 만이 정치자금을 지출할 수 있다는 본 조항에 위반된다.[15] 선거사무장이 회계책임 자에게는 지출내역을 장부에 기재하는 일만 하도록 하고 자신이 직접 선거비용을 지출하는 경우도 마찬가지이고,[16] 회계책임자가 아닌 자가 정치자금의 수입행위

---

14) 2007. 10. 26. 선고 2005도9218 판결(선거후보자로서 선거사무소의 운영에 대한 총책임자인 피고인에게 선거사무원에게 미지급 수당 등의 최종적인 지급책임이 있음에도 이를 지급하지 아니하고 자신은 회계책임자가 아니어 지급할 권한이 없다고 주장한 피고인의 주장을 배척한 사례)
15) 1999. 5. 25. 선고 99도983 판결

를 한 경우에도 같다.17)

회계책임자가 정치자금을 지출하는 때에는 정당한 채권자에게 지출하여야 한다. 다만, 공직선거의 후보자·예비후보자가 선거운동을 함에 있어 회계책임자가 이에 소요되는 경비를 지출할 수 없는 부득이한 사유가 있어, 그 선거운동에 필요한 경비를 교부하는 때에는 법 제2조(기본원칙) 제4항 각 호에서 정하는 금액을 초과하여 공직선거의 후보자·예비후보자에게 그 경비의 지출을 위임하는 경우에는 공직선거의 후보자·예비후보자가 정치자금지출을 위하여 별도로 개설한 예금계좌에 입금하거나 관할 선거관리위원회에 신고된 지출을 위한 예금계좌를 결제계좌로 하는 신용카드를 통하여 지출하게 하여야 하고(규칙§39⑤, §35②), 회계책임자로부터 선거비용을 교부받은 후보자·예비후보자가 그 비용을 지출한 때에는 영수증 그 밖의 증빙서류를 회계책임자에게 제출하고 정산하여야 한다(규칙§39⑥).

(2) 개인재산의 정치자금 지출의 경우

대통령선거경선후보자, 당대표경선후보자등 또는 공직선거의 후보자·예비후보자가 자신의 재산으로 정치자금을 지출하는 경우에도 그 회계책임자를 통하여 지출하여야 한다. 후원회를 둔 국회의원이 당해 국회의원선거의 예비후보자로 신고하지 아니한 경우로서 선거일 전 120일부터 자신의 재산으로 정치자금을 지출하는 경우에도 또한 같다(법§36③).

차입금을 포함한 후보자의 개인재산은 그것이 정치자금으로 지출될 때에 비로소 수입·지출을 함께 규제하더라도 정치자금의 수입·지출을 투명화한다는 정치자금법의 입법목적을 충분히 달성할 수 있는 것이므로, 차입금을 포함한 후보자의 개인재산은 그것이 정치자금으로 지출되기 전에 신고된 회계책임자를 통하여 신고된 예금계좌에 실제 입금된 경우가 아니라면 정치자금으로 지출될 때에 신고된 회계책임자가 신고된 예금계좌를 통하여 수입하고 지출하면 족하다고 할 것인바, 후보자가 자신의 개인재산을 정치자금으로 지출할 의사로 회계책임자가 아닌 선거사무원 등 제3자에게 맡기거나 제3자의 계좌에 입금시켰다고 하더라도 그것이 정치자금으로 실제 지출되지 아니한 이상 정치자금의 수입이 있었다고 볼 수 없다. 따

---

16) 부산지방법원 1998. 11. 24. 선고 98고합822 판결
17) 2012. 7. 16. 중앙선관위 질의회답

라서 후보자가 차입금을 포함한 개인재산을 신고된 회계책임자를 통하여 신고된 예금계좌를 통하여 수입하고 지출하지 아니한 경우에는 정치자금을 지출한 당시를 기준으로 '정치자금의 수입과 지출'이 동시에 이루어진 것으로 보아야 하고, 법 제36조(회계책임자에 의한 수입·지출) 제1항, 제2항의 위반으로 법 제49조(선거비용관련 위반행위에 관한 벌칙) 제2항 제3호에 따라 처벌하기 위해서는 정치자금이 선거비용으로 수입되었음이 밝혀져야만 한다.[18]

나. 회계사무보조자 등에 의한 지출

(1) 회계사무보조자에 의한 지출

회계책임자는 지출의 대강의 내역을 알 수 있는 정도의 지출의 목적과 금액의 범위를 정하여 서면으로 위임하여 회계사무보조자(공직선거의 선거운동을 할 수 있는 자에 한한다)로 하여금 지출하게 할 수 있고(법§36①단서1.), 회계사무보조자에 대한 정치자금 지출의 위임은 규칙이 정하는 서식[19]에 의한다(규칙§35①).

법 제36조(회계책임자에 의한 수입·지출) 제1항 단서에 따라 공직선거 후보자 등의 회계사무보조자가 회계책임자로부터 정치자금의 지출에 관하여 서면에 의한 위임을 받아야 하는 경우란 회계사무보조자에게 정치자금의 지출에 관한 어느 정도의 재량이나 의사결정권이 부여되는 경우를 말하고, 이와 달리 회계사무보조자가 회계책임자의 완전한 의사관여 아래 그의 지시에 따른 도구로서 정치자금의 지출

---

18) 2012. 12. 27. 선고 2012도12152 판결(피고인 1과 후보자인 피고인 3이 공모하여 피고인 2를 봉하여 선거자금으로 8,400만원을 차용하였는데, 위 피고인들이 위 차용금을 피고인 3이 선거관리위원회에 신고한 예금계좌를 통하여 입금받은 것이 아니라 피고인 1이 현금으로 3,000만원, 공소외 3의 계좌로 5,400만원을 각 교부받았는바, 이러한 점만으로는 아직 위 피고인들이 법 제36조(회계책임자에 의한 수입·지출) 제1항, 제2항에서 규정한 '정치자금의 수입'이 있었다고 볼 수는 없으므로, 위 피고인들에게 '정치자금의 수입'이 있었다고 볼 수 있으려면 피고인 1이 8,400만원을 실제로 정치자금으로 지출할 당시를 기준으로 이를 따져 보아야 하는데, 차용금 8,400만원 중 피고인 1이 공소외 4 명의의 계좌로 1,100만원을 불법 선거운동 자금으로 수입·지출한 사실은 알 수 있으나, 나머지 7,300만원이 선거비용 명목으로 수입·지출된 것인지 여부를 알 수 있는 아무런 증거가 없는 경우, 위 피고인들이 1,100만원의 정치자금 수입의 점이 처벌될 수 있음은 별론으로 하고, 위 피고인들이 차용금 8,400만원을 교부받을 당시 8,400만원 전부가 선거비용으로 수입되었음을 전제로 법 제49조 제2항 제3호 위반죄에 대하여 유죄를 인정한 원심에 대하여, 차용금 등의 후보자 개인재산에 관한 '정치자금의 수입'시기에 관한 법리를 오해하는 등의 위법이 있다는 이유로 이를 파기한 사례)
19) 규칙 별지 제31호 서식(정치자금지출 위임장)

이라는 사실상의 행위를 하는데 불과한 경우는 이에 해당하지 않는다. 따라서 회계책임자가 회계사무보조자에게 서면으로 위임을 해야 하는 정치자금의 지출이란 회계사무보조자가 자신의 명의로 매매, 임대차 등의 지출원인행위를 하고 그에 대한 영수증 등의 증빙서류를 받는 등 정치자금 지출의 전반적인 과정을 주도하는 경우를 의미하는 것으로 보아야 하고, 이와 달리 회계책임자가 지출원인행위를 하여 영수증 그 밖의 증빙서류를 구비하고, 단지 지출원인행위에 필연적으로 수반하는 대금 지급을 유보하였다가 사후에 다른 사람으로 하여금 대금지급을 하게 하는 경우에는, 비록 그와 같은 방식이 바람직하거나 권장할 것은 아니더라도, 회계책임자가 선거비용 지출의 전반적인 과정을 주도한 것이므로 회계책임자가 정치자금을 지출한 것으로 보아야 하고, 선거비용이 정치자금에 포함되는 이상 이와 같은 논리는 선거비용의 지출에 대하여도 그대로 해당된다.[20]

(2) 신용카드 등에 의한 지출

회계책임자의 관리·통제 아래 법 제34조(회계책임자의 선임신고 등)에 따라 신고된 정치자금 지출을 위한 예금계좌를 결제계좌로 하는 신용카드·체크카드, 그 밖에 이에 준하는 것으로 지출하게 할 수 있다(법§36①단서2.).

국회의원이 해외에서 정치활동을 목적으로 신용카드를 사용한 경우에는 신용카드 사용영수증을, 1회 50만원 이하인 경우로서 현금을 지출하는 때에는 그 영수증을 구비하고, 영수증 그 밖의 증빙서류를 구비할 수 없는 불가피한 사유가 있는 경우에는 회계책임자가 그 사유와 명세를 회계장부에 기재하면 되고, 해외에서 부득이하게 회계책임자를 통하지 아니하고 국회의원이 결제를 하는 경우 관할 선거관리위원회에 신고된 지출을 위한 예금계좌를 결제계좌로 하는 신용카드를 통하여 지출할 수 있으며, 이 경우에는 법 제36조(회계책임자에 의한 수입·지출) 제1항 단서에 의한 별도의 서면 위임을 요하지 않는다.[21]

---

[20] 2007. 11. 22. 선고 2007도6937 판결(춘천지방법원 2007. 5. 2. 선고 2006고단898 판결 : 지방의회 의원선거에 출마한 후보자가 회계책임자의 지위를 겸하여 선거운동을 하면서 직접 지출원인행위를 한 다음 그에 따른 영수증 등 증빙서류를 보조자에게 주어 인터넷뱅킹을 통한 계좌이체 방식으로 선거관리위원회에 신고된 계좌에서 위 증빙서류에 기재된 대로 송금을 하도록 한 경우, 위 정치자금 지출행위는 보조자가 회계책임자의 지시를 단순히 따른 것에 불과하여 회계책임자 본인의 행위로 법률상 평가되므로 정치자금법 제36조(회계책임자에 의한 수입·지출) 제1항 위반행위에 해당하지 않는다고 한 사례)

다. 정치자금의 수입 · 지출방법

(1) 예금계좌를 통한 수입 · 지출

회계책임자가 정치자금을 수입 · 지출하는 경우에는 법 제34조(회계책임자의 선임 신고 등) 제4항의 규정에 의하여 관할 선거관리위원회에 신고된 예금계좌를 통해서 하여야 한다. 이 경우 정치자금의 지출을 위한 예금계좌는 1개만을 사용하여야 한다(법§36②). 이는 정치자금의 조달과 수입 · 지출 과정이 투명하게 드러나도록 하여 음성적 정치자금을 원천적으로 차단함으로써 깨끗한 정치문화를 정착시키려는 데 그 취지가 있다.[22]

후보자는 회계책임자를 선임 · 신고하기 전까지는 선거비용의 수입과 지출을 위한 예금계좌를 개설하여 신고할 의무가 있다고 할 수 없으므로 후보자가 회계책임자를 선임 · 신고하기 전에 예금계좌를 개설 · 신고하지 아니한 채 선거비용의 수입과 지출을 하였다고 하더라도 그 행위가 예금계좌를 통한 수입 · 지출조항에 위반된다고 할 수는 없다.[23]

정치자금의 지출사유의 발생 시기에 관계없이 회계책임자와 신고된 정치자금 예금계좌를 통하여 지출하여야 하는지 여부, 즉 회계책임자와 정치자금 예금계좌를 신고한 후에는 그 전에 이미 지출사유가 발생한 정치자금이라고 하더라도 회계책임자와 신고된 정치자금 예금계좌를 통하여 지출하여야 하는지 여부와 관련하여, 대법원은 「정치자금법이 정치자금의 적정한 제공을 보장하고 그 수입과 지출 내역을 공개하여 투명성을 확보하며 정치자금과 관련한 부정을 방지함으로써 민주정치의 건전한 발전에 기여함을 목적으로 하고 있는 점, 법 제36조(회계책임자에 의한 수입 · 지출)가 그 적용범위를 그 지출사유가 그 회계책임자 및 정치자금 예금계좌의 신고 후에 발생한 정치자금으로 한정하고 있지 아니한 점 등에 비추어 보면,

---

21) 2007. 2. 5. 중앙선관위 질의회답
22) 2014. 6. 12. 선고 2014도1894 판결(갑 정당 회계책임자인 피고인이 선거관리위원회에 신고되지 아니한 갑 정당 명의의 예금계좌를 통하여 '당비, 후원당비, 기관지 판매대금' 명목으로 정치자금을 수입하였다고 하여 정치자금법위반으로 기소된 사안에서, 종국적인 수입계좌만이 선거관리위원회의 신고대상이라고 할 수 없는 점 등을 근거로 유죄를 인정한 원심판단을 수긍한 사례)
23) 1996. 11. 15. 선고 96도1030 판결

법 제34조(회계책임자에 의한 수입·지출)에 따라 회계책임자 및 정치자금 예금계좌를 신고한 후 지출되는 정치자금의 경우에는 그 지출사유의 발생 시기에 관계없이 회계책임자에 의하여, 그 신고된 예금계좌를 통하여 지출되어야 한다.」고 판시하였다.[24]

선거사무소의 전기료·수도료 기타의 유지비는 관할 선거관리위원회에 신고된 예금계좌를 통하여 지출하여야 하며, 신고된 예금계좌를 통하지 아니하고 지출한 비용은 보전대상에 해당하지 않는다.[25] 예비후보자등록 전부터 선거와 무관하게 자신의 재산으로 정기적으로 납부하여 온 당비는 관할 선거관리위원회에 신고된 예금계좌를 통하지 아니하고 지출할 수 있다.[26]

은행에서 운영하는 CMA[27]계좌가 금융기관의 장이 발행하는 예금계좌로서 원금이 보장되고 계좌이체 및 수시 입금·출금이 가능하며 법 제52조(정치자금범죄의 조사 등)의 규정에 의한 금융거래자료 제출요구에 장애가 되지 아니하는 계좌라면 정치자금의 수입 및 지출을 위한 예금계좌로 사용할 수 있다.[28]

정치자금의 지출을 위한 예금계좌는 1개만을 사용하여야 하므로, 선거비용 외 정치자금지출용 통장 1개와 선거비용인 정치자금지출용 통장을 각 1개씩 사용할 수 없다.[29]

(2) 구체적 지출방법

(가) 선거사무관계자에 대한 수당·실비 지출

「공직선거법」 제135조(선거사무관계자에 대한 수당과 실비보상)[30]의 규정에 의한

---

24) 2007. 11. 15. 선고 2007도4721 판결
25) 2010. 4. 15. 중앙선관위 질의회답
26) 2010. 4. 15. 중앙선관위 질의회답
27) CMA(Cash Management Account) : 고객이 예치한 자금을 국공채 등에 투자해 그 수익을 고객에게 돌려주는 금융상품이다.
28) 2007. 1. 24. 중앙선관위 질의회답
29) 2006. 5. 1. 중앙선관위 질의회답
30) 「공직선거법」 제135조(선거사무관계자에 대한 수당과 실비보상) ①선거사무장·선거연락소장·선거사무원·활동보조인 및 회계책임자(이하 이 조에서 "선거사무장등"이라 한다)에 대하여는 수당과 실비를 지급할 수 있다. 다만, 정당의 유급사무직원, 국회의원과 그 보좌관·비서관·비서 또는 지방의회의원이 선거사무장등을 겸한 때에는 실비만을 보상할 수 있으며, 후보자등록신청개시일부터 선거기간개시일 전일까지는 후보자로서 신고한 선거사무장등에게 수당과 실비를 지급할 수 없다.

선거사무장 등의 수당·실비는 당해 선거사무장 등이 지정한 금융기관의 예금계좌에 입금하는 방법으로 지급하여야 한다(법§36④).

선거사무장 등이 신용불량자인 경우 수당 등이 신용불량자인 선거사무장 등의 명의의 예금계좌에 입금될 경우 차압을 당하는 경우가 있어 부득이하게 선거사무장 등의 가족 명의로 지정한 예금계좌에 수당 등을 입금하는 방법으로 지급할 수 있다.[31]

(나) 회계사무보조자의 지출

회계책임자가 ① 선거비용 외의 정치자금으로 50만원(다만, 공직선거의 후보자·예비후보자의 정치자금은 20만원), ② 선거비용으로 20만원을 초과하여 회계사무보조자에게 정치자금의 지출을 위임하는 때에는 회계사무보조자가 정치자금지출을 위하여 별도로 개설한 예금계좌에 입금하거나 관할 선거관리위원회에 신고된 지출을 위한 예금계좌를 결제계좌로 하는 신용카드를 통하여 지출하게 하여야 한다(규칙§35②). 회계사무보조자가 위임받은 정치자금을 지출한 때에는 영수증 그 밖의 증빙서류(회계사무보조자가 개설하여 수입·지출한 예금계좌 사본을 포함한다)를 회계책임자에게 제출하고 정산하여야 한다(규칙§35③).

(다) 후원금의 지출제한

후원회를 둔 공직선거의 후보자·예비후보자의 회계책임자는 후원회로부터 기부받은 후원금을 후원회 등록 전에 지출의 원인이 발생한 용도로 지출할 수 없다. 다만, 「공직선거법」 제7장에서 허용하는 선거운동(같은 법 제59조(선거운동기간) 제3호[32])에 따른 인터넷 홈페이지를 이용한 선거운동과 같은 법 제60조의4(예비후보자공약

---

②제1항의 수당과 실비의 종류와 금액은 중앙선거관리위원회가 정한다.

③이 법의 규정에 의하여 수당·실비 기타 이익을 제공하는 경우를 제외하고는 수당·실비 기타 자원봉사에 대한 보상 등 명목여하를 불문하고 누구든지 선거운동과 관련하여 금품 기타 이익의 제공 또는 그 제공의 의사를 표시하거나 그 제공의 약속·지시·권유·알선·요구 또는 수령할 수 없다.

31) 2006. 5. 1. 중앙선관위 질의회답
32) 「공직선거법」 제59조(선거운동기간) 선거운동은 선거기간개시일부터 선거일 전일까지에 한하여 할 수 있다. 다만, 다음 각 호의 어느 하나에 해당하는 경우에는 그러하지 아니하다.
  3. 인터넷 홈페이지 또는 그 게시판·대화방 등에 글이나 동영상 등을 게시하거나 전자우편(컴퓨터 이용자끼리 네트워크를 통하여 문자·음성·화상 또는 동영상 등의 정보를 주고받는 통신시스템을 말한다. 이하 같다)을 전송하는 방법으로 선거운동을 하는 경우. 이 경우 전자우편 전송대행업체에 위탁하여 전자우편을 전송할 수 있는 사람은 후보자와 예비후보

집)33)에 따른 예비후보자공약집은 제외한다)을 위한 경우에는 그러하지 아니하다(법 §36⑤).

여론조사는 「공직선거법」 제7장에서 허용하는 선거운동이 아니므로 후원회등록 전에 지출의 원인이 발생한 여론조사비용을 후원회로부터 기부받은 후원금으로 지출할 수 없다.34)

㈑ 정당의 정치자금 지원

정당의 회계책임자가 정책연구소, 시·도당, 정당선거사무소, 소속 국회의원, 공직선거의 소속 후보자 또는 예비후보자에게 정치자금을 지원하는 때에는 관할 선거관리위원회에 신고된 수입을 위한 예금계좌(후원회를 두지 아니한 국회의원의 경우에는 그 명의로 개설한 예금계좌를 말한다)에 입금하는 방법으로 지급하여야 하며, 이를 지원받은 회계책임자(정책연구소 및 시·도당의 회계책임자를 제외한다)는 정치자금을 지출하고 남은 잔액이 있는 때에는 그 정당의 회계책임자에게 반납하여야 한다. 이 경우 후원회를 두지 아니한 국회의원은 영수증 그 밖의 증빙서류를 정당의 회계책임자에게 제출하고 정산하여야 한다(규칙§35④).

정당의 회계책임자는 정치자금을 지원함에 있어 ① 정당이 시·도당, 정책연구소 또는 소속 국회의원에게 「공직선거법」 제60조의2(예비후보자등록) 제1항의 규정에 의한 예비후보자 등록신청개시일부터 선거일까지 지원한 모든 정치자금(일부지

자에 한한다.

33) 「공직선거법」 제60조의4(예비후보자공약집) ①대통령선거 및 지방자치단체의 장선거의 예비후보자는 선거공약 및 이에 대한 추진계획으로 각 사업의 목표·우선순위·이행절차·이행기간·재원조달방안을 게재한 공약집(도서의 형태로 발간된 것을 말하며, 이하 "예비후보자공약집"이라 한다) 1종을 발간·배부할 수 있으며, 이를 배부하려는 때에는 통상적인 방법으로 판매하여야 한다. 다만, 방문판매의 방법으로 판매할 수 없다.
②제1항의 예비후보자가 선거공약 및 그 추진계획에 관한 사항 외에 자신의 사진·성명·학력(정규학력과 이에 준하는 외국의 교과과정을 이수한 학력을 말한다)·경력, 그 밖에 홍보에 필요한 사항을 예비후보자공약집에 게재하는 경우 그 게재면수는 표지를 포함한 전체면수의 100분의 10을 넘을 수 없으며, 다른 정당이나 후보자가 되려는 자에 관한 사항은 예비후보자공약집에 게재할 수 없다.
③예비후보자가 제1항에 따라 예비후보자공약집을 발간하여 판매하려는 때에는 발간 즉시 관할 선거구선거관리위원회에 2권을 제출하여야 한다.
④예비후보자공약집의 작성근거 등의 표시와 제출, 그 밖에 필요한 사항은 중앙선거관리위원회규칙으로 정한다.
34) 2010. 2. 25. 중앙선관위 질의회답

역에서 실시하는 선거에 있어 중앙당이 시·도당에 지원한 정치자금의 지원내역을 보고하는 때에는 그 선거구를 관할하는 시·도당에 지원한 정치자금에 한한다), ② 정당이 정당선거사무소 및 공직선거의 소속 후보자·예비후보자에게 지원한 모든 정치자금을 지원한 때에는 당해 공직선거의 선거일 후 10일 이내에 그 지원내역을 규칙이 정하는 서식35)에 의하여 관할 선거관리위원회에 보고하여야 한다(규칙§40②).

(3) 지출내역 통지

대통령선거에 있어 예비후보자가 정당추천후보자로 된 경우 그 예비후보자의 선거사무소 회계책임자는 예비후보자의 선거비용의 지출에 관한 내역을 지체 없이 후보자의 선거사무소 회계책임자에게 통지하여 선거비용의 지출에 지장이 없도록 하여야 한다(법§36⑥). 위 선거비용의 지출에 관한 내역의 통지는 규칙이 정하는 서식36)에 의한다(규칙§35⑤).

라. 벌칙

(1) 회계책임자에 의하지 아니한 수입·지출

법 제36조(회계책임자에 의한 수입·지출) 제1항 또는 제3항의 규정을 위반하여 회계책임자에 의하지 아니하고 정치자금을 수입·지출한 자는 2년 이하의 징역 또는 400만원 이하의 벌금에 처한다(법§47①8.).

회계책임자에 의하지 아니한 수입·지출죄는 회계책임자가 아닌 자가 선거비용을 지출한 경우에 성립되는 죄인 바, 피고인이 그와 같은 행위가 죄가 되는지 몰랐다고 하더라도 회계책임자가 아닌 피고인이 선거비용을 지출한 이상 그 죄의 성립에 영향이 없고, 회계책임자가 후에 피고인의 선거비용지출을 추인하였다 하더라도 그 위법성이 조각되는 것은 아니다.37) 회계책임자가 부재한 경우 후보자 또는 선거사무장이 선거비용을 직접 지출할 수 있다는 관할 선거관리위원회의 유권해석을 받았다 하더라도 회계책임자가 부재한 경우란 후보자나 선거사무장이 회계책임자를 겸하기로 하여 따로 회계책임자를 선임·신고하지 아니한 경우를 말하는 것으로 풀이되므로 따로 선임·신고된 회계책임자를 제쳐둔 채 선거사무장이 위 유권해석

---

35) 규칙 별지 제42호 서식(정치자금 지원내역보고)
36) 규칙 별지 제32호 서식(선거비용의 지출내역 통지서)
37) 1999. 10. 12. 선고 99도3335 판결, 1999. 12. 24. 선고 99도3272 판결

에 기하여 선거비용을 직접 지출한 것은 정당한 이유가 있다고 보기 어렵다.[38]

음식물접대행위에 따른 기부행위제한규정 위반에 따른 「공직선거법」 위반죄와 음식물값 상당의 금전지급행위에 따른 회계책임자가 아닌 자의 선거비용지출에 따른 정치자금법위반죄는 실체적 경합관계에 있다.[39]

(2) 신고된 예금계좌를 통하지 아니한 수입·지출

법 제36조(회계책임자에 의한 수입·지출) 제2항의 규정을 위반하여 신고된 예금계좌를 통하지 아니하고 정치자금을 수입·지출한 자는 2년 이하의 징역 또는 400만원 이하의 벌금에 처한다(법§47①9.).

(3) 선거비용 관련 수입·지출제한 위반

선거비용과 관련하여, 법 제36조(회계책임자에 의한 수입·지출) 제1항·제3항·제5항의 규정을 위반한 자, 같은 조 제2항의 규정을 위반하여 신고된 예금계좌를 통하지 아니하고 수입·지출한 자와 같은 조 제4항의 규정을 위반하여 예금계좌에 입금하지 아니하는 방법으로 지급한 자는 2년 이하의 징역 또는 400만원 이하의 벌금에 처한다(법§49②3.).[40]

---

38) 1999. 11. 9. 선고 99도3118 판결

39) 1999. 11. 9. 선고 99도3118 판결

40) 헌법재판소는, 회계책임자에 의하지 아니하고 선거비용을 수입·지출한 행위를 처벌함에 있어 "당해 선거일 후 6월"의 단기 공소시효 특칙을 규정하지 아니한 정치자금법(2005. 8. 4. 법률 제7682호로 전부 개정된 것) 제49조(선거비용관련 위반행위에 관한 벌칙)와 관련하여, '정부 수립 이래 선거때마다 금권 선거가 끊이지 않았던 우리 선거풍토의 현실에 비추어 볼 때 불법 선거자금의 수입·지출을 규제하는 심판대상조항에 대하여는 단기 공소시효의 적용을 받게 할 것이 아니라 일반 「형사소송법」상 5년의 공소시효를 적용하여 선거가 끝난 이후에도 형사처벌이 가능하도록 함으로써 금권선거를 억제하고 선거의 공정을 기해야 할 필요성이 크다는 것이 입법자의 결단이다. 정치자금법은 선거비용 이외의 정치자금에 대해서도 회계책임자에 의하지 않은 수입·지출행위를 처벌하고 있는데, 유독 선거비용에 관한 범죄에 대해서만 단기 공소시효 특칙을 규정한다면 이는 정치자금법 전체의 법체계에도 맞지 아니할 뿐만 아니라 정치자금 중에서도 선거비용이냐 아니냐에 따라 공소시효가 달라지는 불합리한 결과를 가져올 수 있다. 선거비용에 관한 범죄 가운데에도 「공직선거법」 제258조(선거비용부정지출 등 죄) 제1항 제1 호의 "선거비용 부정지출 등 죄"는 「공직선거법」상 단기 공소시효특칙을 적용받도록 하여, 정치자금법이 규율하여 일반 「형사소송법」상의 공소시효를 적용받게 할 범죄행위와 구별하고 있는 것에는 합리적인 이유가 있다고 할 것이다. 위와 같은 사정을 종합하여 볼 때, 입법자가 심판대상조항에 대하여 다른 정치자금과 동일하게 일반 공소시효를 적용하도록 한 것이 다른 선거범죄를 저지른 자들과 비교하여 합리적 이유 없이 자의적으로 차별하였다고 보기는 어렵다.' 고 판시하였다.

본죄는 그 행위자 및 행위상대방에 관한 제한 규정을 두고 있지 아니하므로, 회계책임자가 아닌 자가 신고된 예금계좌를 통하지 아니하고 정치자금을 수입·지출한 경우에도 법 제49조(선거비용관련 위반행위에 관한 벌칙) 제2항 제3호, 제36조(회계책임자에 의한 수입·지출) 제2항에 의하여 처벌되는 것으로 보아야 한다.[41]

(4) 선거비용 지출내역 미통지

선거비용과 관련하여, 법 제36조(회계책임자에 의한 수입·지출) 제6항의 규정을 위반하여 선거비용의 지출에 관한 내역을 통지하지 아니한 자는 2년 이하의 징역 또는 400만원 이하의 벌금에 처한다(법§49②4.).

3. 회계처리 및 회계보고

가. 회계장부의 비치 및 기재

(1) 회계장부의 기재사항

회계책임자는 회계장부를 비치하고 다음 각 호에서 정하는 바에 따라 모든 정치자금의 수입과 지출에 관한 사항을 기재하여야 한다(법§37①).

  1. 정당의 회계책임자(대통령선거의 정당추천후보자와 비례대표국회의원선거 및 비례대표지방의회의원선거의 선거사무소와 선거연락소의 회계책임자를 포함한다)

  가. 수입 : 당비, 후원회로부터 기부받은 후원금, 기탁금, 보조금, 차입금, 지원금 및 기관지의 발행 그 밖에 부대수입 등 수입의 상세내역

  나. 지출 : 지출(대통령선거와 비례대표국회의원선거 및 비례대표지방의회의원선거에 있어서 추천후보자의 정치자금의 지출을 포함한다)의 상세내역

  2. 후원회의 회계책임자

  가. 수입 : 후원금 등 수입의 상세내역, 다만 법 제11조(후원인의 기부한도 등) 제3항의 규정에 의한 익명기부의 경우에는 일자·금액 및 기부방법

  나. 지출 : 후원회지정권자에 대한 기부일자·금액과 후원금 모금에 소요된 경비 등 지출의 상세내역

  3. 후원회를 둔 국회의원의 회계책임자

---

41) 2012. 12. 27. 선고 2012도12152 판결

가. 수입 : 소속 정당의 지원금과 후원회로부터 기부받은 후원금의 기부일자·
금액 및 후원금에서 공제하고자 하는 선임권자의 재산(차입금을 포함한다)
등 수입의 상세내역

나. 지출 : 지출의 상세내역

4. 대통령선거경선후보자·당대표경선후보자등의 회계책임자, 공직선거의 후보
자·예비후보자의 회계책임자(대통령선거의 정당추천후보자와 비례대표국회의원
선거 및 비례대표지방의회의원선거의 선거사무소와 선거연락소의 회계책임자를 제
외한다)

가. 수입 : 소속 정당의 지원금과 후원회로부터 기부받은 후원금의 기부일자
·금액, 선임권자의 재산(차입금을 포함한다) 및 선거사무소 회계책임자의
지원금(선거연락소의 회계책임자에 한한다) 등 수입의 상세내역

나. 지출 : 지출의 상세내역

(2) 회계장부의 기재방법

회계책임자가 회계장부에 모든 정치자금의 수입과 지출의 상세내역을 기재함에
있어서는 보조금과 보조금 외의 정치자금, 선거비용과 선거비용 외의 정치자금은
각각 별도의 계정을 설정하여 구분·정리하여야 한다(법§37①). 회계책임자는 정치
자금의 수입·지출이 있는 때마다 회계장부에 이를 기재하여야 한다. 이 경우 수
입·지출이 금전 외의 재산상 이익인 경우에는 그 품명 및 가액을, 수표인 경우에
는 발행금융기관명·금액과 수표번호를 기재하여야 한다(규칙§36②).

"수입의 상세내역"이라 함은 수입의 일자·금액과 제공한 자의 성명·생년월일·
주소·직업 및 전화번호 그 밖의 명세를 말하고, "지출의 상세내역"이라 함은 지출
의 일자·금액·목적과 지출을 받은 자의 성명·생년월일·주소·직업 및 전화번호
를 말한다. 이 경우 선거운동을 위한 인쇄물·시설물 그 밖에 물품·장비 등을 시중
의 통상적인 거래가격 또는 임차가격에 상당하는 가액을 계상한 금액을 지출금액
으로 처리한다(법§37②). 회계책임자가 통상적인 거래가격 또는 임차가액을 계상함
에 있어서는 ① 정부고시가격 또는 정부의 기준요금(「국가재정법」 제29조(예산안편성
지침의 통보) 제1항[42])에 따른 예산안편성지침의 기준단가와 요금을 포함한다), ② 「국가를

---

[42] 「국가재정법」 제29조(예산안편성지침의 통보) ①기획재정부장관은 국무회의의 심의를 거쳐 대

당사자로 하는 계약에 관한 법률 시행규칙」 제5조(거래실례가격 및 표준시장단가에 따른 예정가격의 결정)43)에 따른 전문가격조사기관이 조사하여 공표한 가격, ③ 위 각 호의 어느 하나의 기준에 따라 계산할 수 없는 가격의 경우에는 「부가가치세법」 제8조(사업자등록)44)에 따라 등록된 해당 업종 3 이상의 사업자가 계산한 견적가격을 평균한 가격 또는 최근 실시한 임기만료에 따른 선거에서 산정한 가격에 「통계법」 제3조(정의)에 따라 통계청장이 고시한 전국소비자물가변동률을 감안하여 중앙위원회가 정한 가격에 따르고, 다만, ①호와 ②호에 따라 계산한 가격이 서로 다른 경우에는 그 평균한 가격을 기준으로 한다(규칙§37, 공직선거관리규칙§51의2②).

각각의 회계책임자가 비치·기재하여야 하는 회계장부의 종류·서식 및 기재방법은 규칙이 정하는 서식45)에 의한다(규칙§36①).

통령의 승인을 얻은 다음 연도의 예산안편성지침을 매년 3월 31일까지 각 중앙관서의 장에게 통보하여야 한다.

43) 「국가를 당사자로 하는 계약에 관한 법률 시행규칙」 제5조(거래실례가격 및 표준시장단가에 따른 예정가격의 결정) ①영 제9조 제1항 제1호에 따른 거래실례가격으로 예정가격을 결정함에 있어서는 다음 각 호의 어느 하나에 해당하는 가격으로 하되, 해당 거래실례가격에 제6조 제1항 제4호 및 제5호에 따른 일반관리비 및 이윤을 따로 가산하여서는 아니 된다.
1. 조달청장이 조사하여 통보한 가격
2. 기획재정부장관이 정하는 기준에 적합한 전문가격조사기관으로서 기획재정부장관에게 등록한 기관이 조사하여 공표한 가격
3. 각 중앙관서의 장 또는 계약담당공무원이 2 이상의 사업자에 대하여 당해 물품의 거래실례를 직접 조사하여 확인한 가격
②영 제9조 제1항 제3호에 따른 표준시장단가에 따라 예정가격을 결정할 때에 이미 수행한 공사의 종류별 계약단가, 입찰단가와 시공단가 등을 토대로 시장상황과 시공상황을 고려하여 산정하되, 이와 관련하여 필요한 사항은 기획재정부장관이 정한다.
44) 「부가가치세법」 제8조(사업자등록) ①사업자는 사업장마다 대통령령으로 정하는 바에 따라 사업 개시일부터 20일 이내에 사업장 관할 세무서장에게 사업자등록을 신청하여야 한다. 다만, 신규로 사업을 시작하려는 자는 사업 개시일 이전이라도 사업자등록을 신청할 수 있다.
②사업자는 제1항에 따른 사업자등록의 신청을 사업장 관할 세무서장이 아닌 다른 세무서장에게도 할 수 있다. 이 경우 사업장 관할 세무서장에게 사업자등록을 신청한 것으로 본다.
③제1항에도 불구하고 사업장이 둘 이상인 사업자(사업장이 하나이나 추가로 사업장을 개설하려는 사업자를 포함한다)는 사업자 단위로 해당 사업자의 본점 또는 주사무소 관할 세무서장에게 등록을 신청할 수 있다. 이 경우 등록한 사업자를 사업자 단위 과세 사업자라 한다.
45) 정당(대통령선거의 정당추천후보자와 비례대표국회의원선거 및 비례대표지방의회의원선거의 선거사무소와 선거연락소를 포함한다) 및 후원회의 회계책임자가 비치·기재하여야 하는 회계장부의 종류·서식 및 기재방법은 규칙 별지 제33호 서식((정당)·(후원회)의 수입·지출부)에 의하고, 후원회를 둔 국회의원·대통령선거경선후보자·당대표경선후보자등 및 공직선거의 후보자·예비후보자의 회계책임자가 비치·기재하여야 하는 회계장부의 종류·서식 및 기재방법

법 제37조(회계장부의 비치 및 기재), 규칙 제36조(회계장부의 종류 및 기재방법 등)의 규정내용과 정치자금법의 목적이 정치자금의 수입, 지출에 대한 투명성을 확보하여 정치자금과 관련된 부정을 방지하는데 있다는 점 등을 고려하면 공직선거에서의 회계책임자가 비치·기재하여야 하는 회계장부는 적어도 수입과 지출의 일자, 금액, 목적, 돈을 제공한 자 또는 지출받은 자의 인적사항을 구분하여 수입·지출이 있을 때마다 경리되어야 한다.[46]

(3) 차입금

공직선거 후보자 등이 개인으로부터 정치자금 명목으로 금원을 차용하여 선거관리위원회에 신고된 계좌에 입금한 경우 법 제37조(회계장부의 비치 및 기재) 제2항의 '수입을 제공한 자'란 당해 후보자를 의미하는 것으로 보는 것이 법률 문언의 통상적인 의미에 따른 자연스러운 해석이고, 그렇다면 회계책임자가 규칙이 정한 서식에 따라 회계장부에 기재하고 나아가 회계보고할 사항인 '수입을 제공한 자'의 성명·생년월일·주소·직업 및 전화번호라 함은 후보자의 인적사항을 의미하는

은 규칙 별지 제34호 서식(정치자금 수입·지출부)에 의한다.

46) 서울고등법원 2007. 10. 30. 선고 2007노2525 판결(① 피고인은 수사기관에서 2006. 2. 말경 성남시민회관에서 있었던 사전교육 중 영수증만 모아오라는 내용의 교육이 있어 영수증만 모았고 회계장부를 작성한다는 것조차 모르고 있었다. 4년 전 선거때에도 영수증만 모아 지출보고서를 작성하고 제출하면 되었기 때문에 회계장부를 작성하고 비치하는 줄을 몰랐다. 당연히 통장내역을 정리하면 회계보고서 작성에 별 문제가 없고 단지 영수증만 모아두면 되는 줄로만 알았다라고 하는 등 회계장부를 작성하지 않은 경우 등을 매우 구체적으로 진술하고 있는 점, ② 이○○, 이△△은 수사기관 또는 원심법정에서 이○○이 작성한 회계장부가 있었고 2006. 3. 21.부터 같은 해 5. 16.까지 위 회계장부에 기재된 선거비용은 4건 정도 밖에 없었다는 취지로 진술하였으나 피고인이 선거관리위원회에 제출한 정치자금 수입·지출부 기재에 의하면 위 기간 동안 지출된 선거비용이 11건에 이르고 있어 이○○, 이△△의 진술에 의한 회계장부의 내용과 차이가 있는 점, ③ 더군다나 수입과 관련된 내용 및 피고인이 2006. 3. 말경 ○기획에 선거컨설팅비용으로 지출한 300만원의 선거비용과 관련된 내용은 이○○, 이△△의 진술에 의하더라도 위 회계장부에는 기재되지 않은 것으로 보이는 점, ④ 한편, 이○○는 원심법정에서 위 회계장부에 관하여 가계부 형식에 금액과 사용내역 정도 적혀 있었다고 진술하고 있고, 이△△도 원심법정에서 이 사건 당시의 회계에 관하여 크게 장부할 것은 없었고 메모를 자신이 하였다. 장부는 없었고 문방구에서 금전출납부를 사서 현수막 몇 개 하는 것 그 정도 적어놓았다. 그때는 회계가 없었고 금전출납에 메모만 해 둔 상태였다고 진술하고 있는 점 등을 종합하여 보면, 이 사건 당시 피고인의 선거사무소에 선거비용에 관한 수입과 지출을 기재한 회계장부가 있었다고 보기 어려울 뿐만 아니라, 설령 회계장부가 있었다고 하더라도 그 종류·서식 및 기재방법 등에 비추어 이를 정치자금법 등 관계법령이 비치·기재하도록 정하고 있는 회계장부로 보기 어렵다고 한 사례)

것으로 볼 수밖에 없다.[47] 즉, 법 제37조(회계장부의 비치 및 기재) 제1항 제4호 (가)목은 공직선거의 후보자의 회계책임자로 하여금 회계장부에 정치자금의 수입의 상세내역을 기재하도록 하면서 그 수입의 하나로 '선임권자의 재산(차입금을 포함한다)'이라고 규정하고 있고, 같은 조 제2항 제2호에 의하면 "'수입의 상세내역'이라 함은 수입의 일자·금액과 제공한 자의 성명·생년월일·주소·직업 및 전화번호 그 밖의 명세를 말한다."고 규정하고 있는 바, 위 각 규정에 의하면 선임권자가 차입한 금원은 선임권자의 재산에 포함되어 정치자금의 수입이 되는 것이므로 선임권자인 공직선거의 후보자가 자신이 차입한 금원을 정치자금으로 제공하는 경우 그 수입의 제공자는 선임권자이지 그 차입금의 채권자는 아니다. 또한 선임권자의 차입금이 기부로 보는 무상대여에 해당한다는 등의 특별한 사정이 없는 한 공직선거의 후보자의 회계책임자로서는 회계장부에 선임권자의 차입금에 대하여 그 수입의 상세내역을 기재함에 있어 그 수입의 제공자를 선임권자로 기재하면 족하고 거기에 그 차입금에 대한 채권자까지 기재할 의무는 없다.[48]

　현행 법 및 규칙에서는 '수입의 상세내역'의 정의에서 당비납일자, 기부자, 채권자 등을 언급하지 않고 단순히 포괄적으로 '수입을 제공한 자'만을 언급하고 있으며, 규칙에서도 회계장부 기재시 공직선거 후보자 등의 자산에 '차입금을 포함한다'는 취지로 규정하고 있을 뿐, 그 차입금을 후보자의 원래 자산과 분리하여 그것이 차입금임을 밝히거나 채권자의 성명 등을 기재하라는 규정이 없고, 규칙이 정하는 서식 어디에도 이를 명시하고 있지 않으므로, 이를 기재할 의무를 인정하여 형벌을 과하는 것은 죄형법정주의의 해석원칙에 반한다. 따라서 공직선거 후보자 등이 개인으로부터 정치자금 명목으로 차용한 금원을 신고된 정치자금계좌에 입금하여 사용하는 경우에, 회계장부의 기재 및 회계보고에 있어 차입금인지 여부나

---

47) 2007. 10. 25. 선고 2007도3533 판결
48) 2007. 11. 15. 선고 2007도3383 판결(피고인 1의 회계책임자인 피고인 2가, 피고인 1이 정치자금계좌를 통하여 공소외 2로부터 차용한 9,300만원을 피고인 1로부터 제공받아 이를 회계장부인 정치자금 수입·지출부에 기재함에 있어 그 '내역'란에 후보자의 자산이라고 기재하고, '수입을 제공한 자'란에 피고인 1의 인적사항만을 적은 것은 정치자금법 제37조 제1항 제4호에 따른 것이고, 또한 피고인 2가 선거 종료 후 회계보고를 함에 있어 선거관리위원회에 제출한 정치자금계좌의 예금통장 사본은 피고인 1이 피고인 2에게 제공한 금원의 내역을 증명하는 증빙서류에 해당한다는 이유로 피고인들에 대한 회계장부 허위작성 및 신고내역 허위제출로 인한 정치자금법위반의 범죄사실에 대하여 무죄를 선고한 사례)

대여자의 인적사항 등을 기재하지 아니하고 또 대여사실을 입증할 증빙서류를 첨부하지 아니하였다 하여 이를 처벌할 수 없다.[49]

(4) 벌칙[50] 및 제재

(가) 회계장부 미작성 및 허위기재

법 제37조(회계장부의 비치 및 기재) 제1항의 규정을 위반하여 회계장부를 비치하

---

49) 2007. 10. 25. 선고 2007도3533 판결
50) 헌법재판소는, 정치자금의 수입 · 지출에 관한 내역을 회계장부에 허위 기재하거나 관할 선거관리위원회에 허위 보고한 정당의 회계책임자를 형사처벌하는 구 정치자금에 관한 법률(2004. 3. 12. 법률 제7191호로 개정되기 전의 것) 제31조(벌칙) 제2항 중 제22조(회계장부의 비치 및 기재) 제1항(현행 제37조 제1항)의 허위 기재 부분과 같은 호 중 제24조(회계보고) 제1항 (현행 제40조 제1항) 부분이 「헌법」 제12조 제2항이 보장하는 진술거부권을 침해하는지 여부와 관련하여, '정치자금법 제31조 제1호 중 제22조 제1항의 허위기재 부분은 궁극적으로 정치자금의 투명성을 확보하여 민주정치의 건전한 발전을 도모하려는 것으로서 그 입법목적이 정당하고, 위 조항들이 규정하고 있는 정치자금에 대한 정확한 수입과 지출의 기재 · 신고에 의하여 정당의 수입과 지출에 관하여 정확한 정보를 얻고 이를 검증할 수 있게 되므로, 이는 위 입법목적과 밀접한 관련을 갖는 적절한 수단이다. 또한, 정치자금에 관한 사무를 처리하는 선거관리위원회가 모든 정당 · 후원회 · 국회의원 등의 모든 정치자금내역을 파악한다는 것은 거의 불가능에 가까우므로 만일 불법 정치자금의 수수내역을 기재하고 이를 신고하는 조항이 없다면 "정치자금의 투명성 확보"라는 정치자금법 본연의 목적을 달성할 수 없게 된다는 점에서 위 조항들의 시행은 정치자금법의 입법목적을 달성하기 위한 필수불가결한 조치라고 할 것이고, 달리 이보다 진술거부권을 덜 침해하는 방안을 현실적으로 찾을 수 없다. 마지막으로, 위 조항들을 통하여 달성하고자 하는 정치자금의 투명한 공개라는 공익은 불법 정치자금을 수수한 사실을 회계장부에 기재하고 신고해야 할 의무를 지키지 않은 채 진술거부권을 주장하는 사익보다 우월하다. 결국, 정당의 회계책임자가 불법 정치자금이라도 그 수수내역을 회계장부에 기재하고 이를 신고할 의무가 있다고 규정하고 있는 위 조항들은 「헌법」 제12조 제2항이 보장하는 진술거부권을 침해한다고 할 수 없다.'고 판시하였다(2005. 12. 22. 선고 2004헌바25 전원재판부 결정(권성 재판관은, 다수의견에 대하여, '비록 정치자금법 제31조 제1호 중 제22조 제1항과 같은 호 중 제24조 제1항 부분이 추구하는 목적에 대한 정당성이 인정된다고 하여도, 위 법률조항들이 사용하고 있는 방안은 일차적인 금지의무─불법정치자금의 수수 금지─를 위반한 자 중 아무도 자신의 범죄사실을 보고하지 않을 것이라는 점에서 현실적으로 정치자금의 투명성 확보라는 목적을 이루는 데에는 아무런 기능을 하지 못하면서도 단지 "정치자금부정수수죄"로 형사처벌받은 자에게 다시 "허위기재 및 허위보고죄"라는 명목으로 형사처벌을 이중으로 부과하는 것에 불과하다. 따라서 위 법률조항들은 그 목적을 이루는데 있어서 실질적인 방법이 아닐 뿐만 아니라 불필요하게 이중으로 형사처벌함으로써 최소 침해성의 원칙에도 어긋난다. 또한, 위 법률조항들은 원칙적으로 국가가 부담하고 있는 "정치자금부정수수죄"에 관한 증명책임을 범죄자에게 전가하는 결과를 가져옴으로써, 진술거부권이 보장하고 있는 피의자와 검사 사이의 무기평등의 원칙 내지는 탄핵주의 형사사법제도의 이념을 부당하게 침해한다.'고 반대의견을 제시하였다.) : 2014. 12. 24. 선고 2004도5494 판결도 같은 취지

지 아니하거나 허위로 기재한 자는 3년 이하의 징역 또는 600만원 이하의 벌금에 처한다(법§46 5.).

(나) 선거비용 관련 회계장부 미작성 및 허위기재

선거비용과 관련하여, 법 제37조(회계장부의 비치 및 기재) 제1항의 규정을 위반하여 회계장부를 비치·기재하지 아니하거나 허위기재·위조·변조한 자는 2년 이하의 징역 또는 400만원 이하의 벌금에 처한다(법§49②5.).

(다) 재제

법 제37조(회계장부의 비치 및 기재) 제1항의 규정을 위반하여 보조금과 보조금 외의 정치자금, 선거비용과 선거비용 외의 정치자금을 각각 구분하여 경리하지 아니한 자는 100만원 이하의 과태료에 처한다(법§51③7.).

나. 증빙서류의 구비

(1) 영수증 등 증빙서류의 구비

회계책임자가 정치자금을 수입·지출하는 경우에는 영수증 그 밖의 증빙서류를 구비하여야 한다(법§39본문). 회계책임자가 구비하여야 하는 영수증 그 밖의 증빙서류는 ① 「부가가치세법」 제16조(용역의 공급시기)[51]에 따라 세금계산서를 교부하여야 하는 사업자, 「소득세법」 제163조(계산서의 작성·발급 등)[52]에 따라 계산서

---

51) 「부가가치세법」 제16조(용역의 공급시기) ①용역이 공급되는 시기는 다음 각 호의 어느 하나에 해당하는 때로 한다.
  1. 역무의 제공이 완료되는 때
  2. 시설물, 권리 등 재화가 사용되는 때
  ②제1항에도 불구하고 할부 또는 조건부로 용역을 공급하는 경우 등의 용역의 공급시기는 대통령령으로 정한다.
52) 「소득세법」 제163조(계산서의 작성·발급 등) ①제168조에 따라 사업자등록을 한 사업자가 재화 또는 용역을 공급하는 경우에는 대통령령으로 정하는 바에 따라 계산서 또는 영수증(이하 "계산서등"이라 한다)을 작성하여 재화 또는 용역을 공급받는 자에게 발급하여야 한다. 이 경우 다음 각 호의 어느 하나에 해당하는 사업자가 계산서를 발급할 때에는 대통령령으로 정하는 전자적 방법으로 작성한 계산서(이 법에서 "전자계산서"라 한다)를 발급하여야 한다.
  1. 「부가가치세법」 제32조 제2항에 따른 전자세금계산서를 발급하여야 하는 사업자
  2. 제1호 외의 사업자로서 총수입금액등을 고려하여 대통령령으로 정하는 사업자
  ②「부가가치세법」 제26조 제1항 제1호에 따라 부가가치세가 면제되는 농산물·축산물·수산물·임산물의 위탁판매의 경우나 대리인에 의한 판매의 경우에는 수탁자 또는 대리인이 재화를 공급한 것으로 보아 계산서등을 작성하여 해당 재화를 공급받는 자에게 발급하여야 한다. 다

또는 영수증을 교부하여야 하는 사업자 또는 「법인세법」 제121조(계산서의 작성·
발급 등)[53])에 따라 계산서를 교부하여야 하는 사업자로부터 재화 또는 용역을 공

만, 제1항에 따라 대통령령으로 정하는 바에 따라 계산서등을 발급하는 경우에는 그러하지 아
니하다.

③수입하는 재화에 대해서는 세관장이 대통령령으로 정하는 바에 따라 계산서를 수입자에게
발급하여야 한다.

④부동산을 매각하는 경우 등 계산서등을 발급하는 것이 적합하지 아니하다고 인정되어 대통
령령으로 정하는 경우에는 제1항부터 제3항까지의 규정을 적용하지 아니한다.

⑤사업자는 제1항부터 제3항까지의 규정에 따라 발급하였거나 발급받은 계산서의 매출·매입
처별 합계표(이하 "매출·매입처별 계산서합계표"라 한다)를 대통령령으로 정하는 기한까지 사
업장 소재지 관할 세무서장에게 제출하여야 한다. 다만, 다음 각 호의 어느 하나에 해당하는
계산서의 합계표는 제출하지 아니할 수 있다.

　1. 제3항에 따라 계산서를 발급받은 수입자는 그 계산서의 매입처별 합계표

　2. 전자계산서를 발급하거나 발급받고 전자계산서 발급명세를 제8항 및 제9항에 따라 국세청
　　장에게 전송한 경우에는 매출·매입처별 계산서합계표

⑥「부가가치세법」에 따라 세금계산서 또는 영수증을 작성·발급하였거나 매출·매입처별 세금
계산서합계표를 제출한 분에 대해서는 제1항부터 제3항까지 및 제5항에 따라 계산서등을 작성
·발급하였거나 매출·매입처별 계산서합계표를 제출한 것으로 본다.

⑦계산서등의 작성·발급 및 매출·매입처별 계산서합계표의 제출에 필요한 사항은 대통령령
으로 정한다.

⑧제1항 후단에 따라 전자계산서를 발급하였을 때에는 대통령령으로 정하는 기한까지 대통령
령으로 정하는 전자계산서 발급명세를 국세청장에게 전송하여야 한다.

⑨전자계산서를 발급하여야 하는 사업자가 아닌 사업자도 제1항 후단에 따라 전자계산서를 발
급하고, 제8항에 따라 전자계산서 발급명세를 국세청장에게 전송할 수 있다.

53) 「법인세법」 제121조(계산서의 작성·발급 등) ①법인이 재화나 용역을 공급하면 대통령령으로
정하는 바에 따라 계산서나 영수증(이하 "계산서등"이라 한다)을 작성하여 공급받는 자에게
발급하여야 한다. 이 경우 계산서는 대통령령으로 정하는 전자적 방법으로 작성한 계산서(이하
"전자계산서"라 한다)를 발급하여야 한다.

②「부가가치세법」 제26조 제1항 제1호에 따라 부가가치세가 면제되는 농산물·축산물·수산물
·임산물의 위탁판매 또는 대리인에 의한 판매의 경우에는 수탁자나 대리인이 재화를 공급한
것으로 보아 계산서등을 작성하여 그 재화를 공급받는 자에게 발급하여야 한다. 다만, 제1항에
따라 대통령령으로 정하는 바에 따라 계산서등을 발급하는 경우에는 그러하지 아니하다.

③세관장은 수입하는 재화에 대하여 재화를 수입하는 법인에 대통령령으로 정하는 바에 따라
계산서를 발급하여야 한다.

④부동산을 매각하는 경우 등 계산서등을 발급하는 것이 적합하지 아니하다고 인정되어 대통
령령으로 정하는 경우에는 제1항부터 제3항까지의 규정을 적용하지 아니한다.

⑤법인은 제1항부터 제3항까지의 규정에 따라 발급하였거나 발급받은 계산서의 매출·매입처
별 합계표(이하 "매출·매입처별 계산서합계표"라 한다)를 대통령령으로 정하는 기한까지 납세
자 관할 세무서장에게 제출하여야 한다. 다만, 다음 각 호의 어느 하나에 해당하는 계산서의
합계표는 제출하지 아니할 수 있다.

　1. 제3항에 따라 계산서를 발급받은 법인은 그 계산서의 매입처별 합계표

급받고 그 대가를 지출하는 경우에는 해당 사업자가 발급하여야 하는 세금계산서
·계산서 또는 영수증, ② 제1호 외의 자에게 지출하는 경우에는 수령인이 금액(물
품인 경우에는 그 가액과 수량)과 그 내역·영수일자 및 수령인의 성명·생년월일·주
소 등을 기재하고 날인한 영수증, ③ 법 제36조(회계책임자에 의한 수입·지출) 제1
항 단서에 따라 회계사무보조자 또는 신용카드 등으로 정치자금을 지출하거나 규
칙 제39조(지출증빙서류의 사본 등의 제출) 제5항에 따라 공직선거의 후보자·예비후
보자가 선거비용을 지출한 경우에는 그들로부터 제출받은 정산서 및 영수증 그 밖
의 증빙서류가 이에 해당한다(규칙§39①).

정당의 회계책임자가 선거비용 외의 정치자금지출에 대한 영수증 그 밖의 증빙
서류를 구비하는 경우 규칙 별표 1 <수입·지출과목 해소표>54)에 의한 정치활

---

2. 제1항 후단에 따라 전자계산서를 발급하거나 발급받고 제7항에 따라 전자계산서 발급명세
를 국세청장에게 전송한 경우에는 매출·매입처별 계산서합계표
⑥「부가가치세법」에 따라 세금계산서 또는 영수증을 작성·발급하였거나 매출·매입처별 세금
계산서합계표를 제출한 분(分)에 대해서는 제1항부터 제3항까지 및 제5항에 따라 계산서등을
작성·발급하였거나 매출·매입처별 계산서합계표를 제출한 것으로 본다.
⑦제1항 후단에 따라 전자계산서를 발급하였을 때에는 대통령령으로 정하는 기한까지 대통령
령으로 정하는 전자계산서 발급명세를 국세청장에게 전송하여야 한다.
⑧계산서등의 작성·발급 및 매출·매입처별 계산서합계표의 제출에 필요한 사항은 대통령령
으로 정한다.
54) 정치자금사무관리규칙 [별표 1]   <수입·지출과목 해소표>
1. 수입과목 해소

과목	과목해소
1. 당비	• 명목여하에 불구하고 정당의 당헌·당규 등에 의하여 정당의 당원이 부담하는 금전이나 유가증권 그 밖의 물건
2. 기탁금	• 정치자금을 정당에 기부하고자 하는 개인이 정치자금법의 규정에 의하여 선거관리위원회에 기탁한 금전이나 유가증권 그 밖의 물건
3. 보조금	• 정당의 보호·육성을 위하여 국가가 정당에 지급하는 금전이나 유가증권
4. 후원회기부금	• 후원회가 지정권자에게 후원금으로 제공하는 금전이나 유가증권 그 밖의 물건
5. 지원금	• 정당으로부터 지원받은 금전이나 유가증권
6. 차입금	• 개인 등으로부터 차입한 금전이나 유가증권 그 밖의 물건
7. 기관지발행 사업수입	• 정당에서 발행하는 당보 등 간행물과 관련된 수입
8. 그 밖의 수입	• 예금이자 등 위의 과목 외의 수입

2. 지출과목 해소

항	목	과목해소
선거비용	선거비용	• 「공직선거법」 제119조(선거비용 등의 정의)의 선거비용에 해당하는 비용
선거비용외 정치자금	기본경비 가. 인건비	• 사무직원에 대한 봉급·수당·여비·활동비·격려금 • 일반사무관계에 소요되는 여비 • 그 밖의 인건비
	나. 사무소 설치·운영비	• 건물신축 또는 매입 그 밖의 부대경비 • 임차계약에 의한 토지·건물·기계시설 등의 임차료 • 사무소에 필요한 물품구입비 • 사무소운영에 필요한 수수료 및 수선비 • 각종 보험료, 연료비, 자동차유지비(사무용에 한함) • 전신전화 그 밖의 공공요금 일체 • 소송사건에 필요로 하는 공탁금 그 밖의 제세공과금 • 그 밖의 사무소설치·운영비
	정치활동비 가. 정책개발비	• 중앙당의 정책연구소 운영경비 • 정책개발 부서의 기본경비(정책개발부서직원의 봉급·수당·여비·활동비·격려금, 사무용비품 및 소모품비, 연료비·자동차유지비, 공공요금·제세공과금) • 정책개발부서 직원의 교육·연수, 정책자료 제작비 • 정책개발 관련 여론조사비 • 외부연구소나 외부전문가에게 의뢰하는 정책개발 관련 용역비 • 정책평가비(다만, 대규모집회를 통한 정책평가보고대회는 제외) • 정책개발관련 정책결정·평가 등을 위한 간담회, 공청회, 토론회, 세미나, 심포지움 등 각종 정책회의 개최비 • 그 밖의 정책개발비
	나. 조직활동비	• 당원연수·교육관련 경비 • 강사료 등 특별종사원에 대한 인건비 • 교재 및 연구자료 수집비 • 피교육자에 대한 급식비·여비 • 교육훈련을 위한 장소·시설 임차료 및 유지비 • 정당의 창당·합당·개편·후보자선출·당원집회 등 관련 경비 • 정당 내부의 지휘·감독 활동 경비 • 홍보 관련 경비 • 기관지 발행·배부 관련 경비 • 공직선거 및 국민투표에 관한 경비 • 공직선거의 후보자 등에 지원한 경비 • 그 밖의 조직활동비
	다. 여성정치발전비	• 여성의 정치참여확대에 관한 경비 • 그 밖의 여성정치발전비

동비의 지출과목별로 정보비·판공비·여비·수당 등의 지출합계액이 당해 과목별 지출총액의 100분의 10을 초과하지 아니하는 범위 내에서는 구체적인 지급명세가 기재된 1차 수령인의 수령증서나 정산증서로 갈음할 수 있다(규칙§39②).

(2) 영수증 등 증빙서류의 구비가 필요 없는 경우

① 지출금액이 20만원(분할하여 지급하는 때에는 총액을 말한다) 이하로서 봉사료 등 사회통념상 영수증을 받을 수 없는 경우, ② 택시·버스 등 대중교통수단이나 무인판매기 이용의 경우 등 법령의 규정에 의하여 영수증을 발행하지 아니하는 경우, ③ 영수증 그 밖의 증빙서류를 구비할 수 없는 불가피한 사유가 있는 경우에는 영수증 그 밖의 증빙서류를 구비하지 아니할 수 있다(법§39단서, 규칙§39③). 영수증 그 밖의 증빙서류를 구비하지 아니하고 지출하는 때에는 회계책임자는 1차 수령인의 수령증을 받고, 그 명세와 사유를 회계장부에 기재하여야 한다(규칙§39④).

(3) 벌칙

㈎ 증빙서류 불비 및 허위기재

법 제39조(영수증 그 밖의 증빙서류) 본문의 규정을 위반하여 영수증 그 밖의 증빙서류를 구비하지 아니하거나 허위기재·위조·변조한 자는 2년 이하의 징역 또는 400만원 이하의 벌금에 처한다(법§47①10.).

㈏ 선거비용관련 증빙서류 허위기재

선거비용과 관련하여, 법 제39조(영수증 그 밖의 증빙서류) 본문의 규정에 의한 영수증 그 밖의 증빙서류를 허위기재·위조·변조한 자는 2년 이하의 징역 또는 400만원 이하의 벌금에 처한다(법§49②6.).

다. 정당의 회계처리

(1) 회계처리절차의 당헌·당규에의 규정

중앙당은 정치자금의 지출을 공개적·민주적으로 처리하기 위하여 회계처리에

		라. 지원금	• 정당의 각급 당부간에 지원한 금전이나 유가증권 • 그 밖의 지원금
		마. 그 밖의 경비	• 상기 과목 외의 지출

관한 절차 등을 당헌·당규로 정하여야 한다(법§38①). 당헌·당규에는 다음 각 호의 사항이 포함되어야 한다(법§38②).

1. 예산결산위원회의 구성 및 운영에 관한 사항
2. 다음 각 목의 내용을 명시한 지출결의서에 관한 사항
   가. 지출과목, 지출의 목적·일자 및 금액
   나. 지급받거나 받을 권리가 있는 자의 성명·생년월일·주소·직업 및 전화번호
3. 중앙당(정책연구소를 포함한다) 및 시·도당이 물품·용역을 구입·계약하고자 하는 때의 구입·지급품의서에 관한 사항

'지출결의서'에는 정치자금의 지출건별로 건명과 수령인의 인적사항을 기재하고, 지출의 발의에서부터 정당한 채권자에게 지출하기까지의 과정을 기재하여야 하고 (규칙§38①), '구입·지급품의서'에는 공사·용역 또는 물품의 구입·제조·수선 그 밖의 사업을 수행하고자 하는 경우 그 사업의 주관부서에서 작성하여 '지출결의서'에 첨부하여야 한다(규칙§38②). '지출결의서'와 '구입·지급품의서'는 규칙이 정하는 서식55)에 의한다(규칙§38③).

정당이 일반 사법상의 계약을 체결하는 경우 그 명의인은 당헌·당규에서 정하는 바에 따라 정당의 재산관리에 대한 정당한 권한과 책임이 있는 자의 명의로 하고, 중앙당이 전대인이 되어 정책연구소 또는 시·도당과 임대차계약을 맺고 통상적인 임대료를 받는 경우 중앙당의 임대료 수입은 규칙 [별표 1] <수입·지출과목해소표>의 수입과목 해소 중 그 밖의 수입으로, 정책연구소 및 시·도당의 임차료 지출은 지출과목 해소 중 사무소설치·운영비로 처리하여야 한다.56) 같은 정당의 시·도당간에 정당의 정치자금을 지원할 수 있고, 이 경우 정치자금을 지원한 시·도당은 그 지원내역을 관할 선거관리위원회에 보고하여야 한다.57)

(2) 예산결산위원회의 확인·검사

중앙당의 예산결산위원회(시·도당의 경우에는 그 대표자를 말한다. 이하 같다)는 매 분기마다 다음 각 호의 사항을 확인·검사하여야 하며, 그 결과를 지체 없이 당원에게 공개하여야 한다(법§38③).

---

55) 규칙 별지 제35호 서식(지출결의서) 및 별지 제36호 서식(구입·지급품의서)
56) 2005. 11. 9. 중앙선관위 질의회답
57) 2005. 6. 10. 중앙선관위 질의회답

1. 당헌·당규에 정한 회계처리절차 준수 여부
2. 예금계좌의 잔액
3. 정치자금의 수입금액 및 그 내역
4. 정치자금의 지출금액 및 그 내역

(3) 제재

법 제38조(정당의 회계처리) 제2항의 규정을 위반하여 지출결의서나 구입·지급품의서에 의하지 아니하고 정치자금을 지출한 자는 200만원 이하의 과태료에 처한다(법§51②2.). 지출결의서나 구입·지급품의서 중 어느 하나에 의하여 정치자금을 지출한 경우에는 과태료부과대상에 해당되지 아니한다.[58]

라. 회계보고

(1) 회계보고기한

회계책임자는 다음 각 호에서 정하는 기한까지 관할 선거관리위원회에 정치자금의 수입과 지출에 관한 회계보고(이하 "회계보고"라 한다)를 하여야 한다(법§40①).
1. 정당의 회계책임자
    가. 공직선거에 참여하지 아니한 연도 : 매년 1월 1일부터 12월 31일 현재로 다음 연도 2월 15일(시·도당의 경우에는 1월 31일)까지
    나. 전국을 단위로 실시하는 공직선거에 참여한 연도 : 매년 1월 1일(정당선거사무소의 경우에는 그 설치일)부터 선거일 후 20일(20일 후에 정당선거사무소를 폐쇄하는 경우에는 그 폐쇄일을 말한다) 현재로 당해 선거일 후 30일(대통령선거 및 비례대표국회의원선거에 있어서는 40일)까지, 선거일 후 21부터 12월 31일 현재로 다음 연도 2월 15일(시·도당은 1월 31일)까지
    다. 전국의 일부지역에서 실시하는 공직선거의 보궐선거 등에 참여한 연도 : 중앙당과 정책연구소는 가목에 의하고, 당해 시·도당과 정당선거사무소는 나목에 의한다.
2. 후원회를 둔 국회의원의 회계책임자
    가. 공직선거에 참여하지 아니한 연도 : 매년 1월 1일부터 12월 31일 현재로

---

58) 2008. 3. 17. 중앙선관위 질의회답

다음 연도 1월 31일까지

　나. 공직선거에 참여한 연도 : 매년 1월 1일부터 선거일 후 20일 현재로 선거
　　　일 후 30일까지, 선거일 후 21부터 12월 31일 현재로 다음 연도 1월 31
　　　일까지

3. 중앙당후원회(중앙당창당준비위원회후원회를 포함한다) 및 국회의원후원회의
　　회계책임자

　가. 연간 모금한도액을 모금할 수 있는 연도 : 매년 1월 1일부터 6월 30일 현
　　　재로 7월 31일까지, 7월 1일부터 12월 31일 현재로 다음 연도 1월 31일
　　　까지

　나. 연간 모금한도액의 2배를 모금할 수 있는 연도 : 매년 1월 1일부터 선거
　　　일 후 20일 현재로 선거일 후 30일까지, 선거일 후 21일부터 12월 31일
　　　현재로 다음 연도 1월 31일까지. 다만, 선거일이 12월 중에 있는 경우에
　　　는 가목에 의한다.

4. 대통령선거경선후보자·당대표경선후보자등 및 그 후원회의 회계책임자
　　정당의 경선일 후 20일 현재로 경선일 후 30일까지. 이 경우 후원회를 둔
　　국회의원의 회계책임자는 제2호의 규정에도 불구하고 매년 1월 1일부터 경
　　선일 후 20일 현재로 경선일 후 30일까지, 경선일 후 21일부터 12월 31일
　　현재로 다음 연도 1월 31일까지

5. 공직선거의 후보자·예비후보자 및 그 후원회의 회계책임자
　　선거일 후 20일(대통령선거의 정당추천후보자의 경우 그 예비후보자의 회계책임자
　　는 후보자등록일 전일) 현재로 선거일 후 30일(대통령선거의 무소속후보자는 40
　　일)까지. 이 경우 대통령선거의 정당추천 후보자와 비례대표국회의원선거 및
　　비례대표지방의회의원선거의 선거사무소·선거연락소의 회계책임자는 제1호
　　나목 또는 다목에 의한다.

　그러나 ① 정당이 등록취소되거나 해산한 때, ② 후원회를 둔 중앙당창당준비위
원회가 소멸한 때, ③ 후원회가 법 제19조(후원회의 해산 등) 제1항의 규정에 의하
여 해산한 때(선거 또는 경선의 종료로 후원회지정권자가 후원회를 둘 수 있는 자격을 상
실하여 해산한 때는 제외한다), ④ 후원회를 둔 국회의원, 대통령선거경선후보자 또
는 당대표경선후보자등이 후원회지정을 철회하거나 후원회를 둘 수 있는 자격을

상실한 때(경선의 종료로 인하여 자격을 상실한 때는 제외한다), ⑤ 공직선거의 예비후보자 또는 그 후원회가 선거기간개시일 30일 전에 그 자격을 상실하거나 해산할 때에는 그 회계책임자는 그 날부터 14일 이내에 관할 선거관리위원회에 회계보고를 하여야 한다(법§40②).

(2) 회계보고사항

회계보고하는 사항은 다음 각 호와 같다(법§40③).

1. 정당 및 후원회의 회계책임자

가. 재산상황 : 정당에 있어서는 12월 31일 현재의 회계보고에 한한다.

나. 정치자금의 수입내역 : 1회 30만원 초과 또는 연간 300만원(대통령후보자등후원회·대통령선거경선후보자후원회의 경우에는 500만원)을 초과하여 수입을 제공한 자의 경우에는 성명·생년월일·주소·직업·전화번호와 수입일자 및 그 금액을, 그 이하의 금액의 수입을 제공한 자의 경우에는 일자별로 그 건수와 총금액. 다만, 당비의 경우에는 그러하지 아니하다.

다. 법 제37조(회계장부의 비치 및 기재) 제1항의 규정에 의하여 회계장부에 기재하는 지출의 상세내역

2. 후원회지정권자(정당은 제외한다)·대통령선거경선후보자, 당대표경선후보자등, 공직선거의 후보자·예비후보자의 회계책임자(대통령선거의 정당추천 후보자, 비례대표국회의원선거 및 비례대표지방의회의원선거에 있어서는 제1호에 의한다)

가. 후원금 및 소속 정당의 지원금으로 구입·취득한 재산상황

나. 법 제37조(회계장부의 비치 및 기재) 제1항의 규정에 의하여 회계장부에 기재하는 수입·지출의 상세내역

(3) 회계보고 첨부서류

회계보고하는 때에는 다음 각 호와 서류를 첨부하여야 한다(법§40④).

1. 정치자금의 수입과 지출명세서

2. 법 제39조(영수증 그 밖의 증빙서류) 본문의 규정에 의한 영수증 그 밖의 증빙서류 사본

3. 정치자금을 수입·지출한 예금통장 사본

4. 법 제41조(회계보고의 자체감사 등) 제1항 본문에 따른 자체 감사기관의 감사

의견서와 대의기관(그 수임기관을 포함한다) · 예산결산위원회의 심사의결서(법
제38조(정당의 회계처리) 제3항의 규정에 의한 공개자료를 포함한다) 사본(정당(정
당선거사무소를 제외한다)과 후원회의 회계책임자에 한한다)

5. 법 제41조(회계보고의 자체감사 등) 제1항 단서의 규정에 의한 공인회계사의
   감사의견서(중앙당과 그 후원회에 한한다). 다만, 정치자금의 수입 · 지출이 없
   는 경우에는 그러하지 아니하다.

6. 잔여재산의 인계 · 인수서(인계의무자에 한한다). 이 경우 법 제58조(후보자의
   반환기탁금 및 보전비용의 처리) 제1항의 규정에 의한 반환 · 보전비용의 인계
   · 인수서는 반환 · 보전받은 날부터 30일까지 제출한다.

7. 법 제36조(회계책임자의 수입 · 지출) 제6항의 규정에 의한 예비후보자의 선거
   비용 지출내역서 사본(대통령선거의 정당추천후보자의 선거사무소의 회계책임자
   와 그 예비후보자의 회계책임자에 한한다)

회계책임자가 영수증 그 밖의 증빙서류를 제출하는 경우 정치자금 1건의 지출
금액(1건의 계약과 관련된 지출이 수회에 이루어진 경우에는 그 합계금액)이 ① 중앙당
(정책연구소를 포함한다), 시 · 도당, 대통령선거경선후보자 및 당대표경선후보자등의
경우에는 20만원, ② 후원회를 둔 국회의원, 정당선거사무소, 공직선거의 후보자 ·
예비후보자 및 후원회의 경우에는 5만원을 초과하지 아니하는 경우에는 이를 제출
하지 아니할 수 있다(규칙§39⑦).

회계책임자가 관할 선거관리위원회에 보고하는 재산상황 및 정치자금의 수입과
지출명세서는 ① 정당(후원회를 둔 중앙당창당준비위원회, 정책연구소, 정당선거사무소,
대통령선거의 정당추천후보자, 비례대표국회의원선거 및 비례대표지방의회의원선거의 선거
사무소 · 선거연락소를 포함한다)의 회계책임자의 경우는 규칙이 정하는 서식59)의 수
입 · 지출부(수입내역 중 당비는 일자별 납인건수와 총금액을 기재), 재산명세서, 정당의
수입 · 지출총괄표, 정당의 재산 및 수입 · 지출총괄표(규칙§40①1.), ② 후원회의 회
계책임자의 경우는 규칙이 정하는 서식60)의 수입 · 지출부(1회 30만원 이하의 후원금

---

59) 규칙 별지 제33호 서식((정당) · (후원회)의 수입 · 지출부), 별지 제37호 서식(재산명세서), 별지
    제38호 서식(정당의 수입 · 지출총괄표), 별지 제39호 서식(정당의 재산 및 수입 · 지출총괄표)
60) 규칙 별지 제33호 서식((정당) · (후원회)의 수입 · 지출부), 별지 제37호 서식(재산명세서), 별
    지 제40호 서식(후원회의 수입 · 지출총괄표)

을 기부한 자의 경우에는 일자별 기부건수와 총금액을 보고), 재산명세서, 후원회의 수입·지출총괄표(규칙§40①2.), ③ 후원회를 둔 국회의원, 대통령선거경선후보자, 당대표경선후보자등 및 공직선거의 후보자(대통령선거정당추천후보자, 비례대표국회의원선거 및 비례대표지방의회의원선거의 후보자를 제외한다)·예비후보자의 회계책임자의 경우는 규칙이 정하는 서식[61]의 정치자금 수입·지출부, 재산명세서, 정치자금 수입·지출보고서(규칙§40①3.), ④ 선거연락소(대통령선거의 정당추천후보자의 선거연락소를 제외한다)의 회계책임자의 경우는 규칙이 정하는 서식[62]의 정치자금 수입·지출부, 재산명세서, 정치자금 수입·지출보고서(규칙§40①4.)에 의한다.

후원회의 회계책임자가 회계보고를 하는 경우에는 1회 30만원을 초과하여 후원금을 제공한 자와 연간 300만원(대통령후보자등후원회·대통령선거경선후보자후원회의 경우에는 500만원)을 초과하여 제공한 자의 성명·생년월일·주소·직업·전화번호, 기부일자 및 기부금액 등에 대하여 규칙이 정하는 서식[63]에 의하여 보고하여야 한다(규칙§40③).

(4) 회계의 마감

회계책임자가 회계보고를 하는 때에는 회계를 마감하고 회계장부의 끝부분에 서명·날인하여야 한다(규칙§36③).

선거사무소·선거연락소의 회계책임자가 회계보고를 하는 때에는 정당의 대표자 또는 공직선거후보자와 선거사무장의 연대 서명·날인을 받아야 한다. 다만, 선거연락소의 경우에는 선거연락소장의 서명·날인을 받아야 한다(법§40⑤).

(5) 벌칙 및 제재

(가) 선거비용에 대한 회계보고 미실시 및 허위보고

회계책임자가 정당한 사유 없이 선거비용에 대하여 법 제40조(회계보고) 제1항·제2항의 규정에 의한 회계보고를 하지 아니하거나 허위기재·위조·변조 또는 누락(선거비용의 수입·지출을 은닉하기 위하여 누락한 경우를 말한다)한 자는 5년 이하의

---

61) 규칙 별지 제34호 서식(정치자금 수입·지출부), 별지 제37호 서식(재산명세서), 별지 제41호 서식(정치자금 수입·지출보고서)
62) 규칙 별지 제34호 서식(정치자금 수입·지출부), 별지 제37호 서식(재산명세서), 별지 제41호 서식(정치자금 수입·지출보고서)
63) 규칙 별지 제43호 서식(후원금 기부자 명단)

징역 또는 2천만원 이하의 벌금에 처한다(법§49①).

선거비용의 수입·지출보고서를 허위로 제출하지 못하도록 한 취지는 선거비용의 과소계상을 방지하여 법정선거비용 범위 내에서 선거운동을 하도록 유도하는 한편, 선거비용에 관하여 정직하고 성실한 신고를 하도록 하는 취지도 포함되어 있는 것이므로 본죄는 회계책임자가 수입과 지출보고서를 사실과 다르게 허위로 작성하여 선거관리위원회에 제출함으로써 성립되고, 보고서에 지출한 것으로 허위기재된 선거비용이 실제지급액보다 많거나 적거나를 불문한다.[64]

「지방교육자치에 관한 법률」 제50조(정치자금법의 준용), 법 제49조(선거비용관련 위반행위에 관한 벌칙) 제1항의 회계보고 허위기재로 인한 지방교육자치에 관한 법률위반죄는 회계책임자가 정당한 사유 없이 선거비용에 대하여 허위기재함으로써 성립되는데, 하나의 회계보고서에 여러 가지 선거비용 항목에 관하여 허위사실을 기재하였더라도 선거비용의 항목에 따라 별개의 죄가 성립하는 것이 아니라 전체로서 하나의 지방교육자치에 관한 법률위반죄가 성립한다.[65]

회계보고 허위기재로 인한 지방교육자치에 관한 법률위반죄와 증빙서류 허위기재로 인한 지방교육자치에 관한 법률위반죄는 각 행위 주체, 행위 객체 등 구체적인 구성요건에 있어 차이가 있고, 증빙서류 허위기재행위가 회계보고 허위기재로 인한 지방교육자치에 관한 법률위반죄에 비하여 별도로 고려되지 않을 만큼 경미한 것이라고 할 수도 없으므로, 증빙서류 허위기재행위가 이른바 '불가벌적 수반행위'에 해당하여 회계보고 허위기재로 인한 지방교육자치에 관한 법률위반죄에 대하여 흡수관계에 있다고 볼 수 없다.[66]

(나) 회계보고 미실시 및 허위보고

법 제40조(회계보고) 제1항 내지 제4항의 규정을 위반하여 회계보고를 하지 아니하거나 재산상황, 정치자금의 수입·지출금액, 그 수입·지출에 관한 명세서, 영수증 그 밖의 증빙서류, 예금통장 사본을 제출하지 아니하거나 이를 허위로 제출한 자 또는 수입·지출에 관한 영수증 그 밖의 증빙서류를 허위기재·위조 또는 변조한 자는 3년 이하의 징역 또는 600만원 이하의 벌금에 처한다(법§46 5.).

---

64) 1996. 7. 12. 선고 96도1242 판결
65) 2017. 5. 30. 선고 2016도21713 판결
66) 2017. 5. 30. 선고 2016도21713 판결

⑴ 선거비용관련 예금통장 사본 미제출

선거비용과 관련하여, 법 제40조(회계보고) 제4항 제3호의 규정을 위반하여 예금통장 사본을 제출하지 아니한 자는 2년 이하의 징역 또는 400만원 이하의 벌금에 처한다(법§49②7.).

⑵ 제재

선거비용과 관련하여, 법 제40조(회계보고) 제5항의 규정을 위반하여 선거사무소·선거연락소의 회계책임자가 회계보고를 하는 때에 정당의 대표자 또는 공직선거후보자와 선거사무장의 연대 서명·날인을 받지 아니하거나 선거연락소의 회계책임자가 선거연락소장의 서명·날인을 받지 아니한 경우는 200만원 이하의 과태료에 처한다(법§49③4.).

법 제40조(회계보고) 제4항 제4호 내지 제6호의 규정을 위반하여 예산결산위원회가 확인·검사한 사실이 명시된 공개자료의 사본, 의결서 사본 또는 감사의견서와 인계·인수서를 첨부하지 아니한 자는 100만원 이하의 과태료에 처한다(법§51③7.).

4. 회계처리에 대한 통제

가. 회계처리통제의 의의

정치자금법은 공적자금의 성격이 강한 정치자금의 회계처리에 대하여 정당 등 정치자금의 사용주체가 스스로 그 진실성을 확보할 수 있도록 내부통제와 회계보고 내역의 열람·사본교부 및 이의신청 등 일반인에 대한 공개제도 등을 통한 외부통제를 통하여 정치자금 회계처리의 적법성·투명성 확보를 도모하고 있다. 정치자금 회계처리의 내부통제 방법으로는 자체감사기관의 감사, 대의기관 또는 그 수임기관의 심사·의결, 예산결산위원회의 확인·검사 등이 있고, 외부통제방법으로는 공인회계사의 감사(정당의 중앙당), 재산 및 수입·지출내역 등에 대한 열람·이의신청 및 사본교부, 회계보고 내역에 대한 공고 등을 들 수 있다.

나. 회계보고의 자체감사

⑴ 자체감사

정당(정당선거사무소를 제외한다)과 후원회의 회계책임자가 회계보고를 하는 때에는 대의기관(그 수임기관을 포함한다) 또는 예산결산위원회의 심사·의결을 거쳐야 하며, 그 의결서 사본과 자체 감사기관의 감사의견서를 각각 첨부하여야 한다. 다만, 정당의 중앙당과 후원회는 해당 정당의 당원이 아닌 자 중에서 공인회계사의 감사의견서를 함께 첨부하여야 한다(법§41①). 공인회계사는 성실하게 감사하여야 한다(법§41②).

(2) 벌칙

법 제41조(회계보고의 자체감사 등) 제2항의 규정을 위반하여 허위의 감사보고를 한 자는 2년 이하의 징역 또는 400만원 이하의 벌금에 처한다(법§47①11.).

다. 회계보고서 등의 열람 및 사본교부

(1) 열람·사본교부 기간 등의 공고

회계보고를 받은 관할 선거관리위원회는 회계보고 마감일부터 7일 이내에 그 사실과 열람·사본교부기간 및 사본교부에 필요한 비용 등을 공고하여야 한다(법§42①). 관할 선거관리위원회가 공고를 하는 때에는 정치자금의 수입·지출의 총괄 내역을 함께 공고하여야 한다(규칙§41①).

(2) 회계보고서 등의 공개

⑺ 공개원칙

관할 선거관리위원회는 보고된 재산상황, 정치자금의 수입·지출내역 및 첨부서류를 그 사무소에 비치하고 공고일로부터 3월간(이하 "열람기간"이라 한다)[67] 누구

---

67) 헌법재판소는, 회계보고서의 열람기간을 3개월로 제한하고 있는 정치자금법 제42조(회계보고서 등의 열람 및 사본교부) 제2항 본문 중 '3월간' 부분과 관련하여, '정치자금의 수입과 지출명세서 등에 대한 사본교부신청이 허용된다고 하더라도, 검증자료에 해당하는 영수증, 예금통장을 직접 열람함으로써 정치자금 수입·지출의 문제점을 발견할 수 있다는 점에서 이에 대한 접근이 보장되어야 한다. 영수증, 예금통장은 현행 법령 하에서 사본교부가 되지 않아 열람을 통해 확인할 수밖에 없음에도 열람 중 필사가 허용되지 않고 열람기간마저 3월간으로 짧아 그 내용을 파악하고 분석하기 쉽지 않다. 또한 열람기간이 공직선거법상의 단기 공소시효조차 완성되지 아니한, 공고일로부터 3개월 후에 만료된다는 점에서도 지나치게 짧게 설정되어 있다. 한편 선거관리위원회는 데이터 생성·저장 기술의 발전을 이용해 자료 보관, 열람 등의 업무 부담을 상당 부분 줄여왔고, 앞으로도 그 부담이 과도해지지 않도록 할 수 있을 것으로 보인다. 이를 종합하면 정치자금을 둘러싼 분쟁 등의 장기화 방지 및 행정부담의 경감을 위해 열람기간의 제한 자체는 둘 수 있다고 하더라도, 현행 기간이 지나치게 짧다는 점은 명확하다. 짧은

든지 볼 수 있게 하여야 한다. 다만, 선거비용에 한하여 열람대상 서류 중 정치자금의 수입과 지출명세서를 선거관리위원회의 인터넷 홈페이지를 통하여 공개할 수 있되, 열람기간이 아닌 때에는 이를 공개하여서는 아니 된다(법§42②).[68] 법 제42조(회계보고서 등의 열람 및 사본교부) 제2항 단서의 선거비용에 해당되는 것으로 볼 수 있는 선거비용 보전청구서, 선거비용 보전지급액 결정조서 및 그 첨부서류인 세부공제내역은 위 조항의 열람기간이 아닌 때에 공개하여서는 아니 된다.[69]

(나) 소액기부자의 인적사항 및 금액 공개금지

후원회에 연간 300만원(대통령후보자등·대통령선거경선후보자의 후원회의 경우 500만원을 말한다) 이하를 기부한 자의 인적사항과 금액은 이를 공개하지 아니한다(법§42④). 이는 소액후원금을 기부한 사람의 익명성을 보장함으로써 소액후원금제도의 활성화를 꾀함과 동시에 정치적 의사표현의 자유를 굳건히 다지는데 그 입법목적이 있다. 그러나 공공기관이 보유·관리하는 정보를 원칙상 공개함으로써 국

열람기간으로 인해 청구인이 회계보고된 자료를 충분히 살펴 분석하거나, 문제를 발견할 실질적 기회를 갖지 못하게 되는 바, 달성되는 공익과 비교할 때 이러한 사익의 제한은 정치자금의 투명한 공개가 민주주의 발전에 가지는 의미에 비추어 중대하다. 그렇다면 이 사건 열람기간제한 조항은 과잉금지원칙에 위배되어 청구인의 알권리를 침해하므로 헌법에 위반된다고 하면서, "3개월간" 부분이 헌법에 위반되지 아니한다고 판시하였던 2010. 12. 28. 선고 2009헌마466 결정을 이 결정 취지와 저촉되는 범위 안에서 변경한다.'고 판시하였다(2021. 5. 27. 선고 2018헌마1168 결정). : 위 헌법재판소의 결정은 법 개정시한을 정하지 않은 단순 위헌 결정이다. 따라서 위 헌법재판소의 결정으로 "3개월간" 부분은 그 효력을 상실하였다.

68) 구 정치자금에 관한 법률(2004. 3. 12. 법률 제7191호로 개정된 것) 제24조의2(재산 및 수입·지출내역등의 열람 및 사본교부)의 규정은 정당재산 및 수입·지출내역 등에 관한 3개월의 열람제도를 규정하고 있었을 뿐 구 「공직선거법(2004. 3. 12. 법률 제7189호로 개정된 것)」 제133조(보고서 등의 열람 및 사본교부) 제1항의 규정(현행 정치자금법 제42조 제1항의 규정 내용과 유사하다)처럼 공개가 제한된다거나 열람이나 사본교부제한에 관하여 별도의 규정을 두고 있지 않았다. 이와 관련하여 법원은 '열람기간이 경과한 후에는 공개가 제한된다거나 열람이나 사본교부제한에 관하여 별도로 규정하고 있지 아니하므로 열람 외의 사본 또는 복제물교부나 3월이 경과한 후 공개에 있어서는 정보공개에 관한 법률 규정이 적용되어야 한다. 「공공기관의 정보공개에 관한 법률」상 공개범위에 열람 외에 사본 또는 복제물교부가 포함되고, 공개청구권자나 공개청구의 기간에 특별한 제한이 없으며 「헌법」에 의한 직접 보장되는 일반적 정보공개청구권의 성질과 제한의 한계 등에 비추어 볼 때 정치자금법 제24조의2(재산 및 수입·지출내역등의 열람 및 사본교부) 제1항의 규정은 정보공개에 관한 법률의 특별규정으로 볼 수 없다. 사본교부를 허용함으로써 얻는 정치자금의 투명성 확보, 국민의 알권리 충족 등의 이익이 막연한 부작용보다 훨씬 크다. 따라서 정당회계보고서는 열람뿐만 아니라 사본교부에 제한이 없다.'고 판시한 바가 있다(서울행정법원 2001. 12. 18. 선고 2001구29533 판결).

69) 2016. 9. 28. 중앙선관위 질의회답

민의 알권리를 보장하고 국정에 대한 국민의 참여와 국정운영의 투명성을 확보하
려는 「정보공개법」70)의 입법취지가 그로 인하여 몰각되어서는 아니 되므로 위 공

---

70) 「공공기관의 정보공개에 관한 법률(약칭 : 정보공개법)」 제9조(비공개대상정보) ① 공공기관
이 보유·관리하는 정보는 공개대상이 된다. 다만, 다음 각 호의 어느 하나에 해당하는 정보는
공개하지 아니한다.
  1. 다른 법률 또는 법률에서 위임한 명령(국회규칙·대법원규칙·헌법재판소규칙·중앙선거관리
     위원회규칙·대통령령 및 조례로 한정한다)에 따라 비밀이나 비공개 사항으로 규정된 정보
  2. 국가안전보장·국방·통일·외교관계 등에 관한 사항으로서 공개될 경우 국가의 중대한 이
     익을 현저히 해칠 우려가 있다고 인정되는 정보
  3. 공개될 경우 국민의 생명·신체 및 재산의 보호에 현저한 지장을 초래할 우려가 있다고 인
     정되는 정보
  4. 진행 중인 재판에 관련된 정보와 범죄의 예방, 수사, 공소의 제기 및 유지, 형의 집행, 교
     정, 보안처분에 관한 사항으로서 공개될 경우 그 직무수행을 현저히 곤란하게 하거나 형사
     피고인의 공정한 재판을 받을 권리를 침해한다고 인정할 만한 상당한 이유가 있는 정보
  5. 감사·감독·검사·시험·규제·입찰계약·기술개발·인사관리에 관한 사항이나 의사결정
     과정 또는 내부검토 과정에 있는 사항 등으로서 공개될 경우 업무의 공정한 수행이나 연구
     ·개발에 현저한 지장을 초래한다고 인정할 만한 상당한 이유가 있는 정보. 다만, 의사결정
     과정 또는 내부검토 과정을 이유로 비공개할 경우에는 제13조 제5항에 따라 통지를 할 때
     의사결정 과정 또는 내부검토 과정의 단계 및 종료 예정일을 함께 안내하여야 하며, 의사
     결정 과정 및 내부검토 과정이 종료되면 제10조에 따른 청구인에게 이를 통지하여야 한다.
  6. 해당 정보에 포함되어 있는 성명·주민등록번호 등 「개인정보보호법」 제2조 제1호에 따른
     개인정보로서 공개될 경우 사생활의 비밀 또는 자유를 침해할 우려가 있다고 인정되는 정
     보. 다만, 다음 각 목에 열거한 사항은 제외한다.
  가. 법령에서 정하는 바에 따라 열람할 수 있는 정보
  나. 공공기관이 공표를 목적으로 작성하거나 취득한 정보로서 사생활의 비밀 또는 자유를 부
     당하게 침해하지 아니하는 정보
  다. 공공기관이 작성하거나 취득한 정보로서 공개하는 것이 공익이나 개인의 권리구제를 위
     하여 필요하다고 인정되는 정보
  라. 직무를 수행한 공무원의 성명·직위
  마. 공개하는 것이 공익을 위하여 필요한 경우로서 법령에 따라 국가 또는 지방자치단체가
     업무의 일부를 위탁 또는 위촉한 개인의 성명·직업
  7. 법인·단체 또는 개인(이하 "법인등"이라 한다)의 경영상·영업상 비밀에 관한 사항으로서
     공개될 경우 법인등의 정당한 이익을 현저히 해칠 우려가 있다고 인정되는 정보. 다만, 다
     음 각 목에 열거한 정보는 제외한다.
  가. 사업활동에 의하여 발생하는 위해로부터 사람의 생명·신체 또는 건강을 보호하기 위하여
     공개할 필요가 있는 정보
  나. 위법·부당한 사업활동으로부터 국민의 재산 또는 생활을 보호하기 위하여 공개할 필요가
     있는 정보
  8. 공개될 경우 부동산 투기, 매점매석 등으로 특정인에게 이익 또는 불이익을 줄 우려가 있
     다고 인정되는 정보
  ② 공공기관은 제1항 각 호의 어느 하나에 해당하는 정보가 기간의 경과 등으로 인하여 비공

개를 금지하는 인적사항은 기부자에 관한 사항으로서 그 자체만으로 또는 다른 공개대상정보와 쉽게 결합하여 당해 기부자를 식별할 수 있는 정보만을 가리킨다.[71]

소액기부자의 직업은 성명이나 성별, 생년월일, 주민등록번호, 연령, 상세한 주소, 직장명, 소재지 등 다른 구체적 정보들과 결합하지 않는 한 그것만으로 당해 소액후원금 기부자를 식별할 수 없으므로 그 자체로는 정치자금법 제42조(회계보고서 등의 열람 및 사본교부) 제4항에서 공개를 금지한 인적사항에 해당한다고 볼 수 없다.[72]

㈐ 공개된 정치자금 기부내역의 정치적 목적 이용금지

누구든지 공개된 정치자금 기부내역을 인터넷에 게시하여 정치적 목적에 이용

개의 필요성이 없어진 경우에는 그 정보를 공개 대상으로 하여야 한다.

③ 공공기관은 제1항 각 호의 범위에서 해당 공공기관의 업무 성격을 고려하여 비공개 대상 정보의 범위에 관한 세부 기준(이하 "비공개 세부 기준"이라 한다)을 수립하고 이를 정보통신망을 활용한 정보공개시스템 등을 통하여 공개하여야 한다.

④ 공공기관(국회·법원·헌법재판소 및 중앙선거관리위원회는 제외한다)은 제3항에 따라 수립된 비공개 세부 기준이 제1항 각 호의 비공개 요건에 부합하는지 3년마다 점검하고 필요한 경우 비공개 세부 기준을 개선하여 그 점검 및 개선 결과를 행정안전부장관에게 제출하여야 한다.

71) 서울행정법원 2012. 3. 30. 선고 2011구합39165 판결

72) 서울행정법원 2012. 3. 30. 선고 2011구합39165 판결(이른바 "쪼개기 후원"이나 국가공무원법 제65조(정치운동의 금지) 및 국가공무원복무규정 제27조(정치적 행위)에 따라 정치적 행위가 금지되는 공무원·교원의 후원금 기부행위 등 소액후원금제도의 맹점을 악용하여 비정상적인 정치자금을 조성하였다는 의혹을 받는 사례가 늘어나고 있고, 특히 직능·직역단체가 그 구성원들을 동원하여 소액후원금을 특정 정치인에게 몰아주는 등의 탈법적 방법으로 정치적 의사형성과정에 부당한 영향력을 미칠 위험성이 커지고 있다. 이처럼 잘 조직된 소수가 공동체의 정치적 의사결정을 왜곡함으로써 우리 헌정 체제의 골간인 대의제 민주주의를 위험에 빠트리지 못하도록 감시·통제하려면 국민이 정치자금의 형성과 관련된 정보에 접근할 기회가 최대한 보장되어야 하고, 특히 소액후원금 기부자의 직업만을 공개하면 기부자 개인의 사적 비밀과 자유에 미치는 영향은 없거나 있어도 미미한 반면, 위와 같은 탈법적 정치자금 조성을 억제하는 효과를 기대할 수 있다. 피고는 이 사건 정보를 공개할 경우 소액후원금 제도가 위축될 우려가 있다고 주장하나, 앞서 본 바와 같이 기부자의 직업을 공개한다 하여도 그것만으로는 기부자가 누구인지 식별하기가 곤란한데다가 소액후원금 제도를 위와 같이 탈법적으로 이용하려는 경우가 아닌 한 직업(나아가 피고가 한 것처럼 성씨와 주거지의 읍·면·동 단위까지)이 공개된다 하여 소액후원금의 기부를 주저하게 되리라고 볼 합리적 근거도 없다. 이 사건 정보에 관하여 국민의 관심의 초점은 후원자 개인의 신원이 아니라, 후원금 모집의 적법성에 맞춰지는 것이고, 그의 공개로 후원자에게 발생할 수 있는 불이익이 있다 하여도 이는 주로 당해 기부행위와 관련한 법규의 위반으로 인한 것이므로, 이 사건 정보의 공개로 인해 제한될 수 있는 후원자 개인의 사생활의 비밀 및 자유가 공익적 요청에 비해 더 중요하다고 볼 수도 없다.)

하여서는 아니 된다(법§42⑤).

법 제42조(회계보고서 등의 열람 및 사본교부) 제5항의 규정을 위반하여 공개된 정치자금 기부내역을 인터넷에 게시하여 정치적 목적에 이용한 자는 2년 이하의 징역 또는 400만원 이하의 벌금에 처한다(법§47①12.).

(3) 열람 및 사본교부 신청

(가) 열람신청

재산상황, 정치자금의 수입·지출내역 및 첨부서류를 열람하고자 하는 자는 규칙이 정하는 서식73)의 열람신청서를 관할 선거관리위원회에 제출하여야 한다(규칙§41②).

(나) 사본교부신청

누구든지 회계보고서, 정치자금의 수입·지출내역과 첨부서류(법 제40조(회계보고) 제4항 제2호의 영수증 그 밖의 증빙서류 사본과 제3호의 정치자금을 수입·지출한 예금통장 사본은 제외한다74))에 대한 사본교부를 관할 선거관리위원회에 규칙이 정하는 서식75)에 의하여 서면으로 신청할 수 있다. 이 경우 사본교부에 필요한 비용은 그 사본교부를 신청한 자가 부담하고, 그 사본교부에 필요한 비용의 납부는 수입인지를 첨부하는 것으로 한다(법§42③, 규칙§41③).

라. 이의신청

(1) 이의신청방법

관할 선거관리위원회에 보고된 재산상황, 정치자금의 수입·지출내역 및 첨부서

---

73) 규칙 별지 제44호 서식((열람)·(사본교부) 신청서)
74) 헌법재판소는, 회계보고 첨부서류 중 정치자금을 수입·지출한 영수증 그 밖의 증빙서류 및 예금통장 사본을 사본교부 대상에서 제외하고 있는 정치자금법(2005. 8. 4. 법률 제7682호로 개정된 것) 제42조(회계보고서 등의 열람 및 사본교부) 제3항과 관련하여, '정치자금법 제42조(회계보고서 등의 열람 및 사본교부) 제3항은 정치자금을 수입·지출한 영수증 그 밖의 증빙서류 및 예금통장 사본을 사본교부 대상에서 제외하고 있으나, 구체적으로 어떠한 서류에 대하여 사본교부를 청구할 수 있는지 여부는 관할 선거관리위원회가 사실확인 과정을 거쳐 신청한 서류들이 교부대상에서 제외되는지를 검토한 후 사본을 교부할지 여부를 결정하는 것이므로 위 조항에 대한 심판청구는 기본권 침해의 직접성이 인정되지 않는다.'고 판시하였다(2010. 12. 28. 선고 2009헌마466 결정).
75) 규칙 별지 제44호 서식((열람)·(사본교부) 신청서)

류에 관하여 이의가 있는 자는 그 이의에 대한 증빙서류를 첨부하여 열람기간 중에 관할 선거관리위원회에 서면으로 이의신청을 할 수 있다(법§42⑥). 이의신청을 하고자 하는 자는 ① 이의신청인의 성명·생년월일·주소 및 직업, ② 이의신청의 대상이 되는 구체적 사실, ③ 이의신청의 이유를 소명하는 증빙서류를 기재하고, 이의신청인이 서명 또는 날인한 이의신청서를 관할 선거관리위원회에 제출하여야 한다(규칙§42①).

(2) 이의신청의 각하

이의신청을 받은 관할 선거관리위원회는 이의신청기간이 지난 이의신청에 대하여는 각하하고, 이의신청서의 기재사항에 누락이 있거나 증빙서류가 불충분한 경우에는 일정한 기간을 정하여 보정할 것을 요구할 수 있으며, 그 기간 이내에 보정을 하지 아니한 경우에는 이를 각하한다(규칙§42②).

(3) 이의신청 사항의 조사·확인

이의신청을 받은 관할 선거관리위원회는 이의신청을 받은 날부터 60일 이내에 이의신청사항을 조사·확인[법 제39조(영수증 그 밖의 증빙서류) 단서, 규칙 제39조(지출증빙서류의 사본 등의 제출) 제3항의 규정에 의하여 영수증 그 밖의 증빙서류를 구비하지 아니할 수 있는 경우인 ① 지출금액이 20만원(분할하여 지급하는 때에는 총액을 말한다) 이하로서 봉사료 등 사회통념상 영수증을 받을 수 없는 경우, ② 택시·버스 등 대중교통수단이나 무인판매기 이용의 경우 등 법령의 규정에 의하여 영수증을 발행하지 아니하는 경우, ③ 영수증 그 밖의 증빙서류를 구비할 수 없는 불가피한 사유가 있는 경우를 제외한다]하고 그 결과를 신청인에게 통보하여야 한다(법§42⑦).

관할 선거관리위원회는 이의신청이 정당하다고 믿을 만한 사유가 있다고 인정되는 때에는 당해 정당, 후원회, 후원회를 둔 국회의원, 대통령선거경선후보자, 당대표경선후보자등, 공직선거의 후보자·예비후보자 또는 회계책임자 그 밖의 관계인(이하 "정당등"이라 한다)에게 소명자료를 제출할 것을 요구할 수 있으며, 소명자료의 제출요구를 받은 정당등은 요구를 받은 날부터 7일 이내에 소명자료를 제출하여야 한다(규칙§42③). 선거비용에 관하여 이의신청을 받은 관할 선거관리위원회는 회계책임자 그 밖의 관계인에게 이의사실에 대한 소명자료를 제출하도록 통지하여야 하며, 회계책임자 그 밖의 관계인은 통지를 받은 날부터 7일 이내에 소명자료를 제출하여야 한다. 이 경우 관할 선거관리위원회는 그 소명자료를 제출받은 때에는 그 이의신청내용과 소명내용을, 그 소명자료의 제출이 없는 때에는 이의신청내용과 소명이 없음을 공고하고 지체 없이 그 사실을 이의신청인에게 통지하여야 한다(법§42⑧).

관할 선거관리위원회는 이의신청사항 및 그 증빙서류와 제출받은 소명자료에 대하여 당해 정당등에게 질문을 하거나 관계 장부·서류 그 밖의 필요한 자료를 확인할 수 있고(규칙§42④), 정당등이 정당한 사유 없이 소명자료의 제출요구 또는 질문이나 확인에 응하지 아니하거나 조사·확인한 사실이 법에 위반된다고 믿을 만한 상당한 이유가 있는 때에는 관할 수사기관에 고발하거나 수사의뢰 그 밖의 필요한 조치를 할 수 있다(규칙§42⑤).

(4) 벌칙

법 제42조(회계보고서 등의 열람 및 사본교부) 제7항의 규정을 위반하여 선거관리위원회의 조사·자료확인이나 제출요구에 정당한 사유 없이 응하지 아니하거나 허위자료의 제출 또는 장소의 출입을 방해한 자는 1년 이하의 징역 또는 200만원 이하의 벌금에 처한다(법§47②).

마. 자료제출요구 등

(1) 자료제출요구

각급 선거관리위원회(읍·면·동선거관리위원회는 제외한다. 이하 같다) 위원·직원은 선거비용의 수입과 지출에 관하여 확인할 필요가 있다고 인정되는 때에는 회계장부 그 밖의 출납서류를 보거나, 정당, 공직선거의 후보자·예비후보자·회계책임자 또는 선거비용에서 지출하는 비용을 지급받거나 받을 권리가 있는 자 그 밖의 관계인에 대하여 조사할 수 있으며, 보고 또는 자료의 제출을 요구할 수 있다(법§43①). 선거관리위원회로부터 위 요구를 받은 자는 지체 없이 이에 따라야 한다(법§43②).

(2) 선거비용의 수입·지출 등에 대한 확인·조사

각급 선거관리위원회 위원·직원은 ① 선거비용의 수입·지출에 관하여 확인할

필요가 있다고 인정되는 때, ② 선거비용의 수입·지출과 관련한 범죄의 신고를
받거나 인지한 때, ③ 이의신청내용과 소명내용에 의하여 회계보고서나 관련 회계
서류의 내용 중 허위사실의 기재 그 밖의 법에 위반되는 사실을 발견한 때에는 회
계장부 그 밖의 출납서류를 보거나, 정당, 공직선거의 후보자·예비후보자·회계책
임자 또는 선거비용에서 지출하는 비용을 지급받거나 받을 권리가 있는 자 그 밖
의 관계인에 대하여 조사를 하여야 한다(법§43①, 규칙§43①).

선거비용의 수입·지출에 대한 확인·조사의 방법·절차 등에 관하여는 규칙 제
45조(정치자금범죄에 대한 조사 등)의 규정을 준용한다(규칙§43②).[76]

(3) 선거관리위원회의 고발 등 필요조치

선거관리위원회는 이의신청과 열람·보고 또는 제출된 자료 등에 의하여 회계장
부 그 밖의 출납서류 또는 회계보고서의 내용 중 허위사실의 기재·불법지출이나
초과지출 그 밖에 이 법에 위반되는 사실이 있다고 인정되는 때에는 관할 수사기
관에 고발 또는 수사의뢰 그 밖에 필요한 조치를 취하여야 한다(법§43③).

(4) 벌칙

선거비용과 관련하여, 법 제43조(자료제출요구 등) 제2항을 위반하여 선거관리위
원회의 보고 또는 자료의 제출 요구에 정당한 사유 없이 응하지 아니하거나 보고
또는 자료의 제출을 허위로 한 자는 2년 이하의 징역 또는 400만원 이하의 벌금에
처한다(법§49②8.).

5. 회계장부 등의 인계·보존

가. 회계장부 등의 인계·보존

회계책임자는 회계보고를 마친 후 지체 없이 선임권자에게 당비영수증원부, 정
치자금영수증원부, 회계장부, 정치자금의 수입·지출에 관한 명세서, 영수증 그 밖
의 증빙서류, 예금통장, 지출결의서 및 구입·지급품의서("회계장부등"이라 한다)를
인계하여야 하며, 선임권자는 회계책임자가 회계보고를 마친 날부터 3년간 보존하

---

76) 조사의 방법·절차 등에 대하여는 제9장 정치자금범죄에 대한 특별형사소송절차 1. 선거관리
위원회의 정치자금범죄조사권에서 상술한다.

여야 한다(법§44①). 다만, 회계책임자는 선임권자의 동의를 얻어 관할 선거관리위
원회에 회계장부등의 보존을 위탁할 수도 있다(법§44②).

영수증 등 그 밖의 증빙서류는 영수증에 준하는 금전지급의 사실을 증명하는 문
서에 한정되는바, 선거사무원 출석부는 선거사무원의 출석일수에 따른 수당을 지
급하기 위하여 선거사무원의 출석일수를 확인할 수 있는 근거자료는 될 수 있으나
규칙 제39조(지출증빙서류의 사본 등의 제출) 제1항 각 호에서 정한 영수증 그 밖의
증빙서류에 해당한다고 할 수 없으므로, 회계책임자가 선임권자에게 인계하여야
하는 회계장부 등에 포함된다고 할 수 없다.[77]

나. 벌칙

(1) 회계장부 등의 인계·보존의무 위반

법 제44조(회계장부 등의 인계·보존) 제1항의 규정을 위반하여 당비영수증 원부,
정치자금영수증 원부, 회계장부, 정치자금의 수입·지출명세서와 증빙서류, 예금통
장, 지출결의서 또는 구입·지급품의서를 인계·보존하지 아니한 자는 3년 이하의
징역 또는 600만원 이하의 벌금에 처한다(법§46 6.).[78]

(2) 선거비용관련 회계장부 등 인계·보존의무 위반

선거비용과 관련하여, 법 제44조(회계장부 등의 인계·보존) 제1항의 규정을 위반
한 자는 2년 이하의 징역 또는 400만원 이하의 벌금에 처한다(법§49②9.).

---

77) 대전고등법원 2012. 7. 4. 선고 2012노157 판결
78) 헌법재판소는, 정치자금의 수입·지출에 관한 명세서, 영수증 및 회계장부를 보존하지 않은 정
    당의 회계책임자를 처벌하는 구 정치자금에 관한 법률(2004. 3. 12. 법률 제7191호로 개정되
    기 전의 것) 제31조(벌칙) 제6호가 진술거부권을 침해하는지 여부와 관련하여, '정치자금법 제
    31조(벌칙) 제6호에 의하면, 정당의 회계책임자는 정치자금의 수입·지출에 관한 명세서 및 영
    수증을 정치자금법이 정하는 회계보고를 마친 후 3년간 보존하여야 하는데, 이 조항이 규정하
    고 있는 회계장부·명세서·영수증을 보존하는 행위는 진술거부권의 보호대상이 되는 "진술"
    즉 언어적 표출의 등가물로 볼 수 없으므로, 위 조항은 「헌법」 제12조 제2항의 진술거부권을
    침해하지 않는다.'고 판시하였다(2005. 12. 22. 선고 2004헌바25 전원재판부 결정).

제 9 장   정치자금범죄에 대한 특별형사소송절차

1. 선거관리위원회의 정치자금범죄조사권

가. 의의

선거관리위원회의 정치자금범죄조사권은 선거관리위원회의 위원·직원이 정치자금범죄에 관하여 조사할 수 있는 권한으로서 정치자금범죄 관계인에게 질문·조사를 하거나 조사에 필요한 자료의 제출요구, 금융기관의 장에게 금융거래자료의 제출요구, 조사에 필요한 범위 내에서 증거물 수거, 선거관리위원회에 동행 또는 출석 요구를 할 수 있는 권한을 말한다.

2004. 3. 12. 법률 제7192호로 정치자금법이 개정되기 전에는 선거관리위원회의 정치자금과 관련한 조사권한은 국고보조금 지출에 관하여 감독상 필요하다고 인정되는 경우 정당·후원회 등에 대한 필요한 자료를 확인하거나 제출을 요구할 수 있을 뿐이었으나, 정치자금의 수수와 관련된 부정부패가 끊임없이 되풀이 되면서 정치권의 정경유착과 정치자금비리가 국민들로부터 지탄의 대상이 되어 왔고, 특히 2002. 12. 19. 실시된 제16대 대통령선거와 관련된 불법선거자금이 드러나자 불법정치자금문제를 더 이상 방치할 수 없다는 국민들의 공감대가 형성된 결과, 정치자금법을 포함한 정치관계법이 현행과 같이 획기적으로 개정되면서 정치자금범죄에 대한 선거관리위원회의 조사권도 대폭 강화되었다.

정치자금조사와 선거범죄조사는 공명선거 실현이라는 행정목적 달성을 위하여 범죄와 관련한 증거자료를 수집하고 범죄사실 확인 및 위법행위에 대한 조치 등 일련의 활동으로 이루어진다는 점에서 공통점이 있으나, 선거범죄조사는 선거와 관련된 범죄에 조사대상이 한정되는 반면, 정치자금조사는 선거와 관련된 범죄를 포함하여 선거와 관련이 없더라도 정치인의 정치활동에 소요되는 자금의 수입과 지출 전반에 걸쳐 조사대상이 된다는 점에서 차이가 있다.

나. 조사 및 자료제출요구권

(1) 조사 및 자료제출요구

각급 선거관리위원회(읍·면·동선거관리위원회는 제외한다. 이하 같다) 위원·직원은 이 법을 위반한 범죄의 혐의가 있다고 인정되거나 현행범의 신고를 받은 경우에는 그 장소에 출입하여 정당, 후원회, 후원회를 둔 국회의원, 대통령선거경선후보자, 당대표경선후보자등, 공직선거의 후보자·예비후보자, 회계책임자, 정치자금을 기부하거나 받은 자 또는 정치자금에서 지출하는 비용을 지급받거나 지급받을 권리가 있는 자 그 밖에 관계인(이하 "조사대상자"라 한다)에 대하여 질문·조사하거나 관계 서류 그 밖에 조사에 필요한 자료의 제출을 요구할 수 있다(법§52①).

각급 선거관리위원회 위원·직원은 정치자금의 수입·지출에 관하여 확인·조사할 필요가 있다고 인정되는 때에는 조사대상자를 직접 방문하거나 출석요구하여 ① 조사대상자의 진술의 청취, ② 관계 서류 또는 회계장부 그 밖의 자료의 제출요구·수령, ③ 물건·사람 또는 장소 그 밖의 사항의 확인하는 방법으로 조사할 수 있고(규칙§45②), 각급 선거관리위원회 위원·직원은 직접 방문하여 조사하는 경우 외에 필요하다고 인정되는 때에는 서면답변 또는 자료의 제출을 요구할 수 있다(규칙§45③).

조사대상자에 대한 자료제출요구는 ① 조사의 취지·사유 및 자료제출기한, ② 회계장부 및 출납서류 그 밖의 관계 서류의 제출, ③ 조사대상자의 진술서·경위서 또는 확인서의 제출에 관한 사항을 기재하여 서면으로 보고 또는 자료제출을 요구할 수 있다(규칙§45④).

각급 선거관리위원회 위원·직원은 조사업무 수행에 필요하다고 인정되는 때에는 질문·답변 내용의 기록, 녹음·녹화, 사진촬영, 정치자금의 수입·지출과 관련 있는 회계장부 그 밖의 출납서류의 열람·복사 또는 수집 그 밖의 필요한 조치를 취할 수 있다(규칙§45⑨).

(2) 신분증 제시 및 조사 목적·이유 고지

각급 선거관리위원회 위원·직원이 질문·조사·자료의 제출 요구 또는 장소에 출입하는 경우에는 관계인에게 그 신분을 표시하는 증표를 제시하고 소속과 성명

을 밝히고 그 목적과 이유를 설명하여야 한다(법§52⑥, 규칙§45⑦). 이 경우 각급 선
거관리위원회 위원·직원의 신분을 표시하는 증표는 각급 선거관리위원회가 발행
하는 위원신분증 또는 공무원증으로 갈음할 수 있다(규칙§45⑦).

(3) 출입방해 및 조사 · 자료제출요구 불응 금지

누구든지 각급 선거관리위원회 위원·직원이 이 법을 위반한 범죄의 혐의가 있
다고 인정되거나 현행범의 신고를 받고 그 장소에 출입하는 경우 그 장소의 출입
을 방해하여서는 아니되며, 질문·조사를 받거나 자료의 제출을 요구받은 자는 즉
시 이에 따라야 한다(법§52④). 각급 선거관리위원회 위원·직원은 조사대상자가
정당한 사유 없이 조사·확인에 불응하거나 자료제출의 요구를 거부하는 때에는
독촉장을 발부하여야 한다. 이 경우 독촉장을 받은 날부터 7일 이내에 진술 또는
자료제출의 요구를 하지 아니하는 때에는 고발 등 필요한 조치를 하게 된다는 뜻
을 알려야 한다(규칙§45⑥).

각급 선거관리위원회 위원·직원이 조사대상자에 대하여 조사·확인 및 자료제
출을 요구함에 있어서 정당한 사유 없이 조사·확인에 응하지 아니하거나 자료의
제출요구에 불응하거나 허위자료의 제출 또는 장소의 출입을 방해하는 때에는 법
제47조(각종 의무규정위반죄) 제2항의 규정에 의하여 처벌받을 수 있음을 알려야 한
다(규칙§45①).

다. 금융자료제출 요구권

(1) 금융자료제출 요구

각급 선거관리위원회는 정치자금의 수입과 지출에 관한 조사를 위하여 불가피
한 경우에는 다른 법률의 규정에 불구하고 금융기관의 장에게 이 법을 위반하여
정치자금을 주거나 받은 혐의가 있다고 인정되는 상당한 이유가 있는 자의 ① 계
좌개설 내역, ② 통장원부 사본, ③ 계좌이체의 경우 거래상대방의 인적 사항, ④
수표에 의한 거래의 경우 당해 수표의 최초 발행기관 및 발행의뢰인의 인적사항에
해당하는 금융거래자료의 제출을 요구할 수 있다. 다만, 당해 계좌에 입·출금된
타인의 계좌에 대하여는 그러하지 아니하다. 이 경우 당해 금융기관의 장은 이를
거부할 수 없다(법§52②). 금융기관의 장에 대한 금융거래자료의 제출요구는 「금융

실명거래 및 비밀보장에 관한 법률」 제4조(금융거래의 비밀보장) 제6항1)에 따른 금융위원회가 정한 표준양식에 의하여야 한다(규칙§45⑤).

(2) 금융거래자료 공개 등 금지

금융거래의 내용에 대한 정보 또는 자료(이하 "거래정보등"이라 한다)를 알게 된 자는 그 알게 된 거래정보등을 타인에게 제공 또는 누설하거나 그 목적 외의 용도로 이를 이용하여서는 아니 된다(법§52⑦).

라. 증거물품 수거권

(1) 증거물품 수거

각급 선거관리위원회 위원·직원은 이 법에 규정된 범죄에 사용된 증거물품으로서 증거인멸의 우려가 있다고 인정되는 경우에는 조사에 필요한 범위 안에서 현장에서 이를 수거할 수 있다. 이 경우 당해 선거관리위원회 위원·직원은 수거한 증거물품을 그 관련된 범죄에 대하여 고발 또는 수사의뢰한 때에는 관계 수사기관에 송부하고 그러하지 아니한 때에는 그 소유·점유·관리하는 자에게 지체 없이 반환하여야 한다(법§52③).

(2) 수거물품 목록작성

각급 선거관리위원회 위원·직원이 정치자금범죄에 사용된 증거물품을 수거한 때에는 그 목록 2부를 작성하여 그중 1부를 당해 물품을 소유·점유 또는 관리하는 자에게 교부하고, 나머지 1부는 당해 선거관리위원회에 제출하여야 한다(규칙§45⑧).

---

1)「금융실명거래 및 비밀보장에 관한 법률」제4조(금융거래의 비밀보장) ⑥ 다음 각 호의 법률의 규정에 따라 거래정보등의 제공을 요구하는 경우에는 해당 법률의 규정에도 불구하고 제2항에 따른 금융위원회가 정한 표준양식으로 하여야 한다.
　1.「감사원법」제27조 제2항
　2.「정치자금법」제52조 제2항
　3.「공직자윤리법」제8조 제5항
　4.「독점규제 및 공정거래에 관한 법률」제50조 제5항
　5.「상속세 및 증여세법」제83조 제1항
　6.「특정 금융거래정보의 보고 및 이용 등에 관한 법률」제10조 제3항
　7.「과세자료의 제출 및 관리에 관한 법률」제6조 제1항

마. 출석·동행요구권

(1) 출석·동행요구

각급 선거관리위원회 위원·직원은 정치자금범죄의 조사와 관련하여 관계자에게 질문·조사하기 위하여 필요하다고 인정되는 때에는 선거관리위원회에 출석할 것을 요구할 수 있고, 범죄혐의에 대하여 명백한 증거가 있는 때에는 동행을 요구할 수 있다. 다만, 공직선거(대통령선거경선후보자·당대표경선후보자등의 당내경선을 포함한다)의 선거기간 중 후보자(대통령선거경선후보자·당대표경선후보자등을 포함한다)에 대하여는 동행 또는 출석을 요구할 수 없다(법§52⑤).

각급 선거관리위원회 위원·직원이 관계자에게 동행을 요구하는 때에는 구두로 할 수 있으며, 출석을 요구하는 때에는 규칙이 정하는 서식2)에 의한다. 이 경우 「형사소송법」 제211조(현행범인과 준현행범인)3)에 규정된 현행범인 또는 준현행범인에 해당하는 관계자에게 동행요구를 함에 있어서 정당한 사유 없이 동행요구에 응하지 아니한 때에는 법 제51조(과태료의 부과·징수 등) 제1항 제3호에 의하여 과태료에 처할 수 있음을 알려야 한다(규칙§45⑩).

(2) 신분증 제시 및 조사 목적·이유 고지

각급 선거관리위원회 위원·직원이 동행 또는 출석을 요구하는 경우에는 관계인에게 그 신분을 표시하는 증표를 제시하고 소속과 성명을 밝히고 그 목적과 이유를 설명하여야 한다(법§52⑥).

(3) 여비·일당지급

각급 선거관리위원회는 중앙선거관리위원회 위원장이 정하는 바에 따라 정치자금범죄의 조사와 관련하여 동행 또는 출석한 관계자에게 예산의 범위 안에서 여비

---

2) 규칙 별지 제48호 서식(출석요구서)
3) 「형사소송법」 제211조(현행범인과 준현행범인) ①범죄의 실행 중이거나 실행의 직후인 자를 현행범인이라 한다.
  ②다음 각 호의 1에 해당하는 자는 현행범인으로 간주한다.
  1. 범인으로 호칭되어 추적되고 있는 때
  2. 장물이나 범죄에 사용되었다고 인정함에 충분한 흉기 기타의 물건을 소지하고 있는 때
  3. 신체 또는 의복류에 현저한 증적이 있는 때
  4. 누구임을 물음에 대하여 도망하려 하는 때

·일당을 지급할 수 있다(규칙§45⑪).

바. 벌칙 및 제재

(1) 벌칙

법 제52조(정치자금범죄의 조사 등) 제1항·제4항의 규정을 위반하여 선거관리위원회의 조사·자료확인이나 제출요구에 정당한 사유 없이 응하지 아니하거나 허위자료의 제출 또는 장소의 출입을 방해한 자는 1년 이하의 징역 또는 200만원 이하의 벌금에 처한다(법§47②).

(2) 제재

「형사소송법」제211조(현행범인과 준현행범인)에 규정된 현행범인 또는 준현행범인으로서 법 제52조(정치자금범죄의 조사 등) 제5항의 규정에 의한 동행요구에 응하지 아니한 자는 300만원 이하의 과태료에 처한다(법§51①3.).

법 제52조(정치자금범죄의 조사 등) 제5항의 규정을 위반하여 출석요구에 응하지 아니한 자는 100만원 이하의 과태료에 처한다(법§51③9.).

2. 정치자금범죄 신고자보호

가. 의의

정치자금범죄(법 제8장 벌칙에 해당하는 죄를 말한다. 이하 같다)에 관한 신고·진정·고소·고발 등 조사 또는 수사단서의 제공, 진술 또는 증언 그 밖에 자료제출행위 및 범인검거를 위한 제보 또는 검거활동을 한 자(이하 "정치자금범죄 신고자등"이라 한다)가 그와 관련하여 피해를 입거나 입을 우려가 있다고 인정할 만한 상당한 이유가 있는 경우 그 정치자금범죄에 관한 형사절차 및 선거관리위원회의 조사과정에 있어서는 「특정범죄신고자등 보호법」 제5조(불이익처우의 금지)·제7조(인적사항의 기재생략)·제9조(신원관리카드의 열람) 내지 제12조(소송진행의 협의 등) 및 제16조(범죄신고자 등에 대한 형의 감면)의 규정을 준용한다(법§53①).

'피해를 입거나 입을 우려가 있다고 믿을 만한 상당한 이유가 있는 경우'라 함은 피해를 반드시 「특정범죄신고자 등 보호법」이 규정하는 보복을 당할 우려가 있는 경우, 즉 범죄신고 등과 관련하여 생명 또는 신체에 대한 위해나 재산 등에 대한 피해를 입거나 입을 우려가 있다고 인정할 만한 충분한 이유가 있는 것으로 제한하여 한정적으로 해석할 것은 아니고, 신고자 등이 혐의사실 용의자나 그 측근과 같은 지역에 거주하면서 조우하는 경우, 같은 지역에 거주하는 지역주민들로부터 신고자 등으로 낙인찍히는 경우 등 널리 일상생활에서 겪게 되는 불편함까지 포함하는 것으로 해석함이 상당하다.[4]

나. 불이익 처우의 금지

정치자금범죄 신고자등을 고용하고 있는 자(고용주를 위하여 근로자에 관한 업무를 행하는 자를 포함한다)는 피고용자가 정치자금범죄신고 등을 하였다는 이유로 해고나 그 밖의 불이익한 처우를 하여서는 아니 된다(법§53①, 특정범죄신고자 등 보호법§5).

다. 인적사항 등 공개금지 및 기재 생략

(1) 인적사항 등 공개금지

(가) 공개금지

누구든지 법 제53조(정치자금범죄 신고자의 보호 등) 제1항의 규정에 의하여 보호되고 있는 정치자금범죄 신고자등이라는 정을 알면서 그 인적사항 또는 정치자금범죄 신고자등임을 미루어 알 수 있는 사실을 다른 사람에게 알려주거나 공개 또는 보도하여서는 아니된다(법§53②).

(나) 벌칙

법 제53조(정치자금범죄 신고자의 보호 등) 제2항의 규정을 위반한 자는 2년 이하의 징역 또는 400만원 이하의 벌금에 처한다(법§47①13.).

(2) 인적사항의 기재 생략

(가) 조서등의 작성 경우

각급선거관리위원회 위원·직원은 정치자금범죄신고와 관련하여 문답서·확인서 그 밖의 서류(이하 "문답서등"이라 한다)를 작성함에 있어서 정치자금범죄에 관한 신고·진술·증언 그 밖의 자료제출행위 등을 한 자(이하 "정치자금범죄신고자등"이라

---

4) 2015. 11. 12. 선고 2015도11112 판결(대전고등법원 2015. 7. 6. 선고 2005노158 판결)

한다)의 성명·연령·주소 및 직업 등 신원을 알 수 있는 사항(이하 "인적사항"이라 한다)의 전부 또는 일부를 기재하지 아니할 수 있다(규칙§46①). 검사 또는 사법경찰관은 정치자금범죄신고 등과 관련하여 조서나 그 밖의 서류(이하 "조서등"이라 한다)를 작성할 때 정치자금범죄신고자등이나 그 친족 등이 보복을 당할 우려가 있는 경우에는 그 취지를 조서등에 기재하고 정치자금범죄신고자등의 인적사항은 기재하지 아니한다(법§53①, 특정범죄신고자 등 보호법§7①). 사법경찰관이 조서등에 정치자금범죄신고자등의 인적사항의 전부 또는 일부를 기재하지 아니한 경우에는 즉시 검사에게 보고하여야 한다(법§53①, 특정범죄신고자 등 보호법§7②).

검사 또는 사법경찰관은 조서등에 기재하지 아니한 인적사항을 정치자금범죄신고자등 신원관리카드(이하 "신원관리카드"라 한다)에 등재하여야 하고(법§53①, 특정범죄신고자 등 보호법§7③), 조서등에 성명을 기재하지 아니하는 경우에는 정치자금범죄신고자등으로 하여금 조서등에 서명은 가명으로, 간인 및 날인은 무인으로 하게 하여야 한다. 이 경우 가명으로 된 서명은 본명의 서명과 동일한 효력이 있다(법§53①, 특정범죄신고자 등 보호법§7④).

정치자금범죄신고자등이나 그 법정대리인은 검사 또는 사법경찰관에게 「특정범죄신고자 등 보호법」 제7조(인적사항의 기재 생략) 제1항에 따른 조치를 하도록 신청할 수 있다. 이 경우 검사 또는 사법경찰관은 특별한 사유가 없으면 그 조치를 하여야 한다(법§53①, 특정범죄신고자 등 보호법§7⑥).

(나) 문답서등의 작성 경우

정치자금범죄신고자등은 문답서등을 작성함에 있어서 각급 선거관리위원회 위원·직원의 승인을 얻어 인적사항의 전부 또는 일부를 기재하지 아니할 수 있다(규칙§46②). 정치자금범죄신고자등은 진술서 등을 작성할 때 검사 또는 사법경찰관의 승인을 받아 인적사항의 전부 또는 일부를 기재하지 아니할 수 있다. 이 경우 「특정범죄신고자 등 보호법」 제7조(인적사항의 기재 생략) 제2항부터 제4항까지의 규정을 준용한다(법§53①, 특정범죄신고자 등 보호법§7⑤).

(3) 신원관리카드의 작성 및 관리, 열람

(가) 신원관리카드 기재사항

각급 선거관리위원회 위원·직원은 문답서등에 기재하지 아니한 인적사항을 규칙이 정하는 서식5)에 의한 정치자금범죄 신고자등 신원관리카드(이하 "신원관리카드"라 한다)에 등재하여야 한다(규칙§46③). 신원관리카드에는 정치자금범죄신고자등의 성명·주민등록번호·주소 및 직업 등 신원을 알 수 있는 사항과 보좌인, 변호인, 「특정범죄신고자등 보호법」 제13조(신변안전조치)의 규정에 의한 신변안전조치 및 제14조(범죄신고자등 구조금)의 규정에 의한 구조금의 지급에 관한 사항 등을 기재한다(특정범죄신고자등 보호법 시행령§4①). 정치자금범죄 신고자등이 조서등에 가명으로 서명한 때에는 검사 또는 사법경찰관은 조서에 기재한 가명을 신원관리카드에 기재하고 정치자금범죄신고자등으로 하여금 본명과 가명의 서명을 신원관리카드에 기재하고 무인하게 하여야 한다(특정범죄신고자등 보호법 시행령§4②).

(나) 신원관리카드의 관리

각급 선거관리위원회가 수사의뢰 또는 고발을 하는 때에는 조사서류와 별도로 신원관리카드를 봉인하여 조사기록과 함께 관할 경찰관서 또는 관할 검찰청에 이를 제출하여야 한다(규칙§46④). 사법경찰관이 사건을 송치하는 때에는 수사서류와 별도로 신원관리카드를 봉인하여 사건기록과 함께 관할 검찰청에 이를 제출하여야 한다(특정범죄신고자등 보호법 시행령§5①).

각급 검찰청의 장(지방검찰청 지청의 장을 포함한다)은 신원관리카드를 관리하는 검사를 지정하여야 한다(특정범죄신고자등 보호법 시행령§5②). 신원관리카드는 공소제기 후에도 위 지정된 검사가 이를 관리한다(특정범죄신고자등 보호법 시행령§5③).

「특정범죄신고자등 보호법」 제11조(증인 소환 및 신문의 특례 등) 제3항 후단의 규정에 의하여 증인의 신원확인을 하는 때에는 검사가 공판정에서 재판장 또는 판사에게 직접 신원관리카드를 제시하고, 재판장 또는 판사는 지체 없이 담당 법원사무관 등으로 하여금 신원관리카드에 의하여 신원을 확인하게 하여야 한다(특정범죄신고자등 보호법 시행령§④).

(다) 신원관리카드의 열람

법원은 다른 사건의 재판에 필요한 경우에는 검사에게 신원관리카드의 열람을 요청할 수 있다. 이 경우 요청을 받은 검사는 정치자금범죄 신고자등이나 그 친족등이 보복을 당할 우려가 있는 경우 외에는 그 열람을 허용하여야 한다(법§53①, 특

---

5) 규칙 별지 제49호 서식(범죄신고자등 신원관리카드)

정범죄신고자 등 보호법§9①).

① 검사나 사법경찰관이 다른 사건의 수사에 필요한 경우, ② 변호인이 피고인의 변호에 필요한 경우, ③ 「특정범죄신고자 등 보호법」 제14조(범죄신고자등 구조금)에 따른 정치자금범죄 신고자등 구조금 지급에 관한 심의 등 공무상 필요한 경우에 해당하는 경우에는 그 사유를 소명하고 검사의 허가를 받아 신원관리카드를 열람할 수 있다. 다만, 정치자금범죄 신고자등이나 그 친족 등이 보복을 당할 우려가 있는 경우에는 열람을 허가하여서는 아니 된다(법§53①, 특정범죄신고자 등 보호법§9②).

피의자 또는 피고인이나 그 변호인 또는 법정대리인, 배우자, 직계친족과 형제자매는 피해자와의 합의를 위하여 필요한 경우에 검사에게 정치자금범죄 신고자등과의 면담을 신청할 수 있다(법§53①, 특정범죄신고자 등 보호법§9③). 면담 신청을 받은 검사는 즉시 그 사실을 정치자금범죄 신고자등에게 통지하고, 정치자금범죄 신고자등이 이를 승낙한 경우에는 검사실 등 적당한 장소에서 정치자금범죄 신고자등이나 그 대리인과 면담을 할 수 있도록 조치할 수 있다(법§53①, 특정범죄신고자 등 보호법§9④).

피고인의 변호를 위해 신원관리카드의 열람을 신청한 변호인과 피해자와의 합의를 위해 면담 신청을 한 자는 검사의 거부처분에 대하여 이의신청을 할 수 있다(법§53①, 특정범죄신고자 등 보호법§9⑤). 이의신청은 그 검사가 소속된 지방검찰청검사장(지청의 경우에는 지청장)에게 서면으로 제출하여야 한다. 이의신청을 받은 검사장 또는 지청장은 이의신청이 이유가 있다고 인정하는 경우에는 신원관리카드의 열람을 허가하거나 정치자금범죄 신고자등이나 그 대리인과 면담할 수 있도록 조치하여야 한다(법§53①, 특정범죄신고자 등 보호법§9⑥).

라. 영상물 촬영

정치자금범죄 신고자등에 대하여 「형사소송법」 제184조(증거보전의 청구와 그 절차)[6] 또는 제221조의2(증인신문의 청구)[7]에 따른 증인신문을 하는 경우 판사는 직

---

6) 「형사소송법」 제184조(증거보전의 청구와 그 절차) ①검사, 피고인, 피의자 또는 변호인은 미리 증거를 보전하지 아니하면 그 증거를 사용하기 곤란한 사정이 있는 때에는 제1회 공판기일 전이라도 판사에게 압수, 수색, 검증, 증인신문 또는 감정을 청구할 수 있다.

권으로 또는 검사의 신청에 의하여 그 과정을 비디오테이프 등 영상물로 촬영할 것을 명할 수 있다(법§53①, 특정범죄신고자 등 보호법§10①). 영상물의 촬영비용 및 복사에 관하여는 「형사소송법」 제56조의2(공판정에서의 속기·녹음 및 영상녹화) 제2항 및 제3항8)을 준용한다(법§53①, 특정범죄신고자 등 보호법§10②).

촬영한 영상물에 수록된 정치자금범죄 신고자등의 진술은 이를 증거로 할 수 있다(법§53①, 특정범죄신고자 등 보호법§10③).

마. 증인 소환 및 신문의 특례

조서 등에 인적사항을 기재하지 아니한 정치자금범죄 신고자등을 증인으로 소환할 때에는 검사에게 소환장을 송달한다(법§53①, 특정범죄신고자 등 보호법§11①). 재판장 또는 판사는 소환된 증인 또는 그 친족 등이 보복을 당할 우려가 있는 경우에는 참여한 법원서기관 또는 서기로 하여금 공판조서에 그 취지를 기재하고 해당 증인의 인적사항의 전부 또는 일부를 기재하지 아니하게 할 수 있다. 이 경우 재판장 또는 판사는 검사에게 신원관리카드가 작성되지 아니한 증인에 대한 신원관리카드의 작성 및 관리를 요청할 수 있다(법§53①, 특정범죄신고자 등 보호법§11②).

---

②전항의 청구를 받은 판사는 그 처분에 관하여 법원 또는 재판장과 동일한 권한이 있다.
③제1항의 청구를 함에는 서면으로 그 사유를 소명하여야 한다.
④제1항의 청구를 기각하는 결정에 대하여는 3일 이내에 항고할 수 있다.
7) 「형사소송법」 제221조의2(증인신문의 청구) ①범죄의 수사에 없어서는 아니 될 사실을 안다고 명백히 인정되는 자가 전조의 규정에 의한 출석 또는 진술을 거부한 경우에는 검사는 제1회 공판기일 전에 한하여 판사에게 그에 대한 증인신문을 청구할 수 있다.
③제1항의 청구를 함에는 서면으로 그 사유를 소명하여야 한다.
④제1항의 청구를 받은 판사는 증인신문에 관하여 법원 또는 재판장과 동일한 권한이 있다.
⑤판사는 제1항의 청구에 따라 증인신문기일을 정한 때에는 피고인·피의자 또는 변호인에게 이를 통지하여 증인신문에 참여할 수 있도록 하여야 한다.
⑥판사는 제1항의 청구에 의한 증인신문을 한 때에는 지체 없이 이에 관한 서류를 검사에게 송부하여야 한다.
8) 「형사소송법」 제56조의2(공판정에서의 속기·녹음 및 영상녹화) ①법원은 검사, 피고인 또는 변호인의 신청이 있는 때에는 특별한 사정이 없는 한 공판정에서의 심리의 전부 또는 일부를 속기사로 하여금 속기하게 하거나 녹음장치 또는 영상녹화장치를 사용하여 녹음 또는 영상녹화(녹음이 포함된 것을 말한다)하여야 하며, 필요하다고 인정하는 때에는 직권으로 이를 명할 수 있다.
②법원은 속기록·녹음물 또는 영상녹화물을 공판조서와 별도로 보관하여야 한다.
③검사, 피고인 또는 변호인은 비용을 부담하고 제2항에 따른 속기록·녹음물 또는 영상녹화물의 사본을 청구할 수 있다.

재판장 또는 판사는 증인의 인적 사항이 신원확인, 증언 등 증인신문의 모든 과정에서 공개되지 아니하도록 하여야 한다. 이 경우 소환된 증인의 신원확인은 검사가 제시하는 신원관리카드로 한다(법§53①, 특정범죄신고자 등 보호법§11③).

공판조서에 인적사항을 기재하지 아니하는 경우 재판장 또는 판사는 정치자금범죄 신고자등으로 하여금 선서서에 가명으로 서명·무인하게 하여야 한다. 이 경우「특정범죄신고자 등 보호법」제7조(인적사항의 기재 생략) 제4항 후단을 준용한다(법§53①, 특정범죄신고자 등 보호법§11④).

증인으로 소환된 정치자금범죄 신고자등이나 그 친족 등이 보복을 당할 우려가 있는 경우에는 검사, 정치자금범죄 신고자등 또는 그 법정대리인은 법원에 피고인이나 방청인을 퇴정시키거나 공개법정 외의 장소에서 증인신문을 할 것을 신청할 수 있다(법§53①, 특정범죄신고자 등 보호법§11⑤). 재판장 또는 판사는 직권으로 또는 위 신청이 상당한 이유가 있다고 인정할 때에는 피고인이나 방청인을 퇴정시키거나 공개법정 외의 장소에서 증인신문 등을 할 수 있다. 이 경우 변호인이 없을 때에는 국선변호인을 선임하여야 한다(법§53①, 특정범죄신고자 등 보호법§11⑥).

피고인이나 방청인을 퇴정시키거나 공개법정 외의 장소에서 증인신문 등을 하는 경우에는「법원조직법」제57조(재판의 공개) 제2항·제3항[9] 및「형사소송법」제297조(피고인등의 퇴정) 제2항[10]을 준용한다(법§53①, 특정범죄신고자 등 보호법§11⑦).

바. 소송진행의 협의 등

법원은 정치자금범죄 신고자등이나 그 친족 등이 보복을 당할 우려가 있는 경우

---

9)「법원조직법」제57조(재판의 공개) ①재판의 심리와 판결은 공개한다. 다만, 심리는 국가의 안전보장, 안녕질서 또는 선량한 풍속을 해칠 우려가 있는 경우에는 결정으로 공개하지 아니할 수 있다.
②제1항 단서의 결정은 이유를 밝혀 선고한다.
③제1항 단서의 결정을 한 경우에도 재판장은 적당하다고 인정되는 사람에 대해서는 법정 안에 있는 것을 허가할 수 있다.

10)「형사소송법」제297조(피고인 등의 퇴정) ①재판장은 증인 또는 감정인이 피고인 또는 어떤 재정인의 면전에서 충분히 진술을 할 수 없다고 인정한 때에는 그를 퇴정하게 하고 진술하게 할 수 있다. 피고인이 다른 피고인의 면전에서 충분한 진술을 할 수 없다고 인정한 때에도 같다.
②전항의 규정에 의하여 피고인을 퇴정하게 한 경우에 증인, 감정인 또는 공동피고인의 진술이 종료한 때에는 피고인을 입정하게 한 후 법원사무관등으로 하여금 진술의 요지를 고지하게 하여야 한다.

에는 검사 및 변호인과 해당 피고인에 대한 공판기일의 지정이나 그 밖의 소송진행에 필요한 사항을 협의할 수 있다(법§53①, 특정범죄신고자 등 보호법§12①). 협의는 소송진행에 필요한 최소한에 그쳐야 하며, 판결에 영향을 주어서는 아니 된다(법§53①, 특정범죄신고자 등 보호법§12②). 이 경우에는 「특정강력범죄의 처벌에 관한 특례법」 제10조(집중심리)[11] 및 제13조(판결선고)[12]를 준용한다(법§53①, 특정범죄신고자 등 보호법§12③).

사. 범죄신고자 등에 대한 형의 감면[13]

범죄신고 등을 함으로써 그와 관련된 자신의 범죄가 발견된 경우 그 정치자금범죄 신고자등에 대하여 형을 감경하거나 면제할 수 있다(법§53①, 특정범죄신고자 등 보호법§16).

3. 정치자금범죄 신고자에 대한 포상금 지급

가. 의의

각급 선거관리위원회(읍·면·동선거관리위원회를 제외한다) 또는 수사기관은 정치자금범죄에 대하여 선거관리위원회 또는 수사기관이 인지하기 전에 그 범죄행위의

---

11) 「특정강력범죄의 처벌에 관한 특례법」 제10조(집중심리) ①법원은 특정강력범죄사건의 심리를 하는 데에 2일 이상이 걸리는 경우에는 가능하면 매일 계속 개정하여 집중심리를 하여야 한다. ②재판장은 특별한 사정이 없으면 직전 공판기일부터 7일 이내로 다음 공판기일을 지정하여야 한다.
   ③재판장은 소송 관계인이 공판기일을 준수하도록 요청하여야 하며, 이에 필요한 조치를 할 수 있다.
12) 「특정강력범죄의 처벌에 관한 특례법」 제13조(판결선고) 법원은 특정강력범죄사건에 관하여 변론을 종결한 때에는 신속하게 판결을 선고하여야 한다. 복잡한 사건이거나 그 밖에 특별한 사정이 있는 경우에도 판결의 선고는 변론 종결일로부터 14일을 초과하지 못한다.
13) 「공직선거법」은 일정한 선거범죄 자수자에 대하여 그 형을 감경 또는 면제하는 자수자에 대한 특례규정을 두고 있으나(공직선거법§262), 정치자금법은 불법 정치자금을 제공한 자가 관할 선거관리위원회 또는 수사기관에 자수한 경우에 그 형을 감경 또는 면제하는 규정을 두지 않고 있다. 중앙선거관리위원회는 2016. 8. 불법 정치자금을 제공한 자가 밀고자로 비난받거나 처벌이 두려워 자수를 기피하는 것을 막기 위하여 그 자수자를 보호할 목적으로 불법 정치자금제공자가 자수한 때에는 「공직선거법」에 규정된 선거범죄 자수자에 준하여 그 형을 감경 또는 면제할 것을 제안하는 정치자금법 개정의견을 국회에 제출한 바가 있다(중앙선거관리위원회, 2016. 8. 정치관계법 개정의견).

신고를 한 자에 대하여는 규칙이 정하는 바에 따라 포상금을 지급할 수 있다(법§54
①).

나. 포상금의 지급기준 및 포상방법

정치자금범죄신고자에 대한 포상은 5억원의 범위 안에서 포상금심사위원회의
의결을 거쳐 각급 선거관리위원회 위원장이 포상하되, 익명으로 할 수 있다. 다만,
정치자금범죄에 관한 신고로 인하여 당선인의 당선무표에 해당하는 형이 확정된
경우에는 그 신고자에게 추가로 포상할 수 있다(규칙§47①, 공직선거관리규칙§143의4
①).

각급 선거관리위원회는 포상금을 지급하고자 하는 때에는 ① 포상대상자의 인
적사항(익명을 요구한 경우에는 익명으로 한다), ② 포상사유와 그 증명서류, ③ 포상
금액에 관한 의견, ④ 기타 포상금 지급 결정에 필요한 사항을 기재하여 서면으로
상급선거관리위원회에 이를 추천하여야 한다(규칙§47①, 공직선거관리규칙§143의4④).
포상금 지급추천은 공직선거관리규칙이 정하는 서식14)에 의하고(규칙§47①, 공직선
거관리규칙§143의4⑦), 추천을 받은 상급선거관리위원회는 지체 없이 그에 대응하는
포상금심사위원회에 관계서류를 이송하여야 한다(규칙§47①, 공직선거관리규칙§143의
4⑤).

포상금의 지급기준과 세부절차는 중앙선거관리위원회 사무총장이 정한다(규칙§47
①, 공직선거관리규칙§143의4②). 하나의 사건에 대하여 정치자금범죄신고자가 2인 이
상인 경우에는 위 포상금 지급기준의 범위 안에서 포상금심사위원회가 결정한 포
상금을 그 공로를 참작하여 적절하게 배분·지급하여야 한다. 다만, 포상금을 지급
받을 자가 배분방법에 관하여 미리 합의하여 포상금의 지급을 신청하는 경우에는
그 합의에 의하여 지급한다(규칙§47①, 공직선거관리규칙§143의4⑥).

한편, 수사기관의 정치자금범죄 신고에 대한 포상금 지급기준 및 포상방법 등에
관하여는 각급 선거관리위원회의 포상금 지급기준 및 포상방법 등을 준용하여 해
당 수사기관의 장이 정한다(규칙§47②).

---

14) 공직선거관리규칙 별지 제62호 서식의 (라)(포상금 지급 추천)

다. 포상금심사위원회

(1) 설치 및 구성

중앙선거관리위원회 및 시·도선거관리위원회는 포상금 지급의 심사를 위하여 각각 포상금심사위원회를 설치·운영하여야 하는 바(공직선거법§262의3②), 중앙선거관리위원회에 두는 포상금심사위원회는 위원장 1명과 6명의 위원으로 구성하며, 위원장은 중앙선거관리위원회 사무차장이 되고, 위원은 중앙선거관리위원회 소속 4급 이상 일반직국가공무원이 되고(규칙§47①, 공직선거관리규칙§143의5②), 시·도선거관리위원회에 두는 포상금심사위원회는 위원장 1명과 6명의 위원으로 구성하며, 위원장은 당해 시·도선거관리위원회 상임위원이 되고, 위원은 당해 시·도선거관리위원회 및 그 관할구역안의 구·시·군선거관리위원회 소속 4급 이상 일반직국가공무원이 된다. 다만, 해당 시·도선거관리위원회 및 그 관할구역 안의 구·시·군선거관리위원회 소속 4급 이상 일반직 국가공무원의 정원이 6명 미만인 경우에는 그 부족한 인원만큼 소속 5급 일반직 국가공무원을 위원으로 한다(규칙§47①, 공직선거관리규칙§143의5③).

(2) 심의사항

포상금심사위원회는 ① 포상대상자에 대한 포상여부, ② 포상금 지급여부와 그 지급금액, ③ 기타 포상에 관한 사항을 심의·의결한다(규칙§47①, 공직선거관리규칙§143의6).

(3) 회의

포상금심사위원회의 위원장은 회의를 소집하고 그 의장이 된다(규칙§47①, 공직선거관리규칙§143의7①). 포상금심사위원회의 위원장이 부득이한 사유로 그 직무를 수행하지 못하는 경우에는 위원장이 지명하는 위원이 그 직무를 대행한다(규칙§47①, 공직선거관리규칙§143의7③).

포상금심사위원회 회의는 위원장을 포함한 재적위원 과반수의 출석으로 개의하고 출석위원 과반수의 찬성으로 의결한다(규칙§47①, 공직선거관리규칙§143의7②).

포상금심사위원회의 위원이 회의에 출석하지 못할 부득이한 사유가 있는 때에는 그 소속 공무원으로 하여금 회의에 출석하여 그 권한을 대행하게 할 수 있다

(규칙§47①, 공직선거관리규칙§143의7④). 포상금심사위원회의 위원장과 위원은 자신의 이해에 관한 회의에 참석하지 못한다(규칙§47①, 공직선거관리규칙§143의7⑥).

포상금심사위원회에는 간사 1인을 두되, 포상담당 행정사무관 또는 서기관으로 한다(규칙§47①, 공직선거관리규칙§143의7⑤).

(4) 심의

포상금심사위원회는 심의를 위하여 필요하다고 인정되는 때에는 포상금지급대상자 또는 참고인의 출석을 요청하여 그 의견을 들을 수 있으며, 관계기관에 대하여 필요한 자료의 제출을 요청할 수 있다(규칙§47①, 공직선거관리규칙§143의8).

라. 포상금의 반환

(1) 포상금의 반환 고지

각급 선거관리위원회 또는 수사기관은 포상금을 지급한 후 담합 등 거짓의 방법으로 신고한 사실이 발견된 경우 해당 신고자에게 반환할 금액을 고지하여야 한다(법§54②). 각급 선거관리위원회는 해당 신고자에게 반환하여야 할 금액을 서면으로 직접 알리거나 배달증명등기우편 등의 방법으로 알려야 한다(규칙§47의2①).

(2) 포상금의 반환

포상금의 반환을 고지받은 해당 신고자는 그 고지를 받은 날부터 30일 이내에 해당 금액을 해당 선거관리위원회 또는 수사기관이 지정한 예금계좌에 자신의 명의로 이를 입금하여 납부하여야 한다(법§54②, 규칙§47의2②). 각급 선거관리위원회는 해당 신고자가 납부한 금액을 납부받은 날부터 20일 이내에 중앙선거관리위원회의 수입징수관에게 납부하여야 한다(규칙§47의2③).

각급 선거관리위원회 또는 수사기관은 해당 신고자가 납부기한까지 반환할 금액을 납부하지 아니한 때에는 해당 신고자의 주소지를 관할하는 세무서장에게 징수를 위탁하고 관할 세무서장이 국세체납처분의 예에 따라 징수하여 국가에 납입하여야 한다(법§52③, 규칙§47의2④).

납부 또는 징수된 금액은 국가에 귀속된다(법§54④). 납부 또는 징수 절차는 「국고금관리법 시행규칙」을 준용한다(규칙§47의2⑤).

4. 궐석재판 및 기소 · 판결에 관한 통지

가. 궐석재판

정치자금범죄에 관한 재판에서 피고인이 공시송달에 의하지 아니한 적법한 소환을 받고서도 공판기일에 출석하지 아니한 때에는 다시 기일을 정하여야 하고(법 §55①), 피고인이 정당한 사유 없이 다시 정한 기일 또는 그 후에 열린 공판기일에 출석하지 아니한 때에는 피고인의 출석 없이 공판절차를 진행할 수 있다(법§55②). 위와 같이 피고인의 출석 없이 공판절차를 진행할 경우에는 출석한 검사 및 변호인의 의견을 들어야 하고(법§55③), 법원이 판결을 선고한 때에는 피고인 또는 변호인(변호인이 있는 경우에 한한다)에게 전화 그 밖에 신속한 방법으로 그 사실을 통지하여야 한다(법§55④).

나. 기소 · 판결에 관한 통지

정치자금범죄로 정당의 대표자, 국회의원, 지방자치단체의 장, 지방의회의원, 공직선거후보자 · 예비후보자, 대통령선거경선후보자 · 당대표경선후보자등, 후원회의 대표자 또는 그 회계책임자를 기소한 검사는 이를 관할 선거관리위원회에 통지하여야 한다(법§56①).

법 제45조(정치자금부정수수죄)부터 제48조(감독의무해태죄 등) 및 제49조(선거비용 관련 위반행위에 관한 벌칙) 제1항 · 제2항의 범죄에 대한 확정판결을 행한 재판장은 그 판결서 등본을 관할 선거관리위원회에 송부하여야 한다(법§56②).

5. 정치자금범죄와 다른 죄의 경합범에 대한 분리선고

가. 의의

「형법」제38조(경합범과 처벌례)[15]에도 불구하고 법 제45조(정치자금부정수수죄)

---

15) 「형법」제38조(경합범과 처벌례) ①경합범을 동시에 판결할 때에는 다음의 구별에 의하여 처벌한다.
  1. 가장 중한 죄에 정한 형이 사형 또는 무기징역이나 무기금고인 때에는 가장 중한 죄에 정한 형으로 처벌한다.
  2. 각 죄에 정한 형이 사형 또는 무기징역이나 무기금고 이외의 동종의 형인 때에는 가장 중

및 제49조(선거비용관련 위반행위에 관한 벌칙)에 규정된 죄와 다른 죄의 경합범에 대하여는 이를 분리 선고하고, 선거사무장·선거사무소의 회계책임자(선거사무소의 회계책임자로 선임·신고되지 아니한 사람으로서 후보자와 통모하여 해당 후보자의 선거비용으로 지출된 금액이 선거비용제한액의 3분의 1 이상에 해당하는 사람을 포함한다) 또는 후보자(후보자가 되려는 사람을 포함한다)의 직계존비속 및 배우자에게 「공직선거법」 제263조(선거비용의 초과지출로 인한 당선무효) 및 제265조(선거사무장등의 선거범죄로 인한 당선무효)에 규정된 죄와 「공직선거법」 제18조(선거권이 없는 자) 제1항 제3호16)에 규정된 죄의 경합범으로 징역형 또는 300만원 이상의 벌금형을 선고하는 때(선거사무장, 선거사무소의 회계책임자에 대하여는 선임·신고되기 전의 행위로 인한 경우를 포함한다)에는 이를 분리 선고하여야 한다(공직선거법§18③).

「공직선거법」 제18조(선거권이 없는 자) 제3항의 입법취지는 선거범이 아닌 다른 죄가 선거범의 양형에 영향을 미치는 것을 최소화하기 위하여 형법상 경합범 처벌례에 관한 조항의 적용을 배제하고 분리 심리하여 형을 따로 선고하여야 한다는 것이다.17) 판결이 확정되지 아니한 수개의 죄를 단일한 형으로 처벌할 것인지 수개의 형으로 처벌할 것인지 여부 및 가중하여 하나의 형으로 처벌하는 경우 그 가중 방법은 입법자의 재량에 맡겨진 사항이라고 할 것이고, 「공직선거법」 제18조

한 죄에 정한 장기 또는 다액에 그 2분의 1까지 가중하되 각 죄에 정한 형의 장기 또는 다액을 합산한 형기 또는 액수를 초과할 수 없다. 단 과료와 과료, 몰수와 몰수는 병과할 수 있다.

  3. 각 죄에 정한 형이 무기징역이나 무기금고 이외의 이종의 형인 때에는 병과한다.
  ②전항 각호의 경우에 있어서 징역과 금고는 동종의 형으로 간주하여 징역형으로 처벌한다.
16) 「공직선거법」 제18조(선거권이 없는 자) ①선거일 현재 다음 각 호의 어느 하나에 해당하는 사람은 선거권이 없다.
  3. 선거범, 「정치자금법」 제45조(정치자금부정수수죄) 및 제49조(선거비용관련 위반행위에 관한 벌칙)에 규정된 죄를 범한 자 또는 대통령·국회의원·지방의회의원·지방자치단체의 장으로서 그 재임중의 직무와 관련하여 「형법」(「특정범죄가중처벌 등에 관한 법률」 제2조에 의하여 가중처벌되는 경우를 포함한다) 제129조(수뢰, 사전수뢰) 내지 제132조(알선수뢰)·「특정범죄가중처벌 등에 관한 법률」 제3조(알선수재)에 규정된 죄를 범한 자로서, 100만원 이상의 벌금형의 선고를 받고 그 형이 확정된 후 5년 또는 형의 집행유예의 선고를 받고 그 형이 확정된 후 10년을 경과하지 아니하거나 징역형의 선고를 받고 그 집행을 받지 아니하기로 확정된 후 또는 그 형의 집행이 종료되거나 면제된 후 10년을 경과하지 아니한 자(형이 실효된 자를 포함한다)
17) 2004. 2. 13. 선고 2003도3090 판결, 2004. 4. 9. 선고 2004도606 판결, 1999. 4. 23. 선고 99도636 판결

(선거권이 없는 자) 제1항 제3호, 제3항은 대통령, 국회의원, 지방자치단체장 등 선출직 공직자가 재임 중 뇌물 관련 죄를 범하는 경우 선거범과 마찬가지로 선거권 및 피선거권이 제한되므로 다른 죄가 재임 중 뇌물 관련 죄의 양형에 영향을 미치는 것을 최소화하기 위하여 형법상 경합범 처벌례에 관한 조항의 적용을 배제하고 분리하여 형을 선고하도록 한 것으로서 입법 목적의 정당성이 인정되며, 법원으로서는 선거권 및 피선거권이 제한되는 사정을 고려하여 선고형을 정하게 되므로 위 법률조항에 따른 처벌이 형법상 경합범의 처벌례에 의한 처벌보다 항상 불리한 결과가 초래된다고 할 수 없어, 위 법률조항이 형법상 경합범 처벌례를 규정한 조항과 비교하여 현저히 불합리하게 차별하는 자의적인 입법이라고 단정할 수 없다.18)

나. 정치자금범죄와 다른 죄의 경합범의 분리선고

(1) 정치자금범죄

다른 죄와의 경합범의 경우 분리선고하여야 하는 정치자금범죄는 법 제45조(정치자금부정수수죄) 및 제49조(선거비용관련 위반행위에 관한 벌칙)에 규정된 죄를 말한다(공직선거법§18③).

(2) 분리선고

판결이 확정되지 아니한 수개의 죄를 동시에 판결할 때에는 「형법」 제38조(경합범과 처벌례)가 정하는 처벌례에 따라 처벌하여야 하므로, 경합범으로 공소제기된 수개의 죄에 대하여 「형법」 제38조(경합범과 처벌례)의 적용을 배제하고 위 처벌례와 달리 따로 형을 선고하려면 「공직선거법」 제18조(선거권이 없는 자) 제3항과 같이 예외를 인정한 명문의 규정이 있어야 한다.19)

(3) 분리선고를 할 수 없는 경우

「공직선거법」 제18조(선거권이 없는 자) 제3항은 선거사무소의 회계책임자 등에게 "「공직선거법」 제263조(선거비용초과지출로 인한 당선무효) 및 제265조(선거사무장 등의 선거범죄로 인한 당선무효)에 규정된 죄와 「공직선거법」 제18조(선거권이 없는

---

18) 2011. 10. 13. 선고 2011도9584 판결, 2004. 2. 13. 선고 2003도3090 판결
19) 2011. 8. 18. 선고 2011도6311 판결, 2009. 1. 30. 선고 2008도4986 판결, 2004. 4. 9. 선고 2004도606 판결

자) 제1항 제3호에 규정된 죄의 경합범으로 징역형 또는 300만원 이상의 벌금형을 선고하는 때"에는 이를 분리 선고하여야 한다고 정하고 있을 뿐, 그 회계책임자 등에게 「공직선거법」 제263조(선거비용초과지출로 인한 당선무효)에 규정된 죄와 제265조(선거사무장등의 선거범죄로 인한 당선무효)에 규정된 죄의 경합범으로 징역형 또는 300만원 이상의 벌금형을 선고하는 때에도 이를 분리하여 형을 선고하도록 정하고 있지 아니하고, 달리 그와 같은 규정을 두고 있지 아니하므로, 선거사무소의 회계책임자 등에게 「공직선거법」 제263조(선거비용초과지출로 인한 당선무효)에 규정된 죄와 제265조(선거사무장등의 선거범죄로 인한 당선무효)에 규정된 죄의 경합범으로 징역형 또는 300만원 이상의 벌금형을 선고하는 경우에는 이를 분리하여 형을 선고할 수는 없고, 다른 경합범과 마찬가지로 「형법」 제38조(경합범과 처벌례)가 정하는 처벌례에 따라 형을 선고하여야 한다.[20]

다. 선거사무장·회계책임자 등의 분리선고

(1) 분리선고 대상 범죄의 주체

선거사무장·선거사무소의 회계책임자 또는 후보자(후보자가 되려는 사람을 포함한다)의 직계존비속 및 배우자가 「공직선거법」 제263조(선거비용초과지출로 인한 당선무효) 및 제265조(선거사무장등의 선거범죄로 인한 당선무효)에 규정된 죄와 제18조(선거권이 없는 자) 제1항 제3호에 규정된 죄를 범하여 경합범으로 징역형 또는 300만원 이상을 벌금형을 선고받는 경우에 해당하여야 한다. 이 경우 선거사무소의 회계책임자에는 선거사무소의 회계책임자로 선임·신고되지 아니한 사람으로서 후보자와 통모하여 해당 후보자의 선거비용으로 지출된 금액이 선거비용제한액의 3분의 1 이상에 해당하는 사람을 포함한다(공직선거법§18③).

(2) 분리선고하는 경합범의 범위

「공직선거법」 제263조(선거비용초과지출로 인한 당선무효) 및 제265조(선거사무장등의 선거범죄로 인한 당선무효)에 규정된 죄와 제18조(선거권이 없는 자) 제1항 제3호에 규정된 죄를 범하여 경합범으로 징역형 또는 300만원 이상의 벌금형을 선고받는 경우에, 선거사무장, 선거사무소의 회계책임자에 대하여는 선임·신고되기 전의

---

20) 2011. 8. 18. 선고 2011도6311 판결

행위로 인한 경우를 포함한다(법§18③).

라. 분리선고에 따른 공판절차의 진행방법

「공직선거법」 제18조(선거권이 없는 자) 제3항에 따른 공판절차의 진행은 사건기록을 분리할 필요 없이 처음 공판기일에 정치자금범죄를 다른 죄와 분리 심리할 것을 결정 고지하고, 같은 기록에 별도의 공판조서를 작성하여 진행하며, 판결은 특별한 사정이 없는 한 하나의 판결문으로 선고하되, 형만을 분리하여 정치자금범죄에 대한 형벌과 그 밖의 죄에 대한 형벌로 나누어 정하면 되는 바, 만일 공소사실에 불명확한 점이 있어 정치자금범죄와 다른 죄가 「형법」 제38조(경합범과 처벌례)의 적용을 받는 경합범으로 기소되어 있는지가 분명하지 아니하다면 법원으로서는 그 불명확한 점에 관하여 석명을 구하는 등의 방법으로 공소사실을 특정한 다음에 사건을 정치자금범죄와 다른 죄로 분리하여 심리하여야 하고, 이로써 족하다.[21]

6. 양벌규정

가. 의의

정당·후원회의 회계책임자와 그 회계사무보조자 또는 법인·단체의 임원이나 구성원이 그 업무에 관하여 법 제45조(정치자금부정수수죄)부터 제48조(감독의무해태죄 등)까지의 어느 하나에 해당하는 위반행위를 한 때에는 행위자를 벌하는 외에 당해 정당이나 후원회 또는 법인·단체가 한 것으로 보아 그 정당이나 후원회 또는 법인·단체에 대하여도 각 해당 조의 벌금형을 과한다. 다만, 해당 정당이나 후원회 또는 법인·단체가 그 위반행위를 방지하기 위하여 해당 업무에 관하여 상당한 주의와 감독을 게을리하지 아니한 경우에는 그러하지 아니하다(법§50). 이는 정치자금법의 실효성을 확보하기 위하여 행위자뿐만 아니라 그가 속한 정당이나 후원회 또는 법인·단체에 대하여도 각 해당 조의 벌금형을 과할 수 있도록 규정한 것이다.

한편, 정치자금법의 양벌규정은 「공직선거법」의 제260조(양벌규정)[22] 등 다른

---

21) 1999. 4. 23. 선고 99도636 판결
22) 「공직선거법」 제260조(양벌규정) ①정당·회사, 그 밖의 법인·단체(이하 이 조에서 "단체등"

법률과는 달리, 정당·후원회의 회계책임자와 그 회계사무보조자 또는 법인·단체의 임원이나 구성원의 위반행위를 "당해 정당이나 후원회 또는 법인·단체가 한 것으로 본다."는 문언을 삽입하여, 정당·후원회의 회계책임자와 그 회계사무보조자 또는 법인·단체의 임원이나 구성원의 위반행위를 당해 정당이나 후원회 또는 법인·단체의 위반행위로 간주하고 있다. 그러나 단체 등의 구성원의 위법행위에 대하여 단체 등의 주의·감독책임을 물어 단체 등의 구성원의 위법행위를 방지하고자 하는 양벌규정의 입법취지에 비추어, 단체 등의 구성원의 위법행위를 굳이 단체 등의 위법행위로 간주할 필요는 없으므로 위와 같은 조문형식을 취할 필요는 없어 보인다.

나. 상당한 주의와 감독을 게을리하지 아니한 경우의 판단기준

단체 등이 상당한 주의 또는 관리감독의무를 게을리하였는지 여부는 당해 위반행위와 관련된 모든 사정 즉, 당해 법률의 입법취지, 처벌조항 위반으로 예상되는 법익 침해의 정도, 그 위반행위에 관하여 양벌규정을 마련한 취지 등은 물론 위반행위의 구체적인 모습과 그로 인하여 실제 야기된 피해 또는 결과의 정도, 단체 등의 규모 및 행위자에 대한 감독가능성 또는 구체적인 지휘감독 관계, 단체 등의 위반행위 방지를 위하여 실제 행한 조치 등을 전체적으로 종합하여 판단하여야 한다.[23]

이라 한다)의 대표자, 그 대리인·사용인, 그 밖의 종업원과 정당의 간부인 당원이 그 단체등의 업무에 관하여 제230조 제1항부터 제4항까지·제6항부터 제8항까지, 제231조, 제232조 제1항·제2항, 제235조, 제237조 제1항·제5항, 제240조 제1항, 제241조 제1항, 제244조, 제245조 제2항, 제246조 제2항, 제247조 제1항, 제248조 제1항, 제250조부터 제254조까지, 제255조 제1항·제2항·제4항·제5항, 제256조, 제257조 제1항부터 제3항까지, 제258조, 제259조의 어느 하나에 해당하는 위반행위를 하면 그 행위자를 벌하는 외에 그 단체등에도 해당 조문의 벌금형을 과한다. 다만, 단체등이 그 위반행위를 방지하기 위하여 해당 업무에 관하여 상당한 주의와 감독을 게을리하지 아니한 경우에는 그러하지 아니하다.
②단체등의 대표자, 그 대리인·사용인, 그 밖의 종업원과 정당의 간부인 당원이 그 단체등의 업무에 관하여 제233조, 제234조, 제237조 제3항·제6항, 제242조 제1항·제2항, 제243조 제1항, 제245조 제1항, 제246조 제1항, 제249조 제1항, 제255조 제3항의 어느 하나에 해당하는 위반행위를 하면 그 행위자를 벌하는 외에 그 단체등에도 3천만원 이하의 벌금에 처한다. 다만, 단체등이 그 위반행위를 방지하기 위하여 해당 업무에 관하여 상당한 주의를 게을리하지 아니한 경우에는 그러하지 아니하다.
23) 2010. 9. 9. 선고 2008도7834 판결

제10장 공무담임제한 등 기타

1. 정치자금범죄로 공무담임의 제한

가. 공무담임권의 제한

법 제45조(정치자금부정수수죄) 및 제49조(선거비용관련 위반행위에 관한 벌칙)에 해당하는 범죄로 인하여 징역형의 선고를 받은 자는 그 집행을 받지 아니하기로 확정된 후 또는 그 형의 집행이 종료되거나 면제된 후 10년간, 형의 집행유예의 선고를 받은 자는 그 형이 확정된 후 10년간, 100만원 이상의 벌금형의 선고를 받은 자는 그 형이 확정된 후 5년간 공무담임권이 제한된다(법§57, 공직선거법§266①).[1]

---

[1] 헌법재판소는, 국회의원 당선자가 정치자금을 불법수수하여 100만원 이상 벌금형을 받은 경우 당연 퇴직하도록 한 법 제57조(정치자금범죄로 인한 공무담임 등의 제한)와 관련하여, '심판대상조항은 불법적인 정치자금 수수를 예방하고, 금권·타락선거를 방지하고 선거의 공정성과 공직의 청렴성을 확보하기 위한 것이며, 정치자금을 부정수수한 범죄는 공직선거의 공정성을 침해하는 행위로서 공직의 계속수행에 대한 국민적 신임이 유지되기 어려울 정도로 비난가능성이 크고, 법관이 100만원 이상의 벌금형을 양정함에 있어서는 형사처벌뿐만 아니라 공직의 계속수행 여부에 대한 합리적 평가를 하게 되며, 기본적으로 선거법이나 정치자금법 위반에 대하여 어떤 신분상 제재를 할 것인지에 대해서는 입법자의 정책적 재량이 존중되는 것이다. 따라서 심판대상조항은 청구인의 공무담임권이나 평등권을 침해하는 것이라 볼 수 없다.'고 판시하였다(2008. 1. 17. 선고 2006헌마1075 전원재판부 결정 : 김희옥 등 재판관 2명은 다수의견에 반대하여, '형사재판은 사실의 인정과 형의 선고를 위해 마련된 절차일 뿐, 국회의원직의 보유 또는 상실의 정당성 여부를 심리하고 판단하기 위한 재판절차가 아니다. 게다가 우리의 형사재판제도에는 구속력 있는 양형 기준이 없어, 양형에 관한 한 법관의 재량이 폭넓게 인정되고 있으며 법정형의 범위 내에서 구체적인 사건에 대한 벌금액을 얼마로 할 것인지는 사실상 거의 전적으로 법관의 자유재량에 맡겨져 있다고 볼 수 있다. 따라서 정치자금부정수수라는 범죄를 심리할 때 과연 피고인을 국회의원직에서 퇴직하도록 하는 것이 정치자금법의 입법목적 달성을 위해 필요한 정도의 참정권 제한이자 민주주의 원리에 대한 불가피한 제약인지, 아니면 기본권에 과도한 제한인 동시에 민주주의 원리에 대한 부당한 제약인지 여부에 대해서는 어떠한 특별한 심리도 이루어지지 않는다. 국회의원의 의원직 상실 여부는 객관적으로 전혀 확인할 수 없는 기준에 의해 법원이 자유재량으로 결정한 벌금의 액수에 따라 결정되며, 피고인이 국회의원직에서 퇴직될 것인지 여부를 법원이 형을 선고하기 전까지는 전혀 예측할 수 없으므로 근소한 벌금액의 차이로 국회의원직을 상실한 자로서는 법원이 자의적으로 불평등한 법집행을 한 것으로 받아들일 가능성도 크다. 결국 형사재판이 정치재판화 됨으로써 마치 법원이 정치적

나. 공무담임권이 제한되는 범죄 및 형량

공무담임권이 제한되는 것은 법 제45조(정치자금부정수수죄) 및 제49조(선거비용 관련 위반행위에 관한 벌칙)의 죄를 범하여 벌금 100만원 이상의 형을 선고받아 확정된 경우이다(법§57, 공직선거법§266①).

다. 제한되는 공무담임권의 범위

공무담임권이 제한되는 자는 아래의 직에 취임하거나 임용될 수 없으며, 이미 취임 또는 임용된 자의 경우에는 그 직에서 퇴직된다(법§57, 공직선거법§266①).

(1) 공직선거에 입후보할 경우 사직하여야 하는 공무원 등

「공직선거법」 제53조(공무원 등의 입후보) 제1항2) 각 호의 어느 하나에 해당하는

인 목적에 따라 자의적인 판단을 하는 것처럼 비춰질 우려도 있으며, 그러한 우려를 불식하기 위해 법원이 본래의 양형 요소보다도 피고인의 국회의원직 상실 여부를 우선적으로 고려하다 보면 형사재판의 양형 왜곡이 초래될 수밖에 없게 된다. 요컨대 이 사건 법률조항이, 국회의원 직 상실 여부를 법률 스스로 정하지 아니하고 법관의 선고 형량에 의존하도록 규정함으로써 결과적으로 국회의원직의 상실 여부를 법관의 과도한 재량에 위임하고 있는 것은, 민주주의와 국민주권을 선언한 「헌법」 제1조와 사법권을 법원에 부여한 「헌법」 제101조 제1항에 비추어 볼 때 헌법원리에 반하는 방법에 의한 기본권의 제한이라 할 것이다. 이 사건 법률조항은 선고 형 "벌금 100만원"을 기준으로 국회의원직의 상실 여부를 결정하고 있으나, 왜 군이 선고형이 "벌금 100만원"이면 국회의원직이 상실되어야 하고 그 미만이면 상실되지 않아도 되는지에 대한 아무런 합리적인 이유를 찾을 수 없다. 그것은 정치자금부정수수죄로 벌금 100만원이 선고될 때의 그 100만원이란 기준이 나타내는 불법의 크기와 죄질의 정도가 과연 어떠한 것인지에 대해 이를 객관적으로 인식하거나 예측할 수 없고, 직접 재판을 담당하는 법관이라 할지라도 이를 객관적으로 판단하는 것이 불가능할 만큼 그 기준이 자의적이고 추상적일 수밖에 없기 때문이다. 결국 이 사건 법률조항은 객관적이거나 합리적인 근거가 전혀 없는 선고형 "100만 원 이상의 벌금"이라는 기준을 들어 국회의원직의 상실 여부가 결정되도록 규정함으로써 기본권 제한에 필요한 방법의 적정성을 결여하였다.'고 반대의견을 주장하였다.)

2) 「공직선거법」 제53조(공무원 등의 입후보) ①다음 각 호의 어느 하나에 해당하는 사람으로서 후보자가 되려는 사람은 선거일 전 90일까지 그 직을 그만두어야 한다. 다만, 대통령선거와 국회의원선거에 있어서 국회의원이 그 직을 가지고 입후보하는 경우와 지방의회의원선거와 지방자치단체의 장의 선거에 있어서 당해 지방자치단체의 의회의원이나 장이 그 직을 가지고 입후보하는 경우에는 그러하지 아니하다.

1. 「국가공무원법」 제2조(공무원의 구분)에 규정된 국가공무원과 「지방공무원법」 제2조(공무원의 구분)에 규정된 지방공무원. 다만, 「정당법」 제22조(발기인 및 당원의 자격) 제1항 제1호 단서의 규정에 의하여 정당의 당원이 될 수 있는 공무원(정무직공무원을 제외한다)은 그러하지 아니하다.

직(제53조(공무원 등의 입후보) 제1항 제1호의 경우「고등교육법」제14조(교직원의 구분) 제1항·제2항3)에 따른 교원을, 같은 항 제5호의 경우 각 조합의 조합장 및 상근직원을 포함한다)(법§57, 공직선거법§266①1.)4)

---

2. 각급선거관리위원회위원 또는 교육위원회의 교육위원
3. 다른 법령의 규정에 의하여 공무원의 신분을 가진 자
4. 「공공기관의 운영에 관한 법률」제4조 제1항 제3호에 해당하는 기관 중 정부가 100분의 50 이상의 지분을 가지고 있는 기관(한국은행을 포함한다)의 상근 임원
5. 「농업협동조합법」·「수산업협동조합법」·「산림조합법」·「엽연초생산협동조합법」에 의하여 설립된 조합의 상근 임원과 이들 조합의 중앙회장
6. 「지방공기업법」제2조(적용범위)에 규정된 지방공사와 지방공단의 상근 임원
7. 「정당법」제22조 제1항 제2호의 규정에 의하여 정당의 당원이 될 수 없는 사립학교교원
8. 중앙선거관리위원회규칙으로 정하는 언론인
9. 특별법에 의하여 설립된 국민운동단체로서 국가 또는 지방자치단체의 출연 또는 보조를 받는 단체(바르게살기운동협의회·새마을운동협의회·한국자유총연맹을 말하며, 시·도조직 및 구·시·군조직을 포함한다)의 대표자

3) 「고등교육법」제14조(교직원의 구분) ①학교(각종학교는 제외한다. 이하 이 조에서 같다)에는 학교의 장으로서 총장 또는 학장을 둔다.
②학교에 두는 교원은 제1항에 따른 총장이나 학장 외에 교수·부교수·조교수 및 강사로 구분한다.
③학교에는 학교운영에 필요한 행정직원 등 직원과 조교를 둔다.
④각종학교에는 제1항부터 제3항까지의 규정에 준하여 필요한 교원, 직원 및 조교(이하 "교직원"이라 한다)를 둔다.

4) 헌법재판소는, 「공직선거법」제266조(선거범죄로 인한 공무담임 등의 제한) 제1항 제1호와 관련하여, '이 사건 법률조항은 일정한 선거범죄로 100만원 이상의 벌금형이 선고되어 그 형이 확정된 경우를 5년간의 공무원직 취임 또는 임용의 제한사유로 규정하고 있다. 따라서 공무원이 일정한 선거범죄로 100만원 이상의 벌금형을 선고받아 그 형이 확정되면 향후 5년간 공무원직에 취임하거나 임용될 수 없으므로 공무원으로 임용될 수 있는 자격조건이 5년간 한시적으로 상실 또는 정지된다. 그런데 「국가공무원법」제69조(당연퇴직) 및 제33조(결격사유) 제1항 제6호는 법원의 판결 또는 다른 법률에 의하여 자격이 상실 또는 정지된 경우를 교육공무원직을 비롯한 공무원직의 당연퇴직사유로 규정하고 있는바, 결국 이 사건 법률조항에 해당하는 공무원은 「국가공무원법」제69조(당연퇴직), 제33조(결격사유) 제1항 제6호가 정하는 "다른 법률에 의하여 자격이 상실 또는 정지된 자"에 해당하게 됨으로써 공무원직에서 당연퇴직되는 법적 효과가 발생한다. 그렇다면 청구인들이 공무원직에서 당연퇴직된 것은 심판대상조항이 아니라 위 「국가공무원법」규정들에 근거한 것이므로, 100만원 이상의 벌금의 확정의 효과로서 공무원직의 당연퇴직을 명시적으로 규정하지 아니하였다고 하여 명확성의 원칙에 위반된다고 할 수 없다.'고 판시하였고(2008. 4. 24. 2006헌바43·44(병합) 전원재판부 결정), '이 사건 당연퇴직조항에 의한 당연퇴직은 선거범죄로 인한 경우에 한정되므로 모든 범죄를 포괄하여 규정한 「지방공무원법」제61조(당연퇴직) 중 제31조(결격사유) 제1항 제3호 또는 제4호의 당연퇴직사유와는 차이가 있고, 공무담임권 및 참정권을 제한하고 있는 관련 법률조항들 또한 선거범죄로 인한 100만원의 벌금형을 기준으로 하고 있는 점을 고려할 때, 다른 범죄로 유죄판결을 받은 지방공무원에 비하여 선거범죄로 유죄판결을 받은 지방공무원

(2) 예비군중대장급 이상의 간부 등

「공직선거법」 제60조(선거운동을 할 수 없는 자) 제1항 제6호 내지 제8호5)에 해당하는 직(법§57, 공직선거법§266①2.)

(3) 「공직자윤리법」상 재산등록의무자 중 공기업 임원 등

「공직자윤리법」 제3조(등록의무자) 제1항 제12호 또는 제13호6)에 해당하는 기관·단체의 임·직원(법§57, 공직선거법§266①3.)

(4) 사립학교 교원

「사립학교법」 제53조(학교의 장의 임면)7) 또는 같은 법 제53조의2(학교의 장이 아닌 교원의 임면)8)의 규정에 의한 교원(법§57, 공직선거법§266①4.9))

이 이 사건 당연퇴직조항으로 인하여 합리적인 사유 없이 차별받는 것이라고 할 수는 없다.' 고 판시하였다(2005. 10. 27. 선고 2004헌바41 전원재판부 결정).

5) 「공직선거법」 제60조(선거운동을 할 수 없는 자) ①다음 각 호의 어느 하나에 해당하는 자는 선거운동을 할 수 없다. 다만, 제1호에 해당하는 사람이 예비후보자·후보자의 배우자인 경우와 제4호부터 제8호까지의 규정에 해당하는 사람이 예비후보자·후보자의 직계존비속인 경우에는 그러하지 아니하다.

　　6. 예비군 중대장급 이상의 간부

　　7. 통·리·반의 장 및 읍·면·동주민자치센터(그 명칭에 관계없이 읍·면·동사무소 기능전환의 일환으로 조례에 의하여 설치된 각종 문화·복지·편익시설을 총칭한다. 이하 같다)에 설치된 주민자치위원회(주민자치센터의 운영을 위하여 조례에 의하여 읍·면·동사무소의 관할구역별로 두는 위원회를 말한다. 이하 같다) 위원

　　8. 특별법에 설립된 국민운동단체로서 국가 또는 지방자치단체의 출연 또는 보조를 받는 단체(바르게살기운동협의회·새마을운동협의회·한국자유총연맹을 말한다)의 상근 임·직원 및 이들 단체 등(시·도조직 및 구·시·군조직을 포함한다)의 대표자

6) 「공직자윤리법」 제3조(등록의무자) ①다음 각 호의 어느 하나에 해당하는 공직자(이하 "등록의무자"라 한다)는 이 법에서 정하는 바에 따라 재산을 등록하여야 한다.

　　12. 제3조의2에 따른 공직유관단체(이하 "공직유관단체"라 한다)의 임원

　　13. 그 밖에 국회규칙, 대법원규칙, 헌법재판소규칙, 중앙선거관리위원회규칙 및 대통령령으로 정하는 특정 분야의 공무원과 공직유관단체의 직원

7) 「사립학교법」 제53조(학교의 장의 임용) ①각급학교의 장은 당해 학교를 설치·경영하는 학교법인 또는 사립학교경영자가 임용한다.

　　②제1항의 규정에 의하여 학교법인이 대학교육기관의 장을 임기 중에 해임하고자 하는 경우에는 이사정수의 3분의 2 이상의 찬성에 의한 이사회의 의결을 거쳐야 한다.

　　③각급학교의 장의 임기는 학교법인 및 법인인 사립학교경영자는 정관으로, 사인인 사립학교경영자는 규칙으로 정하되, 4년을 초과할 수 없고, 중임할 수 있다. 다만, 초·중등학교 및 특수학교의 장은 1회에 한하여 중임할 수 있다.

8) 「사립학교법」 제53조의2(학교의 장이 아닌 교원의 임용) ①각급학교의 교원은 당해 학교법인

또는 사립학교경영자가 임용하되, 다음 각 호의 1에 의하여야 한다.

1. 학교법인 및 법인인 사립학교경영자가 설치·경영하는 사립학교의 교원의 임용은 당해 학교의 장의 제청으로 이사회의 의결을 거쳐야 한다.

2. 사인인 사립학교경영자가 설치·경영하는 사립학교의 교원의 임용은 당해 학교의 장의 제청에 의하여 행하여야 한다.

②대학교육기관의 교원의 임용권은 당해 학교법인의 정관이 정하는 바에 의하여 학교의 장에게 위임할 수 있다.

③대학교육기관의 교원은 정관이 정하는 바에 따라 근무기간·급여·근무조건, 업적 및 성과약정 등 계약조건을 정하여 임용할 수 있다. 이 경우 근무기간에 관하여는 국·공립대학의 교원에게 적용되는 관련규정을 준용한다.

④제3항의 규정에 의하여 임용된 교원의 임용권자는 당해 교원의 임용기간이 만료되는 때에는 임용기간 만료일 4월전까지 임용기간이 만료된다는 사실과 재임용 심의를 신청할 수 있음을 당해 교원에게 통지(문서에 의한 통지를 말한다. 이하 이 조에서 같다)하여야 한다.

⑤제4항의 규정에 의하여 통지를 받은 교원이 재임용을 받고자 하는 경우에는 통지를 받은 날부터 15일 이내에 재임용 심의를 임용권자에게 신청하여야 한다.

⑥제5항의 규정에 의한 재임용 심의를 신청받은 임용권자는 제53조의4의 규정에 의한 교원인사위원회의 재임용심의를 거쳐 당해 교원에 대한 재임용 여부를 결정하고 그 사실을 임용기간 만료일 2월전까지 당해 교원에게 통지하여야 한다. 이 경우 당해 교원을 재임용하지 아니하기로 결정한 때에는 재임용하지 아니하겠다는 의사와 재임용 거부사유를 명시하여 통지하여야 한다.

⑦교원인사위원회가 제6항의 규정에 의하여 당해 교원에 대한 재임용 여부를 심의함에 있어서는 다음 각 호의 사항에 관한 평가 등 객관적인 사유로서 학칙이 정하는 사유에 근거하여야 한다. 이 경우 심의과정에서 15일 이상의 기간을 정하여 당해 교원에게 지정된 기일에 교원인사위원회에 출석하여 의견을 진술하거나 서면에 의한 의견제출의 기회를 주어야 한다.

1. 학생교육에 관한 사항
2. 학문연구에 관한 사항
3. 학생지도에 관한 사항
4. 「산업교육진흥 및 산학연협력촉진에 관한 법률」 제2조 제6호에 따른 산학연협력에 관한 사항

⑧교원인사위원회는 교원의 재임용을 심의하는 경우 해당 교원의 평가 등에 제7항 각 호의 사항에 대한 실적과 성과가 「고등교육법」 제15조에 따른 해당 교원의 임무에 비추어 적정하게 반영될 수 있도록 필요한 조치를 취하여야 한다.

⑨재임용이 거부된 교원이 재임용 거부처분에 대하여 불복하고자 하는 경우에는 그 처분이 있음을 안 날부터 30일 이내에 「교원의 지위 향상과 교육활동보호를 위한 특별법」 제7조에 따른 교원소청심사위원회에 심사를 청구할 수 있다.

⑩고등학교 이하 각급학교 교원의 신규채용은 공개전형에 의하도록 하며, 공개전형에 있어서 담당할 직무수행에 필요한 자격요건과 공개전형의 실시에 관하여 필요한 사항은 대통령령으로 정한다.

9) 헌법재판소는, 「공직선거법」 제266조(선거범죄로 인한 공무담임 등의 제한) 제1항 제4호와 관련하여, '선거범죄로 형사처벌을 받은 사립학교 교원에 대하여 신분상 불이익을 가하는 이 사건 법률조항은 선거의 공정성을 해친 자에게 일정한 불이익을 줌으로써 선거의 공정성을 확보함과 동시에 교원직무의 윤리성·사회적 책임성을 제고하기 위한 법적 조치로서 그 입법목적의 정당성이 인정되고, 이 사건 법률조항이 선거와 관련한 교원의 불법적 개입을 억제하고 교직의 윤리성을 제고하고자 사립학교 교원을 교직에서 배제하도록 한 것은 그 입법목적을

(5) 방송통신심의위원회의 위원(법§ 57, 공직선거법§ 266①5.)

2. 후보자의 반환기탁금 및 보전비용의 처리

가. 반환기탁금 및 보전비용의 인계 및 국고귀속

(1) 반환기탁금 및 보전비용의 인계

공직선거의 후보자가 후원회의 후원금 또는 정당의 지원금으로 「공직선거법」 제56조(기탁금)[10])의 규정에 의한 기탁금을 납부하거나 선거비용을 지출하여 같은 법 제57조(기탁금의 반환 등)[11]) 또는 제122조의2(선거비용의 보전 등)[12])의 규정에 의

달성하기 위한 효과적이고 적절한 수단이라고 볼 것이다. 사립학교 교직원의 사회적 지위와 영향력에 비추어 선거에 대한 교원의 불법적 개입을 억제할 필요성이 크다는 점, 법관이 100만원 이상의 벌금형을 양정함에 있어서 형사처벌뿐만 아니라 교직의 계속 수행 여부에 대한 합리적 평가를 하게 될 것이라는 점, 위와 같은 입법목적을 달성하기 위하여 달리 덜 제약적인 대체적 입법수단이 명백히 존재하지 않는 점 등을 종합하면, 이 사건 법률조항이 피해최소한의 원칙에 위배된다고 볼 수 없고, 이 사건 법률조항은 선거의 공정성을 보장하고 교직의 윤리성·사회적 책임성을 유지하기 위한 중대한 공익을 추구하기 위한 것이므로 법익의 균형성에 위배된다고도 볼 수 없다. 따라서 이 사건 법률조항은 직업선택의 자유 및 사립대학의 자율성을 침해하지 않는다.'고 판시하였다(2008. 4. 24. 선고 2005헌마857 전원재판부 결정).
10) 「공직선거법」 제56조(기탁금) ①후보자등록을 신청하는 자는 등록신청 시에 후보자 1명마다 다음 각 호의 기탁금을 중앙선거관리위원회규칙으로 정하는 바에 따라 관할선거구선거관리위원회에 납부하여야 한다. 이 경우 예비후보자가 해당 선거의 같은 선거구에 후보자등록을 신청하는 때에는 제60조의2 제2항에 따라 납부한 기탁금을 제외한 나머지 금액을 납부하여야 한다.
  1. 대통령선거는 3억원
  2. 지역구국회의원선거는 1천500만원
  2의2. 비례대표국회의원선거는 500만원
  3. 시·도의회의원선거는 300만원
  4. 시·도지사선거는 5천만원
  5. 자치구·시·군의 장 선거는 1천만원
  6. 자치구·시·군의원선거는 200만원
  ②제1항의 기탁금은 체납처분이나 강제집행의 대상이 되지 아니한다.
  ③제261조에 따른 과태료 및 제271조에 따른 불법시설물 등에 대한 대집행비용은 제1항의 기탁금(제60조의2 제2항의 기탁금을 포함한다)에서 부담한다.
11) 「공직선거법」 제57조(기탁금의 반환) ①관할선거구선거관리위원회는 다음 각 호의 구분에 따른 금액을 선거일 후 30일 이내에 기탁자에게 반환한다. 이 경우 반환하지 아니하는 기탁금은 국가 또는 지방자치단체에 귀속한다.
  1. 대통령선거, 지역구국회의원선거, 지역구지방의회의원선거 및 지방자치단체의 장선거
   가. 후보자가 당선되거나 사망한 경우와 유효투표총수의 100분의 15 이상을 득표한 경우에는 기탁금 전액

　　나. 후보자가 유효투표총수의 100분의 10 이상 100분의 15 미만을 득표한 경우에는 기탁금
　　　의 100분의 50에 해당하는 금액
　　다. 예비후보자가 사망하거나, 당헌·당규에 따라 소속 정당에 후보자로 추천하여 줄 것을 신
　　　청하였으나 해당 정당의 추천을 받지 못하여 후보자로 등록하지 않은 경우에는 제60조의
　　　2 제2항에 따라 납부한 기탁금 전액
　2. 비례대표국회의원선거 및 비례대표지방의회의원선거
　　당해 후보자명부에 올라 있는 후보자 중 당선인이 있는 때에는 기탁금 전액. 다만, 제189
　　조 및 제190조의2에 따른 당선인의 결정 전에 사퇴하거나 등록이 무효로 된 후보자의 기탁
　　금은 제외한다.
　②제56조 제3항에 따라 기탁금에서 부담하여야 할 비용은 제1항에 따라 기탁금을 반환하는 때
　에 공제하되, 그 부담비용이 반환할 기탁금을 넘는 사람은 그 차액을, 기탁금 전액이 국가 또는
　는 지방자치단체에 귀속되는 사람은 그 부담비용 전액을 해당 선거구선거관리위원회의 고지에
　따라 그 고지를 받은 날부터 10일 이내에 납부하여야 한다.
　③관할선거구선거관리위원회는 제2항의 납부기한까지 해당자가 그 금액을 납부하지 아니한 때
　에는 관할세무서장에게 징수를 위탁하고, 관할세무서장은 국세 체납처분의 예에 따라 이를 징
　수하여 국가 또는 해당 지방자치단체에 납입하여야 한다. 이 경우 제271조에 따른 불법시설물
　등에 대한 대집행비용은 우선 해당 선거관리위원회가 지출한 후 관할세무서장에게 그 징수를
　위탁할 수 있다.
　⑤기탁금의 반환 및 귀속 기타 필요한 사항은 중앙선거관리위원회규칙으로 정한다.
12)「공직선거법」제122조의2(선거비용의 보전 등) ①선거구선거관리위원회는 다음 각 호의 규정
　에 따라 후보자(대통령선거의 정당추천후보자와 비례대표국회의원선거 및 비례대표지방의회의
　원선거에 있어서는 후보자를 추천한 정당을 말한다. 이하 이 조에서 같다)가 이 법의 규정에
　의한 선거운동을 위하여 지출한 선거비용[「정치자금법」제40조(회계보고)의 규정에 따라 제출
　한 회계보고서에 보고된 선거비용으로서 정당하게 지출한 것으로 인정되는 선거비용을 말한
　다]을 제122조(선거비용제한액의 공고)의 규정에 의하여 공고한 비용의 범위 안에서 대통령선
　거 및 국회의원선거에 있어서는 국가의 부담으로, 지방자치단체의 의회의원 및 장의 선거에 있
　어서는 당해 지방자치단체의 부담으로 선거일 후 보전한다.
　1. 대통령선거, 지역구국회의원선거, 지역구지방의회의원선거 및 지방자치단체의 장선거
　　가. 후보자가 당선되거나 사망한 경우 또는 후보자의 득표수가 유효투표총수의 100분의 15
　　　이상인 경우
　　　후보자가 지출한 선거비용의 전액
　　나. 후보자의 득표수가 유효투표총수의 100분의 10 이상 100분의 15 미만인 경우
　　　후보자가 지출한 선거비용의 100분의 50에 해당하는 금액
　2. 비례대표국회의원선거 및 비례대표지방의회의원선거
　　후보자명부에 올라 있는 후보자 중 당선인이 있는 경우에 당해 정당이 지출한 선거비용의 전액
　②제1항에 따른 선거비용의 보전에 있어서 다음 각 호의 어느 하나에 해당하는 비용은 이를
　보전하지 아니한다.
　1. 예비후보자의 선거비용
　2.「정치자금법」제40조(회계보고)의 규정에 따라 제출한 회계보고서에 보고되지 아니하거나
　　허위로 보고된 비용
　3. 이 법에 위반되는 선거운동을 위하여 또는 기부행위제한규정을 위반하여 지출된 비용

하여 반환·보전받은 경우 그 반환·보전비용[자신의 재산(차입금을 포함한다)으로 지출한 비용을 모두 공제한 잔액을 말한다]은 선거비용을 보전받은 날부터 20일 이내(이하 "인계기간"이라 한다)에 정당추천후보자는 소속정당에, 무소속후보자는 공익법인 또는 사회복지시설에 인계하여야 한다(법§58①). '자신의 재산으로 지출한 비용'이란 정치자금법에 따라 회계처리된 것으로 지출시기에 불구하고 당해 선거에 있어서 반환·보전받은 자 본인의 재산으로 지출한 정치자금(선거비용 및 선거비용외 정치자금)을 말한다.[13] 보전비용을 정당에 인계할 당시 국회의원의 정치활동

---

    4. 제64조 또는 제65조에 따라 선거벽보와 선거공보를 관할 구·시·군선거관리위원회에 제출한 후 그 내용을 정정하거나 삭제하는데 소용되는 비용
    5. 이 법에 따라 제공하는 경우 외에 선거운동과 관련하여 지출된 수당·실비 그 밖의 비용
    6. 정당한 사유 없이 지출을 증빙하는 적법한 영수증 그 밖의 증빙서류가 첨부되지 아니한 비용
    7. 후보자가 자신의 차량·장비·물품 등을 사용하거나 후보자의 가족·소속 정당 또는 제3자의 차량·장비·물품 등을 무상으로 제공 또는 대여받는 등 정당 또는 후보자가 실제로 지출하지 아니한 비용
    8. 청구금액이 중앙선거관리위원회규칙으로 정하는 기준에 따라 산정한 통상적인 거래가격 또는 임차가격과 비교하여 정당한 사유 없이 현저하게 비싸다고 인정되는 경우 그 초과하는 가액의 비용
    9. 선거운동에 사용하지 아니한 차량·장비·물품 등의 임차·구입·제작비용
    10. 휴대전화 통화료와 정보이용요금. 다만, 후보자와 그 배우자, 선거사무장, 선거연락소장 및 회계책임자가 선거운동기간 중 선거운동을 위하여 사용한 휴대전화 통화료 중 후보자가 부담하는 통화료는 보전한다.
    11. 그 밖에 위 각 호의 어느 하나에 준하는 비용으로서 중앙선거관리위원회규칙으로 정하는 비용
  ③다음 각 호의 어느 하나에 해당하는 비용은 국가 또는 지방자치단체가 후보자를 위하여 부담한다. 이 경우 제3호의2 및 제5호의 비용은 국가가 부담한다.
    1. 제64조에 따른 선거벽보의 첩부 및 철거의 비용
    2. 제65조에 따른 점자형 선거공보의 작성비용과 책자형 선거공보(점자형 선거공보 및 같은 조 제9항의 후보자정보공개자료를 포함한다) 및 전단형 선거공보의 발송비용과 우편요금
    3. 제66조(선거공약서) 제8항의 규정에 따른 점자형 선거공약서의 작성비용
    3의2. 활동보조인(예비후보자로서 선임하였던 활동보조인을 포함한다)의 수당과 실비
    4. 제82조의2(선거방송토론위원회 주관 대담·토론회)의 규정에 의한 대담·토론회(합동방송연설회를 포함한다)의 개최비용
    5. 제82조의3(선거방송토론위원회 주관 정책토론회)의 규정에 의한 정책토론회의 개최비용
    6. 제161조(투표참관)의 규정에 의한 투표참관인 및 제162조에 따른 사전투표참관인의 수당과 식비
    7. 제181조(개표참관)의 규정에 의한 개표참관인의 수당과 식비
  ④제1항 내지 제3항의 규정에 따른 비용의 산정 및 보전청구 그 밖에 필요한 사항은 중앙선거관리위원회규칙으로 정한다.
13) 2010. 6. 4. 중앙선관위 질의회답

에 소요된 경비를 공제하지 아니한 것이 중대한 착오에 의한 것이라면 정당이 그 비용을 당사자에게 반환할 수 있고, 이 경우 국회의원이 정당으로부터 그 비용을 반환받아 이를 지출한 때에는 그 내역을 추가로 회계처리하고 관할 선거관리위원회에 보고하여야 한다.[14] 공직선거 후보자가 기탁금·선거비용을 반환·보전받았으나 그 소속 정당의 등록이 취소된 경우에는 선거종료 당시 정당추천후보자의 소속정당에 인계하여야 하고, 이 경우 회계보고기한 후 인계되는 반환기탁금 및 보전비용도 「정당법」 제48조(해산된 경우 등의 잔여재산 처분)[15] 및 정당사무관리규칙 제24조(해산된 경우 등의 잔여재산 처분)[16]에 따라 처분하여야 한다.[17]

반환기탁금 및 보전비용의 인계는 규칙이 정하는 서식[18]에 의한다(규칙§48①).

(2) 반환기탁금 및 보전비용[19]의 국고귀속

공직선거의 후보자가 인계하여야 하는 반환·보전비용을 그 인계기한 이내에 소속 정당 등에게 인계하지 아니한 경우에는 이를 국고에 귀속시켜야 한다. 국고귀

---

14) 2008. 7. 29. 중앙선관위 질의회답
15) 「정당법」 제48조(해산된 경우 등의 잔여재산 처분) ①정당이 제44조(등록의 취소) 제1항의 규정에 의하여 등록이 취소되거나 제45조(자신해산)의 규정에 의하여 자진해산한 때에는 그 잔여재산은 당헌이 정하는 바에 따라 처분한다.
②제1항의 규정에 의하여 처분되지 아니한 정당의 잔여재산 및 헌법재판소의 해산결정에 의하여 해산된 정당의 잔여재산은 국고에 귀속한다.
③제2항에 관하여 필요한 사항은 중앙선거관리위원회규칙으로 정한다.
16) 「정당사무관리규칙」 제24조(해산된 경우 등의 잔여재산 처분) ①법 제48조(해산된 경우 등의 잔여재산 처분) 제2항의 규정에 의하여 잔여재산을 국가에 귀속시켜야 하는 정당은 그 등록취소일 또는 해산일부터 2월 이내에 국고에 귀속시켜야 하는 잔여재산(이하 이 조에서 "국고귀속대상 잔여재산"이라 한다)에 관한 상세내역을 중앙선거관리위원회에 보고하고, 그 잔여재산을 납부하여야 한다.
②제1항의 규정에 의하여 국고귀속대상 잔여재산을 납부하지 아니한 때에는 중앙선거관리위원회는 납부기한을 정하여 해당 정당에 독촉장을 발부하고, 그 기한까지 납부하지 아니한 때에는 지체 없이 관할 세무서장에게 징수를 위탁하여야 한다.
③중앙선거관리위원회 또는 관할 세무서장이 징수한 국고귀속대상 잔여재산의 국가에의 납입 절차에 관하여는 「국고금관리법 시행규칙」을 준용한다.
17) 2012. 4. 23. 중앙선관위 질의회답
18) 규칙 별지 제50호 서식(후보자 반환기탁금 및 보전비용 인계·인수서)
19) 국가의 선거비용보전으로 인하여 국민의 세금부담이 가중되므로, 선거비용의 보전은 비용제한액의 10% 범위내에서 지급할 수 있도록 보전비용에 대한 정액화를 도입하거나 후보자 개인등록재산에 따라 차등 지급하는 방안이 모색되어야 한다는 견해가 있다(박상목·주상현, 「정치자금제도의 운영실태와 발전 방안」, 한국자치행정학보 제27권 제3호(2013 가을), 463쪽.

속대상 반환·보전비용은 관할 선거관리위원회가 이를 납부받아 국가에 납부하되, 납부기한까지 납부하지 아니한 때에는 관할 세무서장에게 위탁하여 관할 세무서장이 국세체납처분의 예에 따라 이를 징수한다(법§58④. §4③). 국고귀속을 위하여 후보자가 관할 선거관리위원회에 납부한 보전비용은 정당에 인계하거나 후보자에게 반환할 수 없다.[20]

납부기한까지 정당의 회계책임자가 국고귀속대상 반환·보전비용을 납부하지 아니한 때에는 관할 선거관리위원회는 10일간의 납부기한을 정하여 독촉장을 발부하여야 하고(규칙§48③, §3③), 독촉장을 받은 정당의 회계책임자가 지정된 납부기한까지 납부하지 아니한 때에는 관할 선거관리위원회는 지체 없이 관할 세무서장에게 징수를 위탁하여야 한다(규칙§48③, §3④). 관할 선거관리위원회 또는 관할 세무서장이 징수한 국고귀속대상 반환·보전비용의 국가에의 납입절차에 관하여는 「국고금관리법 시행규칙」을 준용한다(규칙§48③, §3⑤).

(3) 제재

법 제58조(후보자의 반환기탁금 및 보전비용의 처리) 제1항의 규정을 위반하여 반환기탁금·보전비용의 인계의무를 해태한 자는 100만원 이하의 과태료에 처한다(법§51③5.).

나. 반환·보전비용의 정치자금 사용 및 보고

(1) 반환·보전비용의 정치자금 사용[21]

국회의원선거의 당선인은 그 반환·보전비용을 자신의 정치자금으로 사용할 수

---

20) 2010. 3. 17. 중앙선관위 질의회답
21) 중앙선거관리위원회는 2016. 8. 국회의원 당선인뿐만 아니라 다른 공직선거의 당선자와 낙선자도 일상적으로 정치활동을 하고 있는 현실을 고려하여 후원회로부터 기부받은 후원금이나 정당의 지원금을 선거 후에 정치자금으로 사용할 수 있도록 하여 공직후보자 간 형평을 기하고, 정치활동을 하는 자에게 그 활동에 필요한 자금을 투명하게 확보할 수 있도록 하려는 목적에서, 모든 공직선거의 당선자 및 낙선자가 계속해서 정치활동을 하려는 때에는 관할 선거관리위원회에 정치활동계획을 신고한 후 반환·보전받은 비용을 자신의 정치자금으로 계속 사용할 수 있도록 하고(허위·부정 신고자에 대해서는 그 지출비용의 2배를 국가에 반환하도록 함), 정치자금은 당초 관할 선거관리위원회에 신고된 예금계좌를 활용하여 관리하고, 반환·보전받은 비용을 모두 지출한 때에는 관할 선거관리위원회에 회계보고를 하도록 하는 내용의 정치자금법 개정의견을 국회에 제출한 바 있다(중앙선거관리위원회, 「정치관계법 개정의견(공직선거법·정당법·정치자금법)」, 2016. 8.).

있으며, 이 경우 법 제34조(회계책임자의 선임신고 등) 제4항 제1호의 규정에 의한 예금계좌(후원회를 두지 아니한 경우에는 자신의 명의로 개설한 예금계좌를 말한다)에 입금하여 정치자금으로 사용하여야 한다(법§58②). 후원회를 둔 국회의원이 선거에 입후보하여 「공직선거법」 제122조의2(선거비용의 보전 등)에 따라 선거비용을 보전받은 경우 그 보전받은 비용을 당해 국회의원의 정치활동에 소요된 비용으로 지출할 수 있다.[22]

(2) 반환 · 보전비용의 정치자금 지출보고

후원회를 두지 아니한 국회의원이 자신 명의로 개설한 예금계좌에 입급한 반환 · 지출금을 모두 지출한 때에는 규칙이 정하는 서식[23]에 의하여 지체 없이 관할 선거관리위원회에 보고하여야 한다(법§58③, 규칙§48②).

3. 비밀엄수의무

가. 의의

각급 선거관리위원회 위원과 직원은 재직 중은 물론 퇴직 후라도 이 법의 시행과 관련하여 직무상 알게 된 비밀을 누설하여서는 아니 된다(법§63). 공무원의 일반적인 의무인 비밀엄수의무를 정치자금법에서 별도로 규정하고 있는 것은 정치자금의 조달처에 대하여는 그 비밀보장이 더욱 절실히 요구되기 때문에 정치자금의 기부 등과 관련한 비밀을 보호함으로써 정치자금이 원활하게 조달될 수 있도록 하는 데에 그 취지가 있다.[24]

---

22) 2008. 5. 21. 중앙선관위 질의회답
23) 규칙 별지 제51호 서식(반환기탁금 및 보전비용의 처리결과 보고)
24) 선거관리위원회의 위원과 직원에 의한 직무상 알게 된 비밀의 누설을 처벌하게 하는 조항이야 말로 적어도 정치자금에 관한 한 악법이라는 견해(정당 또는 후원회가 비밀결사도 아니고 그 것이 국무상 또는 외교상의 국가비밀도 아닐진데 그 누설행위에 대한 처벌을 어떻게 정당화할 수 있을지 도저히 이해할 수 없다. 정당이 공당이고 후원회가 공직후보자의 후원단체라면 정당이나 후원회의 일거수 일투족 모두 국민의 감시에 노출되어야 마땅하다. 사실 공개되지 않은 불법의 정치자금이 문제인 것은 그것이 우선 법에 반하여 선거법 등 법에 반하는 용도에 쓰인다는 문제뿐만 아니라 민주주의정치질서에서 요구되는 공개의 원칙에 반한다는 뜻에서 반민주적이라는 데에도 있다. 정당이나 후원회 등에 관하여 알만큼 알지 아니하면 선거 등을 통하여 행사하는 국민에 의한 합리적 선택이나 판단이 불가능하다. 정당이나 공직후보자가 들려주고 싶은 것만을 듣고 국민의 합리적 판단은 불가능한 것이다. 국민의 눈과 귀를 막고 행하는 선거

직무상 비밀이란 반드시 법령에 의하여 비밀로 규정되었거나 비밀로 분류 명시된 사항에 한하지 아니하고, 정치, 군사, 외교, 경제, 사회적 필요에 따라 비밀로 된 사항은 물론 정부나 공무소 또는 국민이 객관적, 일반적인 입장에서 외부에 알려지지 않는 것이 상당한 이익이 있는 사항도 포함하나, 실질적으로 그것이 비밀로서 보호할 가치가 있다고 인정할 수 있는 것이어야 한다.[25]

나. 벌칙

법 제63조(비밀엄수의 의무)의 규정을 위반하여 직무상 비밀을 누설한 자는 3년 이하의 징역 또는 600만원 이하의 벌금에 처한다(법§46 7.).

4. 공고, 신고 등

가. 공고

관할 선거관리위원회는 법 제7조(후원회의 등록신청 등)·제19조(후원회의 해산 등) 제3항 본문의 규정에 의한 신고나 등록신청을 받은 때, 제40조(회계보고) 제1항·제2항의 규정에 의한 회계보고를 받은 때, 제19조(후원회의 해산 등) 제4항의 규정에 의하여 후원회의 등록을 말소한 때, 제23조(기탁금의 배분과 지급)·제27조(보조금의 배분)의 규정에 의하여 정치자금을 지급한 때 또는 제30조(보조금의 반환)의 규정에 의하여 보고를 받거나 보조금을 반환받은 때에는 규칙이 정하는 바에 따라 그 뜻을 공고하여야 한다(법§64). 이 법 또는 규칙에 따른 각종 공고는 관할 선거관리위원회 또는 상급 선거관리위원회의 인터넷 홈페이지에 게시하는 방법으로 할 수 있다(규칙§50).

란 민주주의를 웃음거리로 만든다. 어느 정당의 정치자금이든 개인 공직후보자의 정치자금이든 그것은 국민의 알권리에 속하는 사항이다)가 있다(최대권, 「정치개혁을 위한 몇 가지 생각(Ⅱ) －정부형태·정당·정치자금·선거제도 등을 중심으로－」, 서울대학교 법학 제33권 제2호(1992), 97쪽).

25) 2012. 3. 15. 선고 2010도14734 판결, 2009. 6. 11. 선고 2009도2669 판결, 2007. 6. 14. 선고 2004도5561 판결, 2003. 12. 26. 선고 2002도7339 판결, 2003. 6. 13. 선고 2001도1343 판결

나. 신고 등

관할 선거관리위원회는 이 법 또는 규칙에 의한 신고·신청·보고 등을 전자문서로 작성·제출하게 하거나 당해 선거관리위원회가 지정하는 인터넷 홈페이지에 입력하는 방법으로 제출하게 할 수 있다(규칙§51).

5. 「지방교육자치에 관한 법률」 제50조(「정치자금법」의 준용)

가. 「지방교육자치에 관한 법률」에의 정치자금법 준용

교육감선거에 관하여는 정치자금법의 시·도지사에 관한 규정을 준용한다(지방교육자치에 관한 법률§50). 이러한 준용규정을 둔 이유는 교육감선거가 직선제로 전환되면서 실질적으로 시·도지사선거와 다르지 않게 되었으므로 「지방교육자치에 관한 법률」에 교육감 선거과정에서 생기는 '정치자금에 관한 사항'에 관하여 별도의 규정을 둘 필요가 없다는 판단 아래 정치자금법의 시·도지사선거에 적용되는 규정을 포괄적으로 준용하도록 한 것이다.[26]

나. 위헌여부

헌법재판소는, 「지방교육자치에 관한 법률」 제50조(정치자금법의 준용)와 관련하여, 「정치자금법은 정치활동을 하는 자에게 정치자금의 적정한 제공을 보장하고 그 수입과 지출내역을 공개하여 투명성을 확보하여 정치자금과 관련한 부정을 방지할 목적으로 제정된 것으로, 정치자금의 종류, 모금 및 배분에 관한 사항, 회계 및 공개에 관한 사항, 그리고 의무규정과 이를 위반할 경우에 대한 벌칙을 구체적이고 세세하게 규정하고 있다. 즉, 규율대상 내지 범위가 뚜렷하고 그 내용도 분명하기 때문에, 벌칙조항까지 포함하여 포괄적 준용방식을 취하였더라도 일반 국민 누구라도 정치자금법의 어떤 규정이 시·도지사 선거에 적용되는지 명확하게 알 수 있고, 이에 따라 교육감선거후보자에게 준용되는 규정도 명확하다. 구체적으로 보면, 정치자금법 제2장 '당비'(제4조, 제5조), 제4장 '기탁금'(제22조, 제23조, 제24조),

---

26) 2014. 7. 24. 선고 2013헌바169 결정

제5장 '국고보조금'(제25조 내지 제30조)은 정당에 적용되는 규정들로 시·도지사의 후보자와는 무관하고 따라서 이 규정들은 교육감선거후보자에게 준용될 여지가 없음이 명백하다. 다음으로 제1장 '총칙'(제1조, 제2조, 제3조), 제3장 '후원회'(제6조 내지 제21조), 제6장 '기부의 제한'(제31조 내지 제33조), 제7장 '정치자금의 회계 및 보고·공개'(제34조 내지 제44조), 제8장 '벌칙'(제45조 내지 제51조의 해당 규정), 제9장 '보칙'(제52조 내지 제65조 해당 규정)은 모두 그대로 적용된다. 다만, 교육의 정치적 중립성이라는 헌법상의 요청에 따라 교육감선거에서는 정당추천, 정당표방 등 정당의 선거관여행위가 일체 금지되므로(제46조) 정치자금법의 시·도지사선거에 적용되는 규정 가운데 정당추천후보자와 무소속후보자에게 적용되는 규정이 다른 경우에는 무소속후보자에게 적용되는 규정이 준용된다는 점도 어렵지 않게 알 수 있다. 실제 정치자금법에서 정당추천후보자와 무소속후보자가 달리 적용되는 경우는, 선거가 끝난 후 해산되는 후원회의 잔여재산 처분방식과 반환·보전받은 선거비용의 처분에 관한 규정 정도 밖에 없다. 즉, 정당추천후보자의 경우에는 소속정당에 인계(제21조 제1항 제1호, 제58조 제1항)되는 반면 무소속후보자는 공익법인 또는 사회복지시설에 인계된다(제21조 제1항 제2호, 제58조 제1항). 이 사건 준용규정이 이를 별도로 명시하지 않고 있지만, 교육감선거에서 정당의 개입을 원천적으로 배제하고 있는 관련 법률의 규정을 볼 때 교육감선거후보자는 무소속후보자의 예에 준하여 적용된다는 것을 쉽게 알 수 있다.

결론적으로 이 사건 준용규정이 비록 교육감선거에 관하여 정치자금법이 적용되는 규정을 일일이 열거하지 않고 벌칙조항까지 포함하여 포괄적 준용방식을 취하고 있지만, 정치자금법상의 어떤 규정이 적용될지, 어떤 벌칙 조항이 적용될지 정치자금법만 보면 쉽게 알 수 있으므로 죄형법정주의의 명확성원칙에 위배된다고 볼 수 없다.」고 판시하였다.[27]

---

27) 2014. 7. 24. 선고 2013헌바169 결정

제11장 벌   칙

1. 정치자금부정수수죄

가. 의의

이 법에 정하지 아니한 방법으로 정치자금을 기부하거나 기부받은 자(정당·후원회·법인 그 밖에 단체 있어서는 그 구성원으로서 당해 위반행위를 한 자를 말한다. 이하 같다)는 5년 이하의 징역 또는 1천만원 이하의 벌금에 처한다. 다만, 정치자금을 기부하거나 기부받은 자의 관계가 「민법」 제777조(친족의 범위)[1]의 규정에 의한 친족인 경우에는 그러하지 아니하다(법§45①).

법 제2조(기본원칙) 제1항은 "누구든지 이 법에 의하지 아니하고는 정치자금을 기부하거나 받을 수 없다."고 선언하고 있는데, 이 조항이 신설된 것은 1980. 12. 31. 법률 제3302호로 「정치자금에 관한 법률」이 전문개정되면서였다. 그러나 당시에는 위와 같이 금지규정을 두면서도 이에 대한 벌칙조항은 두지 아니하였다. 따라서 정치인 개개인의 정치자금 수수에 대해서는 뇌물, 알선수재 등의 범죄에 해당하지 아니하는 한 처벌할 수 없었다. 그 후 정치자금을 둘러 싼 비리사건이 사회적 이목을 끌게 되자, 1997. 11. 14. 법률 제5413호로 「정치자금에 관한 법률」을 개정하여 "이 법에 의하지 아니한 방법"으로 정치자금을 주거나 받은 자를 처벌하는 본 조항을 신설하기에 이르렀다. 본 조항은 음성적 정치자금의 수수를 처벌함으로써 정치자금의 투명성을 확보하고자 하는 정치자금법의 입법취지를 담보하는 규정이다.[2]

---

1) 「민법」 제777조(친족의 범위) 친족관계로 인한 법률상 효력은 이 법 또는 다른 법률에 특별한 규정이 없는 한 다음 각 호에 해당하는 자에 미친다.
   1. 8촌 이내의 혈족
   2. 4촌 이내의 인척
   3. 배우자
2) 2004. 6. 24. 선고 2004헌바16 전원재판부 결정, 2006. 6. 27. 선고 2006도2495 판결, 2006.

법원은 법 제45조(정치자금부정수수죄) 제1항의 위헌여부와 관련하여, 「법 제45
조(정치자금부정수수죄) 제1항은 정치자금의 적정한 제공을 보장하고 그 수입과 지
출내역을 공개하여 투명성을 확보하며 정치자금과 관련한 부정을 방지함으로써 민
주정치의 건전한 발전에 기여하기 위한 것으로 그 목적의 정당성이 인정되고, 위
규정이 정치자금 부정수수행위를 방지하기 위하여 그에 대한 처벌규정을 둔 조치
는 위와 같은 입법목적을 달성하는데 적합하고 효과적인 수단이나 방법으로서 그
적정성 또는 상당성이 인정되며, 위 규정은 정치활동을 하는 사람에게 제공되는
모든 금전 등의 수수행위를 금지하고 처벌하는 것이 아니라 정치활동을 위하여 제
공되는 금품으로서 정치활동을 위하여 소요되는 경비로 지출될 것임이 객관적으로
명확히 예상되는 금전 등의 수수행위에 한하여 처벌하여 이로써 정치활동을 하는
자의 직업선택의 자유가 침해되어 형해화할 정도에 이른다고 볼 수 없고, 정치자
금법의 입법목적과 취지 등에 비추어 볼 때 위 규정에 의하여 보호되는 정치자금
의 투명성 확보 등의 가치는 민주정치의 건전한 발전이라는 공공의 이익에 있어
중요한 의미를 가지는 한편, 그로인한 기본권 제한은 입법목적 달성에 필요한 범
위에 한정되어 그 본질적 내용을 침해한다고 볼 수 없으므로, 과잉금지원칙에 위
배된다고 할 수 없다. 법 제49조(정치자금부정수수죄) 제1항은 음성적 정치자금의
수수를 처벌함으로써 정치자금의 투명성을 확보하고자 하는 정치자금법의 입법취
지를 담보하는 규정인 점, 정치활동을 한다는 점에서 공직선거에 의하여 당선된
국회의원과 공직선거의 후보자가 되고자 하는 사람 또는 그 밖에 정치활동을 하는
사람 사이에 본질적인 차이가 있다고 보기 어려운 점 등에 비추어 볼 때, 법 제45
조(정치자금부정수수죄) 제1항이 평등의 원칙에 반한다고 볼 수도 없다.」고 판시하
였다.3)

나. 주체

(1) 주체

본죄의 주체에는 아무런 제한이 없다. 즉, 법 제45조(정치자금부정수수죄) 제1항은
정치자금을 받는 당사자를 정당이나 선거에 입후보한 후보자 등으로 한정하지 아

---

2. 10. 선고 2004도7670 판결
3) 2014. 10. 30. 선고 2012도12394 판결

니하고, 누구라도 정치활동을 하는 자에게 이 법에 정하지 아니한 방법으로 정치자금이 제공된 경우에는 처벌의 대상으로 삼고 있으므로, 개인자격으로 정치자금을 수수하더라도 친족관계에 있는 경우를 제외하고는 처벌대상에 포함된다.4) ○○당 △△△후보의 특보 또는 법률고문인 피고인이 정당원의 당원이 아니라 개인의 자격으로 △△△후보를 위하여 실질적으로 정치활동을 수행하면서 그 정치활동을 위하여 제공되는 채권을 정치자금법에 정하지 아니한 방법으로 받은 경우 법 제49조(정치자금부정수수죄) 제1항에서 정한 정치자금을 기부받은 자에 해당한다.5)

피고인으로부터 이 사건 금원을 수수한 자가 당시 도지사 후보로 출마한 자의 선거대책본부장으로서 후보자의 당선을 위하여 선거운동을 실질적으로 수행하면서 금원을 선거자금으로 수수하고, 그중 일부를 실제로 선거운동 경비에 소비하기도 한 경우 그 금원을 제공한 행위는 법 제45조(정치자금부정수수죄) 제1항 위반죄에 해당한다.6) 국회의원이 정책개발 등을 위하여 설립한 연구단체가 명목 여하를 불문하고 국회의원의 정치활동을 위하여 또는 정치활동에 소요되는 비용을 모금하는 경우는 행위 양태에 따라 법 제45조(정치자금부정수수죄) 등에 위반된다.7)

(2) 당해 위반행위를 한 자

정당·후원회·법인 그 밖에 단체에 있어서는 그 구성원으로서 '당해 위반행위를 한 자'가 본죄의 주체이다(법§45①). '당해 위반행위를 한 자'란 '이 법이 정하지 아니한 방법으로 정치자금을 기부받은 행위를 실제로 한 사람'을 의미한다. 즉 행위자 본인을 의미하고, 실제 행위자가 아닌 감독책임자나 단체의 대표자까지 포함하는 것은 아니다. 이는 정당·후원회·법인 그 밖에 단체가 정치자금수수죄의 주체일 때에 정당·후원회·법인 그 밖에 단체의 구성원으로서 불법행위를 저지른 실제 행위자를 처벌하기 위한 규정이다. 정당·후원회·법인 그 밖에 단체는 법 제50조(양벌규정)에 의하여 처벌될 수 있다.8) '정당의 구성원'이라 함은 '정당의 당원이

---

4) 2001. 7. 27. 선고 2001도435 판결, 2004. 4. 27. 선고 2004도482 판결, 2004. 12. 10. 선고 2004도5652 판결
5) 2004. 12. 10. 선고 2004도5652 판결
6) 2009. 2. 26. 선고 2008도10422 판결
7) 2010. 12. 6. 중앙선관위 질의회답
8) 2016. 11. 24. 선고 2014헌바252 결정(정치자금법위반 범죄는 누구든지 행위주체가 될 수 있는 범죄와 회계책임자 등 특정한 자에 한하여 행위 주체가 될 수 있는 범죄로 구성되어 있다.

거나 정당의 기구에 소속해 있는 임직원'을 말한다.9) 지구당사신축비 등을 기부
받은 것이 지구당 위원장 개인이 아니라 지구당이 받은 것이라고 하더라도 그는
'정당에 있어서 그 구성원'에 해당한다.10)

법 제45조(정치자금부정수수죄) 제1항의 정치자금을 기부받은 자의 의미는 금원
을 수령한 정당·후원회·법인 그 밖의 단체(정당·후원회·법인 그 밖에 단체의 구성
원이 금원을 수령한 경우라면 해당 정당·후원회·법인 그 밖에 단체)에게 있어서 그 금
원의 성격이 정치자금이라고 인정되어야 할 것이므로 결국 정치자금을 기부받은
자라 함은 본인의 정치활동을 위하여 금원을 받은 자이거나 또는 자신이 속한 정
당·후원회·법인 그 밖에 단체에게 금원을 전달할 목적으로 정치자금을 받은 자
를 의미한다. 따라서 자신이 속한 정당·후원회·법인 그 밖에 단체가 아닌 다른
정치인에게 제공하는 정치자금을 전달하는 자에 불과한 경우는 법 제45조(정치자
금부정수수죄) 제1항의 정치자금을 기부받은 자에 해당하지 않는다.11)

(3) 대향범(對向犯)

법 제45조(정치자금부정수수죄) 제1항의 정치자금을 기부한 자와 기부받은 자는
이른바 대향범인 필요적 공범관계에 있다. 이러한 공범관계는 행위자들이 서로 대
향적 행위를 하는 것을 전제로 하는데, 각자의 행위가 범죄구성요건에 해당하면
그에 따른 처벌을 받을 뿐이고 반드시 협력자 전부에게 범죄가 성립해야 하는 것

누구든지 행위 주체가 될 수 있는 정치자금법위반 범죄의 경우 자연인인 개인뿐만 아니라 정
당·후원회·법인 그 밖에 단체도 정치자금수수의 주체가 될 수 있다. 법 제45조(정치자금부정
수수죄) 제1항 중 '당해 위반행위를 한 자' 부분은 정당·후원회·법인 그 밖에 단체가 정치자
금수수의 주체일 때에 정당·후원회·법인 그 밖에 단체의 구성원으로서 불법행위를 저지른 실
제행위자를 처벌하기 위한 규정이다. 이때 정당·후원회·법인 그 밖에 단체는 법 제50조(양벌
규정)에 의하여 처벌될 수 있다. 따라서 '당해 위반행위를 한 자'란 '이 법이 정하지 아니한 방
법으로 정치자금을 기부받은 행위를 실제로 한 사람'을 의미함이 명백하므로, 건전한 상식과
법감정을 가진 사람이라면 어떠한 행위주체가 심판대상조항의 구성요건에 해당되는지 여부를
충분히 파악할 수 있고, 법집행기관이 심판대상조항을 자의적으로 확대하여 해석할 염려도 없
어, 심판대상조항은 죄형법정주의의 명확성원칙에 위배되지 아니한다. 또한 심판대상조항은 정
치자금법이 정하지 아니한 방법으로 정치자금을 기부받은 행위를 실제로 한 사람, 즉 행위자
본인을 처벌하고 있고, 실제 행위자가 아닌 감독책임자나 단체의 대표자까지 처벌한다고 확대
해석될 여지가 없으므로 책임주의원칙에 위배되지 아니한다.)

9) 2004. 12. 10. 선고 2004도5652 판결
10) 1998. 6. 9. 선고 96도837 판결
11) 서울중앙지방법원 2004. 5. 14. 선고 2004고합236 판결

은 아니다. 정치자금을 기부하는 자의 범죄가 성립하지 않더라도 정치자금을 기부받는 자가 정치자금법이 정하지 않은 방법으로 정치자금을 제공받는다는 의사를 가지고 있으면 정치자금부정수수죄가 성립한다.[12]

다. 구성요건

(1) 정치자금

통상의 관념으로 정치자금이라 함은 '정치활동에 필요한 돈' 정도로 해석될 수 있을 것이지만, 법 제3조(정의) 제1호는 정치자금을 '당비, 후원금, 기탁금, 보조금, 정당의 당헌·당규 등에서 정한 부대수입 그 밖에 정치활동을 위하여 제공되는 금전이나 유가증권 그 밖의 물건'이라고 입법적으로 정의해 두고 있다. 위 정의 중에서 "당비, 후원금, 기탁금, 보조금, 정당의 당헌·당규 등에서 정한 부대수입"은 예시에 속하는 것이고, 실질적 의의에 해당하는 부분은 "정치활동을 위하여 제공되는 금전이나 유가증권 그 밖의 물건"부분이라 할 것이어서 통상적인 이해와 크게 다르지 아니하다.[13] 따라서 법에 따라 수수가 금지되는 정치자금은 정치활동을 위하여 정치활동을 하는 자에게 제공되는 금전 등 일체를 의미하고, 여기서 정치활동은 권력의 획득과 유지를 둘러싼 투쟁이나 권력을 행사하는 활동을 의미하는바,[14] 정치활동을 위한 경비로 지출될 것임이 객관적으로 명확히 예상되어야 한

---

12) 2017. 11. 14. 선고 2017도3449 판결
13) 2004. 6. 24. 선고 2004헌바16 전원재판부 결정
14) 2016. 7. 29. 선고 2016도5596 판결, 2011. 6. 9. 선고 2010도17886 판결, 2014. 10. 30. 선고 2012도12394 판결, 2014. 6. 26. 선고 2013도9866 판결(국회부의장으로서 국회의원인 피고인이 甲 보조관을 통해 乙 주식회사 등으로부터 '고문활동비' 명목의 돈을 받아 정치자금법을 위반하였다는 내용으로 기소된 사안에서, 피고인과 乙 회사측은 위 돈이 불법정치자금인 사정을 잘 알면서 계속적으로 돈을 수수하였다고 보아 피고인에게 유죄를 인정한 사례), 2013. 7. 12. 선고 2013도3940 판결(국회의원 보조관인 피고인이 정치자금법이 정하지 아니한 방법으로 정치자금을 기부받았다고 하여 정치자금법위반으로 기소된 사안에서, 피고인이 소속 국회의원의 의정활동과 관련하여 정치활동을 하는 사람으로서 정치자금을 수수한 사실이 인정된다는 이유로 유죄를 선고한 사례), 2017. 11. 14. 선고 2017도3449 판결(피고인 갑, 을, 병이 공모하여, 피고인 갑의 시장 선거 당선을 목적으로 정 포럼을 설립하여 피고인 갑의 인지도 제고 및 이미지 향상을 위한 활동을 한 후 이에 소요되는 비용을 마련하고자 불특정 다수의 사람들로부터 정 포럼의 특별회비 등 명목으로 돈을 기부받아 정치자금을 수수하였다고 하여 정치자금법위반으로 기소된 사안에서, 정 포럼의 인적·물적 조직이 피고인 갑의 인지도와 긍정적 이미지를 높여 시장 선거에서 피고인 갑의 당선에 필요하거나 유리한 활동을 하는데 실질적으로 이용되었으므로 정 포럼은 시장 선거를 대비해 피고인 갑의 정치적 기반을 다지기 위한 목적으

다.[15] 수수되는 돈이 정치자금이 아니라면 그 돈은 아예 정치자금법의 규율영역 안으로 들어오지 못하므로 정치활동을 하는 사람이 금품을 수수하였다고 하여도 그것이 정치활동을 위하여 제공된 것이 아니라면 법 제45조(정치자금부정수수죄) 제1항 위반죄로 의률할 수 없다.[16] 이는 법 제45조(정치자금부정수수죄) 제1항이 "이 법에 의하지 아니한 방법으로 '정치자금'을 주고거나 받은 자…"라고 하고 규정하고 있으므로, 이 법문을 살펴보아도 명백하다.[17] 따라서 수수된 금품이 당초부터 뇌물로 수수되거나 사적 경비 또는 정치자금법에서 규정하고 있는 용도 이외로 사용될 것이 예상되는 경우는 정치자금이라고 볼 수 없다.[18]

수수한 금품이 '정치자금'에 해당하는지 여부는 그 금품이 '정치활동'을 위해서 제공되었는지 여부에 달려 있는 것인데, 정치활동은 권력의 획득과 유지를 둘러싼 투쟁 및 권력을 행사하는 활동이라는 점 등에 비추어 볼 때, 대통령선거에 출마할 정당의 후보자를 선출하거나 정당 대표를 선출하는 당내 경선은 그 성격상 정치활동에 해당한다고 봄이 상당하므로, 정당의 당내 경선에 관한 선거운동을 위하여 후보자에게 제공된 금품은 정치자금이라고 보아야 하고, 위 후보자가 정당의 대표로 선출된 이후에 사용한 대외활동비도 정치활동을 위한 정치자금에 해당한다.[19] 도지사선거라고 하는 정치활동을 위하여 소요되는 경비로 지출될 것을 예상하여 제공된 정치자금 기부를 실체를 지닌 것으로 인정되는 이상, 비록 그 금원의 수수

로 설립되어 활동한 단체로 평가되고, 공직선거에 입후보하려는 특정 정치인의 정치적 기반을 다지기 위한 정 포럼의 각종 행사는 위 단체의 정치활동으로 볼 수 있어, 결국 정 포럼은 구 정치자금법(2016. 3. 3. 법률 제14074호로 개정되기 전의 것) 제3조(정의) 제1호에서 열거된 사람 또는 단체에 준하여 '그 밖에 정치활동을 하는 자'에 해당하며, 따라서 피고인들이 자신들이 속한 정 포럼의 활동과 운영에 필요한 비용으로 사용하기 위해서 특별회비 명목의 금품을 받은 행위는 위 단체의 정치활동을 위하여 제공된 금품이나 그 정치활동에 드는 비용, 즉 정치자금을 기부받은 것으로서, 특별회비를 제공한 사람들이 특별회비가 정치자금에 해당함을 인식하지 못하였더라도 달리 볼 것은 아니라고 한 사례)

15) 2017. 10. 31. 선고 2016도19447 판결
16) 2016. 7. 29. 선고 2016도5596 판결, 2013. 9. 26. 선고 2013도7876 판결, 2007. 7. 12. 선고 2007도2222 판결
17) 1999. 3. 23. 선고 99도404 판결(특정인을 후보자로 추천하는 행위와 관련하여 금전이 수수되었다 하여도 그것이 정치활동을 위하여 제공된 것이 아니라면 정치자금법위반죄가 될 수 없다고 한 사례)
18) 광주고등법원 2000. 3. 22. 선고 99노3 판결
19) 2006. 12. 22. 선고 2006도1623 판결

가 방송인수를 위한 로비의 대가를 겸하여 이루어졌다 해도 그 정치자금으로서의 성격을 인정함에 지장이 되지 아니한다.[20) 지방자치단체장이 자신의 공직선거법 위반사건과 관련하여 부담하는 변호사선임 비용 등의 재판비용을 정치자금법에 정하지 아니한 방법으로 모금·지원하는 것은 법 제45조(정치자금부정수수죄) 제1항에 위반된다.[21)

(2) 이 법에 정하지 아니한 방법

헌법재판소는 법 제45조(정치자금부정수수죄) 제1항의 "이 법에 정하지 아니한 방법"과 관련하여 「정치자금법이 정하는 합법적인 정치자금의 수수방법을 살펴본다. 정치자금법은 첫째, 정당의 당헌·당규 등에 의하여 정당의 당원이 부담하는 금전이나 유가증권 그 밖의 물건에 해당하는 당비(법§3 3.), 둘째, 후원회의 회원이 후원회에 기부하는 금전이나 유가증권 그 밖의 물건에 해당하는 후원금(법§3 4.), 셋째, 정치자금을 정당에 기부하고자 하는 개인이 이 법의 규정에 의하여 선거관리위원회에 기탁하는 금전이나 유가증권 그 밖의 물건에 해당하는 기탁금(법§3 5.), 넷째, 정당의 보호·육성을 위하여 국가가 정당에 지급하는 금전이나 유가증권인 보조금(법§3 6.), 다섯째, 정당의 당헌·당규 등에서 정한 부대수입(법§3 1.마.)을 합법적인 정치자금의 원천으로 정해두고 있다. 또한 정치자금법 제31조(기부의 제한)는 정치자금을 기부할 수 없는 자를 열거하고 있고, 그 밖의 정치자금법 각 조항들에는 정치자금을 기부하거나 받는 방법, 정치자금의 수입·지출에 대한 회계보고 등을 상세히 규정해 두고 있으며, 제45조(정치자금부정수수죄) 제2항과 제46조(각종 제한규정위반죄), 제47조(각종 의무규정위반죄), 제48조(감독의무해태죄 등), 제49조(선거비용관련 위반행위에 대한 벌칙)는 정치자금법의 각 개별 조항 위반에 대한 벌칙을 정해놓고 있다. 따라서 정치자금법은 위에서 본 바와 같이 구체적으로 정한 방법 이외의 방법이라는 의미로 "이 법에 정하지 아니한 방법"이라는 표현을 쓰고 있다고 충분히 이해될 수 있으므로, 거기에는 불확정개념의 사용으로부터 오는 문언적 불명료성의 문제는 없다. 이 사건 법률조항이 금지하고자 하는 바의 음성적 정치자금의 수수행위는 그 개별적·구체적 행위를 일일이 나열하는 방법으로는 규

제가 불가능한 속성을 가지고 있다. 즉, 음성적 정치자금을 주는 자와 받는 자의 이해관계가 일치하는 것이어서, 음성적 정치자금의 수수방법을 나열한다고 하더라도 또 다른 새로운 방법으로 법을 잠탈할 수 있는 것이므로, 이 사건 법률조항과 같이 포괄적으로 금지하는 입법형식이 아니라면 입법목적달성이 불가능할 것이기 때문에 위와 같이 소극적인 방법으로 구성요건을 정할 이유가 충분하다. 또 어떤 사람이 정치자금을 수수함에 있어서 법적인 제한이 있다는 것을 몰랐다는 것은 '법률의 부지' 문제이지, '법률의 불명확성' 문제는 아니라 할 것이다. 그러므로 정치자금을 수수하고자 한다면 정치자금법에 정해진 방법대로 하지 아니하면 처벌된다는 점은 이 사건 법률조항에 의해 명백하다. 그리고 정치자금법의 각 개별조항에 의하면 정치자금을 수수하는 방법이 상세히 규정되어 있어서 건전한 상식과 통상적인 법감정을 가진 일반인이라면 정치자금법이 허용하는 정치자금의 수수방법은 능히 인식할 수 있다. 나아가 우리 사회에 있어서 정치자금을 주거나 받는 등 이 사건 법률조항과 연관을 맺게 되는 사람은 위에서 말한 '건전한 상식과 통상적인 법감정을 가진 일반인'보다는 정치자금의 수수방법에 대해 더 잘 알 수 있는 지위에 있다고 본다면, 정치자금법에 정해진 방법 이외의 것을 포괄적으로 지칭하는 의미로 쓰인 "이 법이 정하지 아니한 방법" 부분이 불명료하다고 할 수 없다. 그렇다면, 이 사건 법률조항이 규율하고자 하는 내용이 불명료하여 자의적으로 해석될 여지가 있다고 볼 수 없다.」고 판시하였다.[22]

㈎ '이 법에 정하지 아니한 방법'에 해당하는 경우

정치인이 후원회를 통하지 않고 개인이나 법인으로부터 직접 정치자금을 받은 경우에는 후원회 명의의 영수증을 교부하였는지 여부와 상관없이 후원회를 통하지 않고 정치자금을 받은 그 자체에 의하여 법 제45조(정치자금부정수수죄) 제1항에 따른 책임을 면할 수 없다.[23] 정치자금이 전액 현금으로 제공되고, 야간에 은밀한 방법으로 수수하였으며, 그 수령자도 정당의 후원회 임원이 아닌 점 등에 비추어

---

22) 2004. 6. 24. 선고 2004헌바16 전원재판부 결정 : 2014. 10. 30. 선고 2012도12394 판결, 2006. 12. 22. 선고 2006도1623 판결도 같은 취지
23) 2006. 6. 27. 선고 2006도2495 판결, 2006. 2. 10. 선고 2004도7670 판결, 2009. 3. 12. 선고 2006도2612 판결, 2011. 6. 9. 선고 2010도17886 판결(국회의원인 피고인이 후원회를 통하지 않고 甲 회사 등에게서 사무실 직원의 급여 상당액 또는 사무실 운영비 등을 지원받은 경우 정치자금법 제45조(정치자금부정수수죄) 제1항의 정치자금부정수수죄에 해당한다고 한 사례)

위 정치자금은 그 수수 시점에 이미 정치자금법에 정해진 방법이 아닌 불법적인 방법으로 제공된 정치자금이었다고 보이고, 설령 그 수수 주체를 후원회로 보더라도 구 정치자금에 관한 법률(2004. 3. 12. 법률 제7191호로 개정되기 전의 것)에는 정치자금영수증의 교부시기가 명시되지 않았으므로, 후원회는 정치자금을 받은 때로부터 상당한 시기 이내에 정치자금영수증을 교부할 수 있다 할 것이고, 실제로 그 정치자금이 선거비용으로 소비된 이후에라도 상당한 시기 이내라면 정치자금영수증을 발급하여 줄 수 있다 할 것인바, 피고인이 위 정치자금 수수 사실에 대하여 보고를 받은 시점이 그 수수한 때로부터 약 1달 정도 지난 시점이고, 당해 연도도 경과되지 않았으므로 정치자금영수증을 발급하도록 하는 등 합법적인 절차를 충분히 밟을 수 있었음에도 불구하고, 아무런 절차를 밟지 아니한 이상 '이 법에 정하지 아니한 방법으로 정치자금을 받은 자'에 해당한다.[24] 국회의원이 공천과 관련하여 그의 후원회에 정치자금을 기부하게 하였다 하여도 이를 국회의원 본인이 기부받은 것으로 볼 수 없는 것이고, 공천과 관련하여 그 후원회가 후원금을 받았다 하여도 국회의원은 후원회의 구성원이 아니므로, 그가 법 제45조(정치자금부정수수죄) 제1항을 위반하였다고 볼 수 없을 것이나, 공천과 관련된 정치자금을 받으면서 형식상 후원회를 통하여 받았을 뿐이라면 이는 직접 정치자금을 받은 것과 달리 볼 이유가 없다.[25] 국회의원이나 시민단체 등이 국회의원의 정치활동에 수반되어 발생한 간접강제금 지급에 사용하기 위한 자금을 모금하는 것은 법 제45조(정치자금부정수수죄) 제1항에 위반된다.[26] 국회의원이 자신의 의정활동을 보조하게 하기 위하여 국회의원회관내 사무실에 두는 유급사무직원의 인건비를 자신의 세비로 지출하는 것은 무방하나, 자신의 보좌관·비서관·비서 등 제3자로부터 직접 금품을 제공받아 급여 등을 지급하는 것은 법 제45조(정치자금부정수수죄) 제1항에 위반된다.[27]

  (나) '이 법에 정하지 아니한 방법'에 해당하지 아니한 경우
  국회의원인 피고인이 영수증을 주지 않고 후원회의 회원 아닌 사람으로부터 정

---

24) 서울중앙지방법원 2004. 9. 23. 선고 2004고합655 판결
25) 1998. 6. 9. 선고 96도837 판결
26) 2010. 5. 4. 중앙선관위 질의회답
27) 2009. 3. 3. 중앙선관위 질의회답

치자금을 받은 사안에서, 피고인이 자금을 수수할 당시부터 후원회의 모집금품으로 처리할 의사였고, 받은 금품을 바로 후원회에 전달한 경우 등에는 법률에 정하지 아니한 방법으로 정치자금을 수수한 죄책을 물을 수 없다.[28] 국회의원이 후원회를 통하지 아니하고 직접 금품을 수수한 후 이를 후원회에 전달하기 위하여 받은 것이라고 주장하는 경우에는, 금품 수수 당시의 상황, 국회의원에게 정치자금의 전달을 부탁할 필요성 유무, 후원회 또는 정치자금 계좌에의 입금 여부 및 그 입금시기, 정치자금영수증의 즉시 발급 및 선거관리위원회에의 적법한 신고 여부 등 모든 사정을 잘 살펴서 그와 같은 주장이 받아들일 수 있는지 여부를 판단하여야 하고, 객관적인 정황과 일치하지 않는데도 함부로 그러한 의사를 추단하여서는 아니 된다.[29] 예비후보자가 공직선거법상 허용되는 선거운동의 방법으로 공개차입에 관한 사항을 홍보하여 통상적인 이율에 따라 정치자금을 공개 차입하는 것은 정치자금법상 무방하다. 다만, 금융기관의 대출금리 또는 법정이자율 등 통상적인 이자율과 비교하여 현저하게 낮은 이율로 차입하는 것은 법 제45조(정치자금부정수수죄) 제1항에 위반된다.[30]

(3) 정치자금을 기부받은 자

법 제45조(정치자금부정수수죄) 제1항의 '정치자금을 기부받은 자'의 의미는 금원을 수령한 자(정당[31]·후원회·법인 그 밖에 단체에 있어서는 구성원으로서 당해 위반행위를 한 자)에게 있어서 그 금원의 성격이 법 제3조(정의)에서 정의하고 있는 정치자금이라고 인정되어야 할 것이므로, '정치자금을 기부받은 자'라 함은 본인의 정치활동을 위해 금원을 기부받은 자이거나 또는 자신이 속한 정당·후원회·법인 그 밖에 단체에게 금원을 전달할 목적으로 정치자금을 기부받은 자를 의미한다.[32]

---

28) 서울고등법원 2006. 4. 7. 선고 2005노1357 판결

29) 2009. 3. 12. 선고 2006도2612 판결

30) 2012. 2. 13. 중앙선관위 질의회답, 2010. 4. 5. 중앙선관위 질의회답

31) 정당은 선거에서 선거인들의 의사결정에 영향을 미치는 것을 고유한 존립이유로 하고 있으며 각 선거구별로 이에 필요한 조직을 갖추고 실제로 그와 같은 활동을 하고 있어 공직선거법에 규정된 기부행위의 상대방이 될 수 있다(2008. 1. 18. 선고 2007도7700 판결, 2007. 7. 12. 선고 2007도172 판결 등).

32) 서울중앙지방법원 2004. 5. 14. 선고 2004고합236 판결

(4) 기부하거나 기부받는 것[33]

(가) 기부

기부의 의미, 기부를 하거나 기부를 받는 것 등에 대하여는 제7장 기부의 제한에서 상술한다.

(나) 기부자의 진술이 유일한 증거일 경우 기부사실 여부의 판단방법

금품수수 여부가 쟁점이 된 사건에서 여러 차례에 걸쳐 금원을 제공하였다고 주장하는 사람의 진술을 신뢰할 수 있는지 심사해 본 결과 그중 상당한 진술 부분을 그대로 믿을 수 없는 객관적인 사정 등이 밝혀짐에 따라 그 부분 진술의 신빙성을 배척하는 경우라면, 여러 차례에 걸쳐 금원을 제공하였다는 진술의 신빙성은 전체적으로 상당히 허물어졌다고 보아야 하므로, 비록 나머지 일부 금원제공 진술 부분에 대하여는 이를 그대로 믿을 수 없는 객관적 사정 등이 직접 밝혀지지 않았다고 하더라도, 여러 차례에 걸쳐 금원을 제공하였다고 주장하는 사람의 진술만을 내세워 함부로 나머지 일부 금원수수 사실을 인정하는 것은 원칙적으로 허용될 수 없다. 나머지 일부 금원수수 사실을 인정할 수 있으려면, 신빙성을 배척하는 진술 부분과 달리 이 부분 진술만은 신뢰할 수 있는 근거가 확신할 수 있을 정도로 충분히 제시되거나, 그 진술을 보강할 수 있는 다른 증거물에 의하여 충분히 뒷받침되는 경우 등과 같이 합리적인 의심을 해소할 만한 특별한 사정이 존재하여야 한다.[34]

라. 고의

법 제45조(정치자금부정수수죄) 제1항 위반죄의 범의는 정치자금의 기부방법이 법에서 정하고 있는 방법에 해당하지 아니한다는 인식만으로 충분하다. 법이 규정한 것과 다른 방법으로 정치자금을 받은 이상 후원인의 의사와는 달리 국회의원 스스로는 기부받은 금품을 후원회에 전달할 내심의 의사를 가졌었다거나 후에 실제로 후원회에 전달하였다는 사정만으로는 법 제45조(정치자금부정수수죄) 제1항 위반죄의 책임을 면할 수 없고, 나아가 그 기부받은 정치자금을 어떻게 사용하였는지는 법 제45조(정치자금부정수수죄) 제1항 위반죄의 성립에 영향을 미칠 수 없다.[35]

---

33) 기부에 대하여는 제7장 기부의 제한에서 상술한다.
34) 2014. 6. 26. 선고 2013도9866 판결
35) 2009. 3. 12. 선고 2006도2612 판결

마. 기수시기

법 제49조(정치자금부정수수죄) 제1항의 정치자금부정수수죄는 법에 정하지 아니한 방법으로 정치자금을 기부하거나 기부받음으로써 정치자금부정수수죄가 기수에 이르고, 기수에 이른 이후에 실제로 그 자금을 정치활동을 위하여 사용하였는지 여부는 범죄의 성립에 영향을 미치지 아니하고,[36] 국회의원이 후원회를 통하지 않고 직접 정치자금을 받은 경우, 곧바로 법 제49조(정치자금부정수수죄) 제1항 위반죄의 기수에 이르게 되는 것이어서, 이후 영수증을 교부하거나 제공자에게 반환하였다고 하더라도 이미 성립된 범죄에 영향이 없고,[37] 후원회 회계책임자에게 교부하여 이를 지구당 경비로 사용하였다고 하여도 마찬가지이다.[38]

정치자금을 받은 자는 정당인데 그 구성원으로서 자금의 조달 및 집행을 총괄한 피고인과 다른 공모공동정범들 사이에 불법정치자금을 받는다는 의사의 결합이 그 전달 등의 과정에서 순차적으로 상통하여 이루어진 공동정범에 있어서는 법에 정하지 아니한 방법으로 위 정당이 정치자금을 받은 것으로 볼 수 있는 단계, 즉 공모공동정범이 피고인에게 전달 또는 보고하여 위 정당이 법에 정하지 아니한 방법으로 정치자금을 받아서 사용하기로 최종적으로 결정한 단계에서 불법정치자금수수에 의한 정치자금법위반죄의 기수에 이른 것으로 보아야 한다.[39]

바. 친족간 특례

(1) 책임조각사유

법 제45조(정치자금부정수수죄) 제1항 단서는 "다만, 정치자금을 기부하거나 기부

---

36) 2014. 10. 30. 선고 2012도12394 판결, 2013. 7. 12. 선고 2013도3940 판결, 2011. 6. 9. 선고 2010도17886 판결(국회의원인 피고인 甲이 피고인 乙과 공모하여, 丙에게서 비밀번호와 함께 돈이 입금된 예금계좌에 연결된 현금카드를 교부받음으로써 정치자금법에 정하지 아니한 방법으로 정치자금을 기부받았다는 내용으로 기소된 사안에서, 丙이 정치자금을 기부받는 자인 피고인 甲의 지시에 따라 그가 지정하는 피고인 乙에게 비밀번호와 함께 현금카드를 교부한 것은 정치자금의 기부에 해당하고, 위 현금카드의 교부행위로써 정치자금법상 정치자금의 기부는 완성되며, 그 후 피고인 甲 등이 위 돈을 어떻게 사용하였는지는 정치자금부정수수죄 성립에 영향을 미치지 아니한다고 한 사례)
37) 2006. 2. 10. 선고 2004도7670 판결
38) 2009. 3. 12. 선고 2006도2612 판결
39) 2004. 12. 24. 선고 2004도5494 판결

받은 자의 관계가「민법」제777조(친족의 범위)의 규정에 의한 친족의 경우에는 그
러하지 아니하다.”라고 규정하고 있는바, 위 조항의 단서 규정은 정치자금을 기부
하는 자와 기부받는 자 사이에 민법상 친족관계에 있는 경우에는 친족 간의 정의
(情誼)를 고려할 때 법에서 정한 방법으로 돈을 주고 받으리라고 기대하기 어려움
을 이유로 책임이 조각되는 사유를 정한 것이지 범죄의 구성요건해당성이 조각되
는 사유를 정한 것이 아니므로, 정치자금을 기부받은 자와「민법」제777조(친족의
범위)의 규정에 의한 친족관계에 있는 자가 그러한 친족관계 없는 자와 공모하여
정치자금법에 정하지 아니한 방법으로 정치자금을 기부한 경우에는「형법」제33
조(공범과 신분) 본문에서 말하는 ‘신분관계로 인하여 성립될 범죄에 가공한 행위’
에 해당한다고 볼 수 없으며, 친족관계에 있는 자의 책임은 조각된다.[40]

　「민법」제777조(친족의 범위)의 친족에는 ① 8촌 이내의 혈족, ② 4촌 이내의 인
척, ③ 배우자가 이에 해당한다. 혈족은 자기의 직계존속과 직계비속을 직계혈족
이라 하고 자기의 형제자매와 형제자매의 직계비속, 지계존속의 형제자매 및 그
형제자매의 직계비속을 방계혈족이라고 하고(민법§768), 인척은 혈족의 배우자, 배
우자의 혈족, 배우자의 혈족의 배우자를 말한다(민법§769). 따라서 혈족의 범위를
정한「민법」제768조(혈족의 정의)에서 말하는 ‘형제자매’라 함은 부계 및 모계의
형제자매를 모두 포함하므로, 이복형제가 법 제45조(정치자금부정수수죄) 제1항 단
서의 ‘친족’에서 제외되는 것은 아니다.[41]

(2) 법 제45조(정치자금부정수수죄) 제1항 단서의 적용범위

　친족 간의 정치자금 기부행위 불처벌을 규정한 법 제45조(정치자금부정수수죄)
제1항 단서 규정이 법 제45조(정치자금부정수수죄) 제1항 위반죄를 범한 공동정범
중에서 실제로 자금을 출연하여 기부를 실행한 자에 대해서만 적용되고 사실상
기부의 알선에 가까운 행위를 한 공동정범에게는 적용되지 않는다고 해석할 수는
없다.[42]

---

40) 2007. 11. 29. 선고 2007도7062 판결
41) 2007. 11. 29. 선고 2007도7062 판결
42) 2007. 11. 29. 선고 2007도7062 판결

사. 처벌 및 죄수

(1) 처벌

이 법에서 정하지 아니한 방법으로 정치자금을 기부하거나 받은 자는 5년 이하의 징역 또는 1천만원 이하의 벌금에 처한다(법§45①).

헌법재판소는, 구 정치자금에 관한 법률(1997. 11. 14. 법률 제5413호로 신설되고, 2004. 3. 12. 법률 제7191호로 개정되기 전의 것) 제30조(벌칙) 제1항 "이 법에서 정하지 아니한 방법으로 정치자금을 주거나 받은 자는 3년 이하의 징역 또는 3,000만원 이하의 벌금에 처한다" 중 "3년 이하의 징역 또는 3,000만원 이하의 벌금" 부분이 평등원칙에 위반되는지 여부와 관련하여, 「어떤 범죄를 어떻게 처벌할 것인가 하는 문제 즉 법정형의 종류와 범위의 결정은 그 범죄의 죄질과 보호법익의 성격, 우리의 역사와 문화, 입법당시의 시대적 상황, 국민일반의 가치관 내지 법감정, 그리고 그 범죄의 실태와 예방을 위한 형사정책적 측면 등 여러 가지 요소를 종합적으로 고려하여 입법자가 결정할 국가의 입법정책에 관한 사항으로서 광범위한 입법재량 내지 형성의 자유가 인정되어야 할 분야라고 할 것이므로[43] 이 법에 정하지 아니한 방법으로 정치자금을 주거나 받은 자를 3년 이하의 징역 또는 3,000만원 이하의 벌금에 처하도록 규정하고 있는 법 제30조(벌칙) 제1항은 입법자의 입법형성의 범위내의 제한이라 할 것이어서 헌법에 위반되지 않는다.[44] 개별적 구성요건을 위반한 집단과 포괄적 금지규정을 위반한 집단이 하나의 집단 안에 포섭될 수 있는 것은 아니다. 즉, 개별적 구성요건 위반과 포괄적 금지규정 위반은 그 불법의 실질이 전혀 다르다. 그러므로 '같은 것은 같게, 다른 것은 다르게' 처우하여야 한다는 헌법상 평등원칙에 있어서, '같은 것을 다르게' 처우하는 문제는 없다. 나아가, 포괄적 금지규정을 위반한 불법이 가벼움에도 불구하고, 그 형벌이 더 중한가 하는 점을 살펴본다. 정치자금법의 목적은 "정치자금의 적정한 제공을 보장하고 그 수입과 지출상황을 공개함으로써 민주정치의 건전한 발전을 기여"(제1조)함에 있고, "정치자금은 국민의 의혹을 사는 일이 없도록 공명정대하게 운영되어야 하고, 그 회계는 공개"(제2조 제2항)되어야 한다고 하면서 정치자금공개의 원

---

43) 1997. 8. 21. 선고 93헌바60 전원재판부 결정
44) 2001. 10. 25. 선고 2000헌바5 전원재판부 결정

칙을 천명하고 있는데, 위와 같은 목적과 원칙을 염두에 둔다면, 정치자금법에 정해진 개별적 금지 또는 제한의 위반보다는 아예 정치자금법의 규율영역 바깥에서 음성적인 정치자금을 수수함으로써 정치자금법의 목적과 원칙을 무시하는 행위의 불법이 더 큰 경우도 얼마든지 있을 수 있다. 우리 사회에서 악습 또는 병폐로써 정치자금이 문제되는 것은 각 개별적 구성요건을 위반하는 것이 아니라, 음성적이고 불법적인 자금을 밀실에서 주고받으면서 정치권력과 금력이 야합하는데 있었던 것이다. 거기에 비하면 정치자금법상의 구체적, 개별적 구성요건을 위반한 경우는 그 불법의 정도가 음성적 정치자금의 수수보다는 가벼운 것이 일반적이다. 또 이 사건 법률조항은 단지 법정형의 상한만을 더 중하게 규정해 두었을 뿐이므로, 특별한 경우에 있어서 포괄적 금지규정위반의 불법이 매우 가볍다면, 법관에 의해 불법의 정도에 적합한 형이 정해질 수 있는 것이므로, 구체적인 사건에 있어서는 청구인이 지적하는 바와 같은 양형의 불균형 문제는 생기지 아니한다. 그렇다면, 이 사건 법률조항의 법정형이 개별적 구성요건을 위반한 경우와 비교하여 형벌체계상 균형을 잃었다고 볼 수 없으므로, 평등원칙에 위반되지 아니한다.」고 판시하였다.[45]

(2) 죄수

법 제45조(정치자금부정수수죄) 제1항 위반죄와 법 제46조(각종 제한규정위반죄) 제5호, 제37조(회계장부의 비치 및 기재) 제1항 위반죄, 제40조(회계보고) 제1항 위반죄 등은 그 보호법익, 행위 주체, 행위 태양이 서로 다른 별개의 범죄이므로, 정당의 구성원이자 정당의 중앙당의 회계책임자가 정치자금법에서 정하지 아니한 방법으로 정치자금을 받은 다음, 회계장부에 그 정치자금에 대한 수입과 지출내역 등의 기재를 고의로 누락하는 방법으로 회계장부를 허위기재하고, 다시 관할선거관리위원회에 그 수입 및 지출 내역 등을 허위로 보고한 경우에는 위 각 죄가 모두 성립하고 위 각 죄는 실체적 경합관계에 있다.[46]

---

45) 2004. 6. 24. 선고 2004헌바16 전원재판부 결정
46) 2004. 12. 24. 선고 2004도5494 판결

아. 몰수 · 추징

법 제45조(정치자금부정수수죄) 제1의 경우 그 제공된 금품 그 밖에 재산상의 이익은 몰수하며, 이를 몰수할 수 없을 때에는 그 가액을 추징한다(법§45③).

법 제45조(정치자금부정수수죄) 제3항의 규정에 의한 필요적 몰수 또는 추징은 법 제45조(정치자금부정수수죄) 제1항을 위반한 자에게 제공된 금품 기타 재산상 이익을 그들로부터 박탈하여 그들로 하여금 부정한 이익을 보유하지 못하게 함에 그 목적이 있는 것이므로, 제공된 당해 금품 기타 재산상 이익이 그 행위자에게 귀속되었음이 인정되는 범위 내에서만 추징할 수 있고, 정당에게 제공된 정치자금의 경우 그 정당의 구성원 등이 교부받은 금품을 제공한 자의 뜻에 따라 정당에 전달한 경우에는 그 부분의 이익은 실질적으로 그 행위자에게 귀속된 것이 아니어서 그 가액을 현실적으로 추징할 것은 아니지만,[47] 금품을 현실적으로 수수한 행위자가 이를 정당에 실제로 전달하지 아니한 이상 위와 같은 법리가 적용된다고 할 수 없고,[48] 한편 이러한 금품수수자가 자신의 개인 예금계좌에 돈을 입금함으로써 그 특정성을 상실시켜서 소비 가능한 상태에 놓았다가 동액 상당을 인출하여 금품제공자에게 반환하였다고 하더라도, 그 가액 상당을 금품수수자로부터 추징함이 상당하다.[49] 대통령선거와 관련하여 법 제45조(정치자금부정수수죄) 제1항을 위반하여 정치자금을 수수한 경우에 교부받은 금품을 제공한 자의 뜻에 따라 당이나 후보자 본인에게 전달한 경우에는 그 부분의 이익은 실질적으로 법인에게 귀속된 것이 아니어서 이를 제외한 나머지 금품만을 몰수하거나 그 가액을 추징하여야 한다.[50] 지방자치단체장선거에 출마한 후보자가 그 선거와 관련하여 법 제45조(정치자금부정수수죄) 제1항을 위반하여 정치자금을 수수한 다음 그 정치자금을 제공한 상대방의 뜻에 따라 그 전부 또는 일부를 자신의 선거자금으로 실제로 사용하였다면 그로 인한 이익은 그 후보자에게 실질적으로 귀속된 것으로 보아야 할 것이므로 이러한 경우에는 후보자 본인으로부터 그 돈을 몰수하거나 수수한 돈의 가액을

47) 2004. 4. 27. 선고 2004도482 판결
48) 2008. 1. 18. 선고 2007도7700 판결
49) 1996. 10. 25. 선고 96도2022 판결, 1999. 1. 29. 선고 98도3854 판결, 2008. 1. 18. 선고 2007도7700 판결
50) 2004. 12. 10. 선고 2004도5652 판결

추징하여야 한다.51)

금품의 무상대여를 통하여 위법한 정치자금을 기부받은 경우 범인이 받은 부정한 이익은 무상 대여금에 대한 금융이익 상당액이라 할 것이므로, 여기서 몰수 또는 추징의 대상이 되는 것은 무상으로 대여 받은 금품 그 자체가 아니라 위 금융이익 상당액이다.52)

2. 후원회설치위반죄 등

후원회설치위반죄(법§45②1., §6), 후원회기부한도위반죄(법§45②2., §11①, §11②, §12①, §12②, §13①), 모금방법위반죄(법§45②3., §14, §15, §16), 기탁금의 기탁방법위반죄(법§45②4., §22①), 기부제한위반죄(법§45②5., §31, §32), 기부알선제한위반죄(법§45②6., §33), 각종 제한규정위반죄(법§46), 각종 의무규정위반죄(법§47), 감독의무해태죄 등(법§48), 선거비용관련 위반행위에 관한 벌칙(법§49)에 대하여는 각 금지 및 제한규정에서 상술한다.

3. 과태료

가. 과태료 부과절차

(1) 의의

이 법의 규정에 의한 과태료는 규칙이 정하는 바에 의하여 관할 선거관리위원회(읍·면·동선거관리위원회를 제외한다. 이하 "부과권자"라 한다)가 그 위반자에게 부과하며, 납부기한까지 납부하지 아니한 때에는 관할 세무서장에게 위탁하고 관할 세무서장이 국세체납처분의 예에 따라 이를 징수한다. 다만, 과태료 처분대상자가 정당인 경우에는 당해 정당에 배분·지급될 보조금 중에서 공제하고, 후보자(제49조(선거비용관련 위반행위에 대한 벌칙) 제3항에 따라 과태료 처분을 받은 선거연락소장과 회계책임자를 포함한다)인 경우에는 「공직선거법」 제57조(기탁금의 반환 등) 및 제122조의2(선거비용의 보전 등)의 규정에 의하여 당해 후보자(대통령선거의 정당추천후보자,

---

51) 2005. 6. 10. 선고 2005도1908 판결
52) 2007. 3. 30. 선고 2006도7241 판결

비례대표국회의원선거 및 비례대표지방의회의원선거에 있어서는 그 추천정당을 말한다)에
게 반환·지급할 기탁금 또는 선거비용 보전금에서 공제할 수 있다(법§51④).

과태료의 부과·징수 및 재판 등에 관한 사항은 원칙적으로 「질서위반행위규제
법」에 따른다(질서위반행위규제법§5).

(2) 부과권자

과태료의 부과권자는 관할 선거관리위원회(읍·면·동선거관리위원회는 제외한다)이
다(법§51②).

(3) 부과통지

부과권자가 과태료를 부과할 때에는 당해 위반행위를 조사·확인한 후 위반사실
·이의제기기한·방법 및 과태료 등을 명시하여 이를 납부할 것과 보조금·공직선
거후보자의 기탁금·선거비용보전금에서 공제하는 경우에는 그 뜻을 과태료 처분
대상자(보조금·공직선거후보자의 기탁금·선거비용보전금에서 공제하는 때에는 당해 정당
또는 공직선거후보자를 포함한다)에게 통지하여야 한다(규칙§44①).

(4) 부과기준

법 제49조(선거비용관련 위반행위에 관한 벌칙) 제3항 및 제51조(과태료) 제1항 내
지 제3항의 위반행위에 대한 과태료 부과기준은 별표 2 <과태료 부과기준>과
같다(규칙§44②).

[별표 2] 〈과태료 부과기준〉

1. 법 제51조(과태료) 관련 (단위 : 만원)

처분대상	관계법조	법정 상한액	부과기준
1. 당비영수증 또는 정치자 금영수증의 발행·교부를 해태하는 행위	○ 법 제51조 제1항 ·제5조 제1항· 제17조 제1항	300	가. 발행·교부를 해태한 때 : 50 나. 발행·교부기한을 경과하 는 매 1일마다 가산액 : 10
2. 후원회의 사무소·연락소	○ 법 제51조 제1항	300	가. 유급사무직원의 수를 초과

또는 국회의원의 사무소에 둘 수 있는 유급사무직원의 수를 초과하는 행위	·제9조 제2항·제3항		하여 둔 때 : 100 나. 시정명령기한을 경과하는 매 1일마다 가산액 : 10
3. 현행범인 또는 준현행범인이 선거관리위원회 위원·직원의 정치자금범죄 조사와 관련한 동행요구에 응하지 아니하는 행위	○ 법 제51조 제1항 ·제52조 제5항	300	매회 : 300
4. 회계책임자 변경에 따른 인계·인수를 지체하는 행위	○ 법 제51조 제2항 ·제35조 제2항	200	가. 정당한 사유 없이 인계·인수를 하지 아니한 때 : 각각 50 나. 이행명령 후 이행기한을 경과하는 매 1일마다 가산액 : 각각 20
5. 지출결의서나 구입·지급품의서에 의하지 아니하고 정치자금을 지출하는 행위	○ 법 제51조 제2항 ·제38조 제2항	200	지출결의서나 구입·지급품의서에 의하지 아니한 매 1건마다 : 5
6. 신고·보고·신청을 해태하는 행위 가. 후원회의 등록·변경등록 신청·신고 나. 후원회의 존속결의에 따른 변경등록신청·해산신고 다. 후원회의 합병에 따른 변경등록신청 라. 회계책임자의 선임·겸임 신고 마. 회계책임자의 변경신고 바. 정당 등의 회계보고	○ 법 제51조 제3항 • 제7조 제1항·제4항 • 제19조 제2항·제3항 본문 • 제20조 제1항 후단 • 제34조 제1항·제3항 • 제35조 제1항 • 제40조 제1항·제2항	100	가. 신고·보고·신청을 해태한 때 : 10 나. 신고·보고·신청기한을 경과하는 매 1일마다 가산액 : 10
7. 후원회의 등록신청 또는 변경등록신청을 허위로 하는 행위	○ 법 제51조 제3항 ·제7조	100	매회 : 100
8. 후원회의 회원이 될 수	○ 법 제51조 제3항	100	가. 후원회의 회원이 될 수 없

없는 자를 회원으로 가입하게 하거나 가입하는 행위	· 제8조 제1항		는 자를 회원으로 가입하게 하거나 가입한 때 : 각각 50 나. 시정명령 후 시정기한까지 시정하지 아니한 때 : 10
9. 정치자금영수증 사용실태를 보고하지 아니하거나 정치자금영수증을 관할 선거관리위원회에 반납하지 아니하는 행위	○ 법 제51조 제3항 · 제17조 제10항	100	가. 보고·반납을 해태한 때 : 50 나. 보고·반납기한을 경과하는 매 1일마다 가산액 : 10
10. 후원회·후원회지정권자의 잔여재산 또는 후보자의 반환기탁금 및 보전비용의 인계의무를 해태하는 행위	○ 법 제51조 제3항 · 제21조 제1항 · 제2항 · 제58조 제1항	100	가. 인계의무를 해태한 때 : 50 나. 인계의무기한을 경과하는 매 1일마다 가산액 : 10
11. 2 이상의 회계책임자를 겸한 경우	○ 법 제51조 제3항 · 제34조 제2항 본문	100	가. 2 이상의 회계책임자가 된 경우 : 50 나. 시정명령 후 시정기한까지 시정하지 아니한 때 : 10
12. 보조금과 보조금외의 정치자금, 선거비용과 선거비용외의 정치자금을 각각 별도의 계정을 설정하여 구분·경리하지 아니한 행위	○ 법 제51조 제3항 · 제37조 제1항 후단	100	100
13. 회계보고서에 예산결산위원회가 확인·검사한 사실이 명시된 공개자료 사본, 의결서 사본 또는 감사의견서와 인계·인수서를 첨부하지 아니한 행위	○ 법 제51조 제3항 · 제40조 제4항	100	가. 보완명령 후 보완기한까지 보완하지 아니한 때 : 50 나. 보완기한을 경과하는 매 1일마다 가산액 : 10
14. 정치자금범죄의 조사를 위한 출석요구에 정당한 사유 없이 응하지 아니하는 행위	○ 법 제51조 제3항 · 제52조 제5항	100	가. 당사자는 매회 : 100 나. 그 밖의 관계자는 매회 : 50

2. 법 제49조(선거비용관련 위반행위에 관한 벌칙) 관련 　　　　　(단위 : 만원)

처분대상	관계법조	법정 상한액	부과기준
1. 선거비용과 관련하여 회계책임자의 선임·변경·겸임신고를 해태하는 행위	○ 법 제49조 제3항 • 제34조 제1항·제3항 • 제35조 제1항	200	신고기한을 경과하는 매 1일마다 : 20
2. 선거비용과 관련하여 회계책임자의 선임·겸임의 신고 시에 약정서를 제출하지 아니하는 행위	○ 법 제49조 제3항 • 제34조 제4항	200	가. 보완명령 후 보완기한까지 보완하지 아니한 때 : 100 나. 보완기한을 경과하는 매 1일마다 가산액 : 20
3. 선거비용과 관련하여 회계책임자의 변경시 인계·인수서를 작성하지 아니하는 행위	○ 법 제49조 제3항 • 제35조 제2항	200	가. 보완명령 후 보완기한까지 보완하지 아니한 때 : 100 나. 보완기한을 경과하는 매 1일마다 가산액 : 20
4. 회계책임자가 선거비용관련 회계보고를 하는 때에 정당의 대표자 또는 공직선거의 후보자와 선거사무장의 연대서명·날인(선거연락소의 경우에는 선거연락소장의 서명·날인)을 받지 아니하는 행위	○ 법 제49조 제3항 • 제40조 제5항	200	가. 보완명령 후 보완기한까지 보완하지 아니한 때 : 50 나. 보완기한을 경과하는 매 1일마다 가산액 : 10

　　부과권자는 과태료의 처분을 함에 있어서 당해 위반행위의 동기와 그 결과, 위반기간 및 위반정도 등을 고려하여 별표 2 <과태료 부과기준>의 부과기준금액의 2분의 1의 범위 안에서 이를 경감하거나 가중할 수 있다. 이 경우 1회 부과액은 법 제49조(선거비용관련 위반행위에 관한 벌칙) 제3항 및 제51조(과태료) 제1항 내지 제3항의 규정에 의한 과태료의 상한액을 넘을 수 없다(규칙§44③).

　(5) 납부

　　과태료 처분대상자(법 제51조(과태료) 제4항 단서에 따른 공제대상자를 포함한다)가 과태료 처분의 고지를 받은 때에는 그 고지를 받은 날부터 20일 이내에 납부하여야 한다(규칙§44④).

(6) 이의제기

과태료 처분에 불복이 있는 당사자는 그 처분의 고지를 받은 날부터 60일 이내에 부과권자에게 규칙이 정하는 서식53)에 의하여 서면으로 이의를 제기하여야 한다(질서위반행위규제법§20①, 규칙§44⑥).

(7) 징수

부과권자는「질서위반행위규제법」제20조(이의제기) 제1항54)에 따른 이의제기기한까지 납부하지 아니한 때에는 10일간의 납부기한을 지정한 독촉장을 발부하여야 하고(규칙§44④), 과태료 처분대상자가 독촉기한까지 납부하지 아니한 때에는 지체 없이 관할 세무서장에게 징수를 위탁하여야 한다(규칙§44⑤).

부과권자 또는 관할 세무서장이 징수한 과태료의 국가에의 납입절차에 관하여는「국고금관리법 시행규칙」을 준용한다(규칙§44⑦).

나. 과태료 부과대상

(1) 300만원 이하 부과대상(법§ 51①)

① 법 제5조(당비영수증) 제1항 또는 제17조(정치자금영수증) 제1항의 규정을 위반하여 당비영수증 또는 정치자금영수증의 발행·교부를 해태한 자, ② 법 제9조(후원회의 사무소 등) 제2항·제3항의 규정을 위반하여 유급사무직원의 수를 초과하여 둔 자, ③「형사소송법」제211조(현행범인과 준현행범인)에 규정된 현행범인 또는 준현행범인으로서 법 제52조(정치자금범죄 조사 등) 제5항의 규정에 의한 동행요구에 응하지 아니한 자

(2) 200만원 이하 부과대상(법§ 49③, § 51②)

① 법 제34조(회계책임자의 선임신고 등) 제1항·제3항 또는 제35조(회계책임자의 변경신고 등) 제1항의 규정을 위반하여 회계책임자의 선임·변경·겸임신고를 해태

---

53) 규칙 별지 제45호 서식(과태료처분에 대한 이의신청서)
54) 「질서위반행위규제법」제20조(이의제기) ①행정청의 과태료 부과에 불복하는 당사자는 제17조 제1항에 따른 과태료 부과 통지를 받은 날부터 60일 이내에 해당 행정청에 서면으로 이의제기를 할 수 있다.

한 자, ② 법 제34조(회계책임자의 선임신고 등) 제4항 제2호의 규정에 의한 약정서를 제출하지 아니한 자, ③ 법 제35조(회계책임자의 변경신고 등) 제2항의 규정을 위반하여 인계·인수서를 작성하지 아니한 자, ④ 법 제40조(회계보고) 제5항의 규정을 위반한 자, ⑤ 법 제35조(회계책임자의 변경신고 등) 제2항의 규정을 위반하여 인계·인수를 지체한 자, ⑥ 법 제38조(정당의 회계처리) 제2항의 규정을 위반하여 지출결의서나 구입·지급품의서에 의하지 아니하고 정치자금을 지출한 자

(3) 100만원 이하 부과대상(법§ 51③)

① 법 제7조(후원회의 등록신청 등) 제1항·제4항, 제19조(후원회의 해산 등) 제2항·제3항 본문, 제20조(후원회의 합병 등) 제1항 후단, 제34조(회계책임자의 선임신고 등) 제1항·제3항, 제35조(회계책임자의 변경신고 등) 제1항 또는 제40조(회계보고) 제1항·제2항을 위반하여 신고·보고 또는 신청을 해태한 자, ② 법 제7조(후원회의 등록신청 등)의 규정을 위반하여 후원회의 등록신청 또는 변경등록신청을 허위로 한 자, ③ 법 제8조(후원회의 회원) 제1항의 규정을 위반하여 후원회의 회원이 될 수 없는 자를 회원으로 가입하게 하거나 가입한 자, ④ 법 제17조(정치자금영수증) 제10항의 규정을 위반하여 정치자금영수증 사용실태를 보고하지 아니하거나 정치자금영수증을 관할 선거관리위원회에 반납하지 아니한 자, ⑤ 법 제21조(후원회가 해산한 경우의 잔여재산 처분 등) 제1항·제2항 또는 제58조(후보자의 반환기탁금 및 보전비용의 처리) 제1항의 규정을 위반하여 잔여재산 또는 반환기탁금·보전비용의 인계의무를 해태한 자, ⑥ 법 제34조(회계책임자의 선임신고 등) 제2항 본문의 규정을 위반하여 회계책임자가 된 자, ⑦ 법 제37조(회계장부의 비치 및 기재) 제1항 후단의 규정을 위반하여 보조금과 보조금 외의 정치자금, 선거비용과 선거비용 외의 정치자금을 각각 구분하여 경리하지 아니한 자, ⑧ 법 제40조(회계보고) 제4항 제4호 내지 제6호의 규정을 위반하여 예산결산위원회가 확인·검사한 사실이 명시된 공개자료의 사본, 의결서 사본 또는 감사의견서와 인계·인수서를 첨부하지 아니한 자, ⑨ 법 제52조(정치자금범죄의 조사 등) 제5항의 규정을 위반하여 출석요구에 응하지 아니한 자

제12장 「불법정치자금 등의 몰수에 관한 특례법」

1. 의의

「불법정치자금 등의 몰수에 관한 특례법(약칭 : 불법정치자금법)」은 불법정치자금 등의 조성을 근원적으로 막고, 정치자금의 투명성을 제고함을 그 목적으로 한다(불법정치자금법§1).

"불법정치자금등"이라 함은 ① 정치자금법 제45조(정치자금부정수수죄), ②[1] 「공직선거법」 제2조(적용범위)의 규정에 따른 선거에 의하여 취임한 공무원이 범한 「형법」 제129조(수뢰, 사전수뢰)부터 제132조(알선수뢰)까지, 「특정범죄가중처벌 등에 관한 법률」 제2조(뇌물죄의 가중처벌) 또는 제3조(알선수재), 「부패방지 및 국민권익위원회의 설치와 운영에 관한 법률」 제86조(업무상 비밀이용의 죄)[2]의 어느 하나에 해당하는 죄(그 죄와 다른 죄가 「형법」 제40조(상상적 경합)[3]의 관계에 있는 경우에는 그

---

1) 2021. 1. 5. 법률 제17830호로 개정되어 2022. 5. 19.부터 시행되는 「불법정치자금법」 제2조 제1호 나목은 ""「공직선거법」 제2조의 규정에 따른 선거에 의하여 취임한 공무원이 범한 「형법」 제129조부터 제132조까지, 「특정범죄가중처벌 등에 관한 법률」 제2조 또는 제3조, 「부패방지 및 국민권익위원회의 설치와 운영에 관한 법률」 제86조의 죄"에서 ""「공직선거법」 제2조의 규정에 따른 선거에 의하여 취임한 공무원이 범한 「형법」 제129조부터 제132조까지, 「특정범죄가중처벌 등에 관한 법률」 제2조 또는 제3조, 「공직자의 이해충돌 방지법」 제27조 제1항 및 같은 조 제2항 제1호의 죄"로 변경되었다.
「공직자의 이해충돌 방지법(약칭: 이해충돌방지법)」은 공직자가 직무를 수행할 때 자신의 사적 이해관계가 관련되어 공정하고 청렴한 직무수행이 저해되거나 저해될 우려가 있는 상황인 이해충돌을 사전에 예방·관리하고, 부당한 사적 이익 추구를 금지함으로써 공직자의 공정한 직무수행을 보장하고 공공기관에 대한 국민의 신뢰를 확보하기 위해 2021. 5. 18. 법률 제18191호로 제정되었고, 2022. 5. 19.부터 시행된다.
2) 「부패방지 및 국민권익위원회의 설치와 운영에 관한 법률」 제86조(업무상 비밀이용의 죄) ① 공직자가 제7조의2(공직자의 업무상 비밀이용 금지)를 위반한 때에는 7년 이하의 징역 또는 7천만원 이하의 벌금에 처한다.
②제1항의 경우 징역과 벌금은 이를 병과할 수 있다.
③제1항의 죄를 범한 자 또는 그 정을 아는 제3자가 제1항의 죄로 취득한 재물 또는 재산상 이익은 이를 몰수 또는 추징한다.

다른 죄를 포함한다)의 범죄행위로 얻은 재산을 말한다(불법정치자금법§2 1.).

"불법정치자금등에서 유래한 재산"이라 함은 불법정치자금등의 과실로서 얻은 재산, 불법정치자금등의 대가로서 얻은 재산, 이들 재산의 대가로서 얻은 재산 등 불법정치자금등의 변형 또는 증식으로 형성된 재산(불법정치자금등이 불법정치자금등과 관련 없는 재산과 합하여져 변형되거나 증식된 경우에는 불법정치자금등에서 비롯된 부분에 한한다)을 말한다(불법정치자금법§2 2.). 「불법정치자금법」제2조(정의) 제1호에 규정된 죄의 범행 후 범인이 취득한 재산으로서 그 가액이 취득 당시의 범인의 재산운용상황 또는 법령에 기한 급부의 수령상황 등에 비추어 현저하게 고액이고 그 취득한 재산이 불법정치자금등의 금액·재산취득시기 등 제반사정에 비추어 불법정치자금등으로 형성되었다고 볼만한 상당한 개연성이 있는 경우에는 불법정치자금등이 그 재산의 취득에 사용된 것으로 인정할 수 있다(불법정치자금법§7).

"불법재산"이라 함은 불법정치자금등 및 불법정치자금등에서 유래한 재산을 말한다(불법정치자금법§2 3.).

2. 몰수의 범위 및 요건에 관한 특례

가. 몰수의 범위

불법재산은 이를 몰수한다(불법정치자금법§3①). 다만, 몰수하여야 할 재산에 대하여 재산의 성질, 사용상황, 그 재산에 관한 범인 이외의 자의 권리유무 그 밖의 사정으로 이를 몰수함이 상당하지 아니하다고 인정될 때에는 몰수하지 아니할 수 있다(불법정치자금법§3②). 불법재산이 불법재산 외의 재산과 합하여진 경우에 그 불법재산을 몰수하여야 하는 때에는 불법재산과 그 외의 재산이 합하여진 재산(이하 "혼합재산"이라 한다) 중 불법재산의 비율에 상당하는 부분을 몰수한다(불법정치자금법§4).

나. 몰수의 요건

몰수는 불법재산 또는 혼합재산이 범인 외의 자에게 귀속되지 아니하는 경우에

---

3) 「형법」제40조(상상적 경합) 1개의 행위가 수개의 죄에 해당하는 경우에는 가장 중한 죄에 정한 형으로 처벌한다.

한한다. 다만, 범인 외의 자가 범죄 후 그 정을 알면서 그 불법재산 또는 혼합재산을 취득한 경우에는 그 불법재산 또는 혼합재산이 범인 외의 자에게 귀속된 경우에도 몰수할 수 있고(불법정치자금법§5①), 이 경우 범인 외의 자가 정당인 경우에는 정당대표자·회계책임자 또는 회계사무보조자가 그 정을 알았을 때에 정당이 안 것으로 본다(불법정치자금법§5③).

지상권·저당권 그 밖의 권리가 그 위에 존재하는 재산을 몰수하는 경우에 범인 외의 자가 범죄 전에 그 권리를 취득한 때 또는 범인 외의 자가 범죄 후 그 정을 알지 못하고 그 권리를 취득한 때에는 이를 존속시킨다(불법정치자금법§5②).

다. 추징의 요건

불법재산을 몰수할 수 없거나 「불법정치자금법」 제3조(불법재산의 몰수) 제2항의 규정에 의하여 몰수하지 아니하는 때에는 그 가액을 범인으로부터 추징한다(불법정치자금법§6).

3. 몰수에 관한 절차 등의 특례

가. 제3자의 권리존속

법원은 지상권·저당권 그 밖의 권리가 그 위에 존재하는 재산을 몰수하는 경우 당해 권리를 존속시키는 때에는 몰수의 선고와 동시에 그 취지를 선고하여야 한다(불법정치자금법§8).

나. 몰수된 재산의 처분

몰수된 재산은 검사가 이를 처분하여야 한다(불법정치자금법§9①). 검사는 채권의 몰수재판이 확정된 때에는 그 채권의 채무자에게 몰수재판의 초본을 송부하여 그 요지를 통지하여야 한다(불법정치자금법§9②).

다. 몰수의 재판에 기한 등기 등의 말소

권리의 이전에 등기 또는 등록(이하 "등기등"이라 한다)을 요하는 재산을 몰수하는 재판에 기하여 권리의 이전 등의 등기등을 관계기관에 촉탁하는 경우 몰수에 의하여 효력을 잃은 처분의 제한에 관련된 등기등이 있거나 몰수에 의하여 소멸된 권리의 취득에 관련된 등기등이 있는 때 또는 그 몰수에 관하여 몰수보전명령 또는 부대보전명령에 관련된 등기등이 있는 때에는 위 각 등기등도 말소를 촉탁한 것으로 본다(불법정치자금법§10).

라. 형사보상의 특례

채권 등의 몰수집행에 대한 「형사보상 및 명예회복에 관한 법률」에 의한 보상은 그 몰수물을 반환하고, 그것이 이미 처분되었을 때에는 보상결정 시의 시가를 보상한다(불법정치자금법§11, 형사보상 및 명예회복에 관한 법률§5⑥).

4. 제3자 참가절차 등의 특례

가. 검사의 고지 및 공고

검사는 공소를 제기함에 있어서 「불법정치자금법」의 규정에 의하여 피고인 외의 자(정치자금법 제50조(양벌규정)의 규정에 의하여 공동피고인이 된 정당·후원회 또는 법인·단체를 포함한다)의 재산 또는 지상권·저당권 그 밖의 권리가 존재하는 재산의 몰수가 필요하다고 인정하는 때에는 즉시 위 재산을 가진 자 또는 그 재산 위에 지상권·저당권 그 밖의 권리를 가진 자로서 피고인 외의 자(이하 "제3자"라 한다)에게 서면으로 ① 피고인에 대한 형사사건이 계속 중인 법원, ② 피고인에 대한 형사사건명 및 피고인의 성명, ③ 몰수하여야 할 재산의 품명·수량 그 밖에 그 재산을 특정할 만한 사항, ④ 몰수의 이유가 될 사실의 요지, ⑤ 피고인에 대한 형사사건절차에의 참가신청이 가능하다는 취지, ⑥ 참가신청이 가능한 기간, ⑦ 피고인에 대한 형사사건에 대하여 공판기일이 정하여진 경우에는 공판기일을 고지하여야 한다. 다만, 정치자금법 제50조(양벌규정)에 의하여 공동피고인이 된 정당·후원회 또는 법인·단체의 경우 ①호, ②호 및 ⑦호의 사항에 대한 고지를 생략할 수 있다(불법정치자금법§12①).

검사는 제3자의 소재를 알 수 없거나 그 밖의 사유로 고지를 할 수 없을 때에는 위 고지사항을 관보나 일간신문에 게재하고 검찰청 또는 고위공직자범죄수사처 게시장에 14일간 게시하여 공고하여야 한다(불법정치자금법§12②).

검사가 위 고지 또는 공고를 한 때에는 이를 증명하는 서면을 법원에 제출하여야 한다(불법정치자금법§12③).

나. 참가절차

(1) 참가신청

몰수될 염려가 있는 재산을 가진 제3자는 제1심 재판이 있기까지(약식절차에 의한 재판이 있는 경우에는 정식재판 청구가 가능한 기간이 경과하기까지를 말하며, 이 경우 정식재판 청구가 있는 때에는 통상의 공판절차에 의한 제1심 재판이 있기까지를 말한다. 이하 같다) 피고인에 대한 형사사건이 계속 중인 법원에 대하여 서면으로 그 형사사건절차에의 참가신청을 할 수 있다. 다만, 검사의 고지 또는 공고가 있는 때에는 고지 또는 공고가 있는 날부터 14일 이내에 한하여 참가신청을 할 수 있다(불법정치자금법§13①). 검사가 고지 또는 공고한 법원이 피고인에 대한 형사사건을 이송한 경우 그 법원에 참가신청이 있는 때에는 신청을 받은 법원은 피고인에 대한 형사사건을 이송받은 법원에 그 신청서면을 송부하여야 한다. 이 경우 그 서면이 송부된 때에는 처음부터 피고인에 대한 형사사건을 이송받은 법원에 대하여 참가신청을 한 것으로 본다(불법정치자금법§13②).

(2) 참가신청의 결정

법원은 참가신청이 법률상의 방식에 위반되거나 기간이 경과한 후에 이루어진 때와 몰수하여야 할 재산 또는 몰수하여야 할 재산 위에 존재하는 지상권·저당권 그 밖의 권리가 신청인에게 귀속하지 아니함이 명백한 때에는 참가신청을 기각하여야 한다. 다만, 검사의 고지 또는 공고가 있은 날부터 14일 이내에 참가신청을 하지 아니한 것이 신청인의 책임으로 돌릴 수 없는 사유에 의한 것으로 인정될 때에는 제1심 재판이 있기까지 참가를 허가할 수 있다(불법정치자금법§13③). 법원은 위와 같이 참가신청을 기각하는 경우를 제외하고는 참가신청을 허가하여야 한다. 다만, 몰수하는 것이 불가능하거나 몰수가 필요하지 아니하다는 취지의 검사의 의견이 상당하다고 인정될 때에는 참가신청을 기각할 수 있다(불법정치자금법§13④).

법원이 참가를 허가한 경우에 있어서 몰수하여야 할 재산 또는 몰수하여야 할 재산 위에 존재하는 지상권·저당권 그 밖의 권리가 참가가 허가된 자(이하 "참가인"이라 한다)에게 귀속하지 아니함이 명백하게 된 때에는 참가를 허가한 재판을 취소하여야 하며, 몰수하는 것이 불가능하거나 몰수가 불필요하다는 취지의 검사의 의견이 상당하다고 인정될 때에는 참가를 허가한 재판을 취소할 수 있다(불법정치자금법§13⑤).

참가에 관한 재판은 검사, 참가신청인 또는 참가인, 피고인 또는 변호인의 의견을 듣고 결정하여야 하고(불법정치자금법§13⑥), 검사, 참가신청인 또는 참가인은 참가신청을 기각한 결정 또는 참가를 허가한 재판을 취소한 결정에 대하여 즉시 항고할 수 있다(불법정치자금법§13⑦).

참가의 취하는 서면으로 하여야 한다. 다만, 공판기일에는 구술로 할 수 있다(불법정치자금법§13⑧).

(3) 참가인의 지위

(가) 참가인의 권리

참가인은 불법정치자금법에 특별한 규정이 있는 외에는 몰수에 관하여 피고인과 동일한 소송상의 권리를 가지나(불법정치자금법§14①), 참가인을 증인으로서 조사하는 것을 방해하지 아니한다(불법정치자금법§14②).

(나) 참가인의 대리

불법정치자금법의 규정에 의하여 피고인에 대한 형사사건절차에 관여하는 제3자는 변호사 중에서 대리인을 선임하여 소송행위를 대리하게 할 수 있다. 이 경우 「형사소송법」 제32조(변호인선임의 효력) 제1항[4] 및 제35조(서류·증거물의 열람·복사)의 규정을 준용한다(불법정치자금법§19①). 대리인은 참가인의 서면에 의한 동의가 없으면 참가의 취하, 정식재판 청구의 취하, 상소의 포기 또는 취하를 할 수 없다(불법정치자금법§19②).

(다) 참가인의 출석·진술

참가인은 공판기일에 출석할 것을 요하지 아니하고(불법정치자금법§15①), 법원은 참가인의 소재를 알 수 없는 때에는 공판기일의 통지 그 밖에 서류의 송달을 요하지 아니한다(불법정치자금법§15②).

---

4) 「형사소송법」 제32조(변호인선임의 효력) ①변호인의 선임은 심급마다 변호인과 연명날인한 서면으로 제출하여야 한다.

법원은 공판기일에 출석한 참가인에 대하여 몰수의 이유가 될 사실의 요지, 참가 전의 공판기일에 있어서의 심리에 관한 중요한 사항 그 밖에 참가인의 권리를 보호하기 위하여 필요하다고 인정하는 사항을 고지하고 몰수에 관하여 진술할 기회를 주어야 한다(불법정치자금법§15③).

(4) 증거 및 증거조사

참가인의 참가는 「형사소송법」 제310조의2(전문증거와 증거능력의 제한) 내지 제318조의3(간이공판절차에서의 증거능력에 관한 특례)[5]의 규정을 적용하는데 영향을

---

5) 「형사소송법」 제310조의2(전문증거와 증거능력의 제한) 제311조 내지 제316조에 규정한 것 이외에는 공판준비 또는 공판기일에서의 진술에 대신하여 진술을 기재한 서류나 공판준비 또는 공판기일 외에서의 타인의 진술을 내용으로 하는 진술은 이를 증거로 할 수 없다.

제311조(법원 또는 법관의 조서) 공판준비 또는 공판기일에 피고인이나 피고인이 아닌 자의 진술을 기재한 조서와 법원 또는 법관의 검증의 결과를 기재한 조서는 증거로 할 수 있다. 제184조 및 제221조의2의 규정에 의하여 작성한 조서도 또한 같다.

제312조(검사 또는 사법경찰관의 조서 등) ①검사가 작성한 피의자신문조서는 적법한 절차와 방식에 따라 작성된 것으로서 공판준비, 공판기일에 그 피의자였던 피고인 또는 변호인이 그 내용을 인정할 때에 한정하여 증거로 할 수 있다.

②삭제

③검사 이외의 수사기관이 작성한 피의자신문조서는 적법한 절차와 방식에 따라 작성된 것으로서 공판준비 또는 공판기일에 그 피의자였던 피고인 또는 변호인이 그 내용을 인정한 때에 한하여 증거로 할 수 있다.

④검사 또는 사법경찰관이 피고인이 아닌 자의 진술을 기재한 조서는 적법한 절차와 방식에 따라 작성된 것으로서 그 조서가 검사 또는 사법경찰관 앞에서 진술한 내용과 동일하게 기재되어 있음이 원진술자의 공판준비 또는 공판기일에서의 진술이나 영상녹화물 또는 그 밖의 객관적인 방법에 의하여 증명되고, 피고인 또는 변호인이 공판준비 또는 공판기일에 그 기재 내용에 관하여 원진술자를 신문할 수 있었던 때에는 증거로 할 수 있다. 다만, 그 조서에 기재된 진술이 특히 신빙할 수 있는 상태하에서 행하여졌음이 증명된 때에 한한다.

⑤제1항부터 제4항까지의 규정은 피고인 또는 피고인이 아닌 자가 수사과정에서 작성한 진술서에 관하여 준용한다.

⑥검사 또는 사법경찰관이 검증의 결과를 기재한 조서는 적법한 절차와 방식에 따라 작성된 것으로서 공판준비 또는 공판기일에서의 작성자의 진술에 따라 그 성립의 진정함이 증명된 때에는 증거로 할 수 있다.

제313조(진술서 등) ①전2조의 규정 이외에 피고인 또는 피고인이 아닌 자가 작성한 진술서나 그 진술을 기재한 서류로서 그 작성자 또는 진술자의 자필이거나 그 서명 또는 날인이 있는 것(피고인 또는 피고인이 아닌 자가 작성하였거나 진술한 내용이 포함된 문자·사진·영상 등의 정보로서 컴퓨터용디스크, 그 밖에 이와 비슷한 정보저장매체에 저장된 것을 포함한다. 이하 이 조에서 같다)은 공판준비나 공판기일에서의 그 작성자의 진술에 의하여 그 성립의 진정함이 증명된 때에는 증거로 할 수 있다. 단, 피고인의 진술을 기재한 서류는 공판준비 또는 공판기일에서의 그 작성자의 진술에 의하여 그 성립의 진정함이 증명되고 그 진술이 특히 신빙

할 수 있는 상태하에서 행하여 진 때에 한하여 피고인의 공판준비 또는 공판기일에서의 진술에 불구하고 증거로 할 수 있다.

②제1항 본문에도 불구하고 진술서의 작성자가 공판준비나 공판기일에서 그 성립의 진정을 부인하는 경우에는 과학적 분석결과에 기초한 디지털포렌식자료, 감정 등 객관적 방법으로 성립의 진정함이 증명되는 때에는 증거로 할 수 있다. 다만, 피고인이 아닌 자가 작성한 진술서는 피고인 또는 변호인이 공판준비 또는 공판기일에 그 기재 내용에 관하여 작성자를 신문할 수 있었을 것을 요한다.

③감정의 경과와 결과를 기재한 서류도 제1항 및 제2항과 같다.

제314조(증거능력에 대한 예외) 제312조 또는 제313조의 경우에 공판준비 또는 공판기일에 진술을 요하는 자가 사망·질병·외국거주·소재불명 그 밖에 이에 준하는 사유로 인하여 진술할 수 없는 때에는 그 조서 및 그 밖의 서류(피고인 또는 피고인 아닌 자가 작성하였거나 진술한 내용이 포함된 문자·사진·영상 등의 정보로서 컴퓨터용디스크, 그 밖에 이와 비슷한 정보저장매체에 저장된 것을 포함한다)를 증거로 할 수 있다. 다만, 그 진술 또는 작성이 특히 신빙할 수 있는 상태하에서 행하여졌음이 증명된 때에 한한다.

제315조(당연히 증거능력이 있는 서류) 다음에 게기한 서류는 증거로 할 수 있다.

1. 가족관계기록사항에 관한 증명서, 공정증서등본 기타 공무원 또는 외국공무원의 직무상 증명할 수 있는 사항에 관하여 작성한 문서
2. 상업장부, 항해일지 기타 업무상 필요로 작성한 통상문서
3. 기타 특히 신용할 만한 정황에 의하여 작성된 문서

제316조(전문의 진술) ①피고인이 아닌 자(공소제기 전에 피고인을 피의자로 조사하였거나 그 조사에 참여하였던 자를 포함한다. 이하 이 조에서 같다)의 공판준비 또는 공판기일에서의 진술이 피고인의 진술을 그 내용으로 하는 것인 때에는 그 진술이 특히 신빙할 수 있는 상태하에서 행하여졌음이 증명된 때에 한하여 이를 증거로 할 수 있다.

②피고인 아닌 자의 공판준비 또는 공판기일에서의 진술이 피고인 아닌 타인의 진술을 그 내용으로 하는 것인 때에는 원진술자가 사망, 질병, 외국거주, 소재불명 그 밖에 이에 준하는 사유로 인하여 진술할 수 없고, 그 진술이 특히 신빙할 수 있는 상태하에서 행하여졌음이 증명된 때에 한하여 이를 증거로 할 수 있다.

제317조(진술의 임의성) ①피고인 또는 피고인 아닌 자의 진술이 임의로 된 것이 아닌 것은 증거로 할 수 없다.

②전항의 서류는 그 작성 또는 내용인 진술이 임의로 되었다는 것이 증명된 것이 아니면 증거로 할 수 없다.

③검증조서의 일부가 피고인 또는 피고인 아닌 자의 진술을 기재한 것인 때에는 그 부분에 한하여 전 2항의 예에 의한다.

제318조(당사자의 동의와 증거능력) ①검사와 피고인이 증거로 할 수 있음을 동의한 서류 또는 물건은 진정한 것으로 인정한 때에는 증거로 할 수 있다.

②피고인의 출정 없이 증거조사를 할 수 있는 경우에 피고인이 출정하지 아니한 때에는 전항의 동의가 있는 것으로 간주한다. 단, 대리인 또는 변호인이 출정한 때에는 예외로 한다.

제318조의2(증명력을 다투기 위한 증거) ①제312조부터 제316조까지의 규정에 따라 증거로 할 수 없는 서류나 진술이라도 공판준비 또는 공판기일에서의 피고인 또는 피고인이 아닌 자(공소제기 전에 피고인을 피의자로 조사하였거나 조사에 참여하였던 자를 포함한다. 이하 이 조에서 같다)의 진술의 증명력을 다투기 위하여 증거로 할 수 있다.

미치지 아니한다(불법정치자금법§16①).

법원은 「형사소송법」 제318조(당사자의 동의와 증거능력) 및 제318조의3(간이공판 절차에서의 증거능력에 관한 특례) 본문의 규정에 의하여 증거로 하는 것이 가능한 서면 또는 진술을 조사한 경우에 참가인이 그 서면 또는 진술의 내용이 된 진술을 한 자를 증인으로 조사할 것을 청구한 때에는 그 권리의 보호에 필요하다고 인정되는 한 이를 조사하여야 한다. 참가인의 참가 전에 조사한 증인에 대하여 참가인이 다시 그 조사를 청구한 때에도 같다(불법정치자금법§16②).

(5) 몰수재판의 제한

제3자가 참가허가를 받지 못한 때에는 ① 검사의 고지 또는 공고가 있는 날부터 14일이 경과한 때(다만, 몰수하여야 할 재산 또는 몰수하여야 할 재산 위에 존재하는 지상권·저당권 그 밖의 권리가 참가신청인 또는 참가인에게 귀속하지 아니함이 명백하다는 이유로 또는 몰수하는 것이 불가능하거나 불필요하다는 취지의 검사의 의견에 기하여 참가신청이 기각되거나 참가를 허가한 재판이 취소된 경우를 제외한다), ② 참가신청이 법률상의 방식에 위반되어 기각된 때, ③ 참가가 취하된 때에 해당하는 경우를 제외하고는 몰수재판을 할 수 없다(불법정치자금법§17).

(6) 상소

원심의 참가인은 상소심에서도 참가인으로서의 지위를 잃지 아니한다(불법정치자금법§18①).

참가인이 상소한 때에는 검사 또는 피고인이 상소를 하지 아니하거나 상소의 포기 또는 취하를 한 경우에도 원심 재판 중 몰수에 관한 부분은 확정되지 아니하고(불법정치자금법§18②), 피고인은 상소심 및 그 후의 심급에 있어서 공판기일에 출석할 것을 요하지 아니한다. 이 경우 「형사소송법」 제33조(국선변호인)[6]·제282조

---

②제1항에도 불구하고 피고인 또는 피고인이 아닌 자의 진술을 내용으로 하는 영상녹화물은 공판준비 또는 공판기일에 피고인 또는 피고인이 아닌 자가 진술함에 있어서 기억이 명백하지 아니한 사항에 관하여 기억을 환기시켜야 할 필요가 있다고 인정되는 때에 한하여 피고인 또는 피고인이 아닌 자에게 재생하여 시청하게 할 수 있다.
제318조의3(간이공판절차에서의 증거능력에 관한 특례) 제286조의2의 결정이 있는 사건의 증거에 관하여는 제310조의2, 제312조 내지 제314조 및 제316조의 규정에 의한 증거에 대하여 제318조 제1항의 동의가 있는 것으로 간주한다. 단, 검사, 피고인 또는 변호인이 증거로 함에 이의가 있는 때에는 그러하지 아니하다.

(필요적 변호)7)·제283조(국선변호인)8)의 규정은 이를 적용하지 아니한다(불법정치자
금법§18③). 약식절차에 의한 재판에 대하여 참가인이 정식재판을 청구한 경우에도
참가인이 상소한 때와 같다(불법정치자금법§18④).

(7)「형사소송법」의 준용 및 다른 절차와의 관계

제3자의 소송능력에 관하여는「형사소송법」제26조(의사무능력자와 소송행위의 대
리) 내지 제28조(소송행위의 특별대리인)9)의 규정을, 제3자의 소송비용부담에 관하
여는「형사소송법」제186조(피고인의 소송비용부담)10) 및 제191조(소송비용부담의 재

---

6)「형사소송법」제33조(국선변호인) ①다음 각 호의 어느 하나에 해당하는 경우에 변호인 없는
  때에는 법원은 직권으로 변호인을 선정하여야 한다.
  1. 피고인이 구속된 때
  2. 피고인이 미성년자인 때
  3. 피고인이 70세 이상인 때
  4. 피고인이 농아자인 때
  5. 피고인이 심신장애의 의심이 있는 때
  6. 피고인이 사형, 무기 또는 단기 3년 이상의 징역이나 금고에 해당하는 사건으로 기소된 때
  ②법원은 피고인이 빈곤 그 밖의 사유로 변호인을 선임할 수 없는 경우에 피고인의 청구가 있
  는 때에는 변호인을 선정하여야 한다.
  ③법원은 피고인의 연령·지능 및 교육 정도 등을 참작하여 권리보호를 위하여 필요하다고 인정
  하는 때에는 피고인의 명시적 의사에 반하지 아니하는 범위 안에서 변호인을 선정하여야 한다.
7)「형사소송법」제282조(필요적 변호) 제33조 제1항 각 호의 어느 하나에 해당하는 사건 및 같
  은 조 제2항·제3항의 규정에 따라 변호인이 선정된 사건에 관하여는 변호인 없이 개정하지
  못한다. 단, 판결만을 선고할 경우에는 예외로 한다.
8)「형사소송법」제283조(국선변호인) 제282조 본문의 경우 변호인이 출석하지 아니한 때에는
  법원은 직권으로 변호인을 선정하여야 한다.
9)「형사소송법」제26조(의사무능력자의 소송행위의 대리)「형법」제9조 내지 제11조의 규정의
  적용을 받지 아니하는 범죄사건에 관하여 피고인 또는 피의자가 의사능력이 없는 때에는 그
  법정대리인이 소송행위를 대리한다.
  제27조(법인과 소송행위의 대표) ①피고인 또는 피의자가 법인인 때에는 그 대표자가 소송행
  위를 대표한다.
  ②수인이 공동하여 법인을 대표하는 경우에도 소송행위에 관하여는 각자가 대표한다.
  제28조(소송행위의 특별대리인) ①전2조의 규정에 의하여 피고인을 대리 또는 대표할 자가 없
  는 때에는 법원은 직권 또는 검사의 청구에 의하여 특별대리인을 선임하여야 하며 피의자를
  대리 또는 대표할 자가 없는 때에는 법원은 검사 또는 이해관계인의 청구에 의하여 특별대리
  인을 선임하여야 한다.
  ②특별대리인은 피고인 또는 피의자를 대리 또는 대표하여 소송행위를 할 자가 있을 때까지
  그 임무를 행한다.
10)「형사소송법」제186조(피고인의 소송비용부담) ①형의 선고를 하는 때에는 피고인에게 소송비
  용의 전부 또는 일부를 부담하게 하여야 한다. 다만, 피고인의 경제적 사정으로 소송비용을 납

판)11)의 규정을 각각 준용하고(불법정치자금법§20①), 「불법정치자금법」 제12조(고지) 제1항에 규정된 재산을 몰수하는 절차에 관하여는 불법정치자금법에 특별한 규정이 있는 경우를 제외하고는 「형사소송법」의 규정을 적용한다(불법정치자금법§20②).

「불법정치자금법」 제12조(고지) 제1항에 규정된 재산을 몰수하는 재판을 자기의 책임으로 돌릴 수 없는 사유로 피고인에 대한 형사사건절차에서 권리를 주장할 수 없었던 제3자의 권리에는 영향을 미치지 아니한다(불법정치자금법§21).

5. 몰수보전

가. 몰수보전의 청구

몰수보전 또는 부대보전(부대보전명령에 의한 처분의 금지를 말한다. 이하 같다)의 청구는 서면으로 하여야 한다(불법정치자금 등의 몰수보전 등에 관한 규칙(이하 "불법정치자금규칙"이라 한다)§2, §4).

몰수보전 청구서에는 ① 피고인 또는 피의자의 성명, 주민등록번호, 주거, 직업, ② 죄명, 공소사실 또는 피의사실의 요지 및 몰수의 근거가 되는 법령의 조항, ③ 처분을 금지하는 재산 및 그 재산을 가진 자(명의인이 다른 경우 명의인을 포함한다)의 성명, 주소, ④ 채권의 몰수보전의 경우에는 채무자의 성명, 주소, ⑤ 「불법정치자금법」 제22조(몰수보전명령) 제1항이 규정하는 사유(몰수대상재산에 해당한다고 판단할 만한 상당한 이유가 있고, 그 재산을 몰수하기 위하여 필요하다고 인정되는 사유), ⑥ 「불법정치자금법」 제23조(기소 전 몰수보전명령) 제1항에 따른 기소전 몰수보전 청구일 경우에는 그 취지를 기재하고 청구하는 검사가 서명날인하여야 한다(불법정치자금규칙§3①).

부대보전 청구서에는 몰수보전 청구서의 기재사항을 기재하는 외에, 몰수보전의

부할 수 없는 때에는 그러하지 아니하다.
　②피고인에게 책임지울 사유로 발생된 비용은 형의 선고를 하지 아니하는 경우에도 피고인에게 부담하게 할 수 있다.
11) 「형사소송법」 제191조(소송비용부담의 재판) ①재판으로 소송절차가 종료되는 경우에 피고인에게 소송비용을 부담하게 하는 때에는 직권으로 재판하여야 한다.
　②전항의 재판에 대하여는 본안의 재판에 관하여 상소하는 경우에 한하여 불복할 수 있다.

청구와 함께 하는 경우에는 ① 처분을 금지하는 권리 및 그 권리를 가진 자(명의인이 다른 경우 명의인을 포함한다)의 성명, 주소, ② 「불법정치자금법」 제22조(몰수보전명령) 제2항이 규정하는 사유(지상권·저당권 그 밖의 권리가 그 위에 존재하는 재산에 대하여 몰수보전명령을 발한 경우 또는 발하고자 하는 경우 그 권리가 몰수에 의하여 소멸된다고 볼만한 상당한 이유가 있고 그 재산을 몰수하기 위하여 필요하다고 인정될 때 또는 그 권리가 가장된 것이라고 볼만한 상당한 이유가 있다고 인정되는 사유)를 기재하고, 몰수보전의 청구와 별도로 하는 경우에는 ① 몰수보전사건의 표시와 위 각 사항을 각 기재하고 청구하는 검사가 서명날인하여야 한다(불법정치자금규칙§5①).

몰수보전 청구서 또는 부대보전 청구서에는 공소사실 또는 피의사실의 요지를 따로 기재한 서면 1통을 첨부하여야 하고(불법정치자금규칙§3②, 5③), 몰수보전 또는 부대보전이 필요한 사유를 인정할 수 있는 자료를 제출하여야 한다(불법정치자금규칙§3③, §5②).

나. 몰수보전명령 및 부대보전명령

(1) 몰수보전명령

법원은 「불법정치자금법」 제2조(정의) 제1호에 규정된 죄에 관련된 피고인에 대한 형사사건에 관하여 「불법정치자금법」의 규정에 의하여 몰수할 수 있는 재산(이하 "몰수대상재산"이라 한다)에 해당한다고 판단할만한 상당한 이유가 있고, 그 재산을 몰수하기 위하여 필요하다고 인정될 때에는 검사의 청구에 의하여 또는 직권으로 몰수보전명령을 발하여 그 재산에 관한 처분을 금지할 수 있다(불법정치자금법§22①).

(2) 부대보전명령

법원은 지상권·저당권 그 밖의 권리가 그 위에 존재하는 재산에 대하여 몰수보전명령을 발한 경우 또는 발하고자 하는 경우 그 권리가 몰수에 의하여 소멸된다고 볼만한 상당한 이유가 있고 그 재산을 몰수하기 위하여 필요하다고 인정될 때 또는 그 권리가 가장된 것이라고 볼만한 상당한 이유가 있다고 인정될 때에는 검사의 청구에 의하여 또는 직권으로 별도의 부대보전명령을 발하여 그 권리의 처분을 금지할 수 있다(불법정치자금법§22②).

⑶ 긴급을 요하는 경우의 몰수보전명령 또는 부대보전명령

재판장은 긴급을 요하는 경우에는 몰수보전명령 또는 부대보전명령을 발하여 그 재산 또는 권리의 처분을 금지하는 처분을 하거나 합의부의 구성원에게 그 처분을 하게 할 수 있다(불법정치자금법§22④).

⑷ 몰수보전명령서, 부대보전명령서 등

몰수보전명령서 또는 부대보전명령서에는 피고인의 성명, 죄명, 공소사실의 요지, 몰수의 근거가 되는 법령의 조항, 처분을 금지하는 재산 또는 권리의 표시, 이들 재산이나 권리를 가진 자(명의인이 다른 경우 명의인을 포함한다)의 성명, 발부연월일, 피고인 또는 피의자의 주민등록번호와 주거, 처분을 금지하는 재산 또는 권리를 가진 자(명의인이 다른 경우 명의인을 포함한다)의 주소를 기재하고 재판한 법관이 서명날인하여야 한다(불법정치자금법§22③, 불법정치자금규칙§6). 긴급을 요하여 몰수보전명령 또는 부대보전명령을 발하는 경우에는 재판서에 그 취지를 기재하여야 한다(불법정치자금규칙§7).

부동산 또는 동산에 대한 몰수보전은 「형사소송법」의 규정에 의한 압수를 방해하지 아니한다(불법정치자금법§22⑤).

⑸ 기소 전 몰수보전명령

검사는 몰수보전명령 또는 부대보전명령을 발하여 그 재산 또는 권리에 관하여 처분을 금지할 이유와 필요가 있다고 인정되는 경우에는 공소가 제기되기 전이라도 지방법원판사에게 청구하여 그 처분을 받을 수 있으며, 사법경찰관은 검사에게 신청하여 검사의 청구로 위 처분을 받을 수 있다(불법정치자금법§23①). 위 청구는 청구하는 검사가 소속하는 지방검찰청 또는 지청 소재지를 관할하는 지방법원 또는 지원의 판사에게 하여야 하고, 고위공직자범죄수사처에 소속된 검사의 경우에는 그에 대응하는 법원의 판사에게 하여야 한한다(불법정치자금법§23③). 위 청구를 받은 판사는 몰수보전에 관하여 법원 또는 재판장과 동일한 권한을 가진다(불법정치자금법§23④).

사법경찰관은 몰수보전명령 또는 부대보전명령이 발하여진 경우에는 지체 없이 관계 서류를 검사에게 송부하여야 한다(불법정치자금법§23②).

검사는 몰수보전 후 공소를 제기한 때에는 그 요지를 몰수보전명령을 받은 자

(피고인을 제외한다)에게 통지하여야 한다. 다만, 그 사람의 소재가 불명하거나 그 밖의 이유로 통지할 수 없을 때에는 통지에 갈음하여 그 요지를 관할 지방검찰청 또는 지청, 고위공직자범죄수사처의 게시장에 7일간 게시하여 공고하여야 한다(불법정치자금법§23⑤). 공소가 제기되기 전에 몰수보전명령이 발하여진 경우, 검사는 공소장에 몰수보전명령이 발하여졌다는 취지의 기재를 하여야 한다(불법정치자금규칙§8).

다. 몰수보전에 관한 재판의 집행

몰수보전에 관한 재판은 검사의 지휘에 의하여 집행하고(불법정치자금법§24①), 몰수보전명령의 집행은 그 명령에 의하여 처분이 금지되는 재산을 가진 자에게 몰수보전명령의 등본이 송달되기 전에도 할 수 있다(불법정치자금법§24②).

라. 몰수보전의 효력

(1) 몰수보전재산에 대한 효력

몰수보전된 재산(이하 "몰수보전재산"이라 한다)에 대하여 당해 보전 이후에 된 처분은 몰수에 관하여 그 효력을 발생하지 아니한다. 다만, 「불법정치자금법」 제36조(강제집행의 대상이 된 재산의 몰수재판) 제1항 본문에 규정된 경우(「불법정치자금법」 제39조(그 밖의 절차와의 조정) 제4항 및 제5항의 규정에 의하여 준용하는 경우를 포함한다) 및 몰수보전명령에 대항할 수 있는 담보권의 실행으로서의 처분에 관하여는 그러하지 아니하다(불법정치자금법§25).

(2) 몰수보전재산에 대한 강제집행절차의 제한

(가) 몰수보전재산에 대하여 강제집행에 의하여 압류 등이 된 경우의 통지

몰수보전된 재산에 대하여 강제경매개시결정 또는 강제집행에 의하여 압류가 된 때에는, 집행법원의 법원서기관, 법원사무관, 법원주사 또는 법원주사보(이하 "법원사무관등"이라고 한다. 동산의 경우에는 집행관)는 검사 또는 고위공직자범죄수사처에 소속된 검사에게 그 사실을 통지하여야 하고(불법정치자금규칙§13①), 이 경우 몰수의 재판이 확정되거나 몰수보전이 효력을 상실한 때에는 검사 또는 고위공직자범죄수사처에 소속된 검사는 집행법원(동산의 경우에는 집행관)에 그 사실을 통지하여야 하고(불법정치자금규칙§13③), 강제집행신청이 취하된 때 또는 강제집행절차를 취소하는 결정이 확정된 때에는 집행법원의 법원사무관등(동산의 경우에는 집행관)은 검사 또는 고위공직자범죄수사처에 소속된 검사에게 그 사실을 통지하여야 한다(불법정치자금규칙§13②).

㈐ 강제집행절차의 제한

몰수보전이 된 후에 그 몰수보전의 대상이 된 부동산 또는 선박·항공기·자동차 또는 건설기계에 대하여 강제경매개시결정이 된 경우 또는 그 몰수보전의 대상이 된 유체동산에 대하여 강제집행에 의한 압류가 된 경우에는 강제집행에 의한 환가절차는 몰수보전이 실효된 후가 아니면 이를 진행할 수 없다(불법정치자금법§34①).

몰수보전된 채권에 대하여 강제집행에 의한 압류명령이 발하여진 경우 그 압류채권자는 압류된 채권 중 몰수보전된 부분에 대하여 몰수보전이 실효되지 아니하면 채권을 영수할 수 없다(불법정치자금법§34②). 몰수보전이 된 후에 강제집행에 의하여 압류된 채권이 조건부 또는 기한부이거나 반대이행과 관련되어 있거나 그 밖의 사유로 추심하기 곤란한 경우에는 강제집행에 의한 환가절차는 몰수보전이 실효된 후가 아니면 이를 진행할 수 없다(불법정치자금법§34③, ①).

몰수보전된 그 밖의 재산권(「민사집행법」 제251조(그 밖의 재산권에 대한 집행) 제1항[12])에 규정된 그 밖의 재산권을 말한다)에 대한 강제집행에 관하여는 몰수보전된 채권에 대한 강제집행의 예에 의한다(불법정치자금법§34④).

⑶ 부대보전명령의 효력

부대보전명령은 그 명령에 관계된 몰수보전의 효력이 존속하는 동안 그 효력이 있다(불법정치자금법§40①).

부대보전명령에 의한 처분금지에 관하여는 「불법정치자금법」에 특별한 규정이 있는 경우를 제외하고는 몰수보전에 관한 규정을 준용하고(불법정치자금법§40②), 부대보전의 절차에 관하여는 「불법정치자금규칙」에 특별한 규정이 있는 경우를 제외하고는 몰수보전의 절차에 관한 규정을 준용한다(불법정치자금규칙§22).

---

12) 「민사집행법」 제251조(그 밖의 재산권에 대한 집행) ①앞의 여러 조문에 규정된 재산권 외에 부동산을 목적으로 하지 아니한 재산권에 대한 강제집행은 이 관의 규정 및 제98조 내지 제101조의 규정을 준용한다.

마. 몰수보전의 방법

(1) 부동산의 몰수보전

부동산의 몰수보전은 그 처분을 금지하는 취지의 몰수보전명령에 의하여 한다(불법정치자금법§26①). 몰수보전명령의 등본은 부동산의 소유자(명의인이 다른 경우 명의인을 포함한다)에게 송달하여야 하고(불법정치자금법§26②), 몰수보전명령의 집행은 몰수보전등기를 하는 방법에 의하여 한다(불법정치자금법§26③). 등기는 검사가 촉탁한다(불법정치자금법§26④). 등기관은 검사의 촉탁에 따라 몰수보전명령사유를 기입하여야 하고(불법정치자금법§26⑦, 민사집행법§94②), 그 등기사항증명서를 검사에게 보내야 한다(불법정치자금법§26⑦, 민사집행법§95).

부동산에 대한 몰수보전의 효력은 몰수보전등기가 된 때에 발생한다(불법정치자금법§26⑤). 부동산에 대하여 등기청구권을 보전하기 위하여 처분금지 가처분의 등기가 된 후 몰수보전등기가 된 경우에 그 가처분채권자가 보전하려는 등기청구권에 기한 등기를 할 때에는 몰수보전등기에 의한 처분의 제한은 그 가처분등기에 기한 권리의 취득 또는 소멸에 영향을 미치지 아니한다(불법정치자금법§26⑥). 몰수보전은 부동산에 대한 몰수보전재산을 가진 자의 관리·이용에 영향을 미치지 아니한다(불법정치자금법§26⑦, 민사집행법§83②).

(2) 선박 등의 몰수보전

등기할 수 있는 선박, 「항공안전법」에 의하여 등록된 항공기, 「자동차관리법」에 의하여 등록된 자동차, 「건설기계관리법」에 의하여 등록된 건설기계의 몰수보전에 관하여는 부동산에 대한 몰수보전의 예에 의한다(불법정치자금법§27).

(3) 동산의 몰수보전

동산의 몰수보전은 그 처분을 금지하는 취지의 몰수보전명령에 의하여 한다(불법정치자금법§28①). 몰수보전명령의 등본은 동산의 소유자(명의인이 다른 경우 명의인을 포함한다)에게 송달하여야 하고(불법정치자금법§28②), 몰수보전의 효력은 몰수보전명령의 등본이 소유자에게 송달된 때에 발생한다(불법정치자금법§28④).

「형사소송법」의 규정에 의하여 압수되지 아니한 동산 또는 「형사소송법」제130조(압수물의 보관과 폐기) 제1항13)의 규정에 의하여 간수자를 두거나 소유자 또는 적당한 자에게 보관하게 할 수 있는 동산에 관하여 몰수보전명령이 있는 때에는 검사는 공시서를 첨부시키거나 그 밖에 상당한 방법으로 그 취지를 공시하는 조치를 하여야 한다(불법정치자금법§28③).

(4) 채권의 몰수보전

채권의 몰수보전은 채권자(명의인이 다른 경우 명의인을 포함한다)에게는 채권의 처분과 영수를 금하고, 채무자에게는 채권자에 대한 지급을 금하는 취지의 몰수보전명령에 의하여 한다(불법정치자금법§29①). 몰수보전명령의 등본은 채권자 및 채무자에게 송달하여야 하고(불법정치자금법§29②), 몰수보전의 효력은 몰수보전명령의 등본이 채무자에게 송달된 때에 발생한다(불법정치자금법§29③).

저당권이 있는 채권을 몰수보전할 경우 검사는 몰수보전사실을 등기부에 기입하여 줄 것을 법원사무관등에게 신청할 수 있고, 이 신청은 채무자의 승낙 없이 법원에 대한 몰수보전명령의 신청과 함께 할 수 있다(불법정치자금법§29④, 민사집행법§228①). 법원사무관등은 의무를 지는 부동산 소유자에게 몰수보전명령이 송달된 뒤에 위 신청에 따른 등기를 촉탁하여야 한다(불법정치자금법§29④, 민사집행법§228②).

채무자는 몰수보전명령에 관련된 금전채권(금전의 지급을 목적으로 하는 채권)의 전액을 공탁할 수 있다(불법정치자금법§29④, 민사집행법§248①). 금전채권에 대하여 몰수보전이 되어 그 채무자가 공탁을 한 경우 그 공탁을 수리한 공탁관은 몰수보전명령을 발한 법원 및 이에 대응하는 검찰청의 검사 또는 고위공직자범죄수사처에 소속된 검사에게 공탁사실을 통지하여야 한다(불법정치자금규칙§9). 채무자가 채무액을 공탁한 때에는 그 사유를 몰수보전명령을 발한 법원에 신고하여야 한다. 다만, 상당한 기간 이내에 신고가 없는 때에는 압류채권자, 가압류채권자, 배당에 참가한 채권자, 채무자 그 밖의 이해관계인이 그 사유를 몰수보전명령을 발한 법원에 신고할 수 있다(불법정치자금법§29④, 민사집행법§248④).

(5) 기타 재산권의 몰수보전

(가) 기타 재산권

부동산, 선박 등, 동산, 채권외의 재산권(이하 "기타재산권"이라 한다)의 몰수보전

---

13) 「형사소송법」 제130조(압수물의 보관과 폐기) ①운반 또는 보관에 불편한 압수물에 관하여는 간수자를 두거나 소유자 또는 적당한 자의 승낙을 얻어 보관하게 할 수 있다.

에 관하여는 채권의 몰수보전의 예에 의하고(불법정치자금법§30①), 기타재산권 중
채무자 또는 이에 준하는 자가 없는 경우(기타재산권 중 권리의 이전에 등기 등을 요하
는 경우는 제외한다) 몰수보전의 효력은 몰수보전명령이 그 권리자에게 송달된 때에
발생한다(불법정치자금법§30②).

　기타재산권 중 권리의 이전에 등기 등을 요하는 경우에 대한 몰수보전명령의 집
행은 몰수보전등기를 하는 방법에 의하여 하는 등 부동산에 대한 몰수보전방법에
의한다(불법정치자금법§30③).

㈏ 예탁유가증권의 몰수보전

　「자본시장과 금융투자업에 관한 법률」 제309조(예탁결제원의 예탁 등) 제2항[14])에
따라 한국예탁결제원에 예탁된 유가증권(「자본시장과 금융투자업에 관한 법률」 제310
조(투자자의 예탁자에의 예탁 등) 제4항[15])에 따라 한국예탁결제원에 예탁된 것으로 보는
경우를 포함한다. 이하 "예탁유가증권"이라 한다)에 대한 몰수보전은, 예탁유가증권에
대한 공유지분을 가지는 자(명의인이 다른 경우 명의인을 포함한다)에게는 계좌간 대
체청구·증권반환청구, 그 밖의 처분을 금지하고, 한국예탁결제원에게는 예탁자에
대한 계좌간 대체와 증권의 반환을 금지하는 취지의 몰수보전명령에 의하여 한다
(불법정치자금규칙§10).

㈐ 전자등록주식등의 몰수보전

　「주식·사채 등의 전자등록에 관한 법률」 제2조(정의) 제4호[16])에 따른 전자등록

---

14) 「자본시장과 금융투자업에 관한 법률」 제309조(예탁결제원의 예탁 등) ①예탁결제원에 증권
　　등을 예탁하고자 하는 자는 예탁결제원에 계좌를 개설하여야 한다.
　　②제1항에 따라 계좌를 개설한 자(이하 "예탁자"라 한다)는 자기가 소유하고 있는 증권등과
　　투자자로부터 예탁받은 증권등을 투자자의 동의를 얻어 예탁결제원에 예탁할 수 있다.
15) 「자본시장과 금융투자업에 관한 법률」 제310조(투자자의 예탁자에의 예탁 등) ①투자자로부터
　　예탁받은 증권 등을 예탁결제원에 다시 예탁하는 예탁자는 다음 각 호의 사항을 기재하여 투
　　자자계좌부를 작성·비치하여야 한다.
　　1. 투자자의 성명 및 주소
　　2. 예탁증권등의 종류 및 수와 그 발행인의 명칭
　　3. 그 밖에 총리령으로 정하는 사항
　　④제1항에 따른 투자자계좌부에 기재된 증권 등은 그 기재를 한 때에 예탁결제원에 예탁된 것
　　으로 본다.
16) 「주식·사채 등의 전자등록에 관한 법률」 제2조(정의) 이 법에서 사용하는 용어의 뜻은 다음과
　　같다.

주식등에 대한 몰수보전은, 전자등록주식등의 권리자(명의인이 다른 경우 명의인을 포함한다)에게는 「주식·사채 등의 전자등록에 관한 법률」 제30조(계좌간 대체의 전자등록)[17]에 따른 계좌간 대체의 전자등록신청, 같은 법 제33조(권리의 소멸 등에 따른 변경·말소의 전자등록)[18]에 따른 변경·말소의 전자등록신청이나 추심, 그 밖의 처분을 금지하고, 같은 법 제2조(정의) 제6호[19]에 따른 전자등록기관 또는 같은 법

---

4. "전자등록주식등"이란 전자등록계좌부에 전자등록된 주식등을 말한다.

17) 「주식·사채 등의 전자등록에 관한 법률」 제30조(계좌간 대체의 전자등록) ①전자등록주식등의 양도(다음 각 호의 어느 하나에 해당하는 경우를 포함한다)를 위하여 계좌간 대체를 하려는 자는 해당 전자등록주식등이 전자등록된 전자등록기관 또는 계좌관리기관에 계좌간 대체의 전자등록을 신청하여야 한다.
  1. 제29조 제2항 제1호부터 제3호까지의 어느 하나에 해당하는 경우
  2. 상속·합병 등을 원인으로 전자등록주식등의 포괄승계를 받은 자가 자기의 전자등록계좌로 그 전자등록주식등을 이전하는 경우
  3. 그 밖에 계좌간 대체가 필요하다고 인정되는 경우로서 대통령령으로 정하는 경우
  ②제1항에 따라 전자등록신청을 받은 전자등록기관 또는 계좌관리기관은 지체 없이 전자등록계좌부에 해당 전자등록주식등의 계좌간 대체의 전자등록을 하여야 한다.
  ③제1항과 제2항에 따른 계좌간 대체의 전자등록의 신청 및 전자등록의 방법과 절차에 관하여 필요한 사항은 대통령령으로 정한다.

18) 「주식·사채 등의 전자등록에 관한 법률」 제33조(권리의 소멸 등에 따른 변경·말소의 전자등록) ①다음 각 호의 어느 하나에 해당하는 사유로 제25조부터 제27조까지의 규정에 따른 신규 전자등록을 변경하거나 말소하려는 자는 해당 전자등록주식등이 전자등록된 전자등록기관 또는 계좌관리기관에 신규 전자등록의 변경·말소의 전자등록을 신청하여야 한다.
  1. 원리금·상환금 지급 등으로 인한 전자등록주식등에 관한 권리의 전부 또는 일부의 소멸
  2. 발행인인 회사의 정관 변경 등으로 인한 전자등록주식등의 주권등으로의 전환
  3. 발행인인 회사의 합병 및 분할(분할합병을 포함한다)
  4. 발행인인 회사의 전자등록된 주식의 병합·분할·소각 또는 액면주식과 무액면주식 간의 전환
  5. 그 밖에 주식등에 대한 권리가 변경되거나 소멸되는 경우로서 대통령령으로 정하는 사유
  ②제1항에 따른 전자등록 신청을 받은 전자등록기관 또는 계좌관리기관은 지체 없이 전자등록주식등에 관한 권리 내용을 변경하거나 말소하는 전자등록을 하여야 한다.
  ③제1항 및 제2항에도 불구하고 전자등록기관 또는 계좌관리기관은 다음 각 호의 어느 하나에 해당하는 경우에는 직권으로 전자등록주식등에 관한 권리 내용을 변경하거나 말소할 수 있다.
  1. 제38조에 따른 전자등록기관을 통한 권리 행사로 제1항 제1호의 사유가 발생한 경우
  2. 발행인이 「상법」, 그 밖의 법률에 따라 해산·청산된 경우
  3. 그 밖에 주식등에 대한 권리가 변경되거나 소멸되는 경우로서 대통령령으로 정하는 경우
  ④제1항부터 제3항까지의 규정에 따른 변경·말소의 전자등록의 신청 및 전자등록의 방법과 절차, 그 밖에 변경·말소의 전자등록에 필요한 사항은 대통령령으로 정한다.

19) 「주식·사채 등의 전자등록에 관한 법률」 제2조(정의) 이 법에서 사용하는 용어의 뜻은 다음과 같다.

제2조(정의) 제7호[20])에 따른 계좌관리기관에게는 같은 법에 따른 계좌간 대체와
변경·말소를 금지하는 취지의 몰수보전명령에 의하여 한다(불법정치자금규칙§10의2).

바. 몰수보전명령의 취소

(1) 몰수보전명령의 취소청구

몰수보전명령의 취소청구는 ① 몰수보전사건의 표시, ② 피고인 또는 피의자의
성명, ③ 「불법정치자금법」 제31조(몰수보전명령의 취소) 제1항이 규정하는 사유(몰
수보전의 이유 또는 필요가 없어지거나 몰수보전의 기간이 부당하게 길어진 때)를 기재한
서면으로 하여야 하고(불법정치자금규칙§11①), 그 취소사유를 인정할 수 있는 자료
를 제출하여야 한다(불법정치자금규칙§11②).

검사 또는 고위공직자범죄수사처에 소속된 검사가 아닌 자가 몰수보전명령의 취
소청구를 할 때에는 그 청구서의 부본을 첨부하여야 하고(불법정치자금규칙§11③),
법원이 몰수보전명령의 취소에 관하여 검사 또는 고위공직자범죄수사처에 소속된
검사의 의견을 물을 때에는 청구서 부본을 첨부하여야 한다(불법정치자금규칙§11④).

(2) 몰수보전명령의 취소결정

법원은 몰수보전의 이유 또는 필요가 없어지거나 몰수보전의 기간이 부당하게
길어진 때에는 검사나 몰수보전재산을 가진 자(그 사람이 피고인 또는 피의자인 경우
에는 그 변호인을 포함한다)의 청구 또는 직권에 의한 결정으로 몰수보전명령을 취소
하여야 한다(불법정치자금법§31①). 법원은 검사의 청구에 의한 경우를 제외하고는
위 결정을 할 때 검사의 의견을 들어야 한다(불법정치자금법§31②).

검사 또는 고위공직자범죄수사처에 소속된 검사는 법원으로부터 몰수보전명령
의 취소에 관한 의견요청이 있을 때에는 3일 이내에 의견서를 법원에 제출하여야
하고, 아직 수사기록과 증거물을 법원에 증거로 제출하지 않은 경우에는 수사기록
과 증거물도 함께 법원에 제출하여야 한다(불법정치자금규칙§12).

---

6. "전자등록기관"이란 주식등의 전자등록에 관한 제도의 운영을 위하여 제5조 제1항에 따라
허가를 받은 자를 말한다.
20) 「주식·사채 등의 전자등록에 관한 법률」 제2조(정의) 이 법에서 사용하는 용어의 뜻은 다음과
같다.
7. "계좌관리기관"이란 제19조 각 호의 어느 하나에 해당하는 자로서 제22조 제1항에 따른
고객계좌를 관리하는 자를 말한다.

사. 몰수보전명령의 실효

몰수보전명령은 몰수선고가 없는 재판(「형사소송법」 제327조(공소기각의 판결) 제2호[21])의 규정에 의한 경우를 제외한다)이 확정된 때에는 그 효력을 잃는다(불법정치자금법§32①). 「형사소송법」 제327조(공소기각의 판결) 제2호의 규정에 의한 공소기각의 재판이 있는 경우 공소기각의 재판이 확정된 날부터 30일 이내에 그 사건에 대하여 공소가 제기되지 아니할 때에는 몰수보전명령은 그 효력을 잃는다(불법정치자금법§32②).

검사는 몰수보전이 실효된 때에는 지체 없이 몰수보전등기 등에 대한 말소촉탁을 하고, 공시서의 제거 그 밖의 필요한 조치를 하여야 한다(불법정치자금법§32③).

아. 제3채무자의 공탁

(1) 제3채무자의 공탁

금전채권의 채무자(이하 "제3채무자"라 한다)는 당해 채권이 몰수보전된 후에 그 몰수보전의 대상이 된 채권에 대하여 강제집행에 의한 압류명령의 송달을 받은 때에는 그 채권의 전액을 채무이행지의 지방법원 또는 지원에 공탁할 수 있고(불법정치자금법§35①), 제3채무자가 공탁을 한 때에는 그 사유를 몰수보전명령을 발한 법원 및 압류명령을 발한 법원에 신고하여야 한다(불법정치자금법§35②). 이는 강제집행에 의하여 압류된 금전채권에 관하여 몰수보전이 된 경우 제3채무자의 공탁에 관하여도 마찬가지이다(불법정치자금법§35④).

(2) 제3채무자의 공탁사유 신고방법

(가) 몰수보전된 금전채권에 대하여 강제집행에 의하여 압류된 경우

제3채무자가 공탁을 한 때에는 그 사유를 몰수보전명령을 발한 법원 및 압류명령을 발한 법원에 신고하여야 하는 바(불법정치자금법§35②), 그 사유의 신고는 ① 몰수보전사건 및 강제집행사건의 표시, ② 피고인 또는 피의자의 성명, ③ 강제집행에 의한 압류명령에 있어서의 채권자 및 채무자의 성명, ④ 공탁한 금액 및 공

---

21) 「형사소송법」 제327조(공소기각의 판결) 다음 경우에는 판결로써 공고기각의 선고를 하여야 한다.
   2. 공소제기의 절차가 법률의 규정에 위반하여 무효인 때

탁사유를 기재한 서면으로 하여야 한다(불법정치자금규칙§14①).

몰수보전명령을 발한 법원에 대한 공탁사유신고서에는 공탁서를 첨부하여야 한다(불법정치자금규칙§14②), 위 신고가 있는 경우 몰수보전명령을 발한 법원의 법원사무관등은 검사 또는 고위공직자범죄수사처에 소속된 검사에게 그 사실을 통지하여야 한다(불법정치자금규칙§14③).

(나) 몰수보전된 금전채권에 대하여 체납처분에 의하여 압류된 경우

몰수보전된 금전채권에 대하여 체납처분에 의한 압류가 있는 경우 또는 체납처분에 의하여 압류된 금전채권에 대하여 몰수보전이 있는 경우 제3채무자의 공탁사유신고는 몰수보전명령을 발한 법원, 체납처분을 한 「국세기본법」 제2조(정의) 제17호[22] 및 「지방세법」 제1조(목적) 제1항 제3호[23]의 세무공무원과 그 밖에 체납처분을 집행하는 권한이 있는 자 또는 한국자산관리공사가 세무서장을 대행하여 공매, 배분 및 권리이전등기의 촉탁을 대행하는 경우에는 한국자산관리공사 및 그 직원(이하 "세무공무원등"이라고 한다)에게 하여야 하고(불법정치자금규칙§15①), ① 몰수보전사건 및 체납처분사건의 표시, ② 피고인 및 피의자의 성명, ③ 체납처분에 의한 압류에 있어서의 채권자 및 채무자의 성명, ④ 공탁한 금액 및 공탁사유를 기재한 서면으로 하여야 한다(불법정치자금규칙§15②).

몰수보전명령을 발한 법원에 대한 공탁사유신고서에는 공탁서를 첨부하여야 한다(불법정치자금규칙§15③, §14②), 위 신고가 있는 경우 몰수보전명령을 발한 법원의 법원사무관등은 검사 또는 고위공직자범죄수사처에 소속된 검사에게 그 사실을 통지하여야 한다(불법정치자금규칙§15③, §14③).

---

22) 「국세기본법」 제2조(정의) 이 법에서 사용하는 용어의 뜻은 다음과 같다.
    17. "세무공무원"이란 다음 각 목의 사람을 말한다.
    가. 국세청장, 지방국세청장, 세무서장 또는 그 소속 공무원
    나. 세법에 따라 국세에 관한 사무를 세관장이 관장하는 경우의 그 세관장 또는 그 소속 공무원
23) 「지방세법」 제1조(목적)는 그 입법목적을 규정하고 있을 뿐이고, 제1조에는 제1항 제3호가 없다. 한편, 「지방세법」 제2조(정의)는 '이 법에서 사용하는 용어의 뜻은 별도의 규정이 없으면 「지방세기본법」 및 「지방세징수법」에서 정하는 바에 따른다.'고 규정하고 있고, 「지방세기본법」 제2조(정의) 제10호는 "세무공무원"에 대한 정의규정("세무공무원"이란 지방자치단체의 장 또는 지방세의 부과·징수 등에 관한 사무를 위임받은 공무원을 말한다)을 두고 있다. 따라서 「불법정치자금규칙」 제15조 제1항의 '「지방세법」 제1조 제1항 제3호'는 '「지방세기본법」 제2조 제10호'로 개정되어야 한다.

㈐ 강제집행에 의하여 압류된 금전채권에 관하여 몰수보전된 경우

강제집행에 의하여 압류된 금전채권에 관하여 몰수보전된 경우 그 공탁사유신고는 '몰수보전된 금전채권에 대하여 강제집행에 의하여 압류가 된 경우'의 공탁사유신고방식과 같다(불법정치자금규칙§16①, §14①). 이 경우 압류명령을 발한 법원에 대한 공탁사유신고서에는 공탁서를 첨부하여야 하고(불법정치자금규칙§16②), 위 신고가 있는 경우 압류명령을 발한 법원의 법원사무관등은 검사 또는 고위공직자범죄수사처에 소속된 검사에게 그 사실을 통지하여야 한다(불법정치자금규칙§16③).

㈑ 체납처분에 의하여 압류가 된 금전채권에 대하여 몰수보전된 경우

체납처분에 의하여 압류된 금전채권에 대하여 몰수보전이 있는 경우 그 공탁사유신고는 '몰수보전된 금전채권에 대하여 체납처분에 의하여 압류된 경우'의 공탁사유신고방식과 같다(불법정치자금규칙§17①, §15①, ②). 이 경우 세무공무원등에 대한 공탁사유신고서에는 공탁서를 첨부하여야 한다(불법정치자금규칙§17②).

⑶ 배당 등

집행법원은 공탁된 금원 중에서 몰수보전된 금전채권의 금액에 상당하는 부분에 관하여는 몰수보전이 실효된 때, 그 나머지 부분에 관하여는 공탁된 때 배당절차를 개시하거나 변제금의 교부를 실시한다(불법정치자금법§35③).

「민법」·「상법」, 그 밖의 법률에 의하여 우선변제청구권이 있는 채권자와 집행력 있는 정본을 가진 채권자는 ① 채무자가 「불법정치자금법」 제35조(제3채무자의 공탁) 제1항(동조 제4항에서 준용하는 경우를 포함한다)에 따른 공탁의 신고를 한 때, ② 채권자가 「민사집행법」 제236조(추심의 신고)[24)에 따른 추심의 신고를 한 때, ③ 집행관이 현금화한 금전을 법원에 제출한 때까지 법원에 배당요구를 할 수 있다(불법정치자금법§35④, 민사집행법§247①). 전부명령이 제3채무자에게 송달된 뒤에는 배당요구를 하지 못한다(불법정치자금법§35④, 민사집행법§247②). 배당요구는 이유를 밝혀 집행관에게 하여야 하고(불법정치자금법§35⑤, 민사집행법§247③, §218), 배당요구가 있는 경우에는 집행관은 그 사유를 배당에 참가한 채권자와 채무자에게 통지하여야 하고(불법정치자금법§35⑤, 민사집행법§247③, §219), 제3채무자에게 통지

---

24) 「민사집행법」 제236조(추심의 신고) ①채권자는 추심한 채권액을 법원에 신고하여야 한다. ②제1항의 신고 전에 다른 압류·가압류 또는 배당요구가 있었을 때에는 채권자는 추심한 금액을 바로 공탁하고 그 사유를 신고하여야 한다.

하여야 한다(불법정치자금법§35⑤, 민사집행법§247④).

자. 강제집행의 대상이 된 재산의 몰수제한

(1) 몰수제한

몰수보전되기 전에 강제경매개시결정 또는 강제집행에 의하여 압류된 재산에 대하여는 몰수재판을 할 수 없다. 다만, 압류채권자의 채권이 가장된 것일 때, 압류채권자가 몰수대상재산이라는 사실을 알면서 강제집행을 신청한 때 또는 압류채권자가 범인일 때에는 그러하지 아니하다(불법정치자금법§36①).

(2) 강제집행에 의하여 압류 등이 된 재산에 대하여 몰수보전이 된 경우의 통지

강제경매개시결정 또는 강제집행에 의하여 압류가 된 재산에 대하여 몰수보전명령이 발하여진 때에는 검사 또는 고위공직자범죄수사처에 소속된 검사는 집행법원(동산의 경우에는 집행관)에 그 사실을 통지하여야 한다(불법정치자금규칙§18①). 이 경우 몰수의 재판이 확정된 때 또는 몰수보전이 효력을 상실한 때에는 검사 또는 고위공직자범죄수사처에 소속된 검사는 집행법원(동산의 경우에는 집행관)에 그 사실을 통지하여야 하고(불법정치자금규칙§18②), 강제집행신청의 취하에 의하여 압류의 효력이 소멸하거나 강제집행절차를 취소하는 결정이 확정된 때 또는 강제집행절차에 의하여 재산이 매각된 때에는 집행법원의 법원사무관등(동산의 경우에는 집행관)은 검사 또는 고위공직자범죄수사처에 소속된 검사에게 그 사실을 통지하여야 한다. 「민사집행법」제223조(채권의 압류명령)[25]가 규정하는 채권(같은 법 제251조(그 밖의 재산권에 대한 집행) 제1항[26]에 의하여 같은 법 제2편 제2장 제4절 제3관(채권과 그 밖의 재산권에 대한 강제집행)이 준용되는 재산권을 포함한다)에 대하여 같은 법 제236조(추심의 신고) 제1항의 신고가 있는 때, 같은 법 제256조(배당표의 작성과 실시)[27]의 규정에 의하여 배당이 실시된 때, 같은 법 제229조(금전채권의 현금화방법)

---

25) 「민사집행법」제223조(채권의 압류명령) 제3자에 대한 채무자의 금전채권 또는 유가증권, 그 밖의 유체물의 권리이전이나 인도를 목적으로 한 채권에 대한 강제집행은 집행법원의 압류명령에 의하여 개시한다.

26) 「민사집행법」제251조(그 밖의 재산권에 대한 집행) ①앞의 여러 조문에 규정된 재산권 외에 부동산을 목적으로 하지 아니한 재산권에 대한 강제집행은 이 관의 규정 및 제98조 내지 제101조의 규정을 준용한다.

27) 「민사집행법」제256조(배당표의 작성과 실시) 배당표의 작성, 배당표에 대한 이의 및 그 완결

제3항28)의 전부명령 또는 같은 법 제241조(특별한 현금화방법)29)의 양도명령이 확정된 때에도 그 사실을 통지하여야 한다(불법정치자금규칙§18③).

(3) 몰수대상재산 위에 존재하는 지상권 그 밖의 권리와 몰수

몰수대상재산 위에 존재하는 지상권 그 밖의 권리로서 부대보전명령에 의하여 처분이 금지된 것에 대하여 그 처분금지 전에 강제경매개시결정 또는 강제집행에 의하여 압류된 경우에 그 재산을 몰수할 때에는 그 권리를 존속시키고 몰수한다는 취지를 선고하여야 한다. 다만, 압류채권자의 채권이 가장된 것일 때, 압류채권자가 몰수에 의하여 그 권리가 소멸된다는 사실을 알면서 강제집행을 신청한 때 또는 압류채권자가 범인일 때에는 그러하지 아니하다(불법정치자금법§36②).

차. 강제집행의 정지

(1) 강제집행의 정지

법원은 강제경매개시결정 또는 강제집행에 의하여 압류된 재산에 관하여 몰수보전명령을 발한 경우 또는 발하고자 하는 경우, 압류채권자의 채권이 가장된 것일 때·압류채권자가 몰수대상재산이라는 사실을 알면서 강제집행을 신청한 때 또

과 배당표의 실시에 대하여는 제149조 내지 제161조의 규정을 준용한다.

28) 「민사집행법」 제229조(금전채권의 현금화방법) ③전부명령이 있는 때에는 압류된 채권은 지급에 갈음하여 압류채권자에게 이전된다.

29) 「민사집행법」 제241조(특별한 현금화방법) ①압류된 채권이 조건 또는 기한이 있거나 반대의무의 이행과 관련되어 있거나 그 밖의 이유로 추심하기 곤란할 때에는 법원은 채권자의 신청에 따라 다음 각 호의 명령을 할 수 있다.

1. 채권을 법원이 정한 값으로 지급함에 갈음하여 압류채권자에게 양도하는 양도명령
2. 추심에 갈음하여 법원이 정한 방법으로 그 채권을 매각하도록 집행관에게 명하는 매각명령
3. 관리인을 선임하여 그 채권의 관리를 명하는 관리명령
4. 그 밖에 적당한 방법으로 현금화하도록 하는 명령

②법원은 제1항의 경우 그 신청을 허가하는 결정을 하기 전에 채무자를 신문하여야 한다. 다만, 채무자가 외국에 있거나 있는 곳이 분명하지 아니한 때에는 신문할 필요가 없다.

③제1항의 결정에 대하여는 즉시항고를 할 수 있다.

④제1항의 결정은 확정되어야 효력을 가진다.

⑤압류된 채권을 매각한 경우에는 집행관은 채무자를 대신하여 제3채무자에게 서면으로 양도의 통지를 하여야 한다.

⑥양도명령에는 제227조 제2항·제229조 제5항·제230조 및 제231조의 규정을, 매각명령에 의한 집행관의 매각에는 제108조의 규정을, 관리명령에는 제227조 제2항의 규정을, 관리명령에 의한 관리에는 제167조, 제169조 내지 제171조, 제222조 제2항·제3항의 규정을 각 준용한다.

는 압류채권자가 범인일 때에 해당하는 사유가 있다고 판단할 만한 상당한 이유가 있다고 인정되는 때에는 검사의 청구 또는 직권에 의하여 결정으로 강제집행의 정지를 명할 수 있다(불법정치자금법§37①, §36①단서). 집행법원은 검사가 위 결정등본을 집행법원에 제출한 때에는 강제집행을 정지하여야 한다. 이 경우 「민사집행법」의 규정을 적용함에 있어서 같은 법 제49조(집행의 필수적 정지·제한) 제2호30)의 서류(강제집행의 일시정지를 명한 취지를 적은 재판의 정본)가 제출된 것으로 본다(불법정치자금법§37②).

(2) 강제집행의 정지 청구

강제집행정지의 청구는 ① 몰수보전사건 및 강제집행사건의 표시, ② 피고인 또는 피의자의 성명, ③ 강제집행에 의한 압류명령에 있어서의 채권자 및 채무자의 성명, ④ 강제집행의 정지사유(압류채권자의 채권이 가장된 것일 때·압류채권자가 몰수대상 재산이라는 사실을 알면서 강제집행을 신청한 때 또는 압류채권자가 범인일 때에 해당하는 사유)를 기재한 서면으로 하여야 하고(불법정치자금규칙§19①), 강제집행의 정지사유가 이유가 있다고 인정할 수 있는 자료를 제출하여야 한다(불법정치자금규칙§19②).

(3) 강제집행 정지결정의 취소

법원은 몰수보전이 실효된 때, 강제집행의 정지사유가 없어진 때 또는 강제집행 정지기간이 부당하게 길어진 때에는 검사나 압류채권자의 청구에 의하여 또는 직권으로 강제집행의 정지결정을 취소하여야 한다. 법원은 검사의 청구에 의한 경우를 제외하고는 그 취소결정을 할 때 검사의 의견을 들어야 한다(불법정치자금법§37③, §31②).

강제집행정지결정의 취소청구는 ① 강제집행정지사건의 표시, ② 피고인 또는 피의자의 성명, ③ 체납처분에 의한 압류에 있어서의 채권자 및 채무자의 성명, ③ 몰수보전이 실효한 때, 강제집행의 정지사유가 없어진 때 또는 강제집행정지기간이 부당하게 길어진 때에 해당하는 사유를 기재한 서면으로 하여야 한다(불법정치자금규칙§19③, §11①). 강제집행정지결정의 취소청구를 하는 때에는 그 사유를 인

---

30) 「민사집행법」 제49조(집행의 필수적 정지·제한) 강제집행은 다음 각 호 가운데 어느 하나에 해당하는 서류를 제출한 경우에 정지하거나 제한하여야 한다.
  2. 강제집행의 일시정지를 명한 취지를 적은 재판의 정본

정할 수 있는 자료를 제출하여야 한다(불법정치자금규칙§19③, §11②). 검사가 아닌 자가 취소청구를 할 때에는 그 청구서의 부본을 첨부하여야 하고(불법정치자금규칙 §19③, §11③), 법원이 강제집행정지결정의 취소에 관하여 검사의 의견을 물을 때에 는 청구서의 부분을 첨부하여야 한다(불법정치자금규칙§19③, §11④).

카. 담보권의 실행을 위한 경매절차와의 조정

(1) 담보권의 실행 제한

몰수보전재산 위에 존재하는 담보권이 몰수보전된 후에 성립되거나 부대보전명 령에 의하여 처분이 금지된 경우 그 담보권의 실행(압류를 제외한다)은 몰수보전 또 는 부대보전명령에 의한 처분금지가 실효되지 아니하면 이를 할 수 없다(불법정치 자금법§38①).

(2) 경매절차 정지

담보권의 실행을 위한 경매절차가 개시된 후 그 담보권에 관하여 부대보전명령 이 발하여진 경우 검사가 그 명령의 등본을 제출한 때에는 집행법원은 그 절차를 정지하여야 한다. 이 경우 「민사집행법」의 규정을 적용함에 있어서는 같은 법 제 266조(경매절차의 정지) 제1항 제5호[31](같은 법 제269조(선박에 대한 경매)[32] 및 제272 조(준용규정)[33]에서 준용하는 경우를 포함한다)의 문서(담보권 실행을 일시정지하도록 명 한 재판의 등본)가 제출된 것으로 본다(불법정치자금법§38②).

(3) 몰수보전과 담보권 실행 등을 위한 경매개시결정에 의한 압류가 경합하는 경우 의 통지

㈎ 몰수보전된 재산에 대하여 담보권 실행 등을 위한 경매개시결정에 의하여 압류 가 된 경우

몰수보전된 재산에 대하여 담보권 실행 등을 위한 경매개시결정에 의하여 압류

---

31) 「민사집행법」 제266조(경매절차의 정지) ①다음 각 호 가운데 어느 하나에 해당하는 문서가 경매법원에 제출되면 경매절차를 정지하여야 한다.
   5. 담보권 실행을 일시정지하도록 명한 재판의 등본
32) 「민사집행법」 제269조(선박에 대한 경매) 선박을 목적으로 하는 담보권 실행을 위한 경매절차 에는 제172조 내지 제186조, 제264조 내지 제268조의 규정을 준용한다.
33) 「민사집행법」 제272조(준용규정) 제271조의 경매절차에는 제2편 제2장 제4절 제2관의 규정과 제265조 및 제266조의 규정을 준용한다.

가 된 경우에 집행법원의 법원사무관등(동산의 경우에는 집행관)은 검사에게 그 사실을 통지하여야 하고(불법정치자금규칙§20, §13①), 몰수의 재판이 확정되거나 몰수보전 또는 부대보전이 효력을 상실한 때에는 검사는 집행법원의 법원사무관등(동산의 경우에는 집행관)에 그 사실을 통지하여야 하며(불법정치자금규칙§20, §13③), 강제집행신청의 취하에 의하여 압류의 효력이 소멸하거나 강제집행절차를 취소하는 결정이 확정된 때 또는 강제집행절차에 의하여 재산이 매각된 때에는 집행법원의 법원사무관등(동산의 경우에는 집행관)은 검사에게 그 사실을 통지하여야 한다. 「민사집행법」 제223조(채권의 압류명령)가 규정하는 채권(같은 법 제251조(그 밖의 재산권에 대한 집행) 제1항에 의하여 같은 법 제2편 제2장 제4절 제3관(채권과 그 밖의 재산권에 대한 강제집행)이 준용되는 재산권을 포함한다)에 대하여 같은 법 제236조(추심의 신고) 제1항의 신고가 있는 때, 같은 법 제256조(배당표의 작성과 실시)의 규정에 의하여 배당이 실시된 때, 같은 법 제229조(금전채권의 현금화방법) 제3항의 전부명령 또는 같은 법 제241조(특별한 현금화방법)의 양도명령이 확정된 때에도 그 사실을 통지하여야 한다(불법정치자금규칙§20, §18③).

(나) 담보권 실행 등을 위한 경매개시결정에 의하여 압류가 된 재산에 대하여 몰수보전명령이 발하여진 경우

담보권 실행 등을 위한 경매개시결정에 의하여 압류가 된 재산에 대하여 몰수보전명령이 발하여진 경우 검사는 집행법원(동산의 경우에는 집행관)에 그 사실을 통지하여야 한다(불법정치자금규칙§20, §18①). 이 경우 몰수의 재판이 확정된 때 또는 몰수보전 또는 부대보전이 효력을 상실한 때에는 검사는 집행법원(동산의 경우에는 집행관)에 그 사실을 통지하여야 하고(불법정치자금규칙§20, §18②), 강제집행신청의 취하에 의하여 압류의 효력이 소멸하거나 강제집행절차를 취소하는 결정이 확정된 때 또는 강제집행절차에 의하여 재산이 매각된 때에는 집행법원의 법원사무관등(동산의 경우에는 집행관)은 검사에게 그 사실을 통지하여야 한다. 「민사집행법」 제223조(채권의 압류명령)가 규정하는 채권(같은 법 제251조(그 밖의 재산권에 대한 집행) 제1항에 의하여 같은 법 제2편 제2장 제4절 제3관(채권과 그 밖의 재산권에 대한 강제집행)이 준용되는 재산권을 포함한다)에 대하여 같은 법 제236조(추심의 신고) 제1항의 신고가 있는 때, 같은 법 제256조(배당표의 작성과 실시)의 규정에 의하여 배당이 실시된 때, 같은 법 제229조(금전채권의 현금화방법) 제3항의 전부명령 또는 같은 법 제

241조(특별한 현금화방법)의 양도명령이 확정된 때에도 그 사실을 통지하여야 한다(불법정치자금규칙§20, §18③).

타. 그 밖의 절차와의 조정

(1) 몰수보전된 재산이 체납처분에 압류된 경우 등의 그 절차의 제한

「불법정치자금법」 제34조(몰수보전재산에 대한 강제집행절차의 제한)의 규정은 몰수보전된 재산이 체납처분(「국세징수법」 및 「지방세징수법」의 규정 또는 그 예에 의하는 각종 징수절차를 말한다. 이하 같다)에 의하여 압류된 경우, 몰수보전된 재산을 가진 자에 대하여 파산선고 또는 화의개시결정(이하 "파산선고등"이라 한다)이 있는 경우 또는 몰수보전된 재산을 가진 회사에 대하여 정리절차개시결정이 있는 경우 그 절차의 제한에 관하여 이를 준용한다(불법정치자금법§39①).

(2) 몰수보전된 금전채권에 가압류가 있는 경우 등의 제3자 공탁

「불법정치자금법」 제35조(제3채무자의 공탁) 제1항 및 제2항의 규정은 몰수보전된 금전채권에 대하여 가압류가 있는 경우 또는 가압류된 금전채권에 대하여 몰수보전이 있는 경우에 제3채무자의 공탁에 관하여 이를 준용한다(불법정치자금법§39③).

(3) 몰수보전이 되기 전 그 몰수보전의 대상이 된 재산에 대하여 가압류가 있는 경우 등의 몰수제한

「불법정치자금법」 제36조(강제집행의 대상이 된 재산의 몰수제한)의 규정은 몰수보전이 되기 전 그 몰수보전의 대상이 된 재산에 대하여 가압류가 있는 경우 또는 몰수대상재산 위에 존재하는 지상권 그 밖의 권리로서 부대보전명령에 의하여 처분이 금지된 것에 대하여 그 처분금지 전에 가압류가 있는 경우 그 재산의 몰수제한에 관하여 이를 준용한다(불법정치자금법§39④).

(4) 몰수보전이 되기 전 그 몰수보전의 대상이 된 재산에 대하여 체납처분에 의한 압류가 있는 경우 등의 몰수제한

「불법정치자금법」 제36조(강제집행의 대상이 된 재산의 몰수제한) 제1항 본문의 규정은 몰수보전이 되기 전 그 몰수보전의 대상이 된 재산에 대하여 체납처분에 의한 압류가 있는 경우, 몰수보전이 되기 전 그 몰수보전의 대상이 된 재산을 가진 자에 대하여 파산선고등이 있는 경우 또는 몰수보전이 되기 전 그 몰수보전의 대상이 된 재산을 가진 회사에 대하여 정리절차개시결정이 있는 경우 그 재산의 몰수제한에 관하여 이를 준용한다(불법정치자금법§39⑤).

(5) 부대보전명령에 의하여 처분이 금지된 것에 관하여 그 처분금지 전에 체납처분에 의한 압류가 있는 경우 등의 몰수제한

「불법정치자금법」제36조(강제집행의 대상이 된 재산의 몰수제한) 제2항 본문의 규정은 몰수대상재산 위에 존재하는 지상권 그 밖의 권리로서 부대보전명령에 의하여 처분이 금지된 것에 관하여 그 처분금지 전에 체납처분에 의한 압류가 있는 경우, 몰수대상재산 위에 존재하는 지상권 그 밖의 권리로서 부대보전명령에 의하여 처분이 금지된 권리의 권리자에 대하여 그 처분금지 전에 파산선고등이 있는 경우 또는 몰수대상재산 위에 존재하는 지상권 그 밖의 권리로서 부대보전명령에 의하여 처분이 금지된 권리를 가진 회사에 대하여 그 처분금지 전에 정리절차개시결정이 있는 경우 그 재산의 몰수제한에 관하여 이를 준용한다(불법정치자금법§39⑥).

(6) 몰수보전명령을 발한 경우 등의 강제집행정지

「불법정치자금법」제37조(강제집행의 정지)의 규정은 가압류된 재산에 대하여 몰수보전명령을 발한 경우 또는 발하고자 하는 경우에 강제집행의 정지에 관하여 이를 준용한다(불법정치자금법§39⑦).

(7) 몰수보전과 가압류의 집행이 경합하는 경우의 통지 등

「불법정치자금규칙」제13조(몰수보전재산에 대하여 강제집행에 의하여 압류 등이 된 경우의 통지)의 규정은 몰수보전이 된 재산에 대하여 가압류의 집행이 있는 경우에 준용하고(불법정치자금규칙§21①), 「불법정치자금규칙」제14조(몰수보전된 금전채권에 대하여 강제집행에 의하여 압류가 된 경우 공탁사유신고의 방식 등)의 규정은 몰수보전이 된 금전채권에 대하여 가압류의 집행이 있는 경우 당해 금전채권의 채무자의 공탁에 관하여, 「불법정치자금규칙」제16조(강제집행에 의하여 압류가 된 금전채권에 대하여 몰수보전이 된 경우 공탁사유신고의 방식 등)의 규정은 가압류된 금전채권에 대하여 몰수보전이 된 경우 당해 금전채권의 채무자의 공탁에 관하여 각 준용하고(불법정치자금규칙§21②), 「불법정치자금규칙」제18조(강제집행에 의하여 압류등이 된 재산에 대하여 몰수보전이 된 경우의 통지)의 규정은 가압류된 재산에 대하여 몰수보전명령이 발하여진 경우에 준용하고(불법정치자금규칙§21③), 「불법정치자금규칙」

제19조(강제집행의 정지 및 그 결정의 취소청구방식)의 규정은 가압류된 재산에 대하여 몰수보전명령을 발한 경우 또는 발하려고 하는 경우에 있어서 강제집행의 정지의 청구 및 그 정지결정의 취소청구에 관하여 준용한다(불법정치자금규칙§21④).

6. 추징보전

가. 추징보전명령

(1) 추징보전명령의 요건

법원은 「불법정치자금법」 제2조(정의) 제1호에 규정된 죄에 관련된 피고인에 대한 형사사건에 관하여 「불법정치자금법」 제6조(추징)에 의하여 추징하여야 할 경우에 해당한다고 판단할 만한 상당한 이유가 있는 경우에 추징재판을 집행할 수 없게 될 염려가 있거나 집행이 현저히 곤란할 염려가 있다고 인정될 때에는 검사의 청구에 의하여 또는 직권으로 추징보전명령을 발하여 피고인에 대하여 재산의 처분을 금지할 수 있다(불법정치자금법§41①).

재판장은 긴급을 요하는 경우에는 피고인에 대하여 재산의 처분을 금지하거나 합의부의 구성원에게 그 처분을 하게 할 수 있다(불법정치자금법§41⑤, §22④).

(2) 추징보전액 및 추징보전해방금

추징보전명령은 추징재판의 집행을 위하여 보전하는 것이 상당하다고 인정되는 금액(이하 "추징보전액"이라 한다)을 정하여 특정재산에 대하여 발하여야 한다. 다만, 유체동산에 관하여는 그 목적물을 특정하지 아니할 수 있다(불법정치자금법§41②).

추징보전명령에는 추징보전명령의 집행정지나 집행처분의 취소를 위하여 피고인이 공탁하여야 할 금원(이하 "추징보전해방금"이라 한다)의 금액을 정하여야 한다(불법정치자금법§41③).

(3) 추징보전명령서

추징보전명령서에는 피고인의 성명, 죄명, 공소사실의 요지, 추징의 근거가 되는 법령의 조항, 추징보전액, 처분을 금지하는 재산의 표시, 추징보전해방금의 금액, 발부연월일, 피고인 또는 피의자의 주민등록번호와 주거, 처분을 금지하는 재산 또는 권리를 가진 자(명의인이 다른 경우 명의인을 포함한다)의 주소를 기재하고 재판한 법관이 서명날인하여야 한다(불법정치자금법§41④, 불법정치자금규칙§27, §6).

⑷ 기소 전 추징보전명령

검사는 추징보전의 이유와 필요가 있다고 인정되는 경우에는 공소가 제기되기 전이라도 지방법원판사에게 청구하여 추징보전처분을 받을 수 있다(불법정치자금법 §42①). 위 청구는 청구하는 검사가 소속하는 지방검찰청 또는 지청 소재지를 관할 하는 지방법원 또는 지원의 판사에게 하여야 하고(불법정치자금법§42②, §23③), 청 구를 받은 판사는 몰수보전에 관하여 법원 또는 재판장과 동일한 권한을 가진다 (불법정치자금법§42②, §23④).

나. 추징보전의 청구방법

추징보전의 청구는 서면으로 하여야 하고(불법정치자금규칙§23), 추징보전 청구서 에는 ① 피고인 또는 피의자의 성명, 주민등록번호, 주거, 직업, ② 죄명, 공소사실 또는 피의사실의 요지 및 추징의 근거가 되는 법령의 조항, ③ 추징보전액, ④ 처 분을 금지하는 재산, ⑤ 추징보전사유(추징을 하여야 할 경우에 해당한다고 판단할 만 한 이유가 있는 경우에 추징재판을 집행할 수 없게 될 염려가 있거나 집행이 현저히 곤란할 염려가 있다고 인정되는 사유), ⑥ 기소 전 추징보전청구일 경우에는 그 취지를 기재 하고 검사 또는 고위공직자범죄수사처에 소속된 검사가 서명날인하여야 한다(불법 정치자금규칙§24①). 추징보전의 청구서에는 공소사실 또는 피의사실의 요지를 따로 기재한 서면 1통을 첨부하여야 한다(불법정치자금규칙§24②).

추징보전의 청구를 하는 때에는 추징보전사유를 인정할 수 있는 자료를 제출하 여야 한다(불법정치자금규칙§24③).

다. 추징보전명령의 집행

추징보전명령은 검사의 명령에 의하여 집행한다. 이 경우 검사의 명령은 「민사 집행법」의 규정에 의한 가압류명령과 동일한 효력을 가진다(불법정치자금법§43①). 추징보전명령의 집행은 추징보전명령의 등본이 피고인 또는 피의자에게 송달되기 전에도 할 수 있다(불법정치자금법§43②).

추징보전명령의 집행에 관하여는 「불법정치자금법」에 특별한 규정이 있는 경우를 제외하고는 「민사집행법」 그 밖에 가압류집행의 절차에 관한 법령의 규정을 준용한다. 이 경우 법령의 규정에 의하여 가압류명령을 발한 법원이 가압류 집행법원으로서 관할하도록 되어 있는 가압류의 집행에 관하여는 추징보전명령의 집행명령을 발한 검사가 소속하는 검찰청 또는 고위공직자범죄수사처에 대응하는 법원이 관할한다(불법정치자금법§43③).

라. 금전채권채무자의 공탁

추징보전명령에 기하여 추징보전집행된 금전채권의 채무자는 그 채권액에 상당한 금원을 공탁할 수 있다. 이 경우 채권자의 공탁금출급청구권에 대하여 추징보전집행이 된 것으로 본다(불법정치자금법§44).

추징보전집행된 금전채권의 채무자가 공탁을 한 경우 그 공탁을 수리한 공탁관은 추징보전명령을 발한 법원 및 검사 또는 고위공직자범죄수사처에 소속된 검사에게 공탁사실을 통지하여야 한다(불법정치자금규칙§25).

마. 추징보전해방금의 공탁

(1) 추징보전해방금의 공탁과 추징 등의 재판의 집행

추징보전해방금이 공탁된 후에 추징재판이 확정된 때 또는 가납재판이 선고된 때에는 공탁된 금액의 범위 안에서 추징 또는 가납재판의 집행이 있는 것으로 본다(불법정치자금법§45①).

(2) 추징보전해방금의 환부

추징선고된 경우에 공탁된 추징보전해방금이 추징금액을 초과하는 때에는 그 초과액은 피고인에게 환부하여야 한다(불법정치자금법§45②). 추징보전명령이 실효되거나 취소된 때에도 추징보전명령을 발한 법원은 추징보전해방금을 환부하여야 한다(불법정치자금규칙§26).

바. 추징보전명령의 취소 및 실효

(1) 추징보전명령의 취소

법원은 추징보전의 이유 또는 필요가 없게 되거나 추징보전기간이 부당하게 길어진 때에는 검사, 피고인·피의자나 그 변호인의 청구 또는 직권에 의한 결정으로 추징보전명령을 취소하여야 한다. 이 경우 법원은 검사의 청구에 의한 경우를 제외하고는 검사의 의견을 들어야 한다(불법정치자금법§46, §31②).

(2) 추징보전명령의 실효

추징보전명령은 추징선고가 없는 재판[「형사소송법」 제327조(공소기각의 판결) 제2호의 규정에 의한 경우(공소제기의 절차가 법률의 규정에 위반하여 무효인 때)를 제외한다]이 확정된 때에 그 효력을 잃는다(불법정치자금법§47①). 「형사소송법」 제327조(공소기각의 판결) 제2호의 규정에 의한 공소기각의 재판이 있은 경우 공소기각의 재판이 확정된 날부터 30일 이내에 그 사건에 대하여 공소가 제기되지 아니할 때에는 추징보전명령은 그 효력을 잃는다(불법정치자금법§47②, §32②).

(3) 추징보전명령이 실효된 경우의 조치

검사는 추징보전명령이 실효되거나 추징보전해방금이 공탁된 경우 신속하게 추징보전명령의 집행명령을 취소함과 동시에 추징보전명령에 기한 추징보전집행의 정지 또는 취소를 위하여 필요한 조치를 하여야 한다(불법정치자금법§48).

사. 「불법정치자금규칙」의 준용

「불법정치자금규칙」 제6조(몰수보전명령의 기재사항), 제7조(긴급을 요하는 경우의 기재사항), 제8조(몰수보전명령이 발하여진 경우의 공소장의 기재사항), 제11조(몰수보전명령의 취소청구의 방식), 제12조(검사의 의견서 등의 제출)의 규정은 추징보전명령 또는 추징보전에 관하여 준용한다(불법정치자금규칙§27).

7. 보칙

가. 송달

몰수보전 또는 추징보전(추징보전명령에 기한 추징보전집행을 제외한다. 이하 같다)에 관한 서류의 송달에 관하여는 대법원규칙에 특별히 정한 경우를 제외하고는 민사소송에 관한 법령의 규정을 준용한다. 이 경우 「민사소송법」 제194조(공시송달의 요건) 제1항[34]에 규정된 공시송달의 효력발생시기는 같은 법 제196조(공시송달의 효력발생) 제1항 본문 및 제2항35)의 규정에 불구하고 7일로 한다(불법정치자금법 §49).

나. 상소제기기간 중의 처분 등

상소제기기간 내의 사건으로 아직 상소가 제기되지 아니한 사건과 상소하였으나 소송기록이 상소법원에 도달하지 아니한 사건에 관하여 몰수보전 또는 추징보전에 관한 처분을 하여야 할 경우에는 원심법원이 그 처분을 하여야 한다(불법정치자금법§50).

다. 불복신청

몰수보전 또는 추징보전에 관한 법원의 결정에 대하여는 항고할 수 있다(불법정치자금법§51①).

몰수보전 또는 추징보전에 관한 법관의 재판에 불복이 있는 경우 그 법관이 소속한 법원에 그 재판의 취소 또는 변경을 청구할 수 있고(불법정치자금법§51②), 그 불복신청의 절차에 관하여는 「형사소송법」 제416조(준항고) 제1항36)에서 규정한 재판의 취소 또는 변경의 청구에 관련된 절차규정을 준용한다(불법정치자금법§51③).

라. 「형사소송규칙」의 준용

몰수보전 및 추징보전의 절차와 제3자 참가절차등의 특례에 관하여는 「불법정

---

34) 「민사소송법」 제194조(공시송달의 요건) ①당사자의 주소등 또는 근무장소를 알 수 없는 경우 또는 외국에서 하여야 할 송달에 관하여 제191조의 규정에 따를 수 없거나 이에 따라도 효력이 없을 것으로 인정되는 경우에는 법원사무관등은 직권으로 또는 당사자의 신청에 따라 공시송달을 할 수 있다.
35) 「민사소송법」 제196조(공시송달의 효력발생) ①첫 공시송달은 제195조의 규정에 따라 실시한 날부터 2주가 지나야 효력이 생긴다. 다만, 같은 당사자에게 하는 그 뒤의 공시송달은 실시한 다음 날부터 효력이 생긴다.
②외국에서 할 송달에 대한 공시송달의 경우에는 제1항 본문의 기간은 2월로 한다.
36) 「형사소송법」 제416조(준항고) ①재판장 또는 수명법관이 다음 각 호의 1에 해당한 재판을 고지한 경우에 불복이 있으면 그 법관소속의 법원에 재판의 취소 또는 변경을 청구할 수 있다.
 1. 기피신청을 기각한 재판
 2. 구금, 보석, 압수 또는 압수물환부에 관한 재판
 3. 감정하기 위하여 피고인의 유치를 명한 재판
 4. 증인, 감정인, 통역인 또는 번역인에 대하여 과태료 또는 비용의 배상을 명한 재판

치자금법」및 「불법정치자금규칙」에 특별한 규정이 있는 경우를 제외하고는 「형
사소송규칙」의 규정을 준용한다. 이 경우 「불법정치자금법」 제13조(참가절차)의 규
정에 의하여 형사사건절차에의 참가를 허가받은 자에 관하여는 피고인에 관한 규
정을, 「불법정치자금법」 제19조(대리인)의 규정에 의하여 선임된 대리인에 관하여
는 변호인에 관한 규정을 각 준용한다(불법정치자금규칙§28).

부록: 「정치자금법」, 「불법정치자금 등의 몰수에 관한 특례법」

정치자금법
[시행 2021. 1. 5.] [법률 제17885호, 2021. 1. 5., 일부개정]

제1장 총칙
제1조(목적) 이 법은 정치자금의 적정한 제공을 보장하고 그 수입과 지출내역을 공개하여 투명성을 확보하며 정치자금과 관련한 부정을 방지함으로써 민주정치의 건전한 발전에 기여함을 목적으로 한다.

제2조(기본원칙) ①누구든지 이 법에 의하지 아니하고는 정치자금을 기부하거나 받을 수 없다.
②정치자금은 국민의 의혹을 사는 일이 없도록 공명정대하게 운용되어야 하고, 그 회계는 공개되어야 한다.
③정치자금은 정치활동을 위하여 소요되는 경비로만 지출하여야 하며, 사적 경비로 지출하거나 부정한 용도로 지출하여서는 아니된다. 이 경우 "사적 경비"라 함은 다음 각 호의 어느 하나의 용도로 사용하는 경비를 말한다.
1. 가계의 지원·보조
2. 개인적인 채무의 변제 또는 대여
3. 향우회·동창회·종친회, 산악회 등 동호인회, 계모임 등 개인간의 사적 모임의 회비 그 밖의 지원경비
4. 개인적인 여가 또는 취미활동에 소요되는 비용
④이 법에 의하여 1회 120만원을 초과하여 정치자금을 기부하는 자와 다음 각 호에 해당하는 금액을 초과하여 정치자금을 지출하는 자는 수표나 신용카드·예금계좌입금 그 밖에 실명이 확인되는 방법으로 기부 또는 지출하여야 한다. 다만, 현금으로 연간 지출할 수 있는 정치자금은 연간 지출총액의 100분의 20(선거비용은 선거비용제한액의 100분의 10)을 초과할 수 없다.
1. 선거비용 외의 정치자금 : 50만원. 다만, 공직선거의 후보자·예비후보자의 정치자금은 20만원
2. 선거비용 : 20만원
⑤누구든지 타인의 명의나 가명으로 정치자금을 기부할 수 없다.

제3조(정의) 이 법에서 사용하는 용어의 정의는 다음과 같다. <개정 2016. 3. 3.>
1. 정치자금의 종류는 다음 각 목과 같다.
   가. 당비
   나. 후원금
   다. 기탁금
   라. 보조금
   마. 정당의 당헌·당규 등에서 정한 부대수입
   바. 정치활동을 위하여 정당(중앙당창당준비위원회를 포함한다), 「공직선거법」에 따른 후보자가 되려는 사람, 후보자 또는 당선된 사람, 후원회·정당의 간부 또는 유급사무직원, 그 밖에 정치활동을 하는 사람에게 제공되는 금전이나 유가증권 또는 그 밖의 물건

   사. 바목에 열거된 사람(정당 및 중앙당창당준비위원회를 포함한다)의 정치활동에 소요되는 비용
2. "기부"라 함은 정치활동을 위하여 개인 또는 후원회 그 밖의 자가 정치자금을 제공하는 일체의 행위를 말한다. 이 경우 제3자가 정치활동을 하는 자의 정치활동에 소요되는 비용을 부담하거나 지출하는 경우와 금품이나 시설의 무상대여, 채무의 면제·경감 그 밖의 이익을 제공하는 행위 등은 이를 기부로 본다.
3. "당비"라 함은 명목여하에 불구하고 정당의 당헌·당규 등에 의하여 정당의 당원이 부담하는 금전이나 유가증권 그 밖의 물건을 말한다.
4. "후원금"이라 함은 이 법의 규정에 의하여 후원회에 기부하는 금전이나 유가증권 그 밖의 물건을 말한다.
5. "기탁금"이라 함은 정치자금을 정당에 기부하고자 하는 개인이 이 법의 규정에 의하여 선거관리위원회에 기탁하는 금전이나 유가증권 그 밖의 물건을 말한다.
6. "보조금"이라 함은 정당의 보호·육성을 위하여 국가가 정당에 지급하는 금전이나 유가증권을 말한다.
7. "후원회"라 함은 이 법의 규정에 의하여 정치자금의 기부를 목적으로 설립·운영되는 단체로서 관할 선거관리위원회에 등록된 단체를 말한다.
8. 공직선거와 관련한 용어의 정의는 다음과 같다.
   가. "공직선거"라 함은 「공직선거법」 제2조(적용범위)의 규정에 의한 선거를 말한다.
   나. "공직선거의 후보자"라 함은 「공직선거법」 제49조(후보자등록 등)의 규정에 의하여 관할 선거구선거관리위원회에 등록된 자를 말한다.
   다. "공직선거의 예비후보자"라 함은 「공직선거법」 제60조의2(예비후보자등록)의 규정에 의하여 관할 선거구선거관리위원회에 등록된 자를 말한다.
   라. "비례대표지방의회의원"이라 함은 비례대표시·도의회의원 및 비례대표자치구·시·군의회의원을 말한다.
   마. "정당선거사무소"라 함은 「공직선거법」 제61조의2(정당선거사무소의 설치)의 규정에 의한 정당선거사무소를 말한다.
   바. "선거사무소"·"선거연락소"라 함은 각각 「공직선거법」 제63조(선거운동기구 및 선거사무관계자의 신고)의 규정에 의한 선거사무소·선거연락소를 말한다.
   사. "선거사무장"·"선거연락소장"이라 함은 각각 「공직선거법」 제63조의 규정에 의한 선거사무장·선거연락소장을 말한다.
   아. "선거비용"이라 함은 「공직선거법」 제119조(선거비용 등의 정의)의 규정에 의한 선거비용을 말한다.
   자. "선거비용제한액"이라 함은 「공직선거법」 제122조(선거비용제한액의 공고)의 규정에 의하여 관할 선거구선거관리위원회가 공고한 당해 선거(선거구가 있는 때에는 그 선거구)의 선거비용제한액을 말한다.

제2장 당비

제4조(당비) ①정당은 소속 당원으로부터 당비를 받을 수 있다.

②정당의 회계책임자는 타인의 명의나 가명으로 납부된 당비는 국고에 귀속시켜야 한다.

③제2항의 규정에 의하여 국고에 귀속되는 당비는 관할 선거관리위원회가 이를 납부받아 국가에 납입하되, 납부기한까지 납부하지 아니한 때에는 관할 세무서장에게 위탁하여 관할 세무서장이 국세체납처분의 예에 따라 이를 징수한다.

④제3항의 규정에 의한 국고귀속절차 그 밖에 필요한 사항은 중앙선거관리위원회규칙으로 정한다.

제5조(당비영수증) ① 정당의 회계책임자는 당비를 납부받은 때에는 당비를 납부받은 날부터 30일까지 당비영수증을 당원에게 교부하고 그 원부를 보관하여야 한다. 다만, 당비를 납부한 당원이 그 당비영수증의 수령을 원하지 아니하는 경우에는 교부하지 아니하고 발행하여 원부와 함께 보관할 수 있다. <개정 2010. 1. 25., 2012. 2. 29.>

②1회 1만원 이하의 당비납부에 대한 당비영수증은 해당 연도말일(정당이 등록취소되거나 해산되는 경우에는 그 등록취소일 또는 해산일을 말한다) 현재로 연간 납부총액에 대하여 1매로 발행·교부할 수 있다. <개정 2010. 1. 25.>

③ 제1항 및 제2항에 따른 당비영수증은 전자적 형태로 제작하여 인터넷을 통하여 발행·교부할 수 있되, 위조·변조를 방지할 수 있는 기술적 조치를 하여야 한다. <신설 2008. 2. 29.>

④제1항부터 제3항까지의 규정에 따른 당비영수증의 서식 그 밖에 필요한 사항은 중앙선거관리위원회규칙으로 정한다. <개정 2008. 2. 29.>

제3장 후원회

제6조(후원회지정권자) 다음 각 호에 해당하는 자(이하 "후원회지정권자"라 한다)는 각각 하나의 후원회를 지정하여 둘 수 있다. <개정 2008. 2. 29., 2010. 1. 25., 2016. 1. 15., 2017. 6. 30., 2021. 1. 5.>

1. 중앙당(중앙당창당준비위원회를 포함한다)
2. 국회의원(국회의원선거의 당선인을 포함한다)

2의2. 대통령선거의 후보자 및 예비후보자(이하 "대통령후보자등"이라 한다)

3. 정당의 대통령선거후보자 선출을 위한 당내경선후보자(이하 "대통령선거경선후보자"라 한다)

4. 지역선거구(이하 "지역구"라 한다)국회의원선거의 후보자 및 예비후보자(이하 "국회의원후보자등"이라 한다). 다만, 후원회를 둔 국회의원의 경우에는 그러하지 아니하다.

5. 중앙당 대표자 및 중앙당 최고 집행기관(그 조직형태와 관계없이 당헌으로 정하는 중앙당 최고 집행기관을 말한다)의 구성원을 선출하기 위한 당내경선후보자(이하 "당대표경선후보자등"이라 한다)

6. 지역구지방의회의원선거의 후보자 및 예비후보자(이하 "지방의회의원후보자등"이라 한다)

7. 지방자치단체의 장선거의 후보자 및 예비후보자(이하 "지방자치단체장후보자등"이라 한다)

[2017. 6. 30. 법률 제14838호에 의하여 2015. 12. 23. 헌법재판소에서 헌법불합치 결정된 이 조를 개정함.]

[2021. 1. 5. 법률 제17885호에 의하여 2019. 12. 27. 헌법재판소에서 헌법불합치 결정된 이 조제6호를 개정함.]

제7조(후원회의 등록신청 등) ①후원회의 대표자는 당해 후원회지정권자의 지정을 받은 날부터 14일 이내에 그 지정서를 첨부하여 관할 선거관리위원회에 등록신청을 하여야 한다.

②후원회의 등록신청사항은 다음 각 호와 같다.

1. 후원회의 명칭
2. 후원회의 소재지
3. 정관 또는 규약
4. 대표자의 성명·주민등록번호·주소
5. 회인(會印) 및 그 대표자 직인의 인영
6. 중앙선거관리위원회규칙으로 정하는 사항

③후원회를 둔 국회의원이 대통령후보자등·대통령선거경선후보자 또는 당대표경선후보자등이 되는 경우 기존의 국회의원후원회를 대통령후보자등·대통령선거경선후보자 또는 당대표경선후보자등의 후원회로 지정할 수 있으며, 후원회를 둔 대통령예비후보자가 대통령선거경선후보자가 되는 경우 기존의 대통령예비후보자후원회를 대통령선거경선후보자후원회로 지정할 수 있다. 이 경우 그 대통령후보자등·대통령선거경선후보자 또는 당대표경선후보자등의 후원회의 대표자는 후원회지정권자의 지정을 받은 날부터 14일 이내에 그 지정서와 회인(會印) 및 그 대표자 직인의 인영을 첨부하여 관할 선거관리위원회에 신고하여야 한다. <개정 2008. 2. 29., 2016. 1. 15.>

④제2항의 규정에 의한 등록신청사항 중 제1호 내지 제5호에 규정된 사항 및 제3항의 규정에 의한 회인(會印) 및 그 대표자 직인의 인영에 변경이 생긴 때에는 후원회의 대표자는 14일 이내에 관할 선거관리위원회에 변경등록신청 또는 신고를 하여야 한다.

⑤관할 선거관리위원회는 제1항 또는 제4항의 규정에 의한 등록신청을 접수한 날부터 7일 이내에 등록을 수리하고 등록증을 교부하여야 한다.

제8조(후원회의 회원) ①누구든지 자유의사로 하나 또는 둘 이상의 후원회의 회원이 될 수 있다. 다만, 제31조(기부의 제한)제1항의 규정에 의하여 기부를 할 수 없는 자와 「정당법」 제22조(발기인 및 당원의 자격)의 규정에 의하여 정당의 당원이 될 수 없는 자는 그러하지 아니하다.

②후원회는 회원명부를 비치하여야 한다.

③제2항의 회원명부는 법원이 재판상 요구하는 경우와 제52조(정치자금범죄 조사 등)의 규정에 의하여 관할 선거관리위원회가 회원의 자격과 후원금내역 등 필요한 사항을 확인하는 경우를 제외하고는 이의 열람을 강요당하지 아니한다.

④범죄수사를 위한 회원명부의 조사에는 법관이 발부한 영장이 있어야 한다.

⑤누구든지 회원명부에 관하여 직무상 알게 된 사실을 누설하여서는 아니된다.

제9조(후원회의 사무소 등) ①후원회는 그 사무를 처리하기 위하여 다음 각 호에서 정하는 바에 따라 사무소와 연락소를 설치할 수 있다. <개정 2008. 2. 29., 2017. 6. 30.>

1. 중앙당후원회
사무소 1개소와 특별시·광역시·특별자치시·도·특별자치도마다 연락소 각 1개소

2. 지역구국회의원후원회·지역구국회의원후보자후원회
서울특별시와 그 지역구에 사무소 또는 연락소 각 1

개소. 이 경우 사무소를 둔 지역구 안에는 연락소를 둘 수 없다.

3. 제1호·제2호 외의 후원회

사무소 1개소

②후원회의 사무소와 연락소에 두는 유급사무직원의 수는 모두 합하여 2인을 초과할 수 없다. 다만, 중앙당후원회·대통령후보자등후원회·대통령선거경선후보자후원회는 그러하지 아니하다. <개정 2008. 2. 29., 2017. 6. 30.>

③국회의원이 지역에 두는 사무소의 유급사무직원의 수는 5인을 초과할 수 없다. 다만, 하나의 국회의원지역구가 2 이상의 구(자치구가 아닌 구를 포함한다)·시(구가 설치되지 아니한 시를 말한다)·군으로 된 경우 2를 초과하는 구·시·군마다 2인을 추가할 수 있다.

제10조(후원금의 모금·기부) ①후원회는 제7조(후원회의 등록신청 등)의 규정에 의하여 등록을 한 후 후원인(회원과 회원이 아닌 자를 말한다. 이하 같다)으로부터 후원금을 모금하여 이를 당해 후원회지정권자에게 기부한다. 이 경우 후원회가 모금한 후원금 외의 차입금 등 금품은 기부할 수 없다.

②후원회가 후원금을 모금한 때에는 모금에 직접 소요된 경비를 공제하고 지체 없이 이를 후원회지정권자에게 기부하여야 한다.

③ 후원인이 후원회지정권자에게 직접 후원금을 기부한 경우(후원회지정권자의 정치활동에 소요되는 비용을 부담·지출하거나 금품·시설의 무상대여 또는 채무의 면제·경감의 방법으로 기부하는 경우는 제외한다) 해당 후원회지정권자가 기부받은 날부터 30일(기부받은 날부터 30일이 경과하기 전에 후원회를 둘 수 있는 자격을 상실하는 경우에는 그 자격을 상실한 날) 이내에 기부받은 후원금과 기부자의 인적사항을 자신이 지정한 후원회의 회계책임자에게 전달한 경우에는 해당 후원회가 기부받은 것으로 본다. <신설 2010. 7. 23.>

제11조(후원인의 기부한도 등) ①후원인이 후원회에 기부할 수 있는 후원금은 연간 2천만원을 초과할 수 없다.

②후원인이 하나의 후원회에 연간(대통령후보자등·대통령선거경선후보자·당대표경선후보자등·국회의원후보자등·지방의회의원후보자등 및 지방자치단체장후보자등의 후원회의 경우에는 당해 후원회를 둘 수 있는 기간을 말한다. 이하 같다) 기부할 수 있는 한도액은 다음 각 호와 같다. <개정 2008. 2. 29., 2010. 1. 25., 2016. 1. 15., 2017. 6. 30., 2021. 1. 5.>

1. 대통령후보자등·대통령선거경선후보자의 후원회에는 각각 1천만원(후원회지정권자가 동일인인 대통령후보자등후원회에는 합하여 1천만원)

2. 다음 각 목의 후원회에는 각각 500만원

가. 중앙당후원회(중앙당창당준비위원회후원회가 중앙당후원회로 존속하는 경우에는 합하여 500만원)

나. 국회의원후원회(후원회지정권자가 동일인인 국회의원후보자등후원회와 국회의원후원회는 합하여 500만원)

다. 국회의원후보자등후원회(후원회지정권자가 동일인인 경우 합하여 500만원)

라. 당대표경선후보자등후원회

마. 지방의회의원후보자등후원회(후원회지정권자가 동일인인 경우 합하여 500만원)

바. 지방자치단체장후보자등후원회(후원회지정권자가 동일인인 경우 합하여 500만원)

③후원인은 1회 10만원 이하, 연간 120만원 이하의 후원금은 이를 익명으로 기부할 수 있다.

④후원회의 회계책임자는 제3항의 규정에 의한 익명기부한도액을 초과하거나 타인의 명의 또는 가명으로 후원금을 기부받은 경우 그 초과분 또는 타인의 명의나 가명으로 기부받은 금액은 국고에 귀속시켜야 한다. 이 경우 국고귀속절차에 관하여는 제4조(당비)제3항 및 제4항의 규정을 준용한다.

⑤후원회의 회원은 연간 1만원 또는 그에 상당하는 가액 이상의 후원금을 기부하여야 한다.

⑥후원인의 기부방법 그 밖에 필요한 사항은 중앙선거관리위원회규칙으로 정한다.

제12조(후원회의 모금·기부한도) ①후원회가 연간 모금할 수 있는 한도액(이하 "연간 모금한도액"이라 하고, 전년도 연간 모금한도액을 초과하여 모금한 금액을 포함한다)은 다음 각 호와 같다. 다만, 신용카드·예금계좌·전화 또는 인터넷전자결제시스템에 의한 모금으로 부득이하게 연간 모금한도액을 초과하게 된 때에는 연간 모금한도액의 100분의 20의 범위에서 그러하지 아니하되, 그 이후에는 후원금을 모금할 수 없다. <개정 2006. 3. 2., 2008. 2. 29., 2010. 1. 25., 2016. 1. 15., 2017. 6. 30., 2021. 1. 5.>

1. 중앙당후원회는 중앙당창당준비위원회후원회가 모금한 후원금을 합하여 50억원

2. 삭제 <2008. 2. 29.>

3. 대통령후보자등후원회·대통령선거경선후보자후원회는 각각 선거비용제한액의 100분의 5에 해당하는 금액(후원회지정권자가 동일인인 대통령후보자등후원회는 합하여 선거비용제한액의 100분의 5에 해당하는 금액)

4. 국회의원·국회의원후보자등 및 당대표경선후보자등의 후원회는 각각 1억5천만원(후원회지정권자가 동일인인 국회의원후보자등후원회는 합하여 1억5천만원)

5. 지방의회의원후보자등후원회는 선거비용제한액의 100분의 50에 해당하는 금액(후원회지정권자가 동일인인 지방의회의원후보자등후원회는 합하여 선거비용제한액의 100분의 50에 해당하는 금액)

6. 지방자치단체장후보자등후원회는 선거비용제한액의 100분의 50에 해당하는 금액(후원회지정권자가 동일인인 지방자치단체장후보자등후원회는 합하여 선거비용제한액의 100분의 50에 해당하는 금액)

②후원회가 해당 후원회지정권자에게 연간 기부할 수 있는 한도액(이하 "연간 기부한도액"이라 한다)은 제1항의 규정에 의한 연간 모금한도액과 같은 금액으로 한다. 다만, 부득이하게 해당 연도(대통령후보자등·대통령선거경선후보자·당대표경선후보자등·국회의원후보자등·지방의회의원후보자등 및 지방자치단체장후보자등의 후원회는 해당 후원회를 둘 수 있는 기간을 말한다)에 후원회지정권자에게 기부하지 못한 때에는 제40조(회계보고)제1항에 따른 회계보고[국회의원후원회는 12월 31일 현재의 회계보고를, 후원회가 해산한 때에는 제40조(회계보고)제2항에 따른 회계보고를 말한다]를 하는 때까지 기부할 수 있다. <개정 2010. 1. 25., 2016. 1. 15., 2021. 1. 5.>

③후원회가 모금한 후원금이 연간 기부한도액을 초과하는 때에는 다음 연도에 이월하여 기부할 수 있다.

④제19조(후원회의 해산 등)의 규정에 의하여 후원회

가 해산된 후 후원회지정권자가 같은 종류의 새로운 후원회를 두는 경우 그 새로운 후원회가 모금·기부할 수 있는 후원금은 당해 후원회의 연간 모금·기부한도액에서 종전의 후원회가 모금·기부한 후원금을 공제한 금액으로 한다.

제13조(연간 모금·기부한도액에 관한 특례) ①다음 각 호에 해당하는 후원회는 공직선거가 있는 연도에는 연간 모금·기부한도액의 2배를 모금·기부할 수 있다. 같은 연도에 2 이상의 공직선거가 있는 경우에도 또한 같다. <개정 2008. 2. 29., 2012. 2. 29., 2017. 6. 30.>
1. 대통령선거
후보자를 선출한 정당의 중앙당후원회 및 지역구국회의원후원회
2. 임기만료에 의한 국회의원선거
후보자를 추천한 정당의 중앙당후원회 및 지역구에 후보자로 등록한 국회의원후원회
3. 임기만료에 의한 동시지방선거
후보자를 추천한 정당의 중앙당후원회 및 해당 선거구에 후보자를 추천한 정당의 지역구국회의원후원회
②제1항에서 "공직선거가 있는 연도"라 함은 당해 선거의 선거일이 속하는 연도를 말한다.

제14조(후원금 모금방법) ①후원회는 우편·통신(전화, 인터넷전자결제시스템 등을 말한다)에 의한 모금, 중앙선거관리위원회가 제작한 정치자금영수증(이하 "정치자금영수증"이라 한다)과의 교환에 의한 모금 또는 신용카드·예금계좌 등에 의한 모금 그 밖에 이 법과 「정당법」 및 「공직선거법」에 위반되지 아니하는 방법으로 후원금을 모금할 수 있다. 다만, 집회에 의한 방법으로는 후원금을 모금할 수 없다.
② 삭제 <2010. 1. 25.>

제15조(후원금 모금 등의 고지·광고) ① 후원회는 회원 모집 또는 후원금 모금을 위하여 인쇄물·시설물 등을 이용하여 후원회명, 후원금 모금의 목적, 기부처, 기부방법, 해당 후원회지정권자의 사진·학력(정규학력과 이에 준하는 외국의 교육과정을 이수한 학력에 한한다)·경력·업적·공약과 그 밖에 홍보에 필요한 사항을 알릴 수 있다. 다만, 다른 정당·후보자(공직선거의 후보자를 말하며, 후보자가 되려는 자를 포함한다)·대통령선거경선후보자 및 당대표경선후보자등에 관한 사항은 포함할 수 없다. <개정 2010. 1. 25., 2016. 1. 15.>
②후원회는 「신문 등의 진흥에 관한 법률」 제2조(정의)에 따른 신문 및 「잡지 등 정기간행물의 진흥에 관한 법률」 제2조(정의)에 따른 정기간행물을 이용하여 분기별 4회 이내에 후원금의 모금과 회원의 모집 등을 위하여 제1항의 내용을 광고할 수 있다. 이 경우 후원회를 둘 수 있는 기간이 3월을 초과하지 아니하는 때에는 4회 이내로 한다. <개정 2009. 7. 31.>
③제2항의 규정에 의한 1회 광고의 규격은 다음 각 호의 기준에 의한다.
1. 신문광고는 길이 17센티미터 너비 18.5센티미터 이내
2. 제1호 외의 광고는 당해 정기간행물의 2면 이내
④제2항의 광고횟수 산정에 있어서 같은 날에 발행되는 하나의 정기간행물을 이용하는 것은 1회로 본다. 이 경우 같은 날에 발행되는 정기간행물이 배달되는 지역에 따라 발행일자가 각각 다르게 기재된 경우에도 그 광고횟수는 1회로 본다.

⑤제1항의 규정에 의한 인쇄물·시설물 등에 의한 고지방법 그 밖에 필요한 사항은 중앙선거관리위원회규칙으로 정한다.

제16조(정치자금영수증과의 교환에 의한 모금) ①후원회 또는 후원회로부터 위임을 받은 자는 정치자금영수증을 후원금과 교환하는 방법으로 모금을 할 수 있다.
②제1항의 규정에 의하여 후원회로부터 위임받은 자가 후원금을 모금한 때에는 30일 이내에 그 후원회의 회계책임자에게 정치자금영수증 원부와 후원인의 성명·생년월일·주소·전화번호 및 후원금을 인계하여야 한다.
③정치자금영수증과의 교환에 의한 모금의 위임절차와 방법 그 밖에 필요한 사항은 중앙선거관리위원회규칙으로 정한다.

제17조(정치자금영수증) ① 후원회가 후원금을 기부받은 때에는 후원금을 기부받은 날부터 30일까지 정치자금영수증을 후원인에게 교부하여야 한다. <개정 2012. 2. 29.>
②제1항의 규정에 의한 정치자금영수증은 중앙선거관리위원회가 제작하는 정액영수증과 무정액영수증만을 말한다. 이 경우 무정액영수증은 인터넷을 통하여 발행·교부할 수 있도록 전자적 형태로 제작할 수 있되, 위조·변조를 방지할 수 있는 기술적 조치를 하여야 한다. <개정 2008. 2. 29.>
③무정액영수증은 1회 10만원 미만의 후원금이나 10만원을 초과하여 기부한 후원금의 경우라도 10만원 미만에 해당하는 후원금에 한하여 교부할 수 있다. 다만, 제2항 후단에 따라 전자적 형태로 제작한 무정액영수증을 인터넷을 통하여 교부하는 경우에는 그러하지 아니하다. <개정 2008. 2. 29.>
④1회 1만원 이하의 후원금 기부에 대한 정치자금영수증은 해당 연도말일(후원회가 해산되는 경우에는 그 해산일을 말한다) 현재로 일괄 발행·교부할 수 있다. <개정 2010. 1. 25.>
⑤ 제1항에도 불구하고 다음 각 호의 어느 하나에 해당하는 경우에는 정치자금영수증을 후원인에게 교부하지 아니하고 후원회가 발행하여 원부와 함께 보관할 수 있다. <개정 2010. 1. 25.>
1. 후원인이 정치자금영수증 수령을 원하지 아니하는 경우
2. 익명기부, 신용카드·예금계좌·전화 또는 인터넷전자결제 시스템 등에 의한 기부로 후원인의 주소 등 연락처를 알 수 없는 경우
3. 후원인이 연간 1만원 이하의 후원금을 기부한 경우
⑥후원회가 정치자금영수증을 발급받고자 하는 때에는 정치자금영수증의 종류와 발급수량 등을 기재한 신청서 및 정치자금영수증 제작비용을 관할 선거관리위원회에 제출·납부하여야 한다.
⑦하나의 후원회가 연간 발급받을 수 있는 정액영수증의 액면가액총액은 그 후원회의 연간 모금한도액을 초과할 수 없다. 이 경우 후원회는 연간 모금한도액의 범위안에서 정액영수증을 일시에 발급받을 수 있다.
⑧정치자금영수증에는 후원금의 금액, 그 금액에 대하여 세금혜택이 된다는 문언과 일련번호를 표시하되, 규격과 양식 그 밖에 필요한 사항은 중앙선거관리위원회규칙으로 정한다.
⑨정액영수증에 표시하는 금액은 1만원·5만원·10만원·50만원·100만원·500만원의 6종으로 하고 기부자에게 교부하는 정치자금영수증에는 후원회명을 기

재할 수 없다.

⑩후원회는 관할 선거관리위원회로부터 발급받은 정치자금영수증의 매년 12월 31일 현재 매수 등 사용실태를 제40조(회계보고)제1항에 따른 12월 31일 현재의 회계보고를 하는 때에 관할 선거관리위원회에 보고하여야 하며, 후원회가 해산되는 경우에는 제40조(회계보고)에 따른 회계보고를 하는 때에 사용하지 아니한 정치자금영수증을 관할 선거관리위원회에 반납하여야 한다. <개정 2010. 1. 25.>

⑪후원회는 무정액영수증의 기재금액 및 정액영수증의 액면금액과 상이한 금액을 기부받고 사용할 수 없으며, 사용하지 아니하고 그 후원회에 발급한 정치자금영수증에 대하여 제10항의 규정에 의한 기한 이내에 매수를 보고 또는 반납하지 아니한 경우에는 그 액면금액 총액을 기부받은 것으로 본다.

⑫선거관리위원회와 후원회 그 밖에 정치자금영수증의 발급·발행·교부 등에 관계하는 자는 법률에 의한 경우를 제외하고는 그 후원회에 발급한 정치자금영수증의 일련번호를 공개하거나 이를 다른 국가기관에 고지하여서는 아니된다.

⑬ 후원회는 제34조(회계책임자의 선임신고 등)제4항에 따라 신고된 정치자금의 수입을 위한 예금계좌에 입금된 후원금에 대한 정치자금영수증 발행을 위하여 해당 금융기관에 입금의뢰인(신용카드·전화 또는 인터넷 전자결제 시스템 등에 의한 입금을 포함한다)의 성명과 연락처를 알려줄 것을 서면으로 요청할 수 있으며, 그 요청을 받은 금융기관은 「금융실명거래 및 비밀보장에 관한 법률」에도 불구하고 지체 없이 그 내용을 알려주어야 한다. <신설 2010. 1. 25.>

⑭ 제13항에 따른 입금의뢰인의 성명과 연락처를 알려 줄 것을 요청하는 서식과 그 밖에 필요한 사항은 중앙선거관리위원회규칙으로 정한다. <신설 2010. 1. 25.>

제18조(불법후원금의 반환) 후원회의 회계책임자는 후원인으로부터 기부받은 후원금이 이 법 또는 다른 법률에 위반되는 청탁 또는 불법의 후원금이라는 사실을 안 날부터 30일 이내에 후원인에게 반환하고, 정치자금영수증을 교부하였을 때에는 이를 회수하여야 한다. 이 경우 후원인의 주소 등 연락처를 알지 못하여 반환할 수 없거나 후원인이 수령을 거절하는 때에는 선거관리위원회를 통하여 이를 국고에 귀속시켜야 한다.

제19조(후원회의 해산 등) ①후원회는 해당 후원회지정권자가 해산, 그 밖의 사유로 소멸하거나 후원회를 둘 수 있는 자격을 상실하거나 후원회의 지정을 철회한 때 또는 정관 등에 정한 해산사유가 발생한 때에는 해산한다. 다만, 후원회를 둔 중앙당창당준비위원회가 정당으로 등록하거나 후원회를 둔 국회의원후보자가 국회의원으로 당선된 경우에는 그 후원회는 대의기관이나 수입기관의 존속결의로써 등록된 중앙당 또는 당선된 국회의원의 후원회로 존속할 수 있으며, 국회의원당선인후원회는 국회의원후원회로, 후원회를 둔 대통령예비후보자·국회의원예비후보자·지방의회의원예비후보자·지방자치단체장예비후보자는 대통령후보자·국회의원후보자·지방의회의원후보자·지방자치단체장후보자로 등록된 때에는 그 대통령예비후보자후원회·국회의원예비후보자후원회·지방의회의원예비후보자후원회·지방자치단체장예비후보자후원회는 대통령후보자후원회·국회의원후보자후원회·지방의회의원후보자후원회·지방자치단체장후보자후원

회로 본다. <개정 2008. 2. 29., 2017. 6. 30., 2021. 1. 5.>

②제1항 단서의 경우에 중앙당후원회 및 국회의원후보자후원회의 대표자는 그 존속결의가 있은 날부터 14일 이내에 제7조(후원회의 등록신청 등)제4항의 규정에 의한 변경등록을 신청하여야 하며, 그 후원회는 종전의 후원회의 권리·의무를 승계한다. <개정 2008. 2. 29., 2017. 6. 30.>

③후원회가 해산한 때에는 그 대표자는 14일 이내에 그 사실을 관할 선거관리위원회에 신고하여야 한다. 다만, 다음 각 호의 어느 하나에 해당하는 경우에는 그러하지 아니하다. <개정 2008. 2. 29., 2010. 1. 25., 2012. 2. 29., 2016. 1. 15., 2021. 1. 5.>

1. 대통령선거경선후보자와 당대표경선후보자등이 경선의 종료로 그 신분이 상실되어 해산되는 경우

2. 국회의원의 임기만료, 대통령후보자등·국회의원후보자등·지방의회의원후보자등 또는 지방자치단체장후보자등의 신분상실로 인하여 해산되는 경우

④후원회가 해산일부터 14일 이내에 제3항 본문의 규정에 의한 해산신고를 하지 아니한 경우에는 관할 선거관리위원회는 그 후원회의 등록을 말소할 수 있다.

제20조(후원회의 합병 등) ① 「정당법」 제19조에 따라 정당이 신설합당하거나 흡수합당하는 경우에는 각 후원회의 대의기관이나 수입기관의 합동회의의 합병결의 또는 대의기관이나 수입기관의 존속결의로써 신설 또는 흡수하는 정당의 후원회로 존속할 수 있다. 이 경우 각 후원회는 제7조제4항에 따른 변경등록신청을 하여야 한다.

② 제1항에 따른 합병으로 신설 또는 존속하는 후원회는 합병 전 후원회의 권리·의무를 승계한다.

③ 제1항에 따라 존속하는 후원회의 모금·기부 한도액, 그 밖에 필요한 사항은 중앙선거관리위원회규칙으로 정한다.

[본조신설 2017. 6. 30.]

제21조(후원회가 해산한 경우의 잔여재산 처분 등) ①제19조(후원회의 해산 등)제1항 본문의 규정에 의하여 후원회가 해산된 경우 잔여재산은 다음 각 호에서 정한바에 따라 제40조(회계보고)의 규정에 의한 회계보고 전까지 처분하여야 한다. <개정 2008. 2. 29., 2016. 1. 15., 2017. 6. 30.>

1. 후원회지정권자가 중앙당(중앙당창당준비위원회를 포함한다) 또는 당원인 경우

해산 당시의 소속 정당에 인계한다. 다만, 후원회를 둔 국회의원이 대통령후보자등후원회·대통령선거경선후보자후원회나 당대표경선후보자등후원회를 둔 경우 또는 후원회를 둔 대통령예비후보자가 대통령선거경선후보자후원회를 둔 경우로서 어느 하나의 후원회가 해산된 경우 그 잔여재산은 해산되지 아니한 후원회에 그 후원회의 연간 모금·기부한도액 범위 안에서 후원금으로 기부할 수 있다.

2. 후원회지정권자가 당원이 아닌 경우와 정당이 해산, 그 밖의 사유로 소멸한 경우

「공익법인의 설립·운영에 관한 법률」에 의하여 등록된 공익법인(학교법인을 포함하며, 이하 "공익법인"이라 한다) 또는 사회복지시설에 인계한다.

②후원회지정권자(중앙당은 제외한다)가 후원회를 둘 수 있는 자격을 상실한 경우 후원회로부터 기부받아 사용하고 남은 잔여재산[제36조(회계책임자에 의한 수입·지출)제5항을 위반하여 지출한 비용을 포함한

다]은 제40조의 규정에 의한 회계보고 전까지 제1항 각 호의 규정에 준하여 처분하여야 한다. 이 경우 후원회를 둔 중앙당창당준비위원회가 중앙당으로 존속하지 아니하고 해산된 경우에는 후원회로부터 기부받아 사용하고 남은 잔여재산은 제1항제2호에 준하여 처분하여야 한다. <개정 2008. 2. 29., 2010. 1. 25., 2017. 6. 30.>

③ 제1항 및 제2항에도 불구하고 대통령선거경선후보자·당대표경선후보자등·대통령예비후보자·국회의원예비후보자·지방의회의원예비후보자 또는 지방자치단체장예비후보자가 후원회를 둘 수 있는 자격을 상실한 때(정당의 공직선거 후보자선출을 위한 당내경선 또는 당대표경선에 참여하여 당선 또는 낙선한 때를 제외한다)에는 그 후원회와 후원회지정권자는 잔여재산을 제40조에 따른 회계보고 전까지 국고에 귀속시켜야 한다. <개정 2010. 7. 23., 2016. 1. 15., 2021. 1. 5.>

④제1항 및 제2항의 규정에 의하여 잔여재산 또는 후원회로부터 기부받은 후원금을 인계하지 아니한 때에는 이를 국고에 귀속시켜야 한다.

⑤후원회가 해산된 후에 기부된 후원금은 지체 없이 후원인에게 이를 반환하되, 제40조의 규정에 의한 회계보고 전까지 반환하지 아니하는 때에는 이를 국고에 귀속시켜야 한다.

⑥제3항 내지 제5항의 규정에 의한 국고귀속절차에 관하여는 제4조(당비)제3항 및 제4항의 규정을 준용한다.

⑦후원회가 해산된 경우의 잔여재산 처분절차 그 밖에 필요한 사항은 중앙선거관리위원회규칙으로 정한다.
[2010. 7. 23. 법률 제10395호에 의하여 2009. 12. 29. 헌법재판소에서 위헌 결정된 이 조 제3항을 개정함.]

제4장 기탁금

제22조(기탁금의 기탁) ①기탁금을 기탁하고자 하는 개인(당원이 될 수 없는 공무원과 사립학교 교원을 포함한다)은 각급 선거관리위원회(읍·면·동선거관리위원회를 제외한다)에 기탁하여야 한다.

②1인이 기탁할 수 있는 기탁금은 1회 1만원 또는 그에 상당하는 가액 이상, 연간 1억원 또는 전년도 소득의 100분의 5 중 다액 이하로 한다.

③누구든지 타인의 명의나 가명 또는 그 성명 등 인적 사항을 밝히지 아니하고 기탁금을 기탁할 수 없다. 이 경우 기탁금의 성명 등 인적 사항을 공개하지 아니할 것을 조건으로 기탁할 수 있다.

④기탁절차 그 밖에 필요한 사항은 중앙선거관리위원회규칙으로 정한다.

제23조(기탁금의 배분과 지급) ①중앙선거관리위원회는 기탁금의 모금에 직접 소요된 경비를 공제하고 지급 당시 제27조(보조금의 배분)의 규정에 의한 국고보조금 배분율에 따라 기탁금을 배분·지급한다.

②중앙선거관리위원회가 기탁금을 배분·지급하는 때에는 1회 300만원을 초과하여 기탁한 자의 성명 등 인적 사항을 공개하여야 한다. 다만, 제22조(기탁금의 기탁)제3항 후단의 규정에 의하여 이를 공개하지 아니할 것을 조건으로 기탁한 경우에는 그러하지 아니하다. <개정 2008. 2. 29.>

③기탁금의 지급시기 및 절차 그 밖에 필요한 사항은 중앙선거관리위원회규칙으로 정한다.

제24조(기탁금의 국고귀속 등) ①제22조(기탁금의 기탁)제2항 및 제3항의 규정을 위반하여 기탁된 기탁금은 국고에 귀속한다.

②중앙선거관리위원회는 기탁금을 지급받을 정당이 수령을 거절하는 경우에는 그 기탁금은 수령을 거절한 정당을 제외한 나머지 정당에 제23조(기탁금의 배분과 지급)제1항의 규정에 의하여 배분·지급한다.

③제1항의 규정에 의한 국고귀속절차에 관하여는 제4조(당비)제3항 및 제4항의 규정을 준용한다.

제5장 국고보조금

제25조(보조금의 계상) ①국가는 정당에 대한 보조금으로 최근 실시한 임기만료에 의한 국회의원선거의 선거권자 총수에 보조금 계상단가를 곱한 금액을 매년 예산에 계상하여야 한다. 이 경우 임기만료에 의한 국회의원선거의 실시로 선거권자 총수에 변경이 있는 때에는 당해 선거가 종료된 이후에 지급되는 보조금은 변경된 선거권자 총수를 기준으로 계상하여야 한다. <개정 2008. 2. 29.>

②대통령선거, 임기만료에 의한 국회의원선거 또는 「공직선거법」 제203조(동시선거의 범위와 선거일)제1항의 규정에 의한 동시지방선거가 있는 연도에는 각 선거(동시지방선거는 하나의 선거로 본다)마다 보조금 계상단가를 추가한 금액을 제1항의 기준에 의하여 예산에 계상하여야 한다. <개정 2008. 2. 29.>

③ 제1항 및 제2항에 따른 보조금 계상단가는 전년도 보조금 계상단가에 「통계법」 제3조에 따라 통계청장이 매년 고시하는 전전년도와 대비한 전년도 전국소비자물가변동률을 적용하여 산정한 금액을 증감한 금액으로 한다. <신설 2008. 2. 29.>

④중앙선거관리위원회는 제1항의 규정에 의한 보조금(이하 "경상보조금"이라 한다)은 매년 분기별로 균등분할하여 정당에 지급하고, 제2항의 규정에 의한 보조금(이하 "선거보조금"이라 한다)은 당해 선거의 후보자등록마감일 후 2일 이내에 정당에 지급한다. <개정 2008. 2. 29.>

제26조(공직후보 여성추천보조금) ①국가는 임기만료에 의한 지역구국회의원선거, 지역구시·도의회의원선거 및 지역구자치구·시·군의회의원선거에서 여성후보자를 추천하는 정당에 지급하기 위한 보조금(이하 "여성추천보조금"이라 한다)으로 최근 실시한 임기만료에 의한 국회의원선거의 선거권자 총수에 100원을 곱한 금액을 임기만료에 의한 국회의원선거, 시·도의회의원선거 또는 자치구·시·군의회의원선거가 있는 연도의 예산에 계상하여야 한다. <개정 2006. 4. 28.>

②여성추천보조금은 제1항의 규정에 의한 선거에서 여성후보자를 추천한 정당에 대하여 다음 각 호의 기준에 따라 배분·지급한다. 이 경우 지역구시·도의회의원선거와 지역구자치구·시·군의회의원선거에서의 여성추천보조금은 제1항의 규정에 의하여 당해연도의 예산에 계상된 여성추천보조금의 100분의 50을 각 선거의 여성추천보조금 총액으로 한다. <개정 2006. 4. 28., 2016. 1. 15.>

1. 여성후보자를 전국지역구총수의 100분의 30 이상 추천한 정당이 있는 경우
여성추천보조금 총액의 100분의 40은 지급 당시 정당별 국회의석수의 비율에 따라, 총액의 100분의 40은 최근 실시한 임기만료에 따른 국회의원선거에서의 득표수의 비율(비례대표전국선거구 및 지역구에서 해당 정당이 득표한 득표수 비율의 평균을 말한다. 이하 "국회의원선거의 득표수 비율"이라 한다)에 따라, 그 잔여분은 각 정당이 추천한 지역구 여성후보자수의

합에 대한 정당별 지역구 여성후보자수의 비율에 따라 배분·지급한다.

2. 여성후보자를 전국지역구총수의 100분의 30이상 추천한 정당이 없는 경우

가. 여성후보자를 전국지역구총수의 100분의 15이상 100분의 30미만을 추천한 정당

여성추천보조금 총액의 100분의 50을 제1호의 기준에 따라 배분·지급한다.

나. 여성후보자를 전국지역구총수의 100분의 5이상 100분의 15미만을 추천한 정당

여성추천보조금 총액의 100분의 30을 제1호의 기준에 따라 배분·지급한다. 이 경우 하나의 정당에 배분되는 여성추천보조금은 가목에 의하여 각 정당에 배분되는 여성추천보조금 중 최소액을 초과할 수 없다.

③여성추천보조금은 임기만료에 의한 지역구국회의원선거, 지역구시·도의회의원선거 또는 지역구자치구·시·군의회의원선거의 후보자등록마감일 후 2일 이내에 정당에 지급한다. <개정 2006. 4. 28.>

제26조의2(공직후보자 장애인추천보조금) ①국가는 임기만료에 의한 지역구국회의원선거, 지역구시·도의회의원선거 및 지역구자치구·시·군의회의원선거에서 장애인후보자(후보자 중 「장애인복지법」 제32조에 따라 등록된 자를 말한다. 이하 같다)를 추천한 정당에 지급하기 위한 보조금(이하 "장애인추천보조금"이라 한다)으로 최근 실시한 임기만료에 의한 국회의원선거의 선거권자 총수에 20원을 곱한 금액을 임기만료에 의한 국회의원선거, 시·도의회의원선거 또는 자치구·시·군의회의원선거가 있는 연도의 예산에 계상하여야 한다.

②장애인추천보조금은 제1항에 따른 선거에서 장애인후보자를 추천한 정당에 대하여 다음 각 호의 기준에 따라 배분·지급한다. 이 경우 지역구시·도의회의원선거와 지역구자치구·시·군의회의원선거에서의 장애인추천보조금은 제1항에 따라 해당 연도의 예산에 계상된 장애인추천보조금의 100분의 50을 각 선거의 장애인추천보조금 총액으로 한다. <개정 2016. 1. 15.>

1. 장애인후보자를 전국지역구총수의 100분의 5 이상 추천한 정당이 있는 경우

장애인추천보조금 총액의 100분의 40은 지급 당시 정당별 국회의석수의 비율에 따라, 총액의 100분의 40은 최근 실시한 국회의원선거의 득표수 비율에 따라, 그 잔여분은 각 정당이 추천한 지역구 장애인후보자수의 합에 대한 정당별 지역구 장애인후보자의 비율에 따라 배분·지급한다.

2. 장애인후보자를 전국지역구총수의 100분의 5 이상 추천한 정당이 없는 경우

가. 장애인후보자를 전국지역구총수의 100분의 3 이상 100분의 5 미만을 추천한 정당

장애인추천보조금 총액의 100분의 50을 제1호의 기준에 따라 배분·지급한다.

나. 장애인후보자를 전국지역구총수의 100분의 1 이상 100분의 3 미만을 추천한 정당

장애인추천보조금 총액의 100분의 30을 제1호의 기준에 따라 배분·지급한다. 이 경우 하나의 정당에 배분되는 장애인추천보조금은 가목에 따라 각 정당에 배분되는 장애인추천보조금 중 최소액을 초과할 수 없다.

③ 장애인추천보조금은 임기만료에 의한 지역구국회의원선거, 지역구시·도의회의원선거 또는 지역구자

치구·시·군의회의원선거의 후보자등록마감일 후 2일 이내에 정당에 지급한다.

[본조신설 2010. 1. 25.]

제27조(보조금의 배분) ①경상보조금과 선거보조금은 지급 당시 「국회법」 제33조(교섭단체)제1항 본문의 규정에 의하여 동일 정당의 소속의원으로 교섭단체를 구성한 정당에 대하여 그 100분의 50을 정당별로 균등하게 분할하여 배분·지급한다.

②보조금 지급 당시 제1항의 규정에 의한 배분·지급 대상이 아닌 정당으로서 5석 이상의 의석을 가진 정당에 대하여는 100분의 5씩을, 의석이 없거나 5석 미만의 의석을 가진 정당 중 다음 각 호의 어느 하나에 해당하는 정당에 대하여는 보조금의 100분의 2씩을 배분·지급한다.

1. 최근에 실시된 임기만료에 의한 국회의원선거에 참여한 정당의 경우에는 국회의원선거의 득표수 비율이 100분의 2 이상인 정당

2. 최근에 실시된 임기만료에 의한 국회의원선거에 참여한 정당 중 제1호에 해당하지 아니하는 정당으로서 의석을 가진 정당의 경우에는 최근에 전국적으로 실시된 후보추천이 허용되는 비례대표시·도의회의원선거, 지역구시·도의회의원선거, 시·도지사선거 또는 자치구·시·군의 장선거에서 당해 정당이 득표한 득표수 비율이 100분의 0.5 이상인 정당

3. 최근에 실시된 임기만료에 의한 국회의원선거에 참여하지 아니한 정당의 경우에는 최근에 전국적으로 실시된 후보추천이 허용되는 비례대표시·도의회의원선거, 지역구시·도의회의원선거, 시·도지사선거 또는 자치구·시·군의 장선거에서 당해 정당이 득표한 득표수 비율이 100분의 2 이상인 정당

③제1항 및 제2항의 규정에 의한 배분·지급액을 제외한 잔여분 중 100분의 50은 지급 당시 국회의석을 가진 정당에 그 의석수의 비율에 따라 배분·지급하고, 그 잔여분은 국회의원선거의 득표수 비율에 따라 배분·지급한다.

④선거보조금은 당해 선거의 후보자등록마감일 현재 후보자를 추천하지 아니한 정당에 대하여는 이를 배분·지급하지 아니한다.

⑤보조금의 지급시기 및 절차 그 밖에 필요한 사항은 중앙선거관리위원회규칙으로 정한다.

제27조의2(보조금을 지급받을 권리의 보호) 이 법에 따라 정당이 보조금을 지급받을 권리는 양도 또는 압류하거나 담보로 제공할 수 없다.

[본조신설 2010. 1. 25.]

제28조(보조금의 용도제한 등) ①보조금은 정당의 운영에 소요되는 경비로서 다음 각 호에 해당하는 경비 외에는 사용할 수 없다.

1. 인건비
2. 사무용 비품 및 소모품비
3. 사무소 설치·운영비
4. 공공요금
5. 정책개발비
6. 당원 교육훈련비
7. 조직활동비
8. 선전비
9. 선거관계비용

②경상보조금을 지급받은 정당은 그 경상보조금 총액의 100분의 30 이상은 정책연구소 [「정당법」 제38조(정책연구소의 설치·운영)에 의한 정책연구소를 말

한다. 이하 같다]에, 100분의 10 이상은 시·도당에 배분·지급하여야 하며, 100분의 10 이상은 여성정치발전을 위하여 사용하여야 한다.

③정당은 소속 당원인 공직선거의 후보자·예비후보자에게 보조금을 지원할 수 있으며, 제1항에도 불구하고 여성추천보조금은 여성후보자의, 장애인추천보조금은 장애인후보자의 선거경비로 사용하여야 한다. <개정 2010. 1. 25.>

④각급 선거관리위원회(읍·면·동선거관리위원회를 제외한다) 위원·직원은 보조금을 지급받은 정당 및 이의 지출을 받은 자 그 밖에 관계인에 대하여 감독상 또는 이 법의 위반 여부를 확인하기 위하여 필요하다고 인정하는 때에는 보조금 지출에 관하여 조사할 수 있다.

제29조(보조금의 감액) 중앙선거관리위원회는 다음 각호의 규정에 따라 당해 금액을 회수하고, 회수가 어려운 때에는 그 이후 당해 정당에 지급할 보조금에서 감액하여 지급할 수 있다. <개정 2006. 4. 28., 2010. 1. 25.>

1. 보조금을 지급받은 정당(정책연구소 및 정당선거사무소를 포함한다)이 보조금에 관한 회계보고를 허위·누락한 경우에는 허위·누락에 해당하는 금액의 2배에 상당하는 금액

2. 제28조(보조금의 용도제한 등)제1항의 규정에 의한 용도 외의 용도로 사용한 경우에는 그 용도를 위반하여 사용한 보조금의 2배에 상당하는 금액

3. 제28조제2항의 규정에 의한 용도 외의 용도로 사용한 경우에는 용도를 위반한 보조금의 2배에 상당하는 금액

4. 제28조제3항의 규정에 의한 여성추천보조금 또는 장애인추천보조금의 용도 외의 용도로 사용한 경우에는 용도를 위반한 보조금의 2배에 상당하는 금액

5. 제40조(회계보고)의 규정을 위반하여 회계보고를 하지 아니한 경우에는 중앙당의 경우 지급한 보조금의 100분의 25에 상당하는 금액, 시·도당의 경우 중앙당으로부터 지원받은 보조금의 2배에 상당하는 금액

제30조(보조금의 반환) ① 보조금을 지급받은 정당이 해산되거나 등록이 취소된 경우 또는 정책연구소가 해산 또는 소멸하는 때에는 지급받은 보조금을 지체 없이 다음 각 호에서 정한 바에 따라 처리하여야 한다. <개정 2010. 1. 25.>

1. 정당
보조금의 지출내역을 중앙선거관리위원회에 보고하고 그 잔액이 있는 때에는 이를 반환한다.

2. 정책연구소
보조금의 사용잔액을 소속 정당에 인계한다. 이 경우 정당은 새로이 설립하는 정책연구소에 그 잔액을 인계하여야 하며, 정당이 해산 또는 등록이 취소된 경우에는 제1호에 준하여 이를 반환한다.

②중앙선거관리위원회는 제1항의 규정에 의하여 정당이 반환하여야 할 보조금을 반환하지 아니한 때에는 국세체납처분의 예에 의하여 강제징수할 수 있다.

③제2항의 규정에 의한 보조금의 징수는 다른 공과금에 우선한다.

④보조금 잔액의 반환 그 밖에 필요한 사항은 중앙선거관리위원회규칙으로 정한다.

제6장 기부의 제한

제31조(기부의 제한) ①외국인, 국내·외의 법인 또는 단체는 정치자금을 기부할 수 없다.

②누구든지 국내·외의 법인 또는 단체와 관련된 자금으로 정치자금을 기부할 수 없다.

제32조(특정행위와 관련한 기부의 제한) 누구든지 다음 각 호의 어느 하나에 해당하는 행위와 관련하여 정치자금을 기부하거나 받을 수 없다.

1. 공직선거에 있어서 특정인을 후보자로 추천하는 일
2. 지방의회 의장·부의장 선거와 교육위원회 의장·부의장, 교육감·교육위원을 선출하는 일
3. 공무원이 담당·처리하는 사무에 관하여 청탁 또는 알선하는 일
4. 다음 각 목의 어느 하나에 해당하는 법인과의 계약이나 그 처분에 의하여 재산상의 권리·이익 또는 직위를 취득하거나 이를 알선하는 일

   가. 국가·공공단체 또는 특별법의 규정에 의하여 설립된 법인

   나. 국가나 지방자치단체가 주식 또는 지분의 과반수를 소유하는 법인

   다. 국가나 공공단체로부터 직접 또는 간접으로 보조금을 받는 법인

   라. 정부가 지급보증 또는 투자한 법인

제33조(기부의 알선에 관한 제한) 누구든지 업무·고용 그 밖의 관계를 이용하여 부당하게 타인의 의사를 억압하는 방법으로 기부를 알선할 수 없다.

제7장 정치자금의 회계 및 보고·공개

제34조(회계책임자의 선임신고 등) ①다음 각 호에 해당하는 자(이하 "선임권자"라 한다)는 정치자금의 수입과 지출을 담당하는 회계책임자 1인을 공직선거의 선거운동을 할 수 있는 자 중에서 선임하여 지체 없이 관할 선거관리위원회에 서면으로 신고하여야 한다. <개정 2008. 2. 29., 2016. 1. 15., 2017. 6. 30.>

1. 정당(후원회를 둔 중앙당창당준비위원회, 정책연구소 및 정당선거사무소를 포함한다. 이하 이 장에서 같다)의 대표자
2. 후원회의 대표자
3. 후원회를 둔 국회의원
4. 대통령선거경선후보자, 당대표경선후보자등
5. 공직선거의 후보자·예비후보자(선거사무소 및 선거연락소의 회계책임자를 선임하는 경우를 말한다). 이 경우 대통령선거의 정당추천후보자, 비례대표국회의원선거 및 비례대표지방의회의원선거에 있어서는 그 추천정당이 선임권자가 되며, 그 선거사무소 및 선거연락소의 회계책임자는 각각 정당의 회계책임자가 겸한다.
6. 선거연락소장(선거연락소의 회계책임자에 한한다)

②누구든지 2 이상의 회계책임자가 될 수 없다. 다만, 후원회를 둔 국회의원이 대통령후보자등후원회·대통령선거경선후보자후원회 또는 당대표경선후보자등후원회를 두는 등 중앙선거관리위원회규칙으로 정하는 경우에는 그러하지 아니한다. <개정 2008. 2. 29., 2016. 1. 15.>

③공직선거의 후보자·예비후보자 또는 그 선거사무장이나 선거연락소장은 회계책임자를 겸할 수 있다. 이 경우 그 뜻을 지체 없이 관할 선거관리위원회에 서면으로 신고하여야 한다. 제1항제5호 후단 및 제2항 단서의 규정에 의하여 회계책임자를 겸하는 경우에도 또한 같다.

④제1항 및 제3항의 규정에 의하여 회계책임자를 신고하는 때에는 다음 각 호의 사항을 첨부하여야 한다.

1. 정치자금의 수입 및 지출을 위한 예금계좌

2. 선거비용제한액 한도 내에서 회계책임자가 지출할 수 있는 금액의 최고액을 정하고 회계책임자와 선임권자가 함께 서명·날인한 약정서(선거사무소의 회계책임자에 한한다)

⑤회계책임자의 선임신고 및 예금계좌의 개설 그 밖에 필요한 사항은 중앙선거관리위원회규칙으로 정한다.

제35조(회계책임자의 변경신고 등) ①선임권자는 회계책임자의 변경이 있는 때에는 14일 이내에 [제34조(회계책임자의 선임신고 등)제1항제5호 및 제6호의 규정에 의한 선임권자는 지체 없이] 관할 선거관리위원회에 서면으로 변경신고를 하여야 한다.

②회계책임자의 변경이 있는 때에는 인계자와 인수자는 지체 없이 인계·인수서를 작성하여 서명·날인한 후 재산, 정치자금의 잔액과 회계장부, 예금통장·신용카드 및 후원회인(後援會印)·그 대표자 직인 등 인장 그 밖의 관계 서류를 인계·인수하여야 한다.

③회계책임자의 변경신고를 하는 때에는 제2항의 규정에 의한 인계·인수서를 함께 제출하여야 한다.

④회계책임자의 변경신고 및 인계·인수 그 밖에 필요한 사항은 중앙선거관리위원회규칙으로 정한다.

제36조(회계책임자에 의한 수입·지출) ①정당, 후원회, 후원회를 둔 국회의원, 대통령선거경선후보자, 당대표경선후보자등 또는 공직선거의 후보자·예비후보자의 정치자금 수입·지출은 그 회계책임자(공직선거의 후보자·예비후보자의 경우 그 선거사무소·선거연락소의 회계책임자를 말한다. 이하 같다)만이 이를 할 수 있다. 다만, 다음 각 호의 어느 하나에 해당하는 경우에는 그러하지 아니하다. <개정 2008. 2. 29., 2010. 1. 25., 2016. 1. 15., 2017. 6. 30.>

1. 회계책임자로부터 지출의 대강의 내역을 알 수 있는 정도의 지출의 목적과 금액의 범위를 정하여 서면으로 위임받은 회계사무보조자(공직선거의 선거운동을 할 수 있는 자에 한한다)가 지출하는 경우

2. 회계책임자의 관리·통제 아래 제34조(회계책임자의 선임신고 등)에 따라 신고된 정치자금 지출을 위한 예금계좌를 결제계좌로 하는 신용카드·체크카드, 그 밖에 이에 준하는 것으로 지출하는 경우

②회계책임자가 정치자금을 수입·지출하는 경우에는 제34조(회계책임자의 선임신고 등)제4항의 규정에 의하여 관할 선거관리위원회에 신고된 예금계좌를 통해서 하여야 한다. 이 경우 정치자금의 지출을 위한 예금계좌는 1개만을 사용하여야 한다.

③대통령선거경선후보자, 당대표경선후보자등 또는 공직선거의 후보자·예비후보자가 자신의 재산으로 정치자금을 지출하는 경우에도 그 회계책임자를 통하여 지출하여야 한다. 후원회를 둔 국회의원이 당해 국회의원선거의 예비후보자로 신고하지 아니한 경우로서 선거일 전 120일부터 자신의 재산으로 정치자금을 지출하는 경우에도 또한 같다. <개정 2016. 1. 15.>

④「공직선거법」 제135조(선거사무관계자에 대한 수당과 실비보상)의 규정에 의한 선거사무장 등의 수당·실비는 당해 선거사무장 등이 지정한 금융기관의 예금계좌에 입금하는 방법으로 지급하여야 한다.

⑤후원회를 둔 공직선거의 후보자·예비후보자의 회계책임자는 후원회로부터 기부받은 후원금을 후원회 등록 전에 지출의 원인이 발생한 용도로 지출할 수 없다. 다만, 「공직선거법」 제7장에서 허용하는 선거운동(같은 법 제59조제3호에 따른 인터넷 홈페이지를 이용한 선거운동과 같은 법 제60조의4에 따른 예비후보자공약집은 제외한다)을 위한 경우에는 그러하지 아니하다. <개정 2010. 1. 25.>

⑥대통령선거에 있어 예비후보자가 정당추천후보자로 된 경우 그 예비후보자의 선거사무소 회계책임자는 예비후보자의 선거비용의 지출에 관한 내역을 지체 없이 후보자의 선거사무소 회계책임자에게 통지하여 선거비용의 지출에 지장이 없도록 하여야 한다.

⑦정치자금의 지출방법 그 밖에 필요한 사항은 중앙선거관리위원회규칙으로 정한다.

제37조(회계장부의 비치 및 기재) ①회계책임자는 회계장부를 비치하고 다음 각 호에서 정하는 바에 따라 모든 정치자금의 수입과 지출에 관한 사항을 기재하여야 한다. 이 경우 보조금과 보조금 외의 정치자금, 선거비용과 선거비용 외의 정치자금은 각각 별도의 계정을 설정하여 구분·경리하여야 한다. <개정 2008. 2. 29., 2016. 1. 15., 2017. 6. 30.>

1. 정당의 회계책임자(대통령선거의 정당추천후보자와 비례대표국회의원선거 및 비례대표지방의회의원선거의 선거사무소와 선거연락소의 회계책임자를 포함한다)

   가. 수입

   당비, 후원회로부터 기부받은 후원금, 기탁금, 보조금, 차입금, 지원금 및 기관지의 발행 그 밖에 부대수입 등 수입의 상세내역

   나. 지출

   지출(대통령선거와 비례대표국회의원선거 및 비례대표지방의회의원선거에 있어서 추천후보자의 정치자금의 지출을 포함한다)의 상세내역

2. 후원회의 회계책임자

   가. 수입

   후원금 등 수입의 상세내역. 다만, 제11조(후원인의 기부한도 등)제3항의 규정에 의한 익명기부의 경우에는 일자·금액 및 기부방법

   나. 지출

   후원회지정권자에 대한 기부일자·금액과 후원금 모금에 소요된 경비 등 지출의 상세내역

3. 후원회를 둔 국회의원의 회계책임자

   가. 수입

   소속 정당의 지원금과 후원회로부터 기부받은 후원금의 기부일자·금액 및 후원금에서 공제하고자 하는 선임권자의 재산(차입금을 포함한다) 등 수입의 상세내역

   나. 지출

   지출의 상세내역

4. 대통령선거경선후보자, 당대표경선후보자등의 회계책임자, 공직선거의 후보자·예비후보자의 회계책임자(대통령선거의 정당추천후보자와 비례대표국회의원선거 및 비례대표지방의회의원선거의 선거사무소와 선거연락소의 회계책임자를 제외한다)

   가. 수입

   소속 정당의 지원금과 후원회로부터 기부받은 후원금의 기부일자·금액, 선임권자의 재산(차입금을 포함한다) 및 선거사무소 회계책임자의 지원금(선거연락소의 회계책임자에 한한다) 등 수입의 상세내역

   나. 지출

   지출의 상세내역

②제1항에 규정된 용어의 정의는 다음 각 호와 같다.

1. "수입의 상세내역"이라 함은 수입의 일자·금액과

제공한 자의 성명·생년월일·주소·직업 및 전화번호 그 밖의 명세를 말한다.
2. "지출의 상세내역"이라 함은 지출의 일자·금액·목적과 지출을 받은 자의 성명·생년월일·주소·직업 및 전화번호를 말한다. 이 경우 선거운동을 위한 인쇄물·시설물 그 밖에 물품·장비 등을 시중의 통상적인 거래가격보다 현저히 싼 값 또는 무상으로 사용한 경우에는 회계책임자가 중앙선거관리위원회규칙으로 정하는 시중의 통상적인 거래가격 또는 임차가격에 상당하는 가액을 계산한 금액을 지출금액으로 처리한다.
③제1항의 회계장부의 종류·서식 및 기재방법 그 밖에 필요한 사항은 중앙선거관리위원회규칙으로 정한다.

제38조(정당의 회계처리) ①중앙당은 정치자금의 지출을 공개적·민주적으로 처리하기 위하여 회계처리에 관한 절차 등을 당헌·당규로 정하여야 한다.
②제1항의 당헌·당규에는 다음 각 호의 사항이 포함되어야 한다.
1. 예산결산위원회의 구성 및 운영에 관한 사항
2. 다음 각 목의 내용을 명시한 지출결의서에 관한 사항
　가. 지출과목, 지출의 목적·일자 및 금액
　나. 지급받거나 받을 권리가 있는 자의 성명·생년월일·주소·직업 및 전화번호
3. 중앙당(정책연구소를 포함한다) 및 시·도당이 물품·용역을 구입·계약하고자 하는 때의 구입·지급품의서에 관한 사항
③중앙당의 예산결산위원회(시·도당의 경우에는 그 대표자를 말한다. 이하 같다)는 매분기마다 다음 각 호의 사항을 확인·검사하여야 하며, 그 결과를 지체 없이 당원에게 공개하여야 한다.
1. 당헌·당규에 정한 회계처리절차 준수 여부
2. 예금계좌의 잔액
3. 정치자금의 수입금액 및 그 내역
4. 정치자금의 지출금액 및 그 내역
④정당의 회계처리 등에 관하여 필요한 사항은 중앙선거관리위원회규칙으로 정한다.

제39조(영수증 그 밖의 증빙서류) 회계책임자가 정치자금을 수입·지출하는 경우에는 영수증 그 밖의 증빙서류를 구비하여야 한다. 다만, 중앙선거관리위원회규칙으로 정하는 경우에는 그러하지 아니하다.

제40조(회계보고) ①회계책임자는 다음 각 호에서 정하는 기한까지 관할 선거관리위원회에 정치자금의 수입과 지출에 관한 회계보고(이하 "회계보고"라 한다)를 하여야 한다. <개정 2008. 2. 29., 2016. 1. 15., 2017. 6. 30.>
1. 정당의 회계책임자
　가. 공직선거에 참여하지 아니한 연도
매년 1월 1일부터 12월 31일 현재로 다음 연도 2월 15일(시·도당의 경우에는 1월 31일)까지
　나. 전국을 단위로 실시하는 공직선거에 참여한 연도
매년 1월 1일(정당선거사무소의 경우에는 그 설치일)부터 선거일 후 20일(20일 후에 정당선거사무소를 폐쇄하는 경우에는 그 폐쇄일을 말한다) 현재로 당해 선거일 후 30일(대통령선거 및 비례대표국회의원선거에 있어서는 40일)까지, 선거일 후 21일부터 12월 31일 현재로 다음 연도 2월 15일(시·도당은 1월 31일)까지
　다. 전국의 일부지역에서 실시하는 공직선거의 보궐선거 등에 참여한 연도
중앙당과 정책연구소는 가목에 의하고, 당해 시·도당과 정당선거사무소는 나목에 의한다.
2. 후원회를 둔 국회의원의 회계책임자
　가. 공직선거에 참여하지 아니한 연도
매년 1월 1일부터 12월 31일 현재로 다음 연도 1월 31일까지
　나. 공직선거에 참여한 연도
매년 1월 1일부터 선거일 후 20일 현재로 선거일 후 30일까지, 선거일 후 21일부터 12월 31일 현재로 다음 연도 1월 31일까지
3. 중앙당후원회(중앙당창당준비위원회후원회를 포함한다) 및 국회의원후원회의 회계책임자
　가. 연간 모금한도액을 모금할 수 있는 연도
매년 1월 1일부터 6월 30일 현재로 7월 31일까지, 7월 1일부터 12월 31일 현재로 다음 연도 1월 31일까지
　나. 연간 모금한도액의 2배를 모금할 수 있는 연도
매년 1월 1일부터 선거일 후 20일 현재로 선거일 후 30일까지, 선거일 후 21일부터 12월 31일 현재로 다음 연도 1월 31일까지. 다만, 선거일이 12월 중에 있는 경우에는 가목에 의한다.
4. 대통령선거경선후보자·당대표경선후보자등 및 그 후원회의 회계책임자
정당의 경선일 후 20일 현재로 경선일 후 30일까지. 이 경우 후원회를 둔 국회의원의 회계책임자는 제2호의 규정에 불구하고 매년 1월 1일부터 경선일 후 20일 현재로 경선일 후 30일까지, 경선일 후 21일부터 12월 31일 현재로 다음 연도 1월 31일까지
5. 공직선거의 후보자·예비후보자 및 그 후원회의 회계책임자
선거일 후 20일(대통령선거의 정당추천후보자의 경우 그 예비후보자의 회계책임자는 후보자등록일 전일) 현재로 선거일 후 30일(대통령선거의 무소속후보자는 40일)까지. 이 경우 대통령선거의 정당추천 후보자와 비례대표국회의원선거 및 비례대표지방의회의원선거의 선거사무소·선거연락소의 회계책임자는 제1호 나목 또는 다목에 의한다.
②제1항의 규정에 불구하고 다음 각 호에 해당하는 사유가 있는 때에는 그 회계책임자는 그 날부터 14일 이내에 관할 선거관리위원회에 회계보고를 하여야 한다. <개정 2008. 2. 29., 2010. 1. 25., 2016. 1. 15., 2017. 6. 30.>
1. 정당이 등록취소되거나 해산한 때
2. 후원회를 둔 중앙당창당준비위원회가 소멸한 때
3. 후원회가 제19조(후원회의 해산 등)제1항의 규정에 의하여 해산한 때(선거 또는 경선의 종료로 후원회지정권자가 후원회를 둘 수 있는 자격을 상실하여 해산한 때는 제외한다)
4. 후원회를 둔 국회의원, 대통령선거경선후보자 또는 당대표경선후보자등이 후원회지정을 철회하거나 후원회를 둘 수 있는 자격을 상실한 때(경선의 종료로 인하여 자격을 상실한 때는 제외한다)
5. 공직선거의 예비후보자 또는 그 후원회가 선거 기간개시일 30일 전에 그 자격을 상실하거나 해산할 때
③제1항 및 제2항의 규정에 의하여 회계보고하는 사항은 다음 각 호와 같다. <개정 2008. 2. 29., 2016. 1. 15., 2017. 6. 30.>
1. 정당 및 후원회의 회계책임자
　가. 재산상황

정당에 있어서는 12월 31일 현재의 회계보고에 한한다.
　나. 정치자금의 수입내역
1회 30만원 초과 또는 연간 300만원(대통령후보자등
후원회·대통령선거경선후보자후원회의 경우에는
500만원)을 초과하여 수입을 제공한 자의 경우에는
성명·생년월일·주소·직업·전화번호와 수입일자 및
그 금액을, 그 이하 금액의 수입을 제공한 자의 경우
에는 일자별로 그 건수와 총금액. 다만, 당비의 경우
에는 그러하지 아니하다.
　다. 제37조(회계장부의 비치 및 기재)제1항의 규정
에 의하여 회계장부에 기재하는 지출의 상세내역
2. 후원회지정권자(정당은 제외한다)·대통령선거경선
후보자, 당대표경선후보자등, 공직선거의 후보자·예
비후보자의 회계책임자(대통령선거의 정당추천 후보
자, 비례대표국회의원선거 및 비례대표지방의회의원
선거에 있어서는 제1호에 의한다)
　가. 후원금 및 소속 정당의 지원금으로 구입·취득
한 재산상황
　나. 제37조제1항의 규정에 의하여 회계장부에 기재
하는 수입·지출의 상세내역
④제1항 내지 제3항의 규정에 의하여 회계보고를 하
는 때에는 다음 각 호의 서류를 첨부하여야 한다.
<개정 2008. 2. 29., 2012. 2. 29., 2017. 6. 30.>
1. 정치자금의 수입과 지출명세서
2. 제39조(영수증 그 밖의 증빙서류) 본문의 규정에
의한 영수증 그 밖의 증빙서류 사본
3. 정치자금을 수입·지출한 예금통장 사본
4. 제41조제1항 본문에 따른 자체 감사기관의 감사의
견서와 대의기관(그 수입기관을 포함한다)·예산결산
위원회의 심사의결서[제38조(정당의 회계처리)제3항
의 규정에 의한 공개자료를 포함한다] 사본[정당(정
당선거사무소를 제외한다)과 후원회의 회계책임자에
한한다]
5. 제41조제1항 단서의 규정에 의한 공인회계사의 감
사의견서(중앙당과 그 후원회에 한한다). 다만, 정치
자금의 수입·지출이 없는 경우에는 그러하지 아니하
다.
6. 잔여재산의 인계·인수서(인계의무자에 한한다).
이 경우 제58조(후보자의 반환기탁금 및 보전비용의
처리)제1항의 규정에 의한 반환·보전비용의 인계·
인수서는 반환·보전받은 날부터 30일까지 제출한다.
7. 제36조(회계책임자에 의한 수입·지출)제6항의 규
정에 의한 예비후보자의 선거비용 지출내역서 사본
(대통령선거의 정당추천후보자의 선거사무소의 회계
책임자와 그 예비후보자의 회계책임자에 한한다)
⑤선거사무소·선거연락소의 회계책임자가 회계보고
를 하는 때에는 정당의 대표자 또는 공직선거후보자
와 선거사무장의 연대 서명·날인을 받아야 한다. 다
만, 선거연락소의 경우에는 선거연락소장의 서명·날
인을 받아야 한다.
⑥회계보고 그 밖에 필요한 사항은 중앙선거관리위원
회규칙으로 정한다.
제41조(회계보고의 자체 감사 등) ①정당(정당선거사무
소를 제외한다)과 후원회의 회계책임자가 회계보고를
하는 때에는 대의기관(그 수입기관을 포함한다) 또는
예산결산위원회의 심사·의결을 거쳐야 하며, 그 의
결서 사본과 자체 감사기관의 감사의견서를 각각 첨
부하여야 한다. 다만, 정당의 중앙당과 그 후원회는
해당 정당의 당원이 아닌 자 중에서 공인회계사의 감

사의견서를 함께 첨부하여야 한다. <개정 2008. 2.
29., 2017. 6. 30.>
②제1항의 규정에 의한 공인회계사는 성실하게 감사
하여야 한다.
제42조(회계보고서 등의 열람 및 사본교부) ①제40조(회
계보고)의 규정에 의하여 회계보고를 받은 관할 선거
관리위원회는 회계보고 마감일부터 7일 이내에 그 사
실과 열람·사본교부기간 및 사본교부에 필요한 비용
등을 공고하여야 한다.
②관할 선거관리위원회는 제40조제3항 및 제4항의
규정에 의하여 보고된 재산상황, 정치자금의 수입·
지출내역 및 첨부서류를 그 사무소에 비치하고 제1항
의 규정에 의한 공고일부터 3월간(이하 "열람기간"이
라 한다) 누구든지 볼 수 있게 하여야 한다. 다만, 선
거비용에 한하여 열람대상 서류 중 제40조(회계보고)
제4항제1호의 수입과 지출명세서를 선거관리위원회
의 인터넷 홈페이지를 통하여 공개할 수 있되, 열람
기간이 아닌 때에는 이를 공개하여서는 아니된다.
<개정 2010. 1. 25.>
③누구든지 회계보고서, 정치자금의 수입·지출내역
과 제40조제4항의 규정에 의한 첨부서류(제2호 및 제
3호의 서류를 제외한다)에 대한 사본교부를 관할 선
거관리위원회에 서면으로 신청할 수 있다. 이 경우
사본교부에 필요한 비용은 그 사본교부를 신청한 자
가 부담한다.
④제2항 및 제3항의 규정에 불구하고 후원회에 연간
300만원(대통령후보자등·대통령선거경선후보자의 후
원회의 경우 500만원을 말한다) 이하를 기부한 자의
인적 사항과 금액은 이를 공개하지 아니한다. <개정
2008. 2. 29.>
⑤누구든지 제2항 및 제3항의 규정에 의하여 공개된
정치자금 기부내역을 인터넷에 게시하여 정치적 목적
에 이용하여서는 아니된다.
⑥제40조의 규정에 의하여 관할 선거관리위원회에 보
고된 재산상황, 정치자금의 수입·지출내역 및 첨부
서류에 관하여 이의가 있는 자는 그 이의에 대한 증
빙서류를 첨부하여 열람기간 중에 관할 선거관리위원
회에 서면으로 이의신청을 할 수 있다.
⑦제6항의 규정에 의한 이의신청을 받은 관할 선거관
리위원회는 이의신청을 받은 날부터 60일 이내에 이
의신청사항을 조사·확인[제39조(영수증 그 밖의 증
빙서류) 단서의 규정에 해당하는 사항을 제외한다]하
고 그 결과를 신청인에게 통보하여야 한다.
⑧선거비용에 관하여 제6항의 규정에 의한 이의신청
을 받은 관할 선거관리위원회는 회계책임자 그 밖의
관계인에게 이의사실에 대한 소명자료를 제출하도록
통지하여야 하며, 회계책임자 그 밖의 관계인은 통지
를 받은 날부터 7일 이내에 소명자료를 제출하여야
한다. 이 경우 관할 선거관리위원회는 그 소명자료를
제출받은 때에는 그 이의신청내용과 소명내용을, 그
소명자료의 제출이 없는 때에는 이의신청내용과 소명
이 없음을 공고하고 지체 없이 그 사실을 당해 이의
신청인에게 통지하여야 한다.
⑨제1항의 공고, 회계보고서 등의 열람, 이의신청 및
사본교부 그 밖에 필요한 사항은 중앙선거관리위원회
규칙으로 정한다.
[단순위헌, 2018헌마1168, 2021. 5. 27., 정치자금법
(2010. 1. 25. 법률 제9975호로 개정된 것) 제42조
제2항 본문 중 '3월간' 부분은 헌법에 위반된다.]

제43조(자료제출요구 등) ①각급 선거관리위원회(읍·면·동선거관리위원회를 제외한다. 이하 이 조에서 같다) 위원·직원은 선거비용의 수입과 지출에 관하여 확인할 필요가 있다고 인정되는 때에는 회계장부 그 밖의 출납서류를 보거나, 정당, 공직선거의 후보자·예비후보자·회계책임자 또는 선거비용에서 지출하는 비용을 지급받거나 받을 권리가 있는 자 그 밖의 관계인에 대하여 조사할 수 있으며, 보고 또는 자료의 제출을 요구할 수 있다.
②선거관리위원회로부터 제1항의 규정에 의한 요구를 받은 자는 지체 없이 이에 따라야 한다.
③선거관리위원회는 제42조(회계보고서 등의 열람 및 사본교부)제6항의 이의신청과 이 조 제1항의 규정에 의한 열람·보고 또는 제출된 자료 등에 의하여 회계장부 그 밖의 출납서류 또는 회계보고서의 내용 중 허위사실의 기재·불법지출이나 초과지출 그 밖에 이 법에 위반되는 사실이 있다고 인정되는 때에는 관할 수사기관에 고발 또는 수사의뢰 그 밖에 필요한 조치를 하여야 한다.

제44조(회계장부 등의 인계·보존) ①회계책임자는 제40조(회계보고)의 규정에 의하여 회계보고를 마친 후 지체 없이 선임권자에게 이 법의 규정에 의한 당비영수증원부, 정치자금영수증 원부, 회계장부, 정치자금의 수입·지출에 관한 명세서, 영수증 그 밖의 증빙서류, 예금통장, 지출결의서 및 구입·지급품의서("회계장부등"이라 한다)를 인계하여야 하며, 선임권자는 회계책임자가 회계보고를 마친 날부터 3년간 보존하여야 한다.
②제1항의 규정에 불구하고 회계책임자는 선임권자의 동의를 얻어 관할 선거관리위원회에 회계장부등의 보존을 위탁할 수 있다.

제8장 벌칙

제45조(정치자금부정수수죄) ①이 법에 정하지 아니한 방법으로 정치자금을 기부하거나 기부받은 자(정당·후원회·법인 그 밖에 단체에 있어서는 그 구성원으로서 당해 위반행위를 한 자를 말한다. 이하 같다)는 5년 이하의 징역 또는 1천만원 이하의 벌금에 처한다. 다만, 정치자금을 기부하거나 기부받은 자의 관계가 「민법」 제777조(친족의 범위)의 규정에 의한 친족인 경우에는 그러하지 아니하다.
②다음 각 호의 어느 하나에 해당하는 자는 5년 이하의 징역 또는 1천만원 이하의 벌금에 처한다.
1. 제6조(후원회지정권자)의 규정에 의한 후원회지정권자가 아닌 자로서 정치자금의 기부를 목적으로 후원회나 이와 유사한 기구를 설치·운영한 자
2. 제11조(후원인의 기부한도 등)제1항의 규정을 위반하여 기부한 자와 제11조제2항, 제12조(후원회의 모금·기부한도)제1항·제2항 또는 제13조(연간 모금·기부한 도액에 관한 특례)제1항의 규정을 위반하여 후원금을 받거나 모금 또는 기부를 한 자
3. 제14조(후원금 모금방법) 내지 제16조(정치자금영수증과의 교환에 의한 모금)제1항의 규정을 위반하여 고지·광고하거나 후원금을 모금한 자
4. 제22조(기탁금의 기탁)제1항의 규정을 위반하여 선거관리위원회에 기탁하지 아니하고 정치자금을 기부하거나 받은 자
5. 제31조(기부의 제한) 또는 제32조(특정행위와 관련한 기부의 제한)의 규정을 위반하여 정치자금을 기부하거나 받은 자

6. 제33조(기부의 알선에 관한 제한)의 규정을 위반하여 정치자금의 기부를 받거나 이를 알선한 자
③제1항 및 제2항의 경우 그 제공된 금품 그 밖에 재산상의 이익은 몰수하며, 이를 몰수할 수 없을 때에는 그 가액을 추징한다.
[헌법불합치, 2013헌바168, 2015. 12. 23., 정치자금법(2008. 2. 29. 법률 제8880호로 개정된 것) 제45조 제1항 본문의 '이 법에 정하지 아니한 방법' 중 제6조에 관한 부분은 헌법에 합치되지 아니한다. 위 각 조항 부분은 2017. 6. 30.을 시한으로 입법자가 개정할 때까지 계속 적용한다.]

제46조(각종 제한규정위반죄) 다음 각 호의 어느 하나에 해당하는 자는 3년 이하의 징역 또는 600만원 이하의 벌금에 처한다.
1. 제5조(당비영수증)제1항·제2항 또는 제17조(정치자금영수증)제11항의 규정을 위반하여 당비영수증·정치자금영수증의 기재금액 또는 액면금액과 상이한 금액을 기부한 자와 이를 받은 자, 당비영수증·정치자금영수증을 허위로 작성하여 교부하거나 위조·변조하여 이를 사용한 자
2. 제8조(후원회의 회원)제3항의 규정을 위반하여 회원명부의 열람을 강요한 자 또는 같은 조제5항의 규정을 위반하여 회원명부에 관하여 직무상 알게 된 사실을 누설한 자
3. 제10조(후원금의 모금·기부)제1항 후단의 규정을 위반하여 정치자금을 기부한 자
4. 제17조제12항의 규정을 위반하여 법률에 의한 절차에 의하지 아니하고 후원회에 발급한 정치자금영수증의 일련번호를 공개하거나 이를 다른 국가기관에 고지한 자
5. 제37조(회계장부의 비치 및 기재)제1항 또는 제40조(회계보고)제1항 내지 제4항의 규정을 위반하여 회계장부를 비치하지 아니하거나 허위로 기재한 자 또는 회계보고를 하지 아니하거나 재산상황, 정치자금의 수입·지출금액과 그 내역, 수입·지출에 관한 명세서, 영수증 그 밖의 증빙서류, 예금통장 사본을 제출하지 아니하거나 이를 허위로 제출한 자 또는 수입·지출에 관한 영수증 그 밖의 증빙서류를 허위기재·위조 또는 변조한 자
6. 제44조(회계장부 등의 인계·보존)제1항의 규정을 위반하여 당비영수증 원부, 정치자금영수증 원부, 회계장부, 정치자금의 수입·지출명세서와 증빙서류, 예금통장, 지출결의서 또는 구입·지급품의서를 인계·보존하지 아니한 자
7. 제63조(비밀엄수의 의무)의 규정을 위반하여 직무상 비밀을 누설한 자

제47조(각종 의무규정위반죄) ①다음 각 호의 어느 하나에 해당하는 자는 2년 이하의 징역 또는 400만원 이하의 벌금에 처한다. <개정 2006. 4. 28., 2010. 1. 25., 2012. 2. 29.>
1. 제2조(기본원칙)제3항의 규정을 위반하여 정치자금을 정치활동을 위하여 소요되는 경비 외의 용도로 지출한 자
2. 제5조(당비영수증)제1항 또는 제17조(정치자금영수증)제1항·제3항의 규정을 위반하여 당비·후원금을 납부 또는 기부받은 날부터 30일까지 당비영수증이나 정치자금영수증을 발행 또는 교부하지 아니한 자와 무정액영수증의 사용범위를 위반하여 교부한 자
3. 제16조(정치자금영수증과의 교환에 의한 모금)제2

항의 규정을 위반하여 정당한 사유 없이 정치자금영수증 원부, 기부자의 인적 사항 또는 후원금을 인계하지 아니한 자

4. 제28조(보조금의 용도제한 등)제1항 내지 제3항의 규정을 위반하여 보조금을 사용한 자

5. 제30조(보조금의 반환)제1항의 규정을 위반하여 보조금의 잔액을 반환하지 아니한 자

6. 제34조(회계책임자의 선임신고 등)제4항제1호의 규정을 위반하여 정치자금의 수입·지출을 위한 예금계좌를 신고하지 아니한 자

7. 제35조(회계책임자의 변경신고 등)제2항의 규정을 위반하여 재산 및 정치자금의 잔액 또는 회계장부 등을 인계·인수하지 아니한 자

8. 제36조(회계책임자에 의한 수입·지출)제1항 또는 제3항의 규정을 위반하여 회계책임자에 의하지 아니하고 정치자금을 수입·지출한 자

9. 제36조제2항의 규정을 위반하여 신고된 예금계좌를 통하지 아니하고 정치자금을 수입·지출한 자

10. 제39조(영수증 그 밖의 증빙서류) 본문의 규정을 위반하여 영수증 그 밖의 증빙서류를 구비하지 아니하거나 허위기재·위조·변조한 자

11. 제41조(회계보고의 자체 감사 등)제2항의 규정을 위반하여 허위의 감사보고를 한 자

12. 제42조(회계보고서 등의 열람 및 사본교부)제5항의 규정을 위반하여 공개된 정치자금 기부내역을 인터넷에 게시하여 정치적 목적에 이용한 자

13. 제53조(정치자금범죄 신고자의 보호 등)제2항의 규정을 위반한 자

②제28조제4항·제42조제7항 또는 제52조(정치자금범죄 조사 등)제1항·제4항의 규정을 위반하여 선거관리위원회의 조사·자료확인이나 제출요구에 정당한 사유 없이 응하지 아니하거나 허위자료의 제출 또는 장소의 출입을 방해한 자는 1년 이하의 징역 또는 200만원 이하의 벌금에 처한다.

제48조(감독의무해태죄 등) 다음 각 호의 어느 하나에 해당하는 자는 200만원 이하의 벌금형에 처한다.

1. 회계책임자가 제46조(각종 제한규정위반죄)제5호의 규정에 의한 죄를 범한 경우 당해 회계책임자의 선임 또는 감독에 상당한 주의를 태만히 한 회계책임자의 선임권자

2. 제2조(기본원칙)제4항의 규정을 위반하여 실명이 확인되지 아니한 방법으로 정치자금을 기부·지출한 자 또는 현금으로 지출할 수 있는 연간 한도액을 초과하여 지출한 자

3. 제2조제5항의 규정을 위반하여 타인의 명의나 가명으로 정치자금을 기부한 자

4. 제4조(당비)제2항·제11조(후원인의 기부한도 등)제4항·제21조(후원회가 해산한 경우의 잔여재산 처분 등)제3항 내지 제5항 또는 제58조(후보자의 반환기탁금 및 보전비용의 처리)제4항의 규정을 위반하여 당비 등을 정당한 사유 없이 국고에 귀속시키지 아니한 자

5. 제8조(후원회의 회원)제2항의 규정을 위반하여 회원명부를 비치하지 아니하거나 허위로 작성한 자

6. 제11조제3항의 규정에 의한 익명기부한도액을 위반하여 기부한 자

제49조(선거비용관련 위반행위에 관한 벌칙) ①회계책임자가 정당한 사유 없이 선거비용에 대하여 제40조(회계보고)제1항·제2항의 규정에 의한 회계보고를

하지 아니하거나 허위기재·위조·변조 또는 누락(선거비용의 수입·지출을 은닉하기 위하여 누락한 경우를 말한다)한 자는 5년 이하의 징역 또는 2천만원 이하의 벌금에 처한다.

②선거비용과 관련하여 다음 각 호의 어느 하나에 해당하는 자는 2년 이하의 징역 또는 400만원 이하의 벌금에 처한다. <개정 2012. 2. 29.>

1. 제2조(기본원칙)제4항의 규정을 위반한 자

2. 제34조(회계책임자의 선임신고 등)제1항·제4항제1호 또는 제35조(회계책임자의 변경신고 등)제1항의 규정을 위반하여 회계책임자·예금계좌를 신고하지 아니한 자

3. 제36조(회계책임자에 의한 수입·지출)제1항·제3항·제5항의 규정을 위반한 자, 동조제2항의 규정을 위반하여 신고된 예금계좌를 통하지 아니하고 수입·지출한 자와 동조제4항의 규정을 위반하여 예금계좌에 입금하지 아니하는 방법으로 지급한 자

4. 제36조제6항의 규정을 위반하여 선거비용의 지출에 관한 내역을 통지하지 아니한 자

5. 제37조(회계장부의 비치 및 기재)제1항의 규정을 위반하여 회계장부를 비치·기재하지 아니하거나 허위기재·위조·변조한 자

6. 제39조(영수증 그 밖의 증빙서류) 본문의 규정에 의한 영수증 그 밖의 증빙서류를 허위기재·위조·변조한 자

7. 제40조제4항제3호의 규정을 위반하여 예금통장 사본을 제출하지 아니한 자

8. 제43조제2항을 위반하여 선거관리위원회의 보고 또는 자료의 제출 요구에 정당한 사유없이 응하지 아니하거나 보고 또는 자료의 제출을 허위로 한 자

9. 제44조(회계장부 등의 인계·보존)제1항의 규정을 위반한 자

③선거비용과 관련하여 다음 각 호의 어느 하나에 해당하는 자는 200만원 이하의 과태료에 처한다.

1. 제34조제1항·제3항 또는 제35조제1항의 규정을 위반하여 회계책임자의 선임·변경·겸임신고를 해태한 자

2. 제34조제4항제2호의 규정에 의한 약정서를 제출하지 아니한 자

3. 제35조제2항의 규정을 위반하여 인계·인수서를 작성하지 아니한 자

4. 제40조제5항의 규정을 위반한 자

제50조(양벌규정) 정당·후원회의 회계책임자와 그 회계사무보조자 또는 법인·단체의 임원이나 구성원이 그 업무에 관하여 제45조(정치자금부정수수죄)부터 제48조(감독의무해태죄 등)까지의 어느 하나에 해당하는 위반행위를 한 때에는 행위자를 벌하는 외에 당해 정당이나 후원회 또는 법인·단체가 한 것으로 보아 그 정당이나 후원회 또는 법인·단체에 대하여도 각 해당 조의 벌금형을 과한다. 다만, 해당 정당이나 후원회 또는 법인·단체가 그 위반행위를 방지하기 위하여 해당 업무에 관하여 상당한 주의와 감독을 게을리하지 아니한 경우에는 그러하지 아니하다. <개정 2010. 1. 25.>

제51조(과태료) ①다음 각 호의 어느 하나에 해당하는 행위를 한 자는 300만원 이하의 과태료에 처한다. <개정 2010. 1. 25.>

1. 제5조(당비영수증)제1항 또는 제17조(정치자금영수증)제1항의 규정을 위반하여 당비영수증 또는 정치

자금영수증의 발행·교부를 해태한 자
2. 제9조(후원회의 사무소 등)제2항·제3항의 규정을 위반하여 유급사무직원의 수를 초과하여 둔 자
3. 「형사소송법」 제211조(현행범인과 준현행범인)에 규정된 현행범인 또는 준현행범인으로서 제52조(정치자금범죄 조사 등)제5항의 규정에 의한 동행요구에 응하지 아니한 자
②다음 각 호의 어느 하나에 해당하는 행위를 한 자는 200만원 이하의 과태료에 처한다.
1. 제35조(회계책임자의 변경신고 등)제2항의 규정을 위반하여 인계·인수를 지체한 자
2. 제38조(정당의 회계처리)제2항의 규정을 위반하여 지출결의서나 구입·지급품의서에 의하지 아니하고 정치자금을 지출한 자
③다음 각 호의 어느 하나에 해당하는 행위를 한 자는 100만원 이하의 과태료에 처한다. <개정 2008. 2. 29., 2017. 6. 30.>
1.제7조제1항·제4항, 제19조제2항·제3항 본문, 제20조제1항 후단, 제34조제1항·제3항, 제35조제1항 또는 제40조제1항·제2항을 위반하여 신고·보고 또는 신청을 해태한 자
2. 제7조의 규정을 위반하여 후원회의 등록신청 또는 변경등록신청을 허위로 한 자
3. 제8조(후원회의 회원)제1항의 규정을 위반하여 후원회의 회원이 될 수 없는 자를 회원으로 가입하게 하거나 가입한 자
4. 제17조제10항의 규정을 위반하여 정치자금영수증 사용실태를 보고하지 아니하거나 정치자금영수증을 관할 선거관리위원회에 반납하지 아니한 자
5. 제21조(후원회가 해산한 경우의 잔여재산 처분 등)제1항·제2항 또는 제58조(후보자의 반환기탁금 및 보전비용의 처리)제1항의 규정을 위반하여 잔여재산 또는 반환기탁금·보전비용의 인계의무를 해태한 자
6. 제34조제2항 본문의 규정을 위반하여 회계책임자가 된 자
7. 제37조(회계장부의 비치 및 기재)제1항 후단의 규정을 위반하여 보조금과 보조금 외의 정치자금, 선거비용과 선거비용 외의 정치자금을 각각 구분하여 경리하지 아니한 자
8. 제40조제4항제4호 내지 제6호의 규정을 위반하여 예산결산위원회가 확인·검사한 사실이 명시된 공개자료의 사본, 의결서 사본 또는 감사의견서와 인계·인수서를 첨부하지 아니한 자
9. 제52조(정치자금범죄 조사 등)제5항의 규정을 위반하여 출석요구에 응하지 아니한 자
④이 법의 규정에 의한 과태료는 중앙선거관리위원회규칙이 정하는 바에 의하여 관할 선거관리위원회(읍·면·동선거관리위원회를 제외한다. 이하 이 조에서 "부과권자"라 한다)가 그 위반자에게 부과하며, 납부기한까지 납부하지 아니한 때에는 관할 세무서장에게 위탁하고 관할 세무서장이 국세체납처분의 예에 따라 이를 징수한다. 다만, 과태료 처분대상자가 정당인 경우에는 당해 정당에 배분·지급될 보조금 중에서 공제하고, 후보자[제49조(선거비용관련 위반행위에 대한 벌칙)제3항에 따라 과태료 처분을 받은 선거연락소장과 회계책임자를 포함한다]인 경우에는 「공직선거법」 제57조(기탁금의 반환 등) 및 제122조의2(선거비용의 보전 등)의 규정에 의하여 당해 후보자(대통령선거의 정당추천후보자, 비례대표국회의원선거

및 비례대표지방의회의원선거에 있어서는 그 추천정당을 말한다)에게 반환·지급할 기탁금 또는 선거비용보전금에서 공제할 수 있다. <개정 2010. 1. 25.>
⑤ 삭제 <2012. 2. 29.>
⑥ 삭제 <2012. 2. 29.>
⑦ 삭제 <2012. 2. 29.>
[제목개정 2012. 2. 29.]

제9장 보칙

제52조(정치자금범죄 조사 등) ①각급 선거관리위원회(읍·면·동선거관리위원회를 제외한다. 이하 이 조에서 같다) 위원·직원은 이 법을 위반한 범죄의 혐의가 있다고 인정되거나 현행범의 신고를 받은 경우에는 그 장소에 출입하여 정당, 후원회, 후원회를 둔 국회의원, 대통령선거경선후보자, 당대표경선후보자등, 공직선거의 후보자·예비후보자, 회계책임자, 정치자금을 기부하거나 받은 자 또는 정치자금에서 지출하는 비용을 지급받거나 받을 권리가 있는 자 그 밖에 관계인에 대하여 질문·조사하거나 관계 서류 그 밖에 조사에 필요한 자료의 제출을 요구할 수 있다. <개정 2016. 1. 15.>
②각급 선거관리위원회는 정치자금의 수입과 지출에 관한 조사를 위하여 불가피한 경우에는 다른 법률의 규정에 불구하고 금융기관의 장에게 이 법을 위반하여 정치자금을 주거나 받은 혐의가 있다고 인정되는 상당한 이유가 있는 자의 다음 각 호에 해당하는 금융거래자료의 제출을 요구할 수 있다. 다만, 당해 계좌에 입·출금된 타인의 계좌에 대하여는 그러하지 아니하다. 이 경우 당해 금융기관의 장은 이를 거부할 수 없다.
1. 계좌개설 내역
2. 통장원부 사본
3. 계좌이체의 경우 거래상대방의 인적 사항
4. 수표에 의한 거래의 경우 당해 수표의 최초 발행기관 및 발행의뢰인의 인적 사항
③각급 선거관리위원회 위원·직원은 이 법에 규정된 범죄에 사용된 증거물품으로서 증거인멸의 우려가 있다고 인정되는 경우에는 조사에 필요한 범위 안에서 현장에서 이를 수거할 수 있다. 이 경우 당해 선거관리위원회 위원·직원은 수거한 증거물품을 그 관련된 범죄에 대하여 고발 또는 수사의뢰한 때에는 관계 수사기관에 송부하고 그러하지 아니한 때에는 그 소유·점유·관리하는 자에게 지체 없이 반환하여야 한다.
④누구든지 제1항의 규정에 의한 장소의 출입을 방해하여서는 아니되며, 질문·조사를 받거나 자료의 제출을 요구받은 자는 즉시 이에 따라야 한다.
⑤각급 선거관리위원회 위원·직원은 정치자금범죄의 조사와 관련하여 관계자에게 질문·조사하기 위하여 필요하다고 인정되는 때에는 선거관리위원회에 출석할 것을 요구할 수 있고, 범죄혐의에 대하여 명백한 증거가 있는 때에는 동행을 요구할 수 있다. 다만, 공직선거(대통령선거경선후보자·당대표경선후보자등의 당내경선을 포함한다)의 선거기간 중 후보자(대통령선거경선후보자·당대표경선후보자등을 포함한다)에 대하여는 동행 또는 출석을 요구할 수 없다. <개정 2016. 1. 15.>
⑥각급 선거관리위원회 위원·직원이 제1항의 규정에 의한 질문·조사·자료의 제출 요구 또는 장소에 출입하거나 제5항의 규정에 의한 동행 또는 출석을 요구하는 경우에는 관계인에게 그 신분을 표시하는 증

표를 제시하고 소속과 성명을 밝히고 그 목적과 이유를 설명하여야 한다.

⑦제2항의 규정에 의하여 금융거래의 내용에 대한 정보 또는 자료(이하 "거래정보등"이라 한다)를 알게 된 자는 그 알게 된 거래정보등을 타인에게 제공 또는 누설하거나 그 목적 외의 용도로 이를 이용하여서는 아니된다.

⑧제1항 내지 제6항의 규정에 의한 자료제출요구서, 증거자료의 수거 및 증표의 규격 그 밖에 필요한 사항은 중앙선거관리위원회규칙으로 정한다.

제53조(정치자금범죄 신고자의 보호 등) ①정치자금범죄(제8장에 해당하는 죄를 말한다. 이 장에서 같다)에 관한 신고·진정·고소·고발 등 조사 또는 수사단서의 제공, 진술 또는 증언 그 밖에 자료제출행위 및 범인검거를 위한 제보 또는 검거활동을 한 자(이하 이 조에서 "정치자금범죄 신고자등"이라 한다)가 그와 관련하여 피해를 입거나 입을 우려가 있다고 인정할 만한 상당한 이유가 있는 경우 그 정치자금범죄에 관한 형사절차 및 선거관리위원회의 조사과정에 있어서는 "특정범죄신고자등 보호법" 제5조(불이익처우의 금지)·제7조(인적 사항의 기재생략)·제9조(신원관리카드의 열람) 내지 제12조(소송진행의 협의 등) 및 제16조(범죄신고자 등에 대한 형의 감면)의 규정을 준용한다.

②누구든지 제1항의 규정에 의하여 보호되고 있는 정치자금범죄 신고자등이라는 정을 알면서 그 인적 사항 또는 정치자금 범죄신고자등임을 미루어 알 수 있는 사실을 다른 사람에게 알려 주거나 공개 또는 보도하여서는 아니된다.

제54조(정치자금범죄 신고자에 대한 포상금 지급) ①각급 선거관리위원회(읍·면·동선거관리위원회를 제외한다. 이하 이 조에서 같다) 또는 수사기관은 정치자금범죄에 대하여 선거관리위원회 또는 수사기관이 인지하기 전에 그 범죄행위의 신고를 한 자에 대하여는 중앙선거관리위원회규칙이 정하는 바에 따라 포상금을 지급할 수 있다.

②각급선거관리위원회 또는 수사기관은 제1항에 따라 포상금을 지급한 후 담합 등 거짓의 방법으로 신고한 사실이 발견된 경우 해당 신고자에게 반환할 금액을 고지하여야 하고, 해당 신고자는 그 고지를 받은 날부터 30일 이내에 해당 선거관리위원회 또는 수사기관에 이를 납부하여야 한다. <신설 2008. 2. 29.>

③각급선거관리위원회 또는 수사기관은 해당 신고자가 제2항의 납부기한까지 반환할 금액을 납부하지 아니한 때에는 해당 신고자의 주소지를 관할하는 세무서장에게 징수를 위탁하고 관할 세무서장이 국세 체납처분의 예에 따라 징수한다. <신설 2008. 2. 29.>

④제2항 또는 제3항에 따라 납부 또는 징수된 금액은 국가에 귀속된다. <신설 2008. 2. 29.>

제55조(피고인의 출정) ①정치자금범죄에 관한 재판에서 피고인이 공시송달에 의하지 아니한 적법한 소환을 받고서도 공판기일에 출석하지 아니한 때에는 다시 기일을 정하여야 한다.

②피고인이 정당한 사유 없이 다시 정한 기일 또는 그 후에 열린 공판기일에 출석하지 아니한 때에는 피고인의 출석 없이 공판절차를 진행할 수 있다.

③제2항의 규정에 의하여 공판절차를 진행할 경우에는 출석한 검사 및 변호인의 의견을 들어야 한다.

④법원은 제2항의 규정에 따라 판결을 선고한 때에는

피고인 또는 변호인(변호인이 있는 경우에 한한다)에게 전화 그 밖에 신속한 방법으로 그 사실을 통지하여야 한다.

제56조(기소·판결에 관한 통지) ①정치자금범죄로 정당의 대표자, 국회의원, 지방자치단체의 장, 지방의회의원, 공직선거 후보자·예비후보자, 대통령선거경선후보자·당대표경선후보자등, 후원회의 대표자 또는 그 회계책임자를 기소한 검사는 이를 관할 선거관리위원회에 통지하여야 한다. <개정 2016. 1. 15.>

②제45조부터 제48조까지 및 제49조제1항·제2항의 범죄에 대한 확정판결을 행한 재판장은 그 판결서 등본을 관할 선거관리위원회에 송부하여야 한다. <개정 2012. 2. 29.>

제57조(정치자금범죄로 인한 공무담임 등의 제한) 제45조(정치자금부정수수죄)에 해당하는 범죄로 인하여 징역형의 선고를 받은 자는 그 집행을 받지 아니하기로 확정된 후 또는 그 형의 집행이 종료되거나 면제된 후 10년간, 형의 집행유예의 선고를 받은 자는 그 형이 확정된 후 10년간, 100만원 이상의 벌금형의 선고를 받은 자는 그 형이 확정된 후 5년간 "공직선거법" 제266조(선거범죄로 인한 공무담임 등의 제한)제1항 각 호의 어느 하나에 해당하는 직에 취임하거나 임용될 수 없으며, 이미 취임 또는 임용된 자의 경우에는 그 직에서 퇴직된다.

제58조(후보자의 반환기탁금 및 보전비용의 처리) ①공직선거의 후보자가 후원회의 후원금 또는 정당의 지원금으로 "공직선거법" 제56조(기탁금)의 규정에 의한 기탁금을 납부하거나 선거비용을 지출하여 같은 법 제57조(기탁금의 반환 등) 또는 제122조의2(선거비용의 보전 등)의 규정에 의하여 반환·보전받은 경우 그 반환·보전비용 [자신의 재산(차입금을 포함한다)으로 지출한 비용을 말한다]은 선거비용을 보전받은 날부터 20일 이내(이하 이 조에서 "인계기한"이라 한다)에 정당추천후보자는 소속정당에, 무소속후보자는 공익법인 또는 사회복지시설에 인계하여야 한다. <개정 2012. 2. 29.>

②국회의원선거의 당선인은 제1항의 규정에 불구하고 그 반환·보전비용을 자신의 정치자금으로 사용할 수 있으며, 이 경우 제34조(회계책임자의 선임신고 등)제4항제1호의 규정에 의한 예금계좌(후원회를 두지 아니한 경우에는 자신의 명의로 개설한 예금계좌를 말한다)에 입금하여 정치자금으로 사용하여야 한다.

③후원회를 두지 아니한 국회의원이 자신 명의로 개설한 예금계좌에 입금한 제2항의 자금을 모두 지출한 때에는 중앙선거관리위원회규칙이 정하는 바에 따라 관할 선거관리위원회에 보고하여야 한다.

④공직선거의 후보자가 제1항에 따라 인계하여야 하는 반환·보전비용을 그 인계기한 이내에 소속 정당 등에 인계하지 아니한 경우에는 이를 국고에 귀속시켜야 한다. 이 경우 국고귀속절차에 관하여는 제4조(당비)제3항 및 제4항의 규정을 준용한다. <개정 2012. 2. 29.>

제59조(조세의 감면) ①이 법에 의하여 정치자금을 기부한 자 또는 기부받은 자에 대하여는 "조세특례제한법"이 정하는 바에 따라 그 정치자금에 상당하는 금액에 대한 소득세 및 증여세를 면제하되, 개인이 기부한 정치자금은 해당 과세연도의 소득금액에서 10만원까지는 그 기부금액의 110분의 100을, 10만원을 초과한 금액에 대해서는 해당 금액의 100분의 15(해

당 금액이 3천만원을 초과하는 경우 그 초과분에 대해서는 100분의 25)에 해당하는 금액을 종합소득산출세액에서 공제하고,「지방세특례제한법」에 따라 그 공제금액의 100분의 10에 해당하는 금액을 해당 과세연도의 개인지방소득세 산출세액에서 추가로 공제한다. 다만, 제11조(후원인의 기부한도 등)제3항의 규정에 의한 익명기부, 후원회 또는 소속 정당 등으로부터 기부받거나 지원받은 정치자금을 당비로 납부하거나 후원회에 기부하는 경우에는 그러하지 아니하다. <개정 2016. 1. 15.>
②후원회의 명의로 개설된 정치자금 예금계좌에 입금하는 방법으로 1회 10만원, 연간 120만원 이하의 정치자금을 기부한 자는 그 후원회의 명의와 기부자의 성명·생년월일 등 인적 사항, 거래일자·거래금액 등 기부내역이 기재된 금융거래 입금증이나 위조·복사·변조를 방지하기 위한 장치가 된 전자결제영수증 원본을 제1항의 규정에 따른 세액공제를 위한 영수증으로 사용할 수 있다. <개정 2016. 1. 15.>
[제목개정 2016. 1. 15.]
제60조(정치자금의 기부 등 촉진) 각급 선거관리위원회(읍·면·동선거관리위원회를 제외한다)는 정치자금의 기부·기탁을 촉진하기 위하여 정치자금의 기부·기탁의 방법·절차 및 필요성 등을 인쇄물·시설물·광고물 등을 이용하여 홍보하여야 한다.
제61조(정치자금 모금을 위한 방송광고) ①「방송법」에 의한 지상파방송사는 깨끗한 정치자금의 기부문화 조성을 위하여 공익광고를 하여야 하며, 그 비용은 당해 방송사가 부담한다.
②제1항의 공익광고를 위하여「방송광고판매대행 등에 관한 법률」에 따른 한국방송광고진흥공사(이하 이 조에서 "한국방송광고진흥공사"라 한다)는 그 부담으로 방송광고물을 제작하여 연 1회 이상 지상파방송사에 제공하여야 한다. <개정 2020. 3. 11.>
③한국방송광고진흥공사는 제2항의 규정에 의한 방송광고물을 제작하고자 하는 때에는 그 방송광고의 주제에 관하여 중앙선거관리위원회와 협의하여야 한다. <개정 2020. 3. 11.>
제62조(「기부금품의 모집 및 사용에 관한 법률」의 적용 배제) 이 법에 의하여 정치자금을 기부하거나 받는 경우에는「기부금품의 모집 및 사용에 관한 법률」의 적용을 받지 아니한다. <개정 2006. 3. 24.>
[제목개정 2006. 3. 24.]
제63조(비밀엄수의 의무) 각급 선거관리위원회 위원과 직원은 재직 중은 물론 퇴직후라도 이 법의 시행과 관련하여 직무상 알게 된 비밀을 누설하여서는 아니 된다.
제64조(공고) 관할 선거관리위원회는 제7조(후원회의 등록신청 등)·제19조(후원회의 해산 등)제3항 본문의 규정에 의한 신고나 등록신청을 받은 때, 제40조(회계보고)제1항·제2항의 규정에 의한 회계보고를 받은 때, 제19조제4항의 규정에 의하여 후원회의 등록을 말소한 때, 제23조(기탁금의 배분과 지급)·제27조(보조금의 배분)의 규정에 의한 정치자금을 정당에 지급한 때 또는 제30조(보조금의 반환)의 규정에 의하여 보고를 받거나 보조금을 반환받은 때에는 중앙선거관리위원회규칙이 정하는 바에 따라 그 뜻을 공고하여야 한다.
제65조(시행규칙) 이 법 시행에 관하여 필요한 사항은 중앙선거관리위원회규칙으로 정한다.

부칙 <제17885호, 2021. 1. 5.>
이 법은 공포한 날부터 시행한다.

불법정치자금 등의 몰수에 관한 특례법
(약칭: 불법정치자금법)

[시행 2021. 1. 5.] [법률 제17830호, 2021. 1. 5., 일부개정]

제1장 총칙

제1조(목적) 이 법은 불법정치자금의 몰수 등에 관한 특례를 규정함으로써 불법정치자금등의 조성을 근원적으로 막고, 정치자금의 투명성을 제고함을 그 목적으로 한다.

제2조(정의) 이 법에서 사용하는 용어의 정의는 다음과 같다. <개정 2017. 10. 31.>
1. "불법정치자금등"이라 함은 다음 각 목의 어느 하나에 해당하는 죄(그 죄와 다른 죄가「형법」제40조의 관계에 있는 경우에는 그 다른 죄를 포함한다)의 범죄행위로 얻은 재산을 말한다.
　가.「정치자금법」제45조의 죄
　나.「공직선거법」제2조의 규정에 따른 선거에 의하여 취임한 공무원이 범한「형법」제129조부터 제132조까지,「특정범죄가중처벌 등에 관한 법률」제2조 또는 제3조,「부패방지 및 국민권익위원회의 설치와 운영에 관한 법률」제86조의 죄
2. "불법정치자금등에서 유래한 재산"이라 함은 불법정치자금등의 과실로서 얻은 재산, 불법정치자금등의 대가로서 얻은 재산, 이들 재산의 대가로서 얻은 재산 등 불법정치자금등의 변형 또는 증식으로 형성된 재산(불법정치자금등이 불법정치자금 등과 관련 없는 재산과 합하여져 변형되거나 증식된 경우에는 불법정치자금등에서 비롯된 부분에 한한다)을 말한다.
3. "불법재산"이라 함은 불법정치자금등 및 불법정치자금등에서 유래한 재산을 말한다.

제2장 몰수의 범위 및 요건에 관한 특례

제3조(불법재산의 몰수) ①불법재산은 이를 몰수한다.
②제1항의 규정에 의하여 몰수하여야 할 재산에 대하여 재산의 성질, 사용상황, 그 재산에 관한 범인 외의 자의 권리유무 그 밖의 사정으로 이를 몰수함이 상당하지 아니하다고 인정될 때에는 제1항의 규정에 불구하고 몰수하지 아니할 수 있다.

제4조(불법재산이 합하여진 재산의 몰수방법) 불법재산이 불법재산 외의 재산과 합하여진 경우에 제3조제1항의 규정에 의하여 그 불법재산을 몰수하여야 하는 때에는 불법재산과 그 외의 재산이 합하여진 재산(이하 "혼합재산"이라 한다) 중 불법재산의 비율에 상당하는 부분을 몰수한다.

제5조(몰수의 요건 등) ①제3조의 규정에 의한 몰수는 불법재산 또는 혼합재산이 범인 외의 자에게 귀속되지 아니하는 경우에 한한다. 다만, 범인 외의 자가 범죄 후 그 정을 알면서 그 불법재산 또는 혼합재산을 취득한 경우에는 그 불법재산 또는 혼합재산이 범인 외의 자에게 귀속된 경우에도 몰수할 수 있다.
②지상권·저당권 그 밖의 권리가 그 위에 존재하는 재산을 제3조의 규정에 의하여 몰수하는 경우에 범인 외의 자가 범죄 전에 그 권리를 취득한 때 또는 범인 외의 자가 범죄 후 그 정을 알지 못하고 그 권리를 취득한 때에는 이를 존속시킨다.
③제1항 단서에 있어서 범인 외의 자가 정당인 경우 정당대표자·회계책임자 또는 회계사무보조자가 그 정을 알았을 때에 정당이 안 것으로 본다.

제6조(추징) 불법재산을 몰수할 수 없거나 제3조제2항의 규정에 의하여 몰수하지 아니하는 때에는 그 가액을 범인으로부터 추징한다.

제7조(불법재산의 입증) 제2조제1호에 규정된 죄의 범행 후 범인이 취득한 재산으로서 그 가액이 취득 당시의 범인의 재산운용상황 또는 법령에 기한 급부의 수령상황 등에 비추어 현저하게 고액이고 그 취득한 재산이 불법정치자금등의 금액·재산취득시기 등 제반사정에 비추어 불법정치자금등으로 형성되었다고 볼만한 상당한 개연성이 있는 경우에는 불법정치자금등이 그 재산의 취득에 사용된 것으로 인정할 수 있다.

제3장 몰수에 관한 절차 등의 특례

제8조(제3자의 권리존속 등) 법원은 지상권·저당권 그 밖의 권리가 그 위에 존재하는 재산을 몰수하는 경우 제5조제2항의 규정에 의하여 당해 권리를 존속시키는 때에는 몰수의 선고와 동시에 그 취지를 선고하여야 한다.

제9조(몰수된 재산의 처분 등) ①몰수된 재산은 검사가 이를 처분하여야 한다.
②검사는 채권의 몰수재판이 확정된 때에는 그 채권의 채무자에게 몰수재판의 초본을 송부하여 그 요지를 통지하여야 한다.

제10조(몰수의 재판에 기한 등기등) 권리의 이전에 등기 또는 등록(이하 "등기등"이라 한다)을 요하는 재산을 몰수하는 재판에 기하여 권리의 이전등의 등기등을 관계기관에 촉탁하는 경우 몰수에 의하여 효력을 잃은 처분의 제한에 관련된 등기등이 있거나 몰수에 의하여 소멸된 권리의 취득에 관련된 등기등이 있는 때 또는 그 몰수에 관하여 제5장제1절의 규정에 의한 몰수보전명령 또는 부대보전명령에 관련된 등기등이 있는 때에는 위 각 등기등도 말소를 촉탁한 것으로 본다.

제11조(형사보상의 특례) 채권 등의 몰수집행에 대한「형사보상 및 명예회복에 관한 법률」에 의한 보상의 내용에 관하여는 같은 법 제5조제6항을 준용한다. <개정 2011. 5. 23.>

제4장 제3자 참가절차 등의 특례

제12조(고지) ①검사는 공소를 제기함에 있어서 이 법의 규정에 의하여 피고인 외의 자(「정치자금법」제50조의 규정에 의하여 공동피고인이 된 정당·후원회 또는 법인·단체를 포함한다)의 재산 또는 지상권·저당권 그 밖의 권리가 그 위에 존재하는 재산의 몰수가 필요하다고 인정하는 때에는 즉시 위 재산을 가진 자 또는 그 재산 위에 지상권·저당권 그 밖의 권리를 가진 자로서 피고인 외의 자(이하 "제3자"라 한다)에게 서면으로 다음 사항을 고지하여야 한다. 다만,「정치자금법」제50조의 규정에 의하여 공동피고인이 된 정당·후원회 또는 법인·단체의 경우 제1호·제2호 또는 제7호의 사항에 대한 고지를 생략할 수 있다.
1. 피고인에 대한 형사사건이 계속 중인 법원
2. 피고인에 대한 형사사건명 및 피고인의 성명
3. 몰수하여야 할 재산의 품명·수량 그 밖에 그 재산을 특정할 만한 사항
4. 몰수의 이유가 될 사실의 요지
5. 피고인에 대한 형사사건절차에의 참가신청이 가능하다는 취지
6. 참가신청이 가능한 기간
7. 피고인에 대한 형사사건에 대하여 공판기일이 정

하여진 경우에는 공판기일
②검사는 제3자의 소재를 알 수 없거나 그 밖의 사유로 제1항의 고지를 할 수 없을 때에는 제1항 각 호의 사항을 관보나 일간신문에 게재하고 검찰청 또는 고위공직자범죄수사처 게시장에 14일간 게시하여 공고하여야 한다. <개정 2021. 1. 5.>
③검사가 제1항 또는 제2항의 규정에 의한 고지 또는 공고를 한 때에는 이를 증명하는 서면을 법원에 제출하여야 한다.

제13조(참가절차) ①몰수될 염려가 있는 재산을 가진 제3자는 제1심 절차에 의한 재판이 있기까지(약식절차에 의한 재판이 있는 경우에는 정식재판 청구가 가능한 기간이 경과하기까지를 말하며, 이 경우 정식재판 청구가 있는 때에는 통상의 공판절차에 의한 제1심 재판이 있기까지를 말한다. 이하 같다) 피고인에 대한 형사사건이 계속 중인 법원에 대하여 서면으로 그 형사사건절차에의 참가신청을 할 수 있다. 다만, 제12조제1항 또는 제2항의 규정에 의한 고지 또는 공고가 있은 때에는 고지 또는 공고가 있은 날부터 14일 이내에 한하여 참가신청을 할 수 있다.
②검사가 제12조제1항 또는 제2항의 규정에 의하여 고지 또는 공고한 법원이 피고인에 대한 형사사건을 이송한 경우 그 법원에 참가신청이 있는 때에는 신청을 받은 법원은 피고인에 대한 형사사건을 이송받은 법원에 그 신청서면을 송부하여야 한다. 이 경우 그 서면이 송부된 때에는 처음부터 피고인에 대한 형사사건을 이송받은 법원에 대하여 참가신청을 한 것으로 본다.
③법원은 참가신청이 법률상의 방식에 위반되거나 제1항에 규정된 기간이 경과한 후에 이루어진 때와 몰수하여야 할 재산 또는 몰수하여야 할 재산 위에 존재하는 지상권·저당권 그 밖의 권리가 신청인에게 귀속하지 아니함이 명백한 때에는 참가신청을 기각하여야 한다. 다만, 제1항 단서에 규정된 기간 내에 참가신청을 하지 아니한 것이 신청인의 책임으로 돌릴 수 없는 사유에 의한 것으로 인정될 때에는 제1심 재판이 있기까지 참가를 허가할 수 있다.
④법원은 제3항의 경우를 제외하고는 참가신청을 허가하여야 한다. 다만, 몰수하는 것이 불가능하거나 몰수가 필요하지 아니하다는 취지의 검사의 의견이 상당하다고 인정될 때에는 참가신청을 기각할 수 있다.
⑤법원이 참가를 허가한 경우에 있어서 몰수하여야 할 재산 또는 몰수하여야 할 재산 위에 존재하는 지상권·저당권 그 밖의 권리가 참가가 허가된 자(이하 "참가인"이라 한다)에게 귀속하지 아니함이 명백하게 된 때에는 참가를 허가한 재판을 취소하여야 하며, 몰수하는 것이 불가능하거나 몰수가 불필요하다는 취지의 검사의 의견이 상당하다고 인정될 때에는 참가를 허가한 재판을 취소할 수 있다.
⑥참가에 관한 재판은 검사, 참가신청인 또는 참가인, 피고인 또는 변호인의 의견을 듣고 결정하여야 한다.
⑦검사, 참가신청인 또는 참가인은 참가신청을 기각한 결정 또는 참가를 허가한 재판을 취소한 결정에 대하여 즉시 항고할 수 있다.
⑧참가의 취하는 서면으로 하여야 한다. 다만, 공판기일에는 구술로 할 수 있다.

제14조(참가인의 권리) ①참가인은 이 법에 특별한 규정이 있는 외에는 몰수에 관하여 피고인과 동일한 소송상의 권리를 가진다.

②제1항의 규정은 참가인을 증인으로서 조사하는 것을 방해하지 아니한다.

제15조(참가인의 출석 등) ①참가인은 공판기일에 출석할 것을 요하지 아니한다.
②법원은 참가인의 소재를 알 수 없는 때에는 공판기일의 통지 그 밖에 서류의 송달을 요하지 아니한다.
③법원은 공판기일에 출석한 참가인에 대하여 몰수의 이유가 될 사실의 요지, 참가 전의 공판기일에 있어서의 심리에 관한 중요한 사항 그 밖에 참가인의 권리를 보호하기 위하여 필요하다고 인정하는 사항을 고지하고 몰수에 관하여 진술할 기회를 주어야 한다.

제16조(증거) ①참가인의 참가는 「형사소송법」제310조의2 내지 제318조의3의 규정을 적용하는데 영향을 미치지 아니한다.
②법원은 「형사소송법」제318조 및 제318조의3 본문의 규정에 의하여 증거로 하는 것이 가능한 서면 또는 진술을 조사한 경우에 참가인이 그 서면 또는 진술의 내용이 된 진술을 한 자를 증인으로 조사할 것을 청구한 때에는 그 권리의 보호에 필요하다고 인정되는 한 이를 조사하여야 한다. 참가인의 참가 전에 조사한 증인에 대하여 참가인이 다시 그 조사를 청구한 때에도 같다.

제17조(몰수재판의 제한) 제3자가 참가허가를 받지 못한 때에는 다음 각 호의 어느 하나에 해당하는 경우를 제외하고는 몰수재판을 할 수 없다.
1. 제12조제1항 또는 제2항의 규정에 의한 고지 또는 공고가 있은 날부터 14일이 경과된 때. 다만, 몰수하여야 할 재산 또는 몰수하여야 할 재산 위에 존재하는 지상권·저당권 그 밖의 권리가 참가신청인 또는 참가인에게 귀속하지 아니함이 명백하다는 이유로 또는 몰수하는 것이 불가능하거나 불필요하다는 취지의 검사의 의견에 기하여 참가신청이 기각되거나 참가를 허가한 재판이 취소된 경우를 제외한다.
2. 참가신청이 법률상의 방식에 위반되어 기각된 때
3. 참가가 취하된 때

제18조(상소) ①원심의 참가인은 상소심에서도 참가인으로서의 지위를 잃지 아니한다.
②참가인이 상소한 때에는 검사 또는 피고인이 상소를 하지 아니하거나 상소의 포기 또는 취하를 한 경우에도 원심 재판 중 몰수에 관한 부분은 확정되지 아니한다.
③제2항의 경우에 피고인은 상소심 및 그 후의 심급에 있어서 공판기일에 출석할 것을 요하지 아니한다. 이 경우 「형사소송법」제33조·제282조 및 제283조의 규정은 이를 적용하지 아니한다.
④제2항 및 제3항의 규정은 약식절차에 의한 재판에 대하여 참가인이 정식재판의 청구를 한 경우 이를 준용한다.

제19조(대리인) ①이 법의 규정에 의하여 피고인에 대한 형사사건절차에 관여하는 제3자는 변호사 중에서 대리인을 선임하여 소송행위를 대리하게 할 수 있다. 이 경우 「형사소송법」제32조제1항 및 제35조의 규정을 준용한다.
②대리인은 참가인의 서면에 의한 동의가 없으면 참가의 취하, 정식재판 청구의 취하, 상소의 포기 또는 취하를 할 수 없다.

제20조(「형사소송법」의 준용) ①제3자의 소송능력에 관하여는 「형사소송법」제26조 내지 제28조의 규정을, 제3자의 소송비용부담에 관하여는 동법 제186조 및

제191조의 규정을 각각 준용한다.

②제12조제1항에 규정된 재산을 몰수하는 절차에 관하여는 이 법에 특별한 규정이 있는 경우를 제외하고는 「형사소송법」의 규정을 준용한다.

제21조(다른 절차와의 관계) 제12조제1항에 규정된 재산을 몰수하는 재판을 자기의 책임으로 돌릴 수 없는 사유로 피고인에 대한 형사사건절차에서 권리를 주장할 수 없었던 제3자의 권리에는 영향을 미치지 아니한다.

제5장 보전절차

제1절 몰수보전

제22조(몰수보전명령) ①법원은 제2조제1호에 규정된 죄에 관련된 피고인에 대한 형사사건에 관하여 이 법의 규정에 의하여 몰수할 수 있는 재산(이하 "몰수대상재산"이라 한다)에 해당한다고 판단할만한 상당한 이유가 있고, 그 재산을 몰수하기 위하여 필요하다고 인정될 때에는 검사의 청구에 의하여 또는 직권으로 몰수보전명령을 발하여 그 재산에 관한 처분을 금지할 수 있다.

②법원은 지상권·저당권 그 밖의 권리가 그 위에 존재하는 재산에 대하여 몰수보전명령을 발한 경우 또는 발하고자 하는 경우 그 권리가 몰수에 의하여 소멸된다고 볼만한 상당한 이유가 있고 그 재산을 몰수하기 위하여 필요하다고 인정될 때 또는 그 권리가 가장된 것이라고 볼만한 상당한 이유가 있다고 인정될 때에는 검사의 청구에 의하여 또는 직권으로 별도의 부대보전명령을 발하여 그 권리의 처분을 금지할 수 있다.

③몰수보전명령서 또는 부대보전명령서에는 피고인의 성명, 죄명, 공소사실의 요지, 몰수의 근거가 되는 법령의 조항, 처분을 금지하는 재산 또는 권리의 표시, 이들 재산이나 권리를 가진 자(명의인이 다른 경우 명의인을 포함한다)의 성명, 발부연월일 그 밖에 대법원규칙에서 정하는 사항을 기재하고 재판한 법관이 서명날인하여야 한다.

④재판장은 긴급을 요하는 경우에는 제1항 또는 제2항에 규정된 처분을 하거나 합의부의 구성원에게 그 처분을 하게 할 수 있다.

⑤부동산 또는 동산에 대한 몰수보전은 「형사소송법」의 규정에 의한 압수를 방해하지 아니한다.

제23조(기소 전 몰수보전명령) ①검사는 제22조제1항 또는 제2항의 이유와 필요가 있다고 인정되는 경우에는 공소가 제기되기 전이라도 지방법원판사에게 청구하여 동조제1항 또는 제2항의 규정에 의한 처분을 받을 수 있으며, 사법경찰관은 검사에게 신청하여 검사의 청구로 위 처분을 받을 수 있다.

②사법경찰관은 몰수보전명령 또는 부대보전명령이 발하여진 경우에는 지체 없이 관계 서류를 검사에게 송부하여야 한다.

③제1항의 규정에 의한 청구는 청구하는 검사가 소속하는 지방검찰청 또는 지청 소재지를 관할하는 지방법원 또는 지원의 판사에게 하여야 하고, 고위공직자범죄수사처에 소속된 검사의 경우에는 그에 대응하는 법원의 판사에게 하여야 한다. <개정 2021. 1. 5.>

④제1항의 규정에 의하여 청구를 받은 판사는 몰수보전에 관하여 법원 또는 재판장과 동일한 권한을 가진다.

⑤검사는 제1항의 규정에 의한 몰수보전 후 공소를 제기한 때에는 그 요지를 몰수보전명령을 받은 자(피고인을 제외한다)에게 통지하여야 한다. 다만, 그 사람의 소재가 불명하거나 그 밖의 이유로 통지할 수 없을 때에는 통지에 갈음하여 그 요지를 관할 지방검찰청 또는 그 지청, 고위공직자범죄수사처의 게시장에 7일간 게시하여 공고하여야 한다. <개정 2021. 1. 5.>

제24조(몰수보전에 관한 재판의 집행) ①몰수보전에 관한 재판은 검사의 지휘에 의하여 집행한다.

②몰수보전명령의 집행은 그 명령에 의하여 처분이 금지되는 재산을 가진 자에게 몰수보전명령의 등본이 송달되기 전에도 할 수 있다.

제25조(몰수보전의 효력) 몰수보전된 재산(이하 "몰수보전재산"이라 한다)에 대하여 당해 보전 이후에 된 처분은 몰수에 관하여 그 효력을 발생하지 아니한다. 다만, 제36조제1항 본문에 규정된 경우(제39조제4항 및 제5항의 규정에 의하여 준용하는 경우를 포함한다) 및 몰수보전명령에 대항할 수 있는 담보권의 실행으로서의 처분에 관하여는 그러하지 아니하다.

제26조(부동산의 몰수보전) ①부동산의 몰수보전은 그 처분을 금지하는 취지의 몰수보전명령에 의하여 한다.

②제1항의 몰수보전명령의 등본은 부동산의 소유자(명의인이 다른 경우 명의인을 포함한다)에게 송달하여야 한다.

③부동산에 대한 몰수보전명령의 집행은 몰수보전등기를 하는 방법에 의하여 한다.

④제3항의 등기는 검사가 촉탁한다.

⑤부동산에 대한 몰수보전의 효력은 몰수보전등기가 된 때에 발생한다.

⑥부동산에 대하여 등기청구권을 보전하기 위한 처분금지 가처분의 등기가 된 후 몰수보전등기가 된 경우에 그 가처분채권자가 보전하려는 등기청구권에 기한 등기를 할 때에는 몰수보전등기에 의한 처분의 제한은 그 가처분등기에 기한 권리의 취득 또는 소멸에 영향을 미치지 아니한다.

⑦「민사집행법」 제83조제2항·제94조제2항 및 제95조의 규정은 부동산의 몰수보전에 관하여 이를 준용한다. 이 경우 같은 법 제83조제2항 중 "채무자"는 "몰수보전재산을 가진 자"로, 제94조제2항 중 "제1항" 및 제95조 중 "제94조"는 "「불법정치자금 등의 몰수에 관한 특례법」 제26조제4항"으로, 제95조 중 "법원"은 "검사"로 본다.

제27조(선박 등의 몰수보전) 등기할 수 있는 선박, 「항공안전법」에 의하여 등록된 항공기, 「자동차관리법」에 의하여 등록된 자동차, 「건설기계관리법」에 의하여 등록된 건설기계의 몰수보전에 관하여는 부동산에 대한 몰수보전의 예에 의한다. <개정 2016. 3. 29.>

제28조(동산의 몰수보전) ①동산(제27조에 규정된 것 외의 것을 말한다. 이하 이 조에서 같다)의 몰수보전은 그 처분을 금지하는 취지의 몰수보전명령에 의하여 한다.

②제1항의 몰수보전명령의 등본은 동산의 소유자(명의인이 다른 경우 명의인을 포함한다. 이하 이 조에서 같다)에게 송달하여야 한다.

③「형사소송법」의 규정에 의하여 압수되지 아니한 동산 또는 같은 법 제130조제1항의 규정에 의하여 간수자를 두거나 소유자 또는 적당한 자에게 보관하게 할 수 있는 동산에 관하여 몰수보전명령이 있는 때에는 검사는 공시서를 첨부시키거나 그 밖의 상당한 방

법으로 그 취지를 공시하는 조치를 하여야 한다.

④동산의 몰수보전의 효력은 몰수보전명령의 등본이 소유자에게 송달된 때에 발생한다.

제29조(채권의 몰수보전) ①채권의 몰수보전은 채권자(명의인이 다른 경우 명의인을 포함한다. 이하 이 조에서 같다)에게는 채권의 처분과 영수를 금하고, 채무자에게는 채권자에 대한 지급을 금하는 취지의 몰수보전명령에 의하여 한다.

②제1항의 몰수보전명령의 등본은 채권자 및 채무자에게 송달하여야 한다.

③채권의 몰수보전의 효력은 몰수보전명령의 등본이 채무자에게 송달된 때에 발생한다.

④「민사집행법」제228조, 제248조제1항 및 제4항 본문의 규정은 채권의 몰수보전에 관하여 이를 준용한다. 이 경우 같은 법 제228조제1항 중 "압류"는 "몰수보전"으로, "채권자"는 "검사"로, 제228조제1항 및 제2항 "압류명령" 및 제248조제1항 중 "압류"는 각각 "몰수보전명령"으로, 제248조제1항 및 제4항 본문 중 "제3채무자"는 각각 "채무자"로, 같은 조제4항 중 "법원"은 "몰수보전명령을 발한 법원"으로 본다.

제30조(기타재산권의 몰수보전) ①제26조 내지 제29조에 규정된 재산외의 재산권(이하 이 조에서 "기타재산권"이라 한다)의 몰수보전에 관하여는 이 조에 특별히 정한 사항을 제외하고는 채권의 몰수보전의 예에 의한다.

②기타재산권 중 채무자 또는 이에 준하는 자가 없는 경우(제3항의 경우를 제외한다) 몰수보전의 효력은 몰수보전명령이 그 권리자에게 송달된 때에 발생한다.

③제26조제3항 내지 제6항과 「민사집행법」제94조제2항 및 제95조의 규정은 기타 재산권 중 권리의 이전에 등기 등을 요하는 경우에 이를 준용한다. 이 경우 같은 법 제94조제2항 중 "제1항" 및 제95조 중 "제94조"는 각각 "「불법정치자금 등의 몰수에 관한 특례법」제30조제3항에서 준용하는 제26조제4항"으로, 제95조 중 "법원"은 "검사"로 본다.

제31조(몰수보전명령의 취소) ①법원은 몰수보전의 이유 또는 필요가 없어지거나 몰수보전의 기간이 부당하게 길어진 때에는 검사나 몰수보전재산을 가진 자(그 사람이 피고인 또는 피의자인 경우에는 그 변호인을 포함한다)의 청구 또는 직권에 의한 결정으로 몰수보전명령을 취소하여야 한다.

②법원은 검사의 청구에 의한 경우를 제외하고는 제1항의 결정을 할 때 검사의 의견을 들어야 한다.

제32조(몰수보전명령의 실효) ①몰수보전명령은 몰수선고가 없는 재판(「형사소송법」제327조제2호의 규정에 의한 경우를 제외한다)이 확정된 때에는 그 효력을 잃는다.

②「형사소송법」제327조제2호의 규정에 의한 공소기각의 재판이 있는 경우 공소기각의 재판이 확정된 날부터 30일 이내에 그 사건에 대하여 공소가 제기되지 아니할 때에는 몰수보전명령은 그 효력을 잃는다.

제33조(실효 등 경우의 조치) 검사는 몰수보전이 실효된 때에는 지체없이 몰수보전등기 등에 대한 말소촉탁을 하고, 공시서의 제거 그 밖의 필요한 조치를 하여야 한다.

제34조(몰수보전재산에 대한 강제집행절차의 제한) ①몰수보전이 된 후에 그 몰수보전의 대상이 된 부동산 또는 제27조에 규정된 선박·항공기·자동차 또는 건설기계에 대하여 강제경매개시결정이 된 경우 또는

그 몰수보전의 대상이 된 유체동산에 대하여 강제집행에 의한 압류가 된 경우에는 강제집행에 의한 환가절차는 몰수보전이 실효된 후가 아니면 이를 진행할 수 없다.

②몰수보전된 채권에 대하여 강제집행에 의한 압류명령이 발하여진 경우 그 압류채권자는 압류된 채권 중 몰수보전된 부분에 대하여 몰수보전이 실효되지 아니하면 채권을 영수할 수 없다.

③제1항의 규정은 몰수보전이 된 후에 강제집행에 의하여 압류된 채권이 조건부 또는 기한부이거나 반대이행과 관련되어 있거나 그 밖의 사유로 추심하기 곤란한 경우에 이를 준용한다.

④몰수보전된 그 밖의 재산권(「민사집행법」제251조제1항에 규정된 그 밖의 재산권을 말한다)에 대한 강제집행에 관하여는 몰수보전된 채권에 대한 강제집행의 예에 의한다.

제35조(제3채무자의 공탁) ①금전의 지급을 목적으로 하는 채권(이하 "금전채권"이라 한다)의 채무자(이하 "제3채무자"라 한다)는 당해 채권이 몰수보전된 후에 그 몰수보전의 대상이 된 채권에 대하여 강제집행에 의한 압류명령의 송달을 받은 때에는 그 채권의 전액을 채무이행지의 지방법원 또는 지원에 공탁할 수 있다.

②제3채무자가 제1항의 규정에 의한 공탁을 한 때에는 그 사유를 몰수보전명령을 발한 법원 및 압류명령을 발한 법원에 신고하여야 한다.

③제1항의 규정에 의하여 공탁된 경우 집행법원은 공탁된 금원 중에서 몰수보전된 금전채권의 금액에 상당하는 부분에 관하여는 몰수보전이 실효된 때, 그 나머지 부분에 관하여는 공탁된 때 배당절차를 개시하거나 변제금의 교부를 실시한다.

④제1항 및 제2항의 규정은 강제집행에 의하여 압류된 금전채권에 관하여 몰수보전이 된 경우 제3채무자의 공탁에 관하여 이를 준용한다.

⑤제1항(제4항에서 준용하는 경우를 포함한다)의 규정에 의하여 공탁된 경우 「민사집행법」제247조의 규정을 적용함에 있어서 동조제1항제1호중 "제248조제4항"은 「불법정치자금 등의 몰수에 관한 특례법」제35조제1항(동조제4항에서 준용하는 경우를 포함한다)"으로 본다.

제36조(강제집행의 대상이 된 재산의 몰수제한) ①몰수보전되기 전에 강제경매개시결정 또는 강제집행에 의하여 압류된 재산에 대하여는 몰수재판을 할 수 없다. 다만, 압류채권자의 채권이 가장된 것일 때, 압류채권자가 몰수대상재산이라는 사실을 알면서 강제집행을 신청한 때 또는 압류채권자가 법인일 때에는 그러하지 아니한다.

②몰수대상재산 위에 존재하는 지상권 그 밖의 권리로서 부대보전명령에 의하여 처분이 금지된 것에 대하여 그 처분금지 전에 강제경매개시결정 또는 강제집행에 의하여 압류된 경우에 그 재산을 몰수할 때에는 그 권리를 존속시키고 몰수한다는 취지를 선고하여야 한다. 다만, 압류채권자의 채권이 가장된 것일 때, 압류채권자가 몰수에 의하여 그 권리가 소멸된다는 사실을 알면서 강제집행을 신청한 때 또는 압류채권자가 법인일 때에는 그러하지 아니한다.

제37조(강제집행의 정지) ①법원은 강제경매개시결정 또는 강제집행에 의하여 압류된 재산에 관하여 몰수보전명령을 발한 경우 또는 발하고자 하는 경우 제36조제1항 단서에 규정된 사유가 있다고 판단할만한 상당한

이유가 있다고 인정되는 때에는 검사의 청구 또는 직권에 의한 결정으로 강제집행의 정지를 명할 수 있다.

②집행법원은 검사가 제1항의 결정등본을 집행법원에 제출한 때에는 강제집행을 정지하여야 한다. 이 경우 「민사집행법」의 규정을 적용함에 있어서는 같은 법 제49조제2호의 서류가 제출된 것으로 본다.

③법원은 몰수보전이 실효된 때, 제1항의 이유가 없어진 때 또는 강제집행정지기간이 부당하게 길어진 때에는 검사나 압류채권자의 청구에 의하여 또는 직권으로 제1항의 결정을 취소하여야 한다. 이 경우 제31조제2항의 규정을 준용한다.

제38조(담보권의 실행을 위한 경매절차와의 조정) ①몰수보전재산 위에 존재하는 담보권이 몰수보전된 후에 성립되거나 부대보전명령에 의하여 처분이 금지된 경우 그 담보권의 실행(압류를 제외한다)은 몰수보전 또는 부대보전명령에 의한 처분금지가 실효되지 아니하면 이를 할 수 없다.

②담보권의 실행을 위한 경매절차가 개시된 후 그 담보권에 관하여 부대보전명령이 발하여진 경우 검사가 그 명령의 등본을 제출한 때에는 집행법원은 그 절차를 정지하여야 한다. 이 경우 「민사집행법」의 규정을 적용함에 있어서는 같은 법 제266조제1항제5호(같은 법 제269조 및 제272조에서 준용하는 경우를 포함한다)의 문서가 제출된 것으로 본다.

제39조(그 밖의 절차와의 조정) ①제34조의 규정은 몰수보전된 재산이 체납처분(「국세징수법」 및 「지방세징수법」의 규정 또는 그 예에 의하는 각종 징수절차를 말한다. 이하 같다)에 의하여 압류된 경우, 몰수보전된 재산을 가진 자에 대하여 파산선고 또는 화의개시결정(이하 "파산선고등"이라 한다)이 있는 경우 또는 몰수보전된 재산을 가진 회사에 대하여 정리절차개시결정이 있는 경우 그 절차의 제한에 관하여 이를 준용한다. <개정 2010. 3. 31., 2016. 12. 27.>

②제35조의 규정은 몰수보전된 금전채권에 대하여 체납처분에 의한 압류가 있는 경우 또는 체납처분에 의하여 압류된 금전채권에 대하여 몰수보전이 있는 경우 제3채무자의 공탁에 관하여 이를 준용한다.

③제35조제1항 및 제2항의 규정은 몰수보전된 금전채권에 대하여 가압류가 있는 경우 또는 가압류된 금전채권에 대하여 몰수보전이 있는 경우에 제3채무자의 공탁에 관하여 이를 준용한다.

④제36조의 규정은 몰수보전이 되기 전 그 몰수보전의 대상이 된 재산에 대하여 가압류가 있는 경우 또는 몰수대상재산 위에 존재하는 지상권 그 밖의 권리로서 부대보전명령에 의하여 처분이 금지된 것에 대하여 그 처분금지 전에 가압류가 있는 경우 그 재산의 몰수제한에 관하여 이를 준용한다.

⑤제36조제1항 본문의 규정은 몰수보전이 되기 전 그 몰수보전의 대상이 된 재산에 대하여 체납처분에 의한 압류가 있는 경우, 몰수보전이 되기 전 그 몰수보전의 대상이 된 재산을 가진 자에 대하여 파산선고등이 있는 경우 또는 몰수보전이 되기 전 그 몰수보전의 대상이 된 재산을 가진 회사에 대하여 정리절차개시결정이 있는 경우 그 재산의 몰수제한에 관하여 이를 준용한다.

⑥제36조제2항 본문의 규정은 몰수대상재산 위에 존재하는 지상권 그 밖의 권리로서 부대보전명령에 의하여 처분이 금지된 것에 관하여 그 처분금지 전에 체납처분에 의한 압류가 있는 경우, 몰수대상재산 위에 존재하는 지상권 그 밖의 권리로서 부대보전명령에 의하여 처분이 금지된 권리의 권리자에 대하여 그 처분금지 전에 파산선고등이 있는 경우 또는 몰수대상재산 위에 존재하는 지상권 그 밖의 권리로서 부대보전명령에 의하여 처분이 금지된 권리를 가진 회사에 대하여 그 처분금지 전에 정리절차개시결정이 있는 경우 그 재산의 몰수제한에 관하여 이를 준용한다.

⑦제37조의 규정은 가압류된 재산에 대하여 몰수보전명령을 발한 경우 또는 발하고자 하는 경우에 강제집행정지에 관하여 이를 준용한다.

제40조(부대보전명령의 효력 등) ①부대보전명령은 그 명령에 관계된 몰수보전의 효력이 존속하는 동안 그 효력이 있다.

②부대보전명령에 의한 처분금지에 관하여는 이 법에 특별한 규정이 있는 경우를 제외하고는 몰수보전에 관한 규정을 준용한다.

제2절 추징보전

제41조(추징보전명령) ①법원은 제2조제1호에 규정된 죄에 관련된 피고인에 대한 형사사건에 관하여 제6조의 규정에 의하여 추징하여야 할 경우에 해당한다고 판단할 만한 상당한 이유가 있는 경우에 추징재판을 집행할 수 없게 될 염려가 있거나 집행이 현저히 곤란할 염려가 있다고 인정될 때에는 검사의 청구에 의하여 또는 직권으로 추징보전명령을 발하여 피고인에 대하여 재산의 처분을 금지할 수 있다.

②추징보전명령은 추징재판의 집행을 위하여 보전하는 것이 상당하다고 인정되는 금액(이하 "추징보전액"이라 한다)을 정하여 특정재산에 대하여 발하여야 한다. 다만, 유체동산에 관하여는 그 목적물을 특정하지 아니할 수 있다.

③추징보전명령에는 추징보전명령의 집행정지나 집행처분의 취소를 위하여 피고인이 공탁하여야 할 금원(이하 "추징보전해방금"이라 한다)의 금액을 정하여야 한다.

④추징보전명령서에는 피고인의 성명, 죄명, 공소사실의 요지, 추징의 근거가 되는 법령의 조항, 추징보전액, 처분을 금지하는 재산의 표시, 추징보전해방금의 금액, 발부연월일 그 밖에 대법원규칙에서 정하는 사항을 기재하고 재판한 법관이 서명날인하여야 한다.

⑤제22조제4항의 규정은 추징보전에 관하여 이를 준용한다.

제42조(기소 전 추징보전명령) ①검사는 제41조제1항의 이유와 필요가 있다고 인정되는 경우에는 공소가 제기되기 전이라도 지방법원판사에게 청구하여 동조동항에 규정된 처분을 받을 수 있다.

②제23조제3항 및 제4항의 규정은 제1항의 규정에 의한 추징보전에 관하여 이를 준용한다.

제43조(추징보전명령의 집행) ①추징보전명령은 검사의 명령에 의하여 집행한다. 이 경우 검사의 명령은 「민사집행법」의 규정에 의한 가압류명령과 동일한 효력을 가진다.

②추징보전명령의 집행은 추징보전명령의 등본이 피고인 또는 피의자에게 송달되기 전에도 할 수 있다.

③추징보전명령의 집행에 관하여는 이 법에 특별한 규정이 있는 경우를 제외하고는 「민사집행법」 그 밖에 가압류집행의 절차에 관한 법령의 규정을 준용한다. 이 경우 법령의 규정에 의하여 가압류명령을 발한 법원이 가압류 집행법원으로서 관할하도록 되어 있는 가압류의 집행에 관하여는 제1항의 규정에 의한

명령을 발한 검사가 소속하는 검찰청 또는 고위공직자범죄수사처에 대응하는 법원이 관할한다. <개정 2021. 1. 5.>

제44조(금전채권 채무자의 공탁) 추징보전명령에 기하여 추징보전집행된 금전채권의 채무자는 그 채권액에 상당한 금원을 공탁할 수 있다. 이 경우 채권자의 공탁금 출급청구권에 대하여 추징보전집행이 된 것으로 본다.

제45조(추징보전해방금의 공탁과 추징 등의 재판의 집행) ①추징보전해방금이 공탁된 후에 추징재판이 확정된 때 또는 가납재판이 선고된 때에는 공탁된 금액의 범위안에서 추징 또는 가납재판의 집행이 있은 것으로 본다.

②추징선고된 경우에 공탁된 추징보전해방금이 추징금액을 초과하는 때에는 그 초과액은 피고인에게 환부하여야 한다.

제46조(추징보전명령의 취소) 법원은 추징보전의 이유 또는 필요가 없게 되거나 추징보전기간이 부당하게 길어진 때에는 검사, 피고인·피의자나 그 변호인의 청구 또는 직권에 의한 결정으로 추징보전명령을 취소하여야 한다. 이 경우 제31조제2항의 규정을 준용한다.

제47조(추징보전명령의 실효) ①추징보전명령은 추징선고가 없는 재판(「형사소송법」 제327조제2호의 규정에 의한 경우를 제외한다)이 확정된 때에는 그 효력을 잃는다.

②「형사소송법」 제327조제2호의 규정에 의한 공소기각의 재판이 있은 경우 추징보전명령의 효력에 관하여는 제32조제2항의 규정을 준용한다.

제48조(추징보전명령이 실효된 경우의 조치) 검사는 추징보전명령이 실효되거나 추징보전해방금이 공탁된 경우 신속하게 제43조제1항의 규정에 의한 명령을 취소함과 동시에 추징보전명령에 기한 추징보전집행의 정지 또는 취소를 위하여 필요한 조치를 하여야 한다.

제3절 보칙

제49조(송달) 몰수보전 또는 추징보전(추징보전명령에 기한 추징보전집행을 제외한다. 이하 이 절에서 같다)에 관한 서류의 송달에 관하여는 대법원규칙에 특별히 정한 경우를 제외하고는 민사소송에 관한 법령의 규정을 준용한다. 이 경우 「민사소송법」 제194조제1항에 규정된 공시송달의 효력발생시기는 같은 법 제196조제1항 본문 및 제2항의 규정에 불구하고 7일로 한다.

제50조(상소제기기간 중의 처분 등) 상소제기기간 내의 사건으로 아직 상소가 제기되지 아니한 사건과 상소하였으나 소송기록이 상소법원에 도달하지 아니한 사건에 관하여 몰수보전 또는 추징보전에 관한 처분을 하여야 할 경우에는 원심법원이 그 처분을 하여야 한다.

제51조(불복신청) ①몰수보전 또는 추징보전에 관한 법원의 결정에 대하여는 항고할 수 있다.

②몰수보전 또는 추징보전에 관한 법관의 재판에 불복이 있는 경우 그 법관이 소속한 법원에 그 재판의 취소 또는 변경을 청구할 수 있다.

③제2항의 규정에 의한 불복신청의 절차에 관하여는 「형사소송법」 제416조제1항에서 규정한 재판의 취소 또는 변경의 청구에 관련된 절차규정을 준용한다.

부칙 <제17830호, 2021. 1. 5.>

이 법은 공포한 날부터 시행한다.

QR코드로 부록에 첨부될 각종 법령

1. 정치자금사무관리규칙
2. 불법정치자금 등의 몰수보전 등에 관한 규칙
3. 공직선거법

판례색인

사항색인

저자 약력

양정고등학교 졸업
동국대학교 법학과 졸업
동국대학교 대학원 법학과 졸업(석사)
한국해양대학교 대학원 해사법학과(박사과정수료)
사법연수원 제18기(제28회 사법시험)
부산·서산·의정부·서울·대구 검찰청 검사, 부부장검사
김천·대구·의정부·서울남부 검찰청 부장검사, 사법연수원 교수
이용복 법률사무소 변호사
법무법인 가교 변호사
중앙선거관리위원회 디도스 공격사건 특별검사보
법무법인(유) 에이스 변호사
국정농단 의혹사건 특별검사보
현 법무법인(유) 대륙아주 변호사

정치자금법강의

초판발행	2022년 1월 1일
지은이	이용복
펴낸이	안종만·안상준
편 집	한두희
기획/마케팅	조성호
표지디자인	이미연
제 작	고철민·조영환
펴낸곳	(주) **박영사**
	서울특별시 금천구 가산디지털2로 53, 210호(가산동, 한라시그마밸리)
	등록 1959. 3. 11. 제300-1959-1호(倫)
전 화	02)733-6771
f a x	02)736-4818
e-mail	pys@pybook.co.kr
homepage	www.pybook.co.kr
ISBN	979-11-303-4035-7 93360

copyright©이용복, 2022, Printed in Korea

* 파본은 구입하신 곳에서 교환해 드립니다. 본서의 무단복제행위를 금합니다.
* 저자와 협의하여 인지첩부를 생략합니다.

정 가   28,000원